법과 나라발전

淨賢 박윤흔

산업화도 함께 본

법과 나라발전

(한국 헌법 약사)

- 헌법이 뒷받침한 중화학공업화 -

국민시관

머리말

　우리 대한민국은 1948년 7월 17일에 제정된 제헌헌법에 의하여 민주공화국으로 건국되었다. 대한민국은 제헌헌법에서부터 자유민주주의와 시장경제원칙을 채택하여 자유진영의 일원이 된 것은 2차대전 후 건국한 다른 나라들과 비교하여 커다란 축복이며 행운이었다. 제헌헌법은 가장 선진적인 헌법을 우리나라에 도입하여 나라발전을 향도하였으며 나라가 발전할 방향을 제시하고 길을 열었다. 그리고 역대 헌법도 나라발전의 초석이 되어 여러 우여곡절과 난관을 극복하면서 경제발전 내지 산업화와 민주화를 향한 발걸음을 멈추지 않았으며 이러한 산업화와 이를 바탕으로 한 민주화를 세계수준으로 성공시켰다. 한국의 산업화과정은 개도국들은 물론 선진국들도 선망과 경이에 찬 시선으로 주목하고 있는데, 특히 1970년대에는 당시의 헌법이 강력하게 뒷받침하여 기계·조선·전자·화학·철강·비철금속 등 6개 중점전략사업에 대한 개별 진흥법률에 근거하여 중화학공업화에 국력을 결집시켜 강력히 추진한 결과 15년도 안 되어 선진국을 따라잡기 시작하였으며, 드디어는 세계 10대 경제강국으로 부상함과 아울러 당당히 최고 선진국의 반열에 오르는 쾌거를 이룩하였는데, 이는 당시 헌법과 헌정운영에서 특단의 조치를 감행한 데 힘입은 것이라고 할 수 있으며, 이러한 국력을 바탕으로 하여 민주화 역시 세계수준을 달성하기에 이르렀다. 이 글에서는 이러한 산업화와 민주화 및 세계 10대 경제강국으로의 부상을 가능하게 한 요인으로서 당시의 헌법과 6개 중화학공업진흥법을 중점적으로 살펴보면서 우리 헌법사를 새로운 관점에서 평가해 보기로 한다.

　많은 사람들은 우리나라의 민주화에 대하여 말할 때 제1공화국에서부터 제5공화국의 헌법은 건너뛰고, 현행헌법인 제6공화국헌법에서 비로소 민주화가 달성되었다고 여기는데, 이는 현행헌법이 간선제를 연장 유지하려는 전두환 정부에 항거하여 6.29선언이라는 직선제개헌을 쟁취해 낸 사실에만 주목하는 견해이다. 그러나 우리나라의 민주화가 1980년대 말에 갑자기 이루어졌다고 보기보다는, 우리나라의 정부와 국민이 자유민주주의와 시장경제원칙이라는 제헌헌법 이래 우리 헌법이 정한 원칙을 상위기준으로 하여 점차 그 기준에 가까이 접근하도록 준법의 역량을 계속하여 꾸준히 함양하여 민주화가 발전되었고 그 결과 제6공화국헌법에 의하여 거의 그 상위기준에 도달되어 완성되었다는 뜻이라고 보아야 할 것이다.

우리나라의 헌법학자분들이 저술한 다수의 헌법사에서는 제1공화국헌법하에서는 이승만 독재 그리고 스스로의 정권연장을 위한 불법적인 헌법개정과 3.15부정선거 등으로 헌법이 훼손되었고, 제2공화국헌법하에서는 정권이 헌법을 훼손하지는 않았으나 정권이 무능하여 1년도 못 되어 정권이 무너졌으며, 5.16군사혁명정부·제3공화국 정부는 군사독재로 일관하였고, 제4공화국헌법인 이른바, 유신헌법하에서는 입헌적 독재 내지는 제왕적 대통령제가 행하여 졌으며, 제5공화국헌법하에서도 사실상 군사적 독재가 이어졌다고 하여, 그 시기에는 마치 우리나라에 민주화를 위한 발전은 없었던 것처럼 기술되어 있는 것 같다.

그러나 우리나라에서는 1948년 제헌헌법에 의하여 자유민주주의, 법치주의, 시장경제원칙 등을 담은 당시의 가장 발전된 서구민주주의를 그대로 받아들여, 그때부터 우리나라는 자유민주진영의 일원이 되어 자유민주주의와 시장경제원칙을 담은 헌법규범을 정치·경제·사회·문화의 모든 영역에서 국가운영과 국민생활의 엄연한 상위기본규범으로 준수하면서 민주화를 계속하여 끈기 있게 발전시켜 온 것이다.

다만 제헌헌법이 받아들인 서구민주주의는, 우리나라에서는 비유적으로 말하면, 가장 우량종이었으나 아직은 어린 묘목이었으며 우리 풍토에는 매우 생소하고 또한 당시 우리 풍토가 가시덤불이나 마찬가지인 박토서서 처음부터 씩씩하게 자라지는 못하였다고 할 수 있다. 정부와 국민의 경험 부족 등 여건의 불비로 인하여 헌법에 대한 준법의 수준이 처음부터 일반적으로 매우 취약하였으며, 또한 더러는 정권에 의한 헌법훼손이라는 강풍에 뿌리까지 흔들리고 가지가 꺾이는 등 상처를 받기도 하였다. 그리하여 헌법은 실제 규범력이 매우 약하고 장식적 헌법이라는 비난을 받기도 하고 사실 상당기간은 그러한 비난을 받을 만하기도 하였다. 그러나 당시 우리의 풍토는 너무나 여건이 불비되어 있어 준법의 수준이 단기간에 개선될 수는 없었으며, 정부와 국민이 헌법운영에 대한 경험을 쌓으면서 준법의 수준이 점차 높아져 민주주의의 나무는 연약하기는 하나 세월 따라 제 모습을 갖춘 나무로 꾸준히 점점 크게 자라나 준법의 수준을 헌법이 정한 상위기준까지로 끌어올렸다고 보는 것이 보다 정확한 관찰이 아닌가 싶다.

제1공화국의 이승만 대통령이 독재정치를 한 것은 사실이지만 자신의 집권연장이나 6.25전란 극복 등과 같은 그때그때의 정치적 필요에 따라 개별적 특정사항에 대하여 국가권력을 남용하였거나 사태극복을 위하여 일시적으로 헌법훼손을 하였다고 하더라도 헌법의 자유민주적 기본원칙을 장기간 모든 영역에서 송두리째 훼손할 수는 없었다. 물론 이승만 정권의 3.15부정선거는 최악의 헌법훼손이었고, 여기에 대하여는 국민들이 분연히 일어나 막대한 희생을 치르면서도 4.19혁명을 성공시켜 우리 헌법의 규범력은 4.19혁명을 통하여 한층 높아졌다 하겠다.

그리고 역시 박정희 장군의 5.16군사혁명으로 헌정이 상당기간 정지되었고 제3공화국의 군사정부가 권위적으로 헌정을 운영하였다고 하나, 헌법원칙이 크게 훼손된 것은 주로 통치조직과 정치적 기본권 분야였고 오히려 다른 나라의 권위주의와는 달리 헌법의 사유재산제를 비롯한 자유민주적 기본원칙, 시장경제원칙은 더욱 강화되었다고 할 것이며 따라서 헌법의 근본은 그대로 유지되어 왔다고 할 것이다. 다만 박정희 정권도 그들의 헌법훼손에 대하여 국민들로부터 끈질긴 저항을 받아 왔다. 그러나 그동안에 박정희 정권은 우리나라의 경제적 빈곤을 퇴치하기 위한 경제개발5개년계획을 실현하여 경제발전을 과감하게 추진하였다.

그리고 제4공화국의 이른바 유신헌법에 의하여 박정희 정권은 대통령이 3권을 통합 장악하는 이른바 입헌적 독재체제를 도입하였다. 그런데 박정희 정권은 유신체제하에서 그때까지 추진하여 온 경공업 위주의 경제개발로는 우리나라가 선진국이 될 수 없음을 깨닫고 1960년대 후반부터 기계·조선·전자·석유화학·철강·비철금속 등 6개의 전략산업의 개별 중화학공업진흥법을 제정하여 중화학공업화정책을 강하게 추진하게 되었다. 그런데 한국의 중화학공업화는 1973년 1월 12일 대통령의 중화학공업화 정책선언에 의하여 이전과는 분명히 구분되는 특징과 정책을 갖고 본격적으로 추진되었다. 당시의 우리 경제사정으로는 민간기업은 자본과 전문인력 부족으로 중화학공업을 직접 주도적으로 추진하기가 어려운 사정이어서 정부가 유신헌법에 의하여 집중 강화되고 능률화된 권력을 뒷받침으로 6개의 개별 중화학공업진흥법에 근거하여 진흥대상기업에 대하여 자금을 지원하며 지시 명령을 하는 등 민간기업이 주체이면서도 사실상 정부주도하에 정부와 기업이 일체가 되어 진흥을 추진하게 되었다. 이 경우에도 극히 예외를 제외하고는 기업주체는 어디까지나 민간기업이었고, 다른나라의 권위주의체제와는 달리 정부는 단순한 지원자이었음을 유념하여야 할 것이다. 이와 같이 유신체제를 도입하여 민주헌정제도를 잠정적으로 보류하고 권력을 집중 강화한 것은 당시 빈곤국가인 우리나라에서 산업화를 위한 중화학공업화를 추진하기 위한 것이었는데 중화학공업화라는 산업화는 민주화와 동시에 이루기는 어렵고 또한 중화학공업화를 지름길로 신속하게 추진하여만 선진국을 따라잡을 수 있는 상황이었기 때문이라 할 것이다. 이른바 유신체제는 주로 통치조직 면에서 헌정을 일시 잠정적으로 보류하고 국가권력을 집중 강화하고 능률화하여 先산업화를 추진한 것이었다고 할 것이다. 그리하여 실제로 민주헌정제도가 잠정적으로 주로 통치조직 면에서 중단 보류되었다고 할 것이나 그러한 민주헌정제도의 일시중단 보류는 당시 빈곤국가인 우리나라가 선진국을 지름길로 따라잡기 위하여 부득불 택한 조치였다고 하겠다. 물론 유신체제에 대하여서도 끈질긴 국민들의 저항이 있었고 이에 대한 과격한 긴급조치권발동 등으로 많은 희생도 있었다. 여기에서 유력한 견해들은 이른바 우리 헌정사에서는 중화학공업화 등을 추진하는 산업화세력과 이에 대항하여 유신철폐를 주장하는 민주화세력이라는 상반되는 세력이 맞서게 된 것으로 보기도 한다. 그러나 필자의 견해로는 당시의 이른바 민주화세력과 산업화세력은 실제로는 맞서는 세력이 아니었다고 본다. 그것은 당시 우리나라와 같은 빈곤국가에서는 산업화는 바로 민주화를 위한 필요적 전제요건을 충족시키는 것이었기에 산업화세력은 동시에 민주화를 위한 세력이라 보아야 할 것이기 때문이다. 당시 우리나라는 다른 개발도상국가에서는 엄두도 못 내는 중화학공업화에 성공하면서 노동집약적 산업구조가 기술집약적 구조로 전환되었다. 그리고 철강·비철금속·화학 등 공업이 필요로 하는 원재료를 국산화하여 공업의 자립을 이룩하면서 고도산업국가로 도약할 수 있었으며, 오늘날 우리나라가 세계10대 경제대국이며 선진국대열에 오르게 된 발판을 마련한 것이었다. UN무역개발회의(United Nations Conference on Trade and Development)는 2021년 7월 2일 대한민국을 개발도상국가그룹에서 선진국그룹으로 격상시켰다.

요약하면 대한민국은 유신헌법이 뒷받침하고 기계·조선·전자·석유화학·철강·비철금속 등 6개의 전략산업의 개별 중화학공업진흥법에 의하여 중화학공업화에 성공함으로써 빈곤국가에서 탈출하여 산업화를 이루어 오늘날 선진국이 된 것이다.

그리고 제5공화국헌법하에서의 전두환 정부는 비록 12.12사태라는 군사반란으로 정권을 장악하여 역시 헌법원칙을 훼손하였으나 그것은 잠정적이었고, 큰 상처는 남았지만 크게 보면 헌법원칙은 곧 회복되었다고 할 것이다. 일부에서는 반란으로 정권을 취득하고 5.18만행을 저지른 전두환 정권을 정치적으로 부정하려고도 하지만 법적으로나 역사적 사실로나 엄연하게 존재하여 우리나라를 통치한 정권을 지워버릴 수는 없는 것이며 過는 과대로 엄하게 평가하되 功은 공대로 또한 인정하여할 것이다. 그렇게 볼 때 전두환 정권은 박정희 정권에서 추진하던 중화학공업화를 이어받아 그때 와서는 국제적으로 경제자유원칙이 강화되고 그동안의 우리나라의 경제성장으로 이제는 정부관여 없이도 私기업들이 중심이 되어 중화학공업을 자율적으로 발전시킬 수 있다고 보아 6개의 개별 중화학공업진흥법을 모두 폐지하고 '공업발전법'으로 통합하여 중화학공업을 시장경제원칙에 따라 크게 발전시켜 역시 우리나라의 산업화를 이룩하는 데 일조를 하였다고 할 것이다.

그리고 현행헌법인 제6공화국헌법하에서는 그동안 정부와 국민의 준법의 수준이 크게 높아졌으며, 간선제를 연장 유지하려는 전두환 정부에 항거 직선제개헌 투쟁을 한 국민이 정부의 6.29선언을 이끌어 내고 이에 따라 직선제개헌을 성취함으로써 비로소 우리나라의 민주화를 거의 완성시켰다고 할 것이다.

이상에서 보아온 바를 다시 요약하면 우리 대한민국 국민은 제헌헌법이 시행되면서부터 자유민주주의 헌법 규범에 근거하여 자유진영의 일원이 되어 비록 여러 난관을 만나 흔들리고 상처를 받기는 하였으나 정치·경제·사회·문화 등 모든 영역, 특히 경제영역에서 꾸준히 계속하여 자주민주주의와 시장경제원리에 따라 국가를 운영하고 국민의 경제활동을 영위하였으며 그에 따라 경험을 축적하면서 준법의 수준을 크게 높여 왔으며, 민주화와 산업화가 이루지고 선진화를 성취하였다는 것이다.

그리고 많은 분들이 일반적 추상적으로 인식하고 있는 것처럼 우리나라의 민주화가 독재에 대한 투쟁으로만, 다시 말하면 민주화세력에 의하여서만 이루어진 것이 아니고 정부와 국민의 헌법에 대한 준법수준의 향상을 바탕으로 민주화세력과 산업화세력이 함께 합작으로 이루어졌다는 것이다.

1960년대 말부터 1970년대 초에 그 당시의 우리나라의 정부가 중화학공업화를 강력하게 추진한 것은 대단한 혜안이고 영단이라 할 것이며 오랫동안 빈곤국이었던 우리나라가 선진국 대열에 오르게 된 결정적인 계기였다. 그때까지 우리나라는 경제개발5계년계획을 착실하게 추진하면서 주로 노동집약적인 경공업 제품을 생산하여 수출하여 왔다. 그러나 그때 와서 경공업제품의 생산 수출만으로는 먼 장래에도 선진국을 따라잡을 수 없다는 것을 깨닫고 유신헌법에 의하여 국가권력을 집중 강화하고 6개 개별 중화학공진흥법을 제정하여 중화학공업화를 강력하게 추진하게 된 것이다. 당시 우리나라의 사정으로 중화학공업화를 추진하는 것은 거의 불가능한 일이었다. 그것은 중화학공업은 고도의 자본집약적이고 기술집약적 사업이며 長大한 시설집중사업으로 당시 우리나라는 그중 어느 하나도 갖추지 못하였기 때문이다. 우리나라는 그렇게 큰 자본도 없고 기술도 없었다. 그리고 선진국에서 돈을 빌리려 하여도 기계·조선·전자·석유화학·철강·비철금속 등 6개 전략적인 중화학공업은 당시 선진국들의 전유물로서 선진국들이 자신들과 경쟁관계에 서게 될 것을 우려하여 돈을 빌려주려고도 하지 않고, 한국은 자본이나 기술면에서 중화학공업을 할 처지가 못 되니 경공업제품이나 착실하게 만들어 수출하라고 하였다. 그리고 국내에서도 우리 능력으로는 중화학공업을 추진하기가 어렵다하여 반대하는 세력도 있었다. 당시 중화학공업화의 추진에 있어 한국의 가장 큰 병목은 후발공업국으로서의 자본 부족이었다. 그러나 당시 박정희 정부는 중화학공업화의 의지를 꺾지 않고 강력하게 추진한 것이다. 그 결과 그로부터 20년도 안 되는 1980년대 후반의 3低현상 등을 배경으로 한국의 중화학공업은 세계시장에서 두각을 나타냈으며, 1990년대 초부터는 우리나라 중화학공업이 매출기준으로 세계 1, 2위를 다투는 놀라운 발전을 이루어 드디어 선진국을 따라잡게 되었으며 이로써 우리나라가 민주화의 필요적 전제요건인 산업화가 이룩된 것이다.

　필자가 이 글을 쓰게 된 것도 바로 이러한 사실을 분명하게 말하고자 함이다. 그리하여 필자는 이 글에서 우리나라의 민주화의 초석이고 향도가 된 우리 헌법의 변천사에 대하여 살펴보고, 우리나라의 민주화의 필요적 전제요건을 마련한 6개 전략업종의 중화학공업진흥법에 의한 중화학공업의 발전사와 간단한 앞으로의 전망에 대하여 살펴보았다. 중화학공업의 발전사와 전망에 대하여서는 본인이 그에 대한 전공지기 아니기 때문에 여러 가지 자료를 수집하여 편집한 것이어서 정확하지 못한 점도 있을 것이고 혹시 인용에 있어 잘못도 있을 것으로 생각한다. 본인으로서는 우리나라 민주화 산업화를 이끈 중화학공업의 발전을 찬양한다는 단순한 마음으로 전공과는 먼 사항에 대하여 인용한 것이오니 잘못이 있더라도 많은 양해를 바란다.

이 글에서는 아울러 평소에 우리나라의 초기발전에 있어서 견인차 역할을 하였다고 생각하는 농지개혁법에 의한 농지개혁과 특정다목적댐법에 의한 다목적댐건설에 대하여서도 살펴보았다. 또한 우리나라의 선진화에 지대한 역할을 하고 있는 통합적인 부패방지법인 '부정청탁 및 금품등 수수의 금지에 관한 법률' 즉, 이른바 '김영란법'에 대하여서도 살펴보았다. 또한 각정권마다 그시기에 제정 또는 개정된 주요 법률명을 수록하였다. 그것은 그 정권마다 실행한 주요정책은 그때 제정하거나 개정한 법률명을 보면 짐작할 수 있기 때문이다.

필자는 우리 헌법사를 기술함에 있어서, 우리 헌법이 뒷받침하여 우리나라가 중화학공업화로 빈곤에서 탈출하여 산업화를 이루고 오늘날 드디어 세계경제 10대 강국이 되었으며, 과거 우리나라와 같은 빈곤국에서는 산업화로 인한 경제발전은 민주화의 필수적 전제요건이었기 때문에 결국 산업화달성은 곧 민주화달성이라고 보았다. 그리하여 다른 헌법학자들은 우리 헌법사를 기술함에 있어 우리나라의 민주화는 집권자의 비민주적인 헌법훼손행위에 대하여 저항한 민주화세력에 의하여 이루어졌다고 보는데 대하여, 우리나라의 민주화는 정부와 국민의 헌법에 대한 그동안의 꾸준한 준법의 향상을 기반으로 하여 산업화세력과 민주화세력의 합작품이라고 보며, 오히려 그 비중에 있어서는 산업화쪽

이 훨씬 크다고 본 것이다. 다른 학자분들이 우리나라의 민주화가 집권자의 헌법훼손행위에 대항한 민주세력에 의하여서만 이루어졌다고 보는 것은 우리 헌법사를 법률적 정치적 관점에서만 보고 경제적 측면을 도외시하였기 때문이라고 할 것이다. 그러나 경제적 측면을 도외시하고는 우리 헌법사를 제대로 볼 수 없다고 할 것이며 우리 헌법사의 실체를 있는 그대로 제대로 보기 위하여서는 경제적 측면을 함께 보아야 할 것이다. 이에 필자는 이러한 점을 명백하게 밝히고자 우리 헌법사 집필자 중에서는 우리나라의 민주화에 있어서 산업화세력의 역할을 실제대로 평가하게 하기 위하여 이 글을 쓰게 되었으니 많은 독자 분들이 이 글을 통하여 우리헌정사의 실체를 제대로 아셨으면 한다.

또한 오늘날의 민주법치국가에서는 국가가 실현하고자 하는 모든 정책은 미리 헌법과 법률에 정하여져 법제화되어야만 실현될 수 있는 것이다. 앞으로 우리나라는 세계에서 가장 앞선 최선진국이 되어야 하며 꼭 그렇게 될 것으로 확신한다. 우리나라가 최선진국이 되기 위하여서는 모두가 힘을 모아 그에 맞추어 적정한 시기에 국가가 추진하여야 할 정책을 미리 미리 수립하고 이를 법제화하는 작업을 하여야 한다는 것을 깨달았으면 한다.

끝으로 이 책의 집필에 대하여 여러모로 많은 도움을 주신 서울대학교 법학전문대학원 최대권 명예교수님과 성균관대학교 법학전문대학원 김영수 명예교수님 그리고 한국법령정보원 조정찬 전 원장님 들께 깊은 감사를 드리고, 또한 흔쾌히 이 책의 출판을 맡아주신 국민서관 문상수 사장님께도 깊은 감사의 말씀을 드린다.

2022년 4월 15일　박 윤 흔 씀

차 례

제1장 산업화도 함께 본 한국헌법발전 약사
– 헌법이 뒷받침한 중화학공업화 –

제2장 중화학공업의 육성

제3장 그 밖의 나라발전에 기여한 법률(예시)

제1절 농지개혁법

제1장

산업화도 함께 본
한국헌법발전 약사

- 헌법이 뒷받침한 중화학공업화 -

제1장 산업화도 함께 본 한국헌법발전 약사
– 헌법이 뒷받침한 중화학공업화 –

제1절 개 설

(1) 우리나라는 제헌헌법에 의하여 서구의 가장 선진적인 민주헌법을 우리 역사상 처음으로 도입하였다. 제헌헌법은 국민주권주의, 국제평화주의, 민주주의 원리, 권력분립의 원리, 기본권보장, 법치주의, 수정자본주의 경제원리 (통제적 시장경제원리) 등 당시 서구 선진국의 헌법원리를 거의 그대로 채택하였다. 특히 자유민주주의와 재산권보장 및 시장경제원칙을 채택하여 우리나라가 자유시장경제진영의 일원이 되게 된 것은 우리나라의 앞으로의 비약적인 경제발전의 초석이 되었다는 점에서 더 없는 행운이었다 할 것이다. 헌법은 나라발전을 향도하고 나라발전의 원동력인 것이다. 제헌 당시 헌법을 제정한 분들은 다행스럽게도 서구민주주의, 특히 미국민주주의에 대하여 해박한 지식을 가지고 있었다고 알려졌다.[1]

---

1) 제헌헌법제정을 주도한 이승만은 1898년에 고종황제의 군주정치를 비판하고 공화정으로 정체를 바꾸려는 개혁에 앞장섰다가 국가반역죄로 투옥되었다. 한성감옥에서 5년간 복역하면서 기독교도가 되었으며, 선교사들이 보내준 책과 서재필 박사의 가르침을 익혀 미국식민주주의에 심취하였다. 1904년 탈고한 그의 저서 『독립정신』에서 그는 미국민주주의를 善美한 제도라고 칭찬하였다. 청년 이승만은 이때 알게 된 미국식 대통령제민주주의가 지도자를 국민이 직접 선출하고, 지도자와 백성이 함께 나라를 부강하게 하는 제도로서 전 세계정치제도 가운데 가장 이상적인 것이며, 공화정의 권력이양방식도 중국의 요순시대와 비슷한 것으로 인식하였다. 민주주의에 대한 이러한 사고는 그 평생의 정치사상의 뿌리였으며, 대한민국의 건국구상도 이러한 연구에서 싹튼 것이라고 하겠다. 미·소냉전의 와중에서 한국이 선택할

제헌헌법과 역대 헌법은 나라발전의 초석이 되어 여러 난관을 극복하면서 경제발전과 민주화를 끈기 있게 이끌어 왔다. 특히 1970년대에는 당시의 헌법이 강력하게 뒷받침하여 기계·조선·전자·화학·철강·비철금속 등 6개 중점전략사업에 대한 개별 진흥법률에 근거하여 국력을 모두 모아 중화학공업화를 추진하여 15년도 안 되어 우리나라가 선진국을 따라잡기 시작하였으며 드디어는 세계 10대 경제강국으로 부상하고 오늘날에는 선진국의 반열에 오르는 나라발전의 쾌거를 이룩하게 되었다. 그리하여 이 글에서는 특히 우리나라의 산업화와 민주화로 세계 10대 경제강국으로 이끈 당시의 헌법과 6개 중화학공업진흥법을 중심으로 우리 헌법사에 대하여 살펴보고자 한다.

　　말할 것도 없이 헌법은 나라의 최상위의 기본법이며 국가의 운영과 국민생활은 헌법과 헌법을 구체화하기 위하여 제정된 수많은 법률에 근거하여 행하여진다. 그리하여 제헌헌법의 시행으로 우리나라는 선진자유주의 진영의 일원이 되어, 모든 국가운영이 그때부터 우여곡절을 겪기는 하였으나, 계속하여 자유민주주의와 시장경제원리에 따라 행하여졌다. 다시 말하면 자유민주주의와 시장경제원리에 따라 대통령은 국정을 통할하여 왔고, 국회는 법률을 제정하는 입법활동을 하였으며, 행정부는 법을 집행하였고, 사법부는 법을 적용하였으며, 기업인은 생산활동을 하고, 국민은 일상생활활동을 하여 왔다. 그러나 우리나라는 제헌헌법이 시행된 당시 새로이 도입된 헌법원리에 대하여 전혀 생소하고 운영경험이 없는 상태였고 사회여건이 현저히 달랐으며, 또한 여러 가지 예기치 못한 국내외 사태발생 때문에 그동안 헌정을 운영하는 과정에서 더러는 크게, 더러는 작게 헌법원리로부터 일탈하는 경우도 많았다. 그러나 그와 같은 헌법훼손은 대개의 경우 개별사항에 관한 일시적 잠정적인 것이었고, 기본 틀에 있어서는 물론 국가의 운영은 밀도에 있어서 비록 완숙한 서구국가에 비하면 크게 미치지는 못하였어도 계속하여 꾸준히 헌법이 정하는 원리에 따라 행하여졌고 헌법은 더디기는 하였으나 점차 실효성과 규범력을 갖추어

정치형태는 사실상 주어진 것이 다름없었지만, 초대 이승만 대통령의 정치교양이 부족했더라면 한국정치의 틀을 자유민주주의체제로 확립하기는 결코 쉽지 않았을 것이다. [출처] 통일꾼 이영일의 정체와 인생이야기.

왔으며, 시간이 흐름에 따라 그 강도가 차츰 차츰 높아져 왔다고 하겠다. 그리하여 자유민주주의와 시장경제원리에 따른 헌정운영으로 한걸음 한걸음 나라의 민주화와 산업화가 이룩되면서 나라가 발전하여 왔다.

여기에서는 우선 1948년 8월 15일 제헌헌법이 시행된 제1공화국 출범 때로부터 현행헌법이 시행된 1988년 2월 25일 제6공화국 헌법시행 초기까지의 헌정운영의 공과 과를 요약하여 살펴보기로 한다.

그런데 우리는 헌법사를 고찰함에 있어 헌법문언을 중심으로 법적·정치적 관점에서 민주주의가 어느 정도로 보장되고 실현되었는가, 구체적으로 국민의 기본권이 어느 정도 강하게 보장되었는가에만 맞추어져 있었던 것 같다. 그러나 우리나라는 건국 초기부터 빈곤국가였으며 상당히 장기간 국민의 먹고 사는 경제적 문제 해결이 국정의 커다란 과제였다. 따라서 다른 개발도상국가에서와 마찬가지로 국민이 먹고 사는 경제문제는 현실적으로는 민주주의 발전의 가장 중요한 전제조건(prerequisites)이 되었다. 그리하여 역대정권은 그 정부의 성격에 관계없이 첫째도 경제요, 둘째도 경제라 외치면서 경제발전을 최우선 국정과제로 삼아 왔다.

신생빈곤개발도상국가에 있어서 민주주의의 가장 중요한 전제조건이 경제발전이라고 할 경우에, 신생빈곤개발도상국가에서도 선진국을 따라잡기 위한 산업화라는 경제발전과 민주화라는 정치발전이 동시에 병행될 수 있는가에 대하여 병행이 가능하다는 견해도 있고, 병행하기 어렵다는 견해도 있다. 이들 두 가지 견해 중 어느 견해가 타당한지는 결국 역사적·경험적 차원에서 판단하여야 할 것인 바, 역사상 초기산업화단계에서 산업화와 민주화를 동시에 병행적으로 추진하거나 또는 先민주화, 後산업화로 성공한 나라가 거의 없다고 한다. 점차 기술적으로 고도화되고 자본집약적이 되어 가는 국제적 추세에서 산업화에서 늦으면 늦을수록 불리하여지며, 따라서 이러한 각종 후발자의 불리를 극복하고 선진국을 따라잡기 위하여서는 후발국들은 결국 잠정적으로 권력의 집중이라는 권위주의로 갈 수밖에 없다고 한다. 다시 말하면 先산업화 後민주화로 우선은 권위주의 체제로 산업화를 추진할 수밖에 없다는 것이다.

물론 권위주의 체제라고 하여 반드시 경제발전을 가져오는 것은 아니다. 권위주의 체제 중에서 경제발전에 성공한 나라는 역사상 매우 적으며, 성공한 나라로는 한국, 대만, 싱가포르, 칠레 등을 들 수 있다고 한다.

그런데 우리 헌법사에서는 5.16군사쿠데타에서 유신말기까지의 박정희 대통령의 집권 시기, 그중에서도 특히 유신시대의 평가에 있어서 우리나라의 헌법학계에서는 대개가 법률적·정치적으로만 보면서 당시의 역사적인 여러 가지 객관적인 사항들을 고려하여 볼 때 박정희 대통령 개인의 장기집권을 위한 독재정치라고 하지 않을 수 없다고 하는 견해가 지배적이라 할 것이다. 그러나 위에서 본 바와 같이 후발빈곤개발도상국가에서는 先산업화 後민주화로 우선은 권위주주의 체제로 산업화를 추진할 수밖에 없었다면 우리 헌법학계의 박정희 대통령의 유신시대의 평가도 달라져야 한다고 생각한다. 헌법학을 전공하지 않은 본인이 이 글을 쓰는 이유가 바로 여기에 있으며 박정희 대통령이 이룬 산업화의 功을 인정하고 산업화가 바로 민주화의 가장 중요한 필수전제조건으로 본다면, 박정희 대통령의 유신을 '개인의 장기집권을 위한' 독재정치로 보아서는 안 되고 산업화를 위한 민주화의 잠정적 留保로 보아야 할 것으로 생각한다. 그리하여 산업화도 결국 빈곤국가에서는 민주화의 필요전제요건을 충족시키기 위한 작용이므로 이 또한 민주화의 작용이기도 한 것이다. 물론 본인도 유신체제가 너무 강성권위주의라는 것을 인정한다. 그러나 그렇다고 그것을 개인의 장기집권을 위한 惡으로 보아서는 아니 되며 국민의 민생문제를 해결하고 국가의 산업화를 위한 조치임을 인정하면서 과한 점은 과한 점으로 지적하는 것은 다른 문제라고 본다.[2]

그리하여 역대정부의 헌정의 평가에 있어서도 功七過三이면 공을 더 높게 평가하여야 한다는 견해도 있으니 공도 있고 과도 있을 때에는 공을 과 때문에 묻어버리지 말고, 공은 공대로, 과는 과대로 있는 그대로 인정, 평가하였으면 한다.

---

2) 1948년 우리 정부수립 당시 초등학생(당시 국민학생)이었으며 보릿고개를 직접 체험하고 살아온 본인으로서는 현재의 우리나라의 발전상을 기적이라고 생각하고 있으며, 그러한 발전은 바로 우리헌법이 초석이 되어 발전을 이끌어 왔다고 보고 있다. 그리하여 늦은 나이에도 감히 우리 헌법이 걸어온 길을 국민의 한 사람으로서 있는 그대로 살펴보고자 이 글을 쓰게 되었다.

(2) 그리하여 제1공화국정부는 국회법·정부조직법·법원조직법·국군조직법 등 신생공화국의 통치기반을 다지기 위한 많은 법률을 제정하고, 특히 당시 가장 시급한 현안이었던 초등교육을 의무교육으로 하는 교육법을 제정하여 강력하게 추진하고, 또한 耕者有田의 원칙을 정한 헌법 제86조에 근거하여 농지개혁법을 제정하여 임대농지를 농민에게 분배하여 자경농화하는 농지개혁을 실시하는 중에 뜻하지 않은 6.25동란이 발생하여 전란을 치르게 되었다. 그런데 전란 중에도 제헌헌법의 대통령간선제로 대통령에 당선된 이승만 대통령은 당시에는 재당선에 필요한 국회의원의 지지가 없게 되자 재집권을 위하여 대통령직선제를 규정한 이른바 拔萃개헌안을 불법 통과시켰고, 동란이 끝난 후에도 또다시 헌법규정을 어기면서 이승만 대통령의 정권연장을 위한 이른바 四捨五入개헌안을 통과시켰다. 그 후 자유당의 이승만 정부는 1960년 3월 15일 실시된 선거(3.15부정선거)에서 과잉충성자들에 의한 계획적인 사전투표·공개투표·개표조작 등 온갖 부정을 행사하였으며 이러한 헌법파괴행위에 맞서 학생을 중심으로 한 온국민의 호헌운동인 4.19혁명으로 이승만 정부는 무너지고 말았다.

이러한 이승만 대통령의 정권연장을 위한 불법적인 헌법훼손행위인 개헌과, 특히 3.15부정선거와 이에 항거하는 많은 대학생의 희생은 제1공화국 정권의 씻기 어려운 커다란 오점이 되었다.

그런데 이승만 정권은 이와 같은 과도 많았으나, 공도 또한 적지 아니하였다 할 것이다.

우선 이승만 대통령은 동서냉전으로 한반도가 남북한으로 분단될 수밖에 없던 역사적 상황 속에서 내외정세에 대한 예리한 통찰과 자율정부수립이라는 신념을 바탕으로 대미외교를 통하여 대한민국정부를 수립하는 데 크게 공헌하였다. 특히 그는 UN 감시하의 자유총선거를 통하여 대한민국을 수립함으로써 대한민국을 UN이 결의한 한반도의 유일한 합법정부의 지위를 얻게 한 점도 크게 평가되어야 한다. 이 점은 소련의 위성정권으로 출발한 북한과 너무나 대조되기 때문이다.

나아가 건국의 기틀을 자유민주주의와 시장경제를 지향하는 헌법을 갖는 국가로 세움으로써 공산독재를 추구한 북한과는 달리 오늘날 세계사의 중심대열에 올라서서 국가의 경제수준을 G20반열에 끌어올린 기초를 다진 것이다. 이 점에서 우리는 초대 대통령으로서의 이승만 정권의 공헌을 인정치 않을 수 없다.

또한 북한의 기습남침으로 시작된 6.25동란에서 공산침략자를 물리치고 대한민국을 지킨 지도력과 전시외교능력에 대하여서도 우리는 이승만 대통령의 공로를 각별히 인정하여야 한다. 특히 미국과 한미상호방위조약을 체결함으로써 6.25동란 후 60년 동안 한반도에서의 전쟁재발을 방지함으로써 한국이 오늘과 같은 경제발전을 이룩할 수 있는 안보환경을 조성한 점도 중요 공헌으로 평가하여야 할 것이다.

그리고 또한 건국의 기초를 마련하는 내정개혁에서 보인 성과도 그의 주요 치적으로 기억되어야 할 것이다. 이러한 내정개혁은 한국에서 60년대부터 시작된 개발연대가 이승만 대통령 집권기에 그 기초가 마련되었음을 알 수 있다 하겠다.

이승만 정부는 당시 우리나라와 같은 경제적 빈곤국에서는 특히 민주주의가 성장하기 위한 가장 중요한 전제조건이 되는 경제개발에 대하여서도 많은 노력을 하여 상당한 성과를 거두었다고 하겠다. 즉, '경제부흥5개년계획' '산업개발 3개년계획' 등을 입안하여 비록 당시에는 실행에 옮기지는 못하였으나 다음 정부에서 경제개발계획을 입안하는 데 바탕이 되게 하였고, 또한 농지개혁을 적기에 시행하여 당시 농민들에게 희망을 갖게 하고, 자립적이고 독립적인 민주국가의 국민 형성에 기여하였으며, 또한 초등교육의 의무교육제도와 함께 장차 국가발전의 전문인력을 양성하게 하는 데에도 커다란 역할을 하였다.

(3) 제2공화국정부는 1960년 6월 15일 개정, 공포된 헌법에 의하여 탄생하였다.

제2공화국헌법은 4.19혁명으로 탄생하였으며, 그리하여 국민의 요구를 받아들여 국민의 기본권 보장을 위하여 권력구조를 종래의 대통령제에서 의원내각제로 개정하였다. 제2공화국헌법은 겨우 1년이라는 단명에 그쳤다. 1961년에 5.16군사쿠데타가 발생하여 장면 정부가 무너졌기 때문이다. "제2공화국의 내각제는 허약하고 무능한 것으로 매도되고 있으나, 이 시기가 우리나라 역사상 가장 자유로운 시대가 아니었던가 생각된다…. 당시 의원내각제가 허약했던 것은 여당이었던 민주당이 민주당과 신민당으로 분당하였기 때문이며,

대통령이던 윤보선 씨가 이승만 대통령과 같이 군통수권을 가지려고 했기 때문이라 하겠다. 또 신문과 방송들이 지나치게 정부를 몰아붙인 것도 한 원인이며, 장면 씨가 허약했기 때문이지, 결코 제도 그자체가 나빴던 것은 아니었다."는 견해[3]가 유력하다.

여하튼 장면 정권은 불안정한 내각, 분열되고 파당화된 여당, 매일같이 발생하는 시위로 인한 사회불안 등으로 계획한 정책을 강력하게 추진하지 못하고 1년도 못 되어 무너지고 말았다. 여기에서 제2공화국 장면 정권은 무능하고 혼란스러운 정부였는가에 대한 견해가 갈린다. 제2공화국은 자신이 만든 헌법을 정파간의 갈등 때문에 스스로 실천하지 못하여 본의 아니게 '헌정을 훼손'하였다는 견해도 있고, 이승만의 권위주의 정권이 막을 내리고 민주화시대가 개막되어 장면 정권은 1961년 초에 들어서면서부터 차차 자리를 잡아가고 있었으며, 따라서 초기의 사회혼란은 '민주주의를 위한 당연한 진통'으로 파악하여야 한다는 반론도 있다.

(4) 5.16군사혁명 정권시대와 제3공화국시대 및 제4공화국시대는 다 같은 박정희 정권의 연속이므로 함께 고찰하기로 한다.

1961년 5.16군사쿠데타로 정권을 장악한 군사혁명위원회는 6개항의 혁명공약을 발표하고, 6월 6일에는 국가재건비상조치법을 제정하여 국가재건최고회의를 설치하고 최고회의에 입법·행정·사법행정권을 부여하였으며, 제2공화국 헌법은 비상조치법에 위반되지 않는 범위에서만 효력을 갖는다고 하여 헌정을 중단시켰다.

최고회의는 1962년 7월 11일에 최고회의에 헌법심의위원회를 구성하여 헌법개정안을 마련하였으며, 12월 6일에 최고회의의 의결을 거쳐 1962년 12월 17일에 국민투표를 거쳐 확정, 공포하고, 1년 후인 1963년 12월 17일부터 시행하였는 바 그 헌법이 바로 민정이양헌법인 제3공화국헌법이다.

1969년에는 박정희 대통령의 3선을 가능하게 하는 개헌이 있었다. 학생들의

---

3) 김철수, 헌정50년의 회고와 전망, 숭실대학교 법학연구소 법학논총 제12집 p.10

강력한 반대에도 불구하고 9월14일 국회 제3별관에서 여당단독으로 통과시킨 후 10월 17일에 국민투표에 붙여 확정되어 10월 21일에 공포·시행되었다.

그 후 박정희 대통령은 1972년 10월 17일에는 헌법 일부조항의 효력을 정지시키는 비상조치를 단행한 뒤 비상계엄을 선포하고, 10월 27일에는 헌법개정안을 공고하고 11월21일에는 헌법개정안에 대한 국민투표가 실시되어 개헌안이 확정되어 12월 27일에 공포·시행되었다. 이 헌법이 제4공화국헌법인 이른바 유신헌법이다. 제4공화국헌법은 국민의 기본권 보장을 약화시키고 집권자의 3권장악을 가능하게 하는 입헌주의에 반하는 헌법이었다고 하겠다.

박정희 정권은 5.16 군사정부시대부터 안보와 경제성장을 명분으로 정치권력의 절대화와 집중화를 시도하고 1962년부터 경제개발5개년계획을 마련하고 강력하게 추진하여 우리나라의 경제성장을 획기적으로 높여 왔다. 그러던 중 1960년대 말부터 주변의 안보상황이 우리에게 매우 불리하게 변모하여 가고 또한 외화의존 및 노동집약적 경공업제품 수출위주의 수출경제는 한계를 드러냈다. 이와 같은 대내외의 도전을 극복하기 위하여 박정희 대통령이 추진한 것이 바로 정치적으로는 유신이라는 권위주의의 강화와 경제적으로는 중화학공업화 추진으로 나타났다고 하겠다. 중화학공업화 추진은 기계·조선·전자·화학·철강·비철금속 등의 6대 전략업종에 집중 투자함으로써 이미 국제경쟁력이 약화된 경공업에 갈음하여 중화학공업을 수출산업으로 중점 육성하여 선진국그룹을 지름길로 따라잡아 우리나라도 선진국그룹에 들어가겠다는 것이었다. 그것을 위하여서는 강화된 권위주의체제인 유신체제만이 줄 수 있는 각종 정책적 특혜와 사회정치적 안정의 도움이 절대적으로 필요하다는 것이었다. 따라서 당시 유신체제의 도입은 국가권력을 조직화·집중화하여 국가안보 강화와 중화학공업화를 추진하기 위하여 행하여진 것이다.

제4공화국헌법의 정부형태의 성격에 대하여서는 많은 견해가 있는 바, 많은 분이 제4공화국헌법을 '입헌적 독재'헌법으로 보고 있다. 그런데 이러한 입헌적 독재를 채택한 이유에 대하여서는, 박정희 대통령 개인의 장기집권을 위한 제도였다고 보는 견해가 다수인 것으로 보이나, 유신이라는 입헌적 독재 내지는 권위주의적 정부형태를 경계의 눈으로 악의 존재로만 보아서는 안 되고 당시의 우리나라와 같이 후진적 빈곤국가에 있어서는 선진국가를 지름길로 따라잡기 위하여서는 꼭 넘어야할 고난의 산이라고 여겨야 하지 않을까 생각된다. 따라서 유신이라는 입헌적 독재는 우리나라의 先산업화 後민주화를 위한, 특히 통치조직 면에서의 민주헌법의 일시적 留保였다고 보아야 할 것으로 본다.

　(5) 제5공화국헌법은 10.26사태 후 이른바 신군부의 12.12군사반란과 5.17사태로 신군부세력이 정권을 장악하여 탄생하였다.

　1979년 10월 26일 이른바 10.26사태로 유신정권이 무너지고 서울의 봄을 기대하였으나, 12.12군부반란과 5.17사태로 신군부세력이 등장하여 그들의 압력으로 1980년 8월 16일 최규하 대통령이 학생시위, 광주민주화운동 진압에 책임진다는 이유로 하야하게 되었으며, 그 후 8월 27일 바로 통일주체국민회의는 전두환 장군을 대통령으로 선출하고 9월 1일에 대통령에 취임하여 신군부가 정권을 장악하게 되었다. 그리하여 10월 27일에는 7년 單任의 대통령간선제를 골자로 한 헌법개정안을 국민투표를 통하여 확정·공포하였으며, 1981년 2월 11일 대통령선인단선거와 2월 25일 선거인단을 통한 대통령선거가 실시되었다. 그리고 3월 3일 전두환 씨가 12대대통령으로 취임함으로써 제5공화국이 정식 출범하였다.

　제5공화국헌법이 대통령의 선출을 대통령선거인단에 의한 간선제로 하여 7년 단임제로 하여 舊헌법에서의 대통령의 간선제를 개정하지 못하고 계속 이어온 것은 12.12사태와 5.17사태로 권력을 장악한 신군부세력이 쉽게 정권을 장악하고 사실상 군정을 연장하려는 의도였다고 할 것이어서 대통령간선제는 제5공화국헌법의 제도 중 그 뜻이 가려진 비민주적 제도로서 폭발성이 강한 저항의 표적이었다고 하겠다.

　제5공화국정부는 12.12군사반란과 5.17사태 및 5.18광주사태 등으로 불법적으로 탄생한 정부이기는 하지마는 국정수행에 있어서는 상당한 업적을 이루었다고 하겠다.

　제5공화국정부는 박정희 정부에서 15여 년에 걸쳐 정부주도로 추진하여 오던 중화학공업육성사업을 이어받아 그동안의 경제발전과 시대환경변화에 맞추어 이제는 정부개입 없이 민간기업 주도로 추진할 수 있다고 보아 시장경제 원리에 따라 기업의 자율경영에 맡기고 최소한의 정부개입만 인정하도록 개선하여 크게 발전시켰다. 또한 박정희 정부에서 추진하여 온 제4차경제개발5개년계획(1977~1981)을 이어받아 제2차국제석유파동 등에 따른 어려움을 극복하고 잘 마무리하였다. 이어서 제5차경제사회발전5개년계획(1982~1986)을 시행하였는 바, 이 계획의 가장 큰 성과는 한국경제의 고질적 문제였던 물가를 획기적으로 안정시킨 것이며, 이를 바탕으로 1986년부터 3低현상의 유리한 국제환경변화를 맞아 경상수지의 흑자전환, 투자재원의 자립화로 경제의 질적 구조를 튼튼하게 하였다. 그리고 이에 뒤따라 제6차경제사회발전5개년계획(1987~1991)을 시행하였는바, 그 성과로 경제성장률은 목표 7.5%를 상회하여 10%를 달성하였으며, 실업률은 2.4%로 고용안정을 가져왔고, 저축증대에 노력한 결과 국내저축률은 당초 예상보다 높은 36.1%에 이르렀다.

그리고 전두환 정부에서는 1986년 아시안게임, 1988년 서울올림픽게임을 유치하여 우리나라의 국격과 경쟁력을 높였다. 또한 주택임대차보호법을 처음으로 제정하여(1981. 5. 1.) 주택임차인을 보호하였고, 사회적으로는 야간통행금지를 풀었으며, 교복자율화를 시행하였고, 과외금지조치도 시행하였다.

그리고 또한 단임제개헌을 받아들였고, 단임으로 평화적으로 정권을 교체하는 전통을 세우는 등 공도 많았다. 따라서 과는 과대로 엄격하게 평가하고, 공은 공대로 높이 평가하여야 할 것이다

(6) 제6공화국헌법은 1987년 6월 국민항쟁과 이에 굴복하여 정부가 직선제를 받아들이는 6.29선언에 의하여 탄생하였다.

제5공화국의 대통령간선제에 반대하여 직선제를 주장하는 국민과 야당의 1987년 6월항쟁에 굴복하여 정부도 직선제개헌을 받아들여 6.29선언을 하게 되었다. 그리하여 여야 합의로 대통령직선제헌법개정안이 10월 12일에 국회에서 의결되어 10월 27일 국민투표에서 확정되고 10월 29일 공포되어 현행헌법인 제6공화국헌법이 탄생하였다.

우리나라는 그때까지 과거의 빈곤에서 탈출하고 거의 세계선진국 반열에 들

어갈 수 있는 산업화를 이룩하게 되었고 제6공화국헌법에 의하여 드디어 명실공히 실효성과 규범력이 강화된 민주화된 헌법을 가지게 되었다고 할 것이다.

우리는 흔히 1987년 6월항쟁과 이에 정부가 굴복하고 6.29선언으로 직선제 개헌을 받아들여 현행헌법인 제6공화국헌법이 탄생함으로써 우리나라가 민주화를 이룩하였다고 본다. 그러나 '민주화를 이룩하였다'는 뜻은 제헌헌법 이후 우리는 꾸준히 노력하여 그때 와서 비로소 민주화가 거의 완성되었다는 뜻이며 제6공화국헌법에 의하여 갑자기 민주화가 되었다는 뜻은 아니라고 할 것이다.

우리나라가 제헌헌법에 의하여 출발할 당시에 우리나라의 선진적 민주헌법의 도입은, 비유적으로 말하면, 서구선진국에서는 벌써 큰 나무로 무성하게 자란 자유민주주의 나무의 어린 묘목을 풍토가 다른 우리나라의 가시덤불 속 같은 척박한 땅에 옮겨 심은 격이라고 할 것이다. 그리하여 우리나라의 민주화는 그와 같은 여건하에서 제헌헌법 시행 이후 제6공화국헌법이 탄생할 때까지 여러 가지 난관을 거치면서도 끊임없이 한 걸음 한 걸음 발전하여 온 결과로 이루어진 것이다. 제1공화국헌법에서 출발하여 그동안 우리 헌정은 여건이 갖추어지지 않은 그야말로 험한 비탈길을 올라오면서 더러는 넘어지기도 하고 더러는 구르기도 하면서 많은 고난을 겪으면서 우리 국민과 역대정부가 민주화의 길을 다듬어 왔다고 할 것이다. 국가기관과 국민들은 점차 민주주의와 자유경제질서의 참뜻을 알게 되고 그 생활에 익숙하여졌으며, 우리 국민들은 헌법을 훼손하는 집권세력에 대하여서는 결코 좌시하지 않고 큰 희생을 치르면서도 민주화운동을 통하여 저항하였고 집권세력은 결국 이에 굴복하여 왔다. 그런데 그 집권세력 중에서 특히 박정희 정권은 한편으로 헌법을 훼손하면서도 다른 한편으로는 민주화를 위한 필수요건인 빈곤에서 탈출하기 위한 중화학공업화 중심의 산업화발전을 이룩하기 위하여 온 힘을 기울였다. 따라서 우리는 그동안의 헌정사를 돌아보면서 헌법훼손사태에만 너무 치중하여 보지 말고 그동안에 민주화를 위한 필수요건인 산업화를 위한 노력에 대하여서도 그러한 산업화는 결국 민주화를 위한 노력이었음을 인정하여야 할 것으로 본다. 따라서 제6공화국헌법에 의하여 우리나라의 민주화는 우리나라의 정부와 국민의 준법의 향상과 이를 바탕으로 그동안 집권세력의 수많은 헌법훼손에 저항한 민주화운동세력과, 한편으로 헌법을 훼손하면서도 다른 한편으로 우리나라의 빈곤탈출을 위한 산업발전을 이룩한 산업화세력이 함께 이룩한 합작품이라고 인정하여야 할 것이다.

그리하여 큰 틀에서 보면 우리 헌법은 제헌헌법이래 꾸준히 계속하여 그동안의 어려움 속에서도 국가의 최고상위법규범으로서 국가운영의 근거를 제공하여 왔으며 나라발전의 근거를 제공하였고 헌법의 실효성과 규범력을 높여 왔다고 할 것이다.

제2절 제헌헌법

I. 헌법제정경과

일본이 무조건 항복한 후 한국을 남북으로 나누어 군정을 실시하고 있던 美蘇양국이 1945년 12월 16일 모스코바 三相會議에서 한국을 일본의 지배에서 해방시켜 민주주의 원칙에 의하여 독립국가로 발전시킬 것, 이를 달성하는 방법으로 미소공동위원회를 개최하고 임시정부수립을 도모할 것, 그리고 한국이 완전한 독립국가가 될 때까지 임시조치로서 미·소·영·중의 4개국 공동관리를 최장 5년 이내로 실시할 것으로 되어 있었다. 그리하여 이른바 한국의 신탁통치를 위한 미소공동위원회가 개최되었으나 미소 간의 의견대립으로 결국 결렬되었고, 이에 미국의 제안으로 한국문제가 UN총회에 상정되었고, UN총회는 1948년 2월 26일 선거실시가 가능한 남한만의 선거를 실시하자는 미국의 제안을 결의안으로 채택하였다. 이 결의안에 따라 임시한국위원단은 1948년 5월 10일 남한만의 총선거실시를 결정하게 되었고 여기에서 대한민국제헌헌법의 제정은 시작되었다. 선거는 남조선과도정부법률인 입법의원선거법을 골자로 하여 미군정이 만든 1947년 3월 17일 軍政法令 제175호 '국회의원선거법'에 따라서 실시되었다. 이 선거법에서는 국회의원의 수를 총 298명으로 정하였으나, 북한지역에 배정된 100명을 제외하고, 당시에는 198명만 선출하였다.

1948년 5월 10일 총선거가 실시된 후 5월 31일 최초로 개원한 제헌국회의 최대임무는 대한민국의 법적기초가 될 헌법의 제정이었다. 제헌국회는 곧바로 헌법제정작업에 착수하여 우선 헌법과 정부조직법 기초위원 30명과 전문위원 10명을 선출할 것을 결의하고, 6월 1일에는 기초위원을 선출할 전형위원을 각 도별로 1명씩 10명을 선출하였다. 그리고 전형위원 10인은 6월 3일에 기초위원 30명을 선출하여 헌법기초위원회를 구성하고, 기초위원회에서는 전문위원 10명을 선정, 위촉하였다.

헌법기초위원회는 6월 3일부터 22일까지 전문위원 兪鎭午안을 원안으로 하고, 전문위원 權承烈안을 참고안으로 하여 헌법초안 작성에 들어갔다. 이 兩案은 모두 정부형태는 의원내각제, 국회는 양원제, 위헌법률심사권은 대법원에 부여하며, 경제조항을 포함하는 안이었다.

그러나 헌법기초위원회의 토론과정에서 당시 대통령이 될 것이 유력하였던 이승만 국회의장이 "내각책임제하에서는 어떠한 지위도 맡지 않겠다."고 강력하게 반대하고 나서자 정부형태는 대통령제로, 국회는 단원제로 그리고 위헌심사권은 헌법위원회에 부여하는 체제로 골격이 바뀌게 되었다. 이러한 이유에서 제헌헌법은 건국초기의 신속한 국정처리를 위하여 국회를 단원제로 하고, 정국의 안정을 위하여 대통령제를 채택하면서도, 국무원제도를 두는 등 의원내각제의 요소를 가미하게 되었다.

이렇게 작성된 헌법초안은 6월 23일 제16차 국회본회의에 상정되었다. 상정된 헌법초안은 7월 12일에 3독회를 모두 끝내고 국회를 통과하였다. 국회본회의의 심의과정에서 새로 규정된 것은 외국인의 법적지위보장에 관한 조항을 첨가한 것(제7조 제3항), '초등교육은 의무적이다'라는 문구에 '적어도'라는 문구를 삽입한 것(제16조 제1항 후단), 사기업에 있어서 근로자의 이익均霑권을 규정한 것(제18조 제2항), 혼인과 가족의 건강을 보호하는 규정을 신설한 것(제

20조), 국무총리 임명에 국회의 승인을 필요로 한 것(제69조), 국회에서 예산통과가 늦을 때에는 假豫算을 의결하도록 한 것(제94조) 등이다.

이렇게 국회를 통과한 대한민국헌법은 7월 17일 오전 10시 국회의사당 앞에서 공포식을 갖고 공포되었으며, 그 즉시 시행되었다. 이렇게 하여 대한민국의 오늘과 내일을 주관할 법적기초가 놓여지게 된 것이다.

Ⅱ. 제헌헌법의 주요내용

1. 헌법 前文

(1) 대한민국의 역사적정통성과 임시정부의 법통계승　제헌헌법 前文은 "유구한 역사와 전통에 빛나는 우리들 대한국민은 己未 三一 운동으로 대한민국을 건립하여 세계에 선포한 위대한 독립정신을 계승하여…"라고 시작하고 있다. 이는 역사적 동질성을 면면히 유지하여 오고 있는 우리 민족을 대한민국이라는 새로 건설되는 국가의 구성원이요 주인으로 하고, 바로 이 국가의 역사적 정통성은 3.1독립운동에 기반을 두고 출범된 임시정부에서부터의 계속성을 강조하고 있는 것이다.[4]

(2) 민주독립국가의 건설　헌법 전문에서는 또한 이 헌법에 의하여 수립되는 대한민국은 "민주독립국가"라고 하고 있다. 여기에서 민주독립국가란 새롭게 출범하는 대한민국은 대내적으로 민주국가이며 대외적으로 독립된 주권국가를 의미하므로 대한민국이 민주공화국임을 선언하고 있는 헌법 제1조와 함께 우리나라가 갖게 되는 국가로서의 기본적 성격과 국가 형태를 명시한 것이라고 할 수 있다. 이와 같은 대한민국의 민주적 성격은 "모든 사회적 폐습을 타파하고 민주주의 諸제도를 수립한다."는 부분에서도 잘 들어나고 있다.[5]

(3) 정의사회와 평등사회의 구현　헌법 전문 제3단은 우리가 건설하려

---

4) 김영수, 수정증보 한국헌법사, 학문사, (2017) p. 402 참조.
5) 한태연, 헌법학, 법문사, (1983), p. 148

는 민주주의의 구체적 내용을 적시한 것으로서 "정치·경제·사회·문화의 모든 영역에 있어서 各人의 기회를 균등히 하고 능력을 최고도로 발휘케 하며 각인의 책임과 의무를 완수케 하여 안으로는 국민생활의 균등한 향상을 기하고…"라고 하고 있다. 이에 대하여 우리나라가 정치적 민주주의와 함께 경제적, 사회적, 민주주의를 입국의 기본으로 채택하였음을 명시한 것이며[6] 나아가서 국민생활의 모든 분야에 있어서 국민의 기본권을 존중하고 국민의 의무를 강조하여 민주주의와 자유주의 및 평등주의를 명시한 것이기도 하다. 특히 여기에서 말하는 민주주의와 자유주의 및 평등주의의 이념은 국민의 기본적 권리를 존중함에 있어서 자유권뿐만 아니라 사회권도 존중한다는 데 그 특징이 있다.[7] 그런 의미에서 헌법 전문은 사회적 정의 및 정의사회 구현을 민주사회의 구체적 목표로 설정하고 있는 것이다.[8]

(4) 국제평화의 존중　　헌법 전문은 또한 국제관계와 관련하여 "…항구적인 국제평화의 유지에 노력하여 우리들과 우리들의 자손의 안전과 자유와 행복을 영원히 확보할 것…"이라고 명시함으로써 국제평화주의적 입장을 천명하고 있다. 국제평화주의는 침략전쟁보다는 방어적이고 평화를 즐기는 대한민국의 역사적 전통과도 일치할뿐만 아니라 제2차세계대전 직후의 세계질서의 중요한 조류였다는 점에서 제헌헌법이 지향하여야 할 중요한 지표 중의 하나였다.[9]

2. 총강

제1장 총강은 7개 조항으로 구성되어 있다.

제1조에서는 "대한민국은 민주공화국이다."라고 규정하여, 대한민국의 국가형태가 공화제라는 점과 공화제 중에서도 민주적 틀에 바탕을 둔 민주공화국임을 선언하고 있다.

---

6) 유진오, 신고헌법해의, p. 42, 43
7) 이경호, 헌법강의, (1953), p. 45
8) 김영수, 전게서, p. 423
9) 김영수, 전게서, p. 424

제2조에서는 "대한민국의 주권은 국민에게 있고, 모든 권력은 국민으로부터 나온다."

제3조에서는 "대한민국 국민 되는 요건은 법률로써 정한다."

제4조에서는 "대한민국의 영토는 한반도와 그 부속도서로 한다."고 규정하였다.

제5조에서는 "대한민국은 정치·경제·사회·문화의 모든 영역에 있어서 각인의 자유, 평등과 創意를 존중하고 보장하여 공공복리의 향상을 위하여 이를 보호하고 조정하는 의무를 진다."고 규정하였다.

이 규정에 대하여 유진오 박사는 우리나라의 기본적 성격을 정한 중요한 규정이라고 하면서 정치적 민주주의와 경제적 민주주의의 조화를 기도한 것으로서 외국헌법에서 보기 어려운 독창적 규정이라고 하였다.[10]

제6조에서는 "대한민국은 모든 침략전쟁을 부인한다." "국군은 국토방위의 신성한 의무를 진다."

제7조에서는 "비준 공포된 국제조약과 일반적으로 승인된 국제법규는 국내법과 동일한 효력을 가진다." "외국인의 법적지위는 국제법과 국제조약의 법위 내에서 보장한다."라고 규정하였다.

제6조와 제7조의 규정은 우리나라가 국제평화의 유지에 적극 노력한다는 점을 내외에 선언하는 규정이라고 할 것이다.

3. 기본권

제헌헌법은 23개 조문으로 구성되어 있는 제2장 '국민의 권리의무' 장에서 국민의 자유와 평등을 실현하기 위하여 광범위한 권리를 국민에 부여하고 아울러 기본적 의무를 규정하고 있다.

제8조에서는 평등원칙을 선언함과 동시에 성별·신앙·사회적 신분에 의한 차별금지, 사회적 특수계급의 부인, 榮典一代의 원칙 등을 규정하고 있다.

그리고 자유권적 기본권으로서 신체의 자유(제9조), 거주와 이전의 자유(제10조), 통신의 불가침(제11조), 신앙과 양심의 자유(제12조), 언론·출판·집회·

---

10) 유진오, 전게서 p.31

결사의 자유(제13조), 학문과 예술의 자유(제14조), 재산권의 보장(제15조) 등을 규정하고 있다. 여기에서의 재산권의 보장은 私有財産權의 보장을 의미한다. 사유재산권 보장은 자유시장경제의 출발점이고 기반이다.

다음으로 사회적 기본권으로는 교육을 받을 권리(제16조), 근로의 권리(제17조), 근로자의 근로3권과 근로자의 이익분배균점권(제18조), 생활무능력자 등에 대한 국가의 보호(제19조), 그리고 혼인의 순결과 가족의 건강을 보호받을 권리(제20조) 등이 규정되어 있다. 특히 제16조에서 "적어도 초등교육은 의무적이며 무상으로 한다."고 규정하였는데, 당시 이러한 초등교육의 의무교육제도의 채택은 국민의 인간다운 생활과 나라발전에 매우 중요한 의미를 가진다고 할 것이다.

다음으로 청구권적 기본권으로는 청원권(제21조), 재판청구권(제22조), 형사보상청구권(제24조)을 각각 규정하고 있다. 그리고 제24조에서는 죄형법정주의와 一事不再理의 원칙에 대하여 규정하였다.

다음으로 제28조는 제1항에서 "국민의 모든 자유와 권리는 헌법에 열거되지 아니한 이유로 경시되지 아니한다." 그리고 제2항에서 "국민의 자유와 권리를 제한하는 법률의 제정은 질서유지와 공공복리를 위하여 필요한 경우에 한한다."고 규정하여 헌법에 열거되지 아니한 국민의 자유와 권리도 존중됨을 강조하고, 헌법이 보장하고 있는 기본권도 제한될 수 있지마는 제한하는 경우에도 그 한계가 있음을 명시하고 있다.

제헌헌법은 국민의 권리와 함께 기본적 의무도 규정하고 있는데, 국민의 기본적 의무로는 납세의 의무(제29조), 국방의 의무(제30조), 재산권행사의 공공복리에의 적합의무(제15조 제2항), 교육의 의무(제16조제1항) 등이 있다.

4. 통치구조

(1) 국회

제헌헌법 제3장(제31조~제50조)은 국회에 관하여 규정하였다. 유진오 전문위원의 원안은 양원제였으나 제헌국회에서는 단원제를 채택하였다.

국회는 국민의 보통·비밀·평등·직접선거에 의하여 선출된 4년 임기의 의원으로 구성되었다(제32조, 제33조). 그러나 제헌국회의 의원임기는 국회개원일로부터 2년으로 규정하였다(제102조). 국회의원은 불체포특권(제49조)과 면책특권(제50조)을 가진다.

국회의 주요권한은 다음과 같다.

㈎ 입법에 관한 권한   국회는 입법에 관한 권한으로서 헌법개정권(제98조), 법률제정에 관한 권한(제31조, 제39조, 제40조), 긴급명령에 대한 승인권(제57조) 등이 있다. 국회는 헌법개정권한도 가졌다. 국회는 재적의원 3분의 1 이상의 의결로 개정안을 제안할 수 있고, 재적의원 3분의 2 이상의 의결로 헌법을 개정할 수 있었다(제98조). 국회의 의결로 헌법은 개정되고 국민투표 등의 절차는 없었다.

㈏ 재정에 관한 권한   예산심의권 및 의결권(제91조, 제94조), 가예산의결권(제94조), 긴급재정처분에 대한 승인권(제57조), 기채동의권과 예산외 국가의 부담이 될 계약의 동의권(제92조), 예비비지출 승인권(제93조), 결산심사권(제95조) 등이 있다.

㈐ 행정부견제권을 포함한 일반국무에 관한 권한   대통령 및 부통령 선출권(제53조), 국무총리 임명 승인권(제69조), 대법원장임명 승인권(제78조), 조약에 대한 비준과 선전포고에 대한 동의권(제42조), 국정감사권(제43조), 국무총리·국무위원·정부위원의 출석·답변요구권(제44조) 등이 있다.

㈑ 사법에 관한 권한   중요공무원탄핵소추권(제46조), 일반사면에 대한 동의권(제63조) 등이 있다.

㈒ 국회의 자율권   의원자격심사권, 의사규칙제정권, 의원징벌권(제45조), 임시회집회요구권(제35조), 의장·부의장 선거권(제36조), 가부동수인 경우의 국회의장의 결정권(제37조) 등이 있다.

(2) 정부

제헌헌법 제4장(제51~제73조)은 정부에 관하여 규정하였으며, 대통령, 국무원, 행정각부의 순으로 규정하였다. 제헌헌법은 애초에 의원내각제를 채택하려고 하였기 때문에 의원내각제적 요소가 많이 들어 있다. 국무원이 의결기관으로서의 지위를 가졌고(제68조, 제71조), 副署제도가 도입되었으며(제66조), 국무총리의 임명은 대통령이 하더라도 다시 국회의 승인을 받도록 한 것, 특히 총선거로 새로운 국회가 구성될 경우에 국무총리는 다시 승인을 받도록 한 것(제69조) 등이다.

㈎ 대통령　　대통령은 행정권의 수반이며, 외국에 대하여 국가를 대표하고(제51조), 대통령과 부통령은 국회에서 각각 선출하는 간접선거의 방식을 채택하였다(제53조). 정·부통령 모두 임기는 4년이며, 1차에 한하여 중임할 수 있다.

대통령의 중요한 권한으로는 (1) 국회에 대한 권한으로 ① 임시집회요구권(제35조), ② 국회출석 발언·서신권(제60조). (2) 입법에 관한 권한으로 ① 법률안제출권(제39조). ② 법률공포권 및 법률안거부권(제40조). ③ 긴급명령권(제57조). ④ 위임명령 및 집행명령제정권(제58조). ⑤ 헌법개정안제안권과 헌법개정공고 및 개정공포권(제98조). (3) 재정에 관한 권한으로 ① 예산안제출권(제92조), ② 긴급재정처분권(제57조), ③ 기채권과 예산외 국가부담이 될 계약체결권(제92조), ④ 예비비지출권(제93조), ⑤ 결산안제출권(제95조). (4) 외교 및 국방에 관한 권한으로 ① 조약체결 및 비준권(제59조), ② 선전포고 및 강화권(제59조), ③ 외교사절의 신임 및 접수권(제59조), ④ 국군통수권(제61조). (5) 공무원임명에 관한 권한으로 ① 공무원임면권(제62조), ② 국무총리임명권(제69조), ③ 국무위원임명권(제69조), ④ 행정각부장관임명권(73조), ⑤ 대법원장임명권(제78조), (6) 기타권한으로 ① 사면·감형·복권에 관한 권한(제63조), ② 계엄선포권(제64조), ③ 훈장 및 기타 영전수여권(제65조) 등이 있다.

㈏ 국무원　　국무원은 대통령과 국무총리 및 국무위원으로 구성되는 합의체로서 대통령의 권한에 속하는 중요국가정책을 의결하는 기관으로서, 국무위

원은 대통령이 임명하며 국무위원의 총수는 국무총리를 포함하여 8인 이상 15인 이내로 한다. 군인은 현역을 면한 후가 아니면 국무총리 또는 국무위원에 임명될 수 없다(제69조). 국무회의는 대통령이 소집하고 대통령이 그 의장이 되어 대통령의 권한에 속하는 중요정책을 의결한다(제70조). 국무회의의 의결을 거쳐야 할 사항은 헌법 제72조에 열거되어 있다.

　　㈐ 행정각부　　행정각부의 장은 국무위원 중에서 대통령이 임명한다(제73조). 행정각부장관의 권한으로는 部令을 발하는 권한(제74조), 행정감독권, 법령에 의하여 각종 행정행위를 하고 국가사업을 경영·관리하는 권한 등이다.

　　(3) 법원
　　제헌헌법은 제5장(제76조~제83조)에서 법원을 중심으로 하는 사법부에 대하여 규정하고 있다. 사법권은 대법원을 정점으로 법관으로 조직된 법원이 행사하며 법관의 자격은 법률로써 정하도록 하고 있다(제76조). 대법원장인 법관은 대통령이 임명하고 국회의 승인을 얻어야 하며(제78조), 법관의 임기는 10년으로 하되 법률에 의하여 연임할 수 있다(제79조). 또한 법관은 헌법과 법률에 따라서 재판하며(제77조), 탄핵·형벌·징계처분에 의하지 아니하고는 파면·정직 또는 감봉되지 아니하게 하여(제80조) 사법권의 독립을 보장하고 있다. 재판의 심리와 판결은 안녕질서나 풍속을 해하지 않는 한 공개하고(제83조), 법원은 명령·규칙과 처분이 헌법과 법률에 위반되는지의 여부를 심사하며 대법원이 이를 최종적으로 결정한다(제81조 제1항). 대법원은 법원의 내부규율과 사무처리에 관한 규칙을 제정할 수 있다(제82조).

　　(4) 헌법위원회
　　제헌헌법은 법원에 대하여 규정하고 있는 제5장에 위헌법률심사기관으로 헌법위원회를 규정하고 있다(제81조). 재판의 전제가 된 법률의 위헌여부에 대한 결정권을 헌법위원회에 부여하고 있다. 헌법위원회는 부통령을 위원장으로 하고 대법관 5명, 국회의원 5명으로 구성한다(제81조 제2항). 이와 같은 헌법위원회의 구성에서 보듯이 헌법위원회는 사법작용과 정치작용 간의 타협을 전제로 하고 있다고 하겠다. 이러한 점을 고려하여 볼 때 제헌헌법상의 헌법위원회제도는 법원이 위헌심사를 하는 미국식의 사법심사제와는 거리가 멀고, 서독식 헌법재판소의 구체적 규범통제 부분과 프랑스식 헌법위원회제도의 정치적 규범통제와의 절충이라고도 볼 수 있다.[11]

헌법위원회의 재판은 비공개로 하며, 위원 3분의 2 이상 출석으로 의사가 진행되고 위원 3분의 2 이상의 찬성으로 위헌결정이 된다(제81조 제4항). 위헌결정의 효력은 문제가 된 법조문의 장래효가 무효로 되는 것이 원칙이나 형벌법규는 소급하여 무효로 된다.

(5) 탄핵재판소

대통령·부통령·법관 등 특정한 고위공무원의 위법 및 위헌행위에 대하여 국회가 탄핵소추를 결의한 경우에 탄핵재판을 하는 권한을 가진 헌법기관이다(제47조). 부통령을 재판장으로 대법관 5인, 국회의원 5인으로 구성되며, 대통령과 부통령이 탄핵심판의 대상이 될 때에는 대법원장이 재판장의 직무를 행하다. 탄핵결정은 심판관 3분의 2 이상의 결정으로 이루어지며, 그 효력은 공직으로부터의 파면에 그친다(제47조 제3항, 제4항).

5. 경제 및 재정

제헌헌법은 경제에 관하여 많은 규정을 두고 있다. 前文에서 경제적민주주의를 건국의 기본이념으로 하고 있다는 점을 선언하고 있고, 제5조는 경제영역에 있어서 각인의 자유, 평등과 창의를 존중하고 보장하며 공공복리의 향상을 위하여 이를 보호하고 조정할 의무가 있다고 규정하였으며, 제84조는 "대한민국의 경제질서는 모든 국민에게 생활의 기본적 수요를 충족할 수 있게 하는 사회정의의 실현과 균형있는 국민경제의 발전을 기함을 기본으로 삼는다. 각인의 경제상 자유는 이 한계 내에서 보장된다."고 규정하였다. 통설적 견해

---

11) 김철수, 한국헌법사, 대학출판사, (1988), p. 113

는 이러한 규정들이 우리나라 경제질서의 근본이 사회정의 실현과 국민경제의 발전에 있음을 명확히 함과 함께 이 범주 내로 경제상의 자유를 제한하고 있는 것이 그 특징이라고 하고, 이러한 경제규정을 종합하여 보면 제헌헌법의 경제질서는 자유와 통제가 같은 비중으로 정립되어 있는 경제질서로 파악한다. 즉, 국가는 시장경제를 시장에만 맡겨놓은 것이 아니라 철저히 통제·조정하려고 한 것이라 한다.[12] 그러나 이러한 통설적 견해는 제헌헌법의 경제질서의 기본을 제84조의 규정만을 기준으로 파악한 것이라 할 것인 바, 제헌헌법의 경제질서의 기본은 제84조만을 기준으로 판단하여서는 아니 되고 당연히 제84조와 함께 제5조 등도 함께 기준으로 하여 판단하여야 할 것이다. 그렇게 보면 제헌헌법은 총강의 제5조에서 "대한민국은 …경제의 …영역에서 각인의 자유, 평등과 창의를 존중하고 보장하며"라고 규정하였으며, 제84조에서 "대한민국의 경제질서는 모든 국민에게 생활의 기본적 수요를 충족할 수 있게 하는 사회정의의 실현과 균형있는 국민경제의 발전을 기함을 기본으로 삼는다. 각인의 경제상 자유는 이 한계 내에서 보장된다."고 규정한 것을 보면 제헌헌법상의 대한민국의 경제질서는 각인의 자유·평등과 창의를 보장함을 기본으로 하되, 모든 국민에게 생활의 기본적 수요를 충족할 수 있게 하는 사회정의의 실현과 균형있는 국민경제의 발전을 기하기 위하여 필요한 범위 안에서 각인의 경제상 자유가 제한된다는 뜻이라 할 것이다. 이는 제3공화국헌법(1962. 12. 26. 공포, 1963. 12. 17. 시행)에서 제헌헌법상의 제5조와 제84조를 통합하여 제111조에서 "대한민국의 경제질서는 개인의 경제상의 자유와 창의를 존중함을 기본으로 한다. 국가는 모든 국민에게 생활의 기본적 수요를 충족시키는 사회정의의 실현과 균형있는 국민경제의 발전을 위하여 필요한 범위안에서 경제에 관한 규제와 조정을 행한다." 라고 규정한 것에서 쉽게 파악할 수 있다고 할 것이다.

　제헌헌법은 이러한 기본원칙아래서 구체적으로 중요한 자원과 자연력의 국유화(제85조), 농지의 분배(제86조), 중요한 공공성을 가진 기업의 원칙적 국·공영과 대외무역의 국가적 통제(제87조), 국방상 또는 국민생활상의 긴절한 필

---

12) 김영수, 전게서, p. 432. 김철수, 전게서, P. 126

요시 사영기업의 국·공유화(제88조) 등을 정하고 있다. 이중에서 제86조 "농지는 농민에게 분배하며 그 분배의 방법, 소유의 한도, 소유권의 내용과 한계는 법률로써 정한다."는 규정은 당시의 우리나라 사정으로 볼 때 특히 중요성을 가졌다.

또한 기본권의 장에서도 경제와 관련된 규정이 있다. 특히 재산권의 보장과 재산권행사의 공공복리적합의무 그리고 공공필요에 의한 개인의 재산권의 수용, 사용 또는 제한의 경우 그에 대한 보상규정, 즉 제15조 제3항 "공공필요에 의하여 재산권을 수용, 사용 또는 제한함은 법률이 정하는 바에 의하여 상당한 보상을 지급함으로써 행한다."는 규정은 매우 중요하다.

제헌헌법 제7장(제90조~제98조)에서 국회에 관한 규정과는 별도로 재정에 관한 규정을 두고 있다. 제90조에서는 조세법률주의를 규정하고 있으며, 예비비·계속비 그리고 국채모집 등에 있어서도 국회의 동의를 받도록 하고 있다. 또한 제95조에서는 국가의 수입·지출과 결산에 대한 심사기관으로서 審計院을 두도록 하였으며(제95조 제1항), 정부는 심계원의 심사보고서와 함께 결산을 국회에 제출하도록 하고 있다(제95조 제2항).

6. 지방자치

제헌헌법은 지방자치에 관한 규정을 두고 있다. 지방자치단체와 지방의회의 조직과 운영에 관한 사항을 법률에 위임하였다(제97조). 지방자치단체는 법령의 범위 내에서 그 자치에 관한 행정사무와 국가가 위임한 행정사무를 처리하고 재산을 관리한다. 지방자치단체는 법령의 범위 내에서 자치에 관한 규정을 제정할 수 있다(제96조).

7. 헌법개정

제헌헌법은 헌법개정에 관한 규정을 두었다. 헌법개정의 제안은 대통령 또는 국회의원 재적의원 3분의 1 이상의 찬성에 의하고 대통령이 이를 공고하도록 하고 있다. 헌법개정의 의결은 국회재적의원 3분의 2 이상의 찬성에 의하고 의결즉시 대통령이 공포한다(제98조).

Ⅲ. 제헌헌법의 기본원리

제헌헌법은 과거 우리민족의 역사에서는 경험하여 본 적이 없고, 따라서 우리에게는 매우 생소한, 주로 서구선진국에서 발전하여 온 가장 선진적인 헌법제도에 부분적으로 우리의 현실을 반영하여 도입한 헌법이었다. 따라서 당시 서구국가의 민주헌법이 가지고 있는 기본원리를 그대로 담고 있었다. 헌법의 기본원리 즉, 헌법원리는 헌법전체에 투영된 공동체의 기본가치이다. 헌법원리도 헌법의 일부라고 할 것이며, 무엇이 헌법원리에 해당하는가는 헌법의 前文과 本文을 통합적으로 일관되게 이해한 토대위에서 추출될 수 있을 것이다. 그리하여 우리 제헌헌법의 기본원리에서는 국민주권주의, 국제평화주의, 민주주의 원리, 기본권존중, 권력분립주의, 법치주의, 수정자본주의적 경제질서 등을 들 수 있겠다.[13]

1. 국민주권주의

헌법 제1조는 "① 대한민국은 민주공화국이다. ② 대한민국의 주권은 국민에게 있고, 모든 권력은 국민으로부터 나온다."라고 하여 국민주권주의를 명시하고 있다. 헌법 前文에서도 "우리들의 정당 또 자유로이 선거된 대표로서 구성된 국회에서 …이 헌법을 제정한다."고 하여 궁극적으로 국민이 헌법제정권자라고 하여 국민주권주의를 나타낸다. 그 밖에 국회의원 선거권을 규정한 조항(제32조 제1항) 등도 국민주권주의의 근거가 된다.

2. 국제평화주의

우리 제헌헌법은 대외관계의 원리로서 국제평화주의를 밝히고 있다. 제헌헌법은 前文에서 "밖으로는 항구적인 국제평화의 유지에 노력하여"라고 규정하였고, 제6조에서 "대한민국은 모든 침략전쟁을 부인한다."고 규정하였으며, 제7조에서는 "① 모든 국제조약과 일반적으로 승인된 국제법규는 국내법과 동일한 효력을 가진다. ② 외국인의 법적지위는 국제법과 국제조약의 범위 내에서 보장된다."고 규정하여 국제평화주의에 입각한 조항들을 두고 있다.

---

13) 그 밖에 문화국가원리를 헌법원리의 하나로 보는 견해도 있다. 김철수, 헌법학개론, p. 139

3. 민주주의 원리

제헌헌법은 전문에서 "이제 민주독립 국가를 재건함에 있어서"라고 규정하여 민주독립국가의 건설을 천명하고 있고, 또한 "모든 사회적 폐습을 타파하고 민주주의 諸제도를 수립하여"라고 규정하여 민주주의 제제도의 수립을 천명하고 있으며, 제2조에서 "대한민국의 주권은 국민에게 있고, 모든 권력은 국민으로부터 나온다."고 규정하여 국가권력의 정당성이 국민에게 있고, 국가통치권력의 행사는 국민의 의사에 따르도록 하는 등 민주주의를 그 기본원리로 하고 있음을 분명히 하고 있다.

그리고 여기에서의 민주주의는 명실공히 우리가 추구하여 나아가야 할 사회의 최고의 이념적 가치인 자유와 정의가 보장되는 민주주의 그리고 또한 가치보장의 방법과 절차가 다수에 의하여 합리적으로 정하여지는 제도를 뜻하는 것이다. 그러므로 자유와 정의의 실현을 위하여 국민의 의사에 따라서 통치한다는 제헌헌법상의 민주주의는 제헌헌법에서 함께 보장하고 있는 기본권보장과 권력분립원리를 내부원리로 포괄하고 있다고 할 것이다.

4. 권력분립의 원리

국가권력의 조직원리는 국가권력의 분립과 권력 간의 견제와 균형을 내용으로 하는 권력분립원리를 기본으로 한다. 권력분립주의는 자유주의에 기초한 것이며, 국민의 자유를 보장하기 위한 국가조직의 조직원리가 바로 권력분립주의이다. 제헌헌법은 "입법권은 국회가 행한다(제31조)", "대통령은 행정권의 수반이며(제51조)", "사법권은 법관으로써 조직된 법원이 행한다(제76조)."라고 하여 권력분립주의를 채택하였다. 자유와 정의의 실현을 위하여 국민의 의사에 따라서 통치한다는 제헌헌법상의 민주주의는 기본권보장과 함께 권력분립원리를 내부원칙으로 포괄하고 있는 것이다.

권력분립주의를 채택하되 특히 입법권과 행정권의 관계를 어떻게 구성하느냐는 정부형태에 따라 상이하다. 우리 제헌헌법은 대통령제를 기본으로 하면서 의원내각제요소를 가미하고 있다.

5. 기본권 보장

제헌헌법은 23개 조문으로 구성되어 있는 제2장 '국민의 권리의무'장에서 국민의 자유와 평등을 실현하기 위하여 광범위한 권리를 국민에 부여하고 아울러 기본적 의무를 규정하고 있다. 개인의 기본권보장은 근대헌법의 기본원리이다. 근대 입헌주의의 또 하나의 원리인 권력분립주의는 개인의 기본권보장을 위한 것이다.

6. 법치주의

법치주의는 국가작용이 객관적인 법에 근거를 두고 법에 따라 행하여져야 한다는 원리이다. 근대 이래로 여기에서의 법은 의회가 제정한 법률을 의미하였으며, 그러한 뜻에서 법치주의의 핵심적 의미는 국가작용이 의회가 제정한 법률에 따라 행하여져야한다는 것이다. 법치주의는 영미에서는 '법의 지배(rule of law)'로, 독일 등 대륙에서는 '법치국가(Rechtsstaat)'로 이론이 체계화되었다.

우리 제헌헌법에는 직접 법치주의를 명시하고 있지는 않다. 그러나 법률에 의한 기본권제한(제28조 제2항), 소급입법의 금지(제23조), 포괄적 위임입법의 금지(제58조), 사법권의 독립(제77조), 법원의 명령·규칙, 처분의 헌법과 법률에 위반여부의 심사(제81조 제1항), 헌법위원회에 대한 위헌법률심사권의 부여(제81조 제2항) 등은 법치주의의 원리에 기초한 규정들이다.

우리 제헌헌법의 법치주의는 형식적 법치주의가 아니라 실질적 법치주의를 의미한다. 형식적 법치주의란 국가작용이 법률에 합치하여 행하여져야 한다는 것으로, 법률의 내용을 묻지 않는다. 이에 비하여 실질적 법치주의는 국가작용이 형식적으로 법률에 합치하여야 할뿐만 아니라 법률의 내용이나 목적이 자유와 평등을 구현하는 것이어야 한다거나 정의에 합치할 것을 요청한다. 전제주의하에서 형식적 법치주의는 법률은 인권보호를 위한 수단이 아니라 억압의 수단 즉, 합법적 지배의 수단으로 악용되었다. 우리 제헌헌법의 전체적 규정을 종합하여 볼 때 우리 제헌헌법은 형식적 법치주의에 그치지 않고 실질적 법치주의에 입각하고 있다고 할 것이다.

제헌헌법은 원칙적으로 법치주의를 채택하고 있다. 그러나 국가의 위기나 비상사태의 경우에 대통령에게 긴급명령권과 긴급재정처분권(제57조), 그리고 계엄선포권을 부여하였다(제64조).

7. 수정자본주의(통제적 시장경제원리)

제헌헌법은 그 前文에서 "정치, 경제, 사회, 문화의 모든 영역에 있어서 각인의 기회를 균등히 하고 능력을 최고도로 발휘케 하며 各人의 책임과 의무를 완수케 하여 안으로는 국민생활의 균등한 향상을 기하고…"라고 규정하였고, 제5조에서는 "대한민국은 정치, 경제, 사회, 문화의 모든 영역에 있어서 각인의 자유, 평등과 창의를 존중하고 보장하며 공공복리의 향상을 위하여 이를 보호하고 조정하는 의무를 진다."라고 규정하였다. 그리고 제84조는 경제에 관한 기본원칙으로 "대한민국의 경제질서는 모든 국민에게 생활의 기본적 수요를 충족할 수 있게 하는 사회정의의 실현과 균형있는 국민경제의 발전을 기함을 기본으로 삼는다. 각인의 경제상 자유는 이 한계 내에서 보장된다."고 규정하여, 제헌헌법상의 대한민국의 경제질서는 각인의 자유, 평등과 창의를 보장함을 기본으로 하되, 사회정의 실현과 국민경제의 발전에 있음을 명확히 하였다.

이러한 규정들은 이미 제헌당시에 국민 모두가 함께 잘사는 사회를 건설하려는 바이마르 헌법에서 구체화하기 시작하였던 사회국가원리에 대한 요구가 적극적으로 구체화되었다 하겠다.

그러나 서구국가들이 자유로운 경제체제아래서 점차 나타나기 시작한 부의 편중현상이나 독과점과 같은 내부의 모순을 치유하고 극복하기 위하여 도입한 사회국가원리는 자본주의 경제질서를 처음으로 시행하려는 당시의 우리에게는 현시성을 갖지 못하고 먼 장래에 대한 예약으로서의 의미만 가졌다고 하겠다. [14]

Ⅳ. 헌법개정

제1공화국헌법에 대하여 두 차례의 개정이 있었다.

---

14) 법제처, 헌법주석서 I (제2판), p. 24

1. 제1차헌법개정(1952. 7. 7. 공포)

제헌당시 서로 연합하였던 이승만 세력과 한국민주당 세력이 점차 대립하게 됨에 따라 헌정은 불안하게 전개되었다. 한국민주당 세력은 의원내각제를 주요내용으로 하는 개헌안을 제출하였으나, 1950년 3월 13일에 부결되었다. 1950년 3월 30일의 제2대 국회의원 총선결과, 국회가 여소야대가 되어 다수세력이 이승만 대통령과 대립하게 되었고 국회가 개원된 후 얼마 안 되어 6.25동란이 발생하였다. 이에 국회에서의 간선으로는 대통령 재선이 어렵다고 판단한 이승만은 대통령 국민직선제를 골자로 하는 개헌안을 제출하였다. 1952년 1월 18일 이 직선개헌안은 국회에서 부결되었다. 그 후 야당은 다시 의원내각제개헌안을 제출하였고, 이에 대응하여 이승만은 또다시 대통령직선제를 핵심으로 하는 개헌안을 제출하였다. 그런데 국회에서는 전원위원회를 두고 국회안과 정부안을 절충한 발췌안을 마련하게 되었다. 이러한 과정에서 이승만 대통령과 정부측에 의하여 정상적인 헌정질서 아래에서는 생각하기도 어려운 협박과 탄압이 국회에 가하여졌을뿐만 아니라 전위조직을 통한 비난과 압박도 도를 더하여 갔다. 5월 26일 국회의원 40명이 탄 국회통근버스가 헌병대에 의하여 연행되어 하룻밤을 연금당한 사건, 국제공산당에 관련되었다는 혐의로 8명의 국회의원이 구속되는 등 일련의 정치적사건을 일컫는 이른바, 부산정치파동이 발췌개헌안을 둘러싸고 숨가쁘게 전개되었다. 그리하여 7월 4일 밤 국회내외에 걸친 삼엄한 경찰의 경계배치는 말할 것도 없고 나아가 의원들의 탈출방지와 반대의원을 체념시킬 목적으로 국회가 전위조직에 의하여 완전 포위된 상태에서 야당안과 정부안을 발췌하여 절충한 개헌안이 국회에서 통과되었다.[15]

속칭 발췌개헌안이라 불리는 제1차개헌은 총 21개 조문과 부칙 일부를 개정한 것으로, 그 주요내용은 다음과 같다. ① 대통령과 부통령의 국민직선제 채택, ② 국회 양원제(민의원과 참의원), ③ 국회에 대한 국무원의 연대책임과 국회의 국무위원불신임권 및 국무위원의 국회에 대한 개별책임, ④ 국무위원 임

---

15) 김영수, 전게서, p. 441

면에 관한 국무총리의 제청권 등이다. 국회양원제는 실제로 시행되지 않았고, 국무위원 불신임권도 행사되지 못하였다.

　제1차개헌은 발췌한 개헌안 자체에 대한 공고절차가 없이 국회에서 의결된 점, 한국동란 중 국회의 계엄해제요구가 있었음에도 계엄을 해제하지 않고 비상계엄 하에서 야당의원들에 대한 폭력적 위협이 가하여지는 가운데 강행된 점에서 절차적으로 위헌이라는 견해가 많다.[16]

2. 제2차헌법개정(1954. 11. 29. 공포)

　1954년 5월 20일 국회의원 총선에서 이승만의 자유당이 다수의석을 차지하였다. 그럼에도 불구하고 자유당은 국회 개회를 전후하여 의석 3분의 2 확보를 목표로 포섭공작을 계속하여 3분의 2인 136명을 확보하였다. 그리하여 자유당은 이승만에 한하여 대통령중임제한 조항을 적용하지 않는다는 개헌안을 1954년 9월 6일에 제출하였다. 1954년 11월 27일 이 개헌안에 대한 표결결과 1표가 부족하여 부결 선포되었다(재적 203명중 135명 찬성으로 개헌에 필요한 재적의원 3분의 2에 1표 부족). 그러나 이틀 후인 11월 29일 국회는 야당의원들이 퇴장하고 여당인 자유당의원 들만 참석한 가운데 부결선포를 취소하고 개헌안 가결을 선포하였다. 이른바 四捨五入에 의하여 135명 찬성은 개헌 의결 정족수인 재적의원 3분의 2를 충족시킨다는 주장에 따른 것이었다.

　제2차개헌은 30개 조문과 부칙의 일부를 개정한 것으로, 그 주요내용은 다음과 같다. ① 이 헌법공포당시 대통령에 대한 대통령중임제한 적용배제, ② 주권의 제약이나 영토변경의 경우에 국민투표를 실시하게 한 것, ③ 대통령 궐위 시 부통령이 승계하는 제도, ④ 국무총리제를 폐지하고 국무위원에 대한 개별적 불신임제 채택, ⑤ 군법회의의 헌법적 근거명시, ⑥ 경제조항에서 자연자원이용, 대외무역, 사기업의 국유화 등에 관하여 국가통제를 완화하고 자유시장 체제를 강화한 것, ⑦ 헌법개정에 관하여 국민발안제를 채택, ⑧ 헌법개정 금지조항(민주공화국, 국민주권, 주권제약이나 영토변경 시의 필수적 국민투표)

---

16) 법제처, 헌법주석서 Ⅲ(제2판), p. 9

의 명시 등이다.

제2차헌법개정의 가장 큰 특징 중의 하나는 국민투표제가 도입되어 국민의 직접참여가 확대되었다는 점이다. 국민투표사안은 대한민국의 주권제약 또는 영토변경을 가져올 국가안위에 관한 중대사항이고, 국민투표의 발의권자는 국민이다. 주로 국회의 의결에 대하여 국민이 직접 이를 심판하는 형태로 이루어진다. 일단 해당 중대사항에 대하여 국회의결이 있은 후 1개월 이내에 민의원의원 선거권자 50만 명 이상의 찬성으로 국민투표가 발의된다. 그리고 국민투표를 거쳐 국민투표에 의한 찬성을 얻지 못하면 국회의 가결은 헌법개정안을 포함하여 소급하여 무효가 된다.

제2차개헌 역시 위헌이라는 견해가 많다.[17]

V. 3.15부정선거와 이승만 정권의 붕괴

사사오입 개헌으로 제1공화국의 헌정은 점점 혼란에 빠졌으며, 국민은 자유당의 횡포를 견제할 필요성을 실감하게 되었다. 그리하여 야권이 결합하여 1955년 9월 19일에 民主黨을 창당하여 자유당 정부에 맞섰다. 이승만은 1956년 5월 15일 제3대 대통령 선거에서 당선되었으나, 같은 날 실시된 부통령선거에서는 민주당의 장면 씨가 자유당의 이기붕을 누르고 당선되는 이변이 생겼다. 그리고 1958년 5월 2일에 실시된 제4대 민의원선거에서는 민주당이 총 233석의 의석 중 79석을 확보하여 우리 헌정사상 처음으로 명실공히 여·야 양당제 국회가 성립되었다.

자유당은 1956년 선거에서 부통령을 민주당이 차지하게 된 것을 되풀이하지 않으려는 의도에서 1960년 3월 15일 실시된 선거(3.15부정선거)에서 사전투표, 공개투표, 개표조작 등의 온갖 부정을 행사하여 이승만 후보는 85%, 이기붕 후보는 73%의 득표로 각각 대통령과 부통령으로 당선되었다. 이에 더 이상 헌정유린을 방관할 수 없던 시민과 청년 학생들은 3.15정·부통령선거를 부정·불법이라 하여 그 무효를 선언하고 학생과 군중의 시위가 선거일인 3월 15

---

17) 김철수, 전게서, p. 79. 법제처, 전게서, p. 13

일에 경남 마산에서 일어나 부산, 서울 등으로 확산되어 4.19에 절정에 달하였다. 3.15부정선거는 더 이상의 헌정유린을 결코 방관자적 입장에서 보고만 있어서는 안 되겠다는 국민들의 '헌법수호의식'을 일깨워 4.19시위라는 적극적인 행동에 가담하게 하는 계기를 마련하였던 것이다.[18] 정부는 4월 19일에 서울을 비롯한 대도시에 비상계엄을 선포하였으며, 이날 시위로 많은 사상자가 발생하였다.

4월 25일에는 국회에서 비상계엄해제를 결의하고, 민주당은 대통령의 하야, 정·부통령 재선거, 의원내각제의 개헌 등과 같은 시국수습안을 발표하였다.

그리하여 드디어 4월 26일에는 이승만 대통령이 다음과 같은 선언과 함께 하야를 발표하였다. ① 국민이 원한다면 대통령직을 사임하겠다. ② 정·부통령 선거를 다시 실시한다. ③ 이기붕은 모든 공직에서 물러나게 하겠다. ④ 만약 국민이 원한다면 내각책임제개헌을 하겠다. 그리고 4월 27일에는 이승만 대통령의 사표가 국회에 제출되었고, 5월 3일에 사표가 수리되어 제3대 대통령직이 사직되고 제4대 대통령당선이 무효로 되었다.

Ⅵ. 제1공화국헌법하에서의 경제발전정책의 성과

우리나라의 민주주의 발전과 관련하여 대개의 경우 법제도 내지는 정치제도의 측면에서만 고찰을 하여 왔는데, 민주주의 발전은 그 나라의 경제, 사회, 문화 등의 발전, 특히 경제발전이 중요한 토대 내지는 전제조건이 된다고 할 것이므로 법제도 내지는 정치제도의 측면과 함께 경제발전의 측면도 고찰하여야 한다고 본다. 헌정사의 발전과정에서 볼 때 자유민주주의 헌정질서가 그 토대를 확고히 내리기 위하여서는 경제의 발전이 뒷받침을 해주어야만 가능하다고 할 것이기 때문이다. 특히 과거의 우리나라와 같은 후진적 빈곤국에서는 더욱 그러하다. 그것은 경제의 문제는 인간에 있어서 생존의 문제에 해당되는 것이며, 그것은 동시에 자유에의 기본적 조건에 해당되는 것이기 때문이다. 근대국가에 있어서의 경제적 불평등이 자유를 위한 투쟁의 이유가 되었던 것도

---

18) 김영수, 전게서, p. 448

바로 여기에 있다고 할 수 있으며, 근대 민주주의 원리도 자본주의를 바탕으로 한 富의 축적과 이를 통한 시민의 자유의식의 고취를 통하여 이루어졌음은 이를 반영한다. 미국의 립셋(S. Lipset)은 그의 저서 Political Man(1960)에서 개발도상국에서 민주주의의 전제조건으로 ① 산업화, ② 도시화, ③ 富의 축적, ④ 교육의 보급(문자해독율의 향상) 등을 필요조건(prerequisites)으로 들고 있다. 립셋은 어느 정도 경제발전이 이룩되어 문화적 수준이 총체적으로 향상되어야 민주주의가 이루어질 수 있다는 점을 강하게 시사하고 있다.

따라서 필자는 우리 헌정사의 발전을 고찰함에 있어서 법제도 내지는 정치제도의 측면과 함께 경제발전 내지는 산업화의 측면을 살펴보려고 한다.

우리나라의 민주주의 발전과 관련하여 흔히들 과거 민주화세력과 산업화세력이 전혀 따로 있는 것처럼 살피는 경우가 많은데, 경제의 발전 내지는 산업화가 민주주의 발전의 토대와 전제조건이 된다는 점에서 산업화세력은 산업화세력임과 동시에 민주화세력이라고 할 것이어서 양자를 전혀 다른 세력으로 보는 것은 타당하지 않다고 본다. 그리하여 우리나라의 과거 역대 정부도 그 정부가 법적 또는 정치적으로는 민주적이거나 권위주의적인 것과는 관계없이 경제발전 내지는 산업화에 어느 정도 기여하였는가에 따라서 민주화에 기여한 공도 함께 인정되어 한다고 본다.

제1공화국의 이승만 정부도 역대 다른 정부나 마찬가지로 가장 시급하게 해결하여야 할 문제가 우선 국민의 빈곤을 해결하기 위한 경제를 발전시키는 것이라는 것을 깨닫고 경제발전을 위하여 많은 노력을 기울였다.

이승만 정권의 경제정책은 초기에는 '한미 경제원조 협정'이 요구하는 경제안정에 주력하였고, 6.25전쟁 발발에 따른 전시경제체제하에서는 '화폐개혁'을 포함한 전시 금융·통화 및 외환정책 체계를 구축하고 경제질서를 안정시키는 데 역점을 두었다. 전후 복구기에 들어선 이승만 정권은 미국 公法 480호에 의한 잉여농산물 원조의 운용에 크게 의존하였다. 따라서 미국의 잉여농산물 원조가 한국정부의 재정, 민간 소비 유형 및 후생 그리고 농업 생산구조 등에 상당한 영향을 미칠 수밖에 없었는데, 이중 특히 소비행태와 농업생산에 미친 영향은 극히 구조적인 것으로 뿌리를 내리고 말았다고 하겠다.

또한 당시에도 여러 경제개발계획이 세워졌다. 1950년대에 입안한 대표적인 경제부흥정책들로는 크게 '한국경제부흥5개년계획안'(1954), '경제부흥5개년계획'(1956) 그리고 '산업개발3개년계획'(1958년)이 있었다. 이러한 일련의 정책들이 실행될 수 없었던 이유는 크게 세 가지로 볼 수 있겠다. 우선 당시 이승만 정부 자체가 경제부흥을 위한 적절한 계획을 입안하고 실행할 수 있는 능력이 부족하였던 점을 들 수 있겠다. 예컨대 당시 입안되었던 정책을 살펴보면 계획 자체가 현실성이 없는 것들이 대부분이었음을 알 수 있다. 둘째, 계획을 작성한 이승만 정부가 계획을 실행하기 위한 의지가 결여되어 있었던 점이다. 무엇보다 이승만 대통령 자신이 경제개발계획을 실행할 강력한 의지를 갖고 있지 못하였다. 마지막으로, 미국의 원조가 감축됨에 따라 계획실행에 필요한 자금이 부족하였다. 이와 같이 1950년대 국내외의 상황을 고려할 때 한국의 경제개발계획이 실행되지 못하였던 것은 결국 이승만 정부의 능력과 의지 그리고 미국의 원조정책이라는 세 요소가 서로 맞아 떨어지지 않았기 때문이라 할 것이다.

그러나 이승만 대통령은 우선 민주화를 위한 경제적 기초를 정비하였다. 그 당시에는 한국경제의 기초가 극도로 취약하였다. 이승만 정권 시기에 한국경제는 해방 후의 극심한 혼란에다 6.25참화까지 겹쳐 일반서민들의 생활은 최저생계기준을 밑돌았다. 1인당소득은 1953년의 67달러, 그리고 1961년에는 82달러 수준에 머물렀다. 이승만 정권은 건국과정과 6.25전란의 어려움에도 불구하고, 휴전 후부터 戰災복구를 중심개념으로 하여 경제재건에 힘썼다. 우선 미국으로부터 22억8천 달러라는 거액의 경제원조를 받아 내 1955년까지 戰禍복구사업을 거의 완료하고 사회간접자원을 확충하고 해방 후 지속된 악성 인플레이션을 1957년부터 수습하기에 이르렀다.

이러한 어려운 가운데서도 이승만 대통령은 원자력연구소를 설립하고 소형 원자로를 구입하여 연구개발을 지원하였다.

이승만 대통령은 농지개혁을 강하게 추진하였다. 이승만은 정부수립 이전부터 농지개혁을 해야 한다고 생각하고 있었으며 그가 1946년 2월에 발표한 '과도정부 당면정책 33항'에 이미 관련내용이 담겨 있었다. 그 당시 80%에 가까운 국민이 농민[19]이었고, 농민의 대다수가 소작농이거나 자작 겸 소작농인 현실에서 신생대한민국정부는 농지를 농민에 분배하는 농지개혁부터 시작한 것이다. 그리하여 제헌헌법 제86조에서 "농지는 농민에게 분배하며 그 분배의 방법, 소유한도, 소유권의 내용과 한계는 법률로 정한다."고 규정하였고, 이에 근거하여 농지개혁법이 1949년 6월 21일에 제정·공포되고, 1950년 3월 10일에 개정되었다. 이 법에 따라 신속하게 농지개혁이 실시되어 6.25동란 발발 전인 1950년 3월부터 5월 사이에 약 70~80%가 분배받을 소작농에게 분배통지(분배예정통지)가 되어 소작농들은 자신이 분배받게 되는 농지를 알게 되었다. 그러나 6.25동란으로 농지개혁사업은 일시 중지되었다가 계속되어 1966년에 완료되었다. 농지개혁법은 소유한도를 농가당 3町步로 하였으며, 농지개혁은 제헌헌법 제15조 제1항 "재산권은 보장된다."는 사유재산제와 동조 제3항 "공공필요에 의하여 국민의 재산권을 수용·사용 또는 제한함은 법률이 정하는 바에 의하여 상당한 보상을 행함으로써 행한다."는 규정에 따라 有償取得·有償分配의 방법을 채택하였다. 그것은 자유민주주의 체제를 취하고 있는 제헌헌법 원칙상 당연한 것이라고 하겠다. 그리하여 농지개혁을 위하여 自耕하지 않는 농지, 농가당 3정보를 초과하는 부분의 농지 등은 상당한 보상을 하고 지주로부터 買收(强制買收)하여 정부가 소작인에게도 같은 금액으로 분배하였는 바, 매수하는 농지보상금이나 분배받은 소작인이 정부에 납부하는 대금은 개별적으로 산정하지 아니하고 농지개혁법 제7조에서 일률적으로 당해 농지의 평년작 1년 主産物의 1.5배 상당금액으로 하였다. 다시 말하면 소작인의 경우는 분배받은 농지에 대한 대금을 당해농지에서 1년 동안 생산되는 주산물의 1.5배에 상당하는 금액으로 하였으며, 그것을 5년 동안에 분할납부하게 한 것이다. 이것은 농지를 분배받은 소작인들의 부담을 고려한 특단의 조치였다.

　여하튼 우리나라의 경우 농지개혁은 다른 나라의 경우와 비교하여 신속하게 성공적으로 시행되었다고 평가받고 있는 바 농지개혁의 성과를 요약하면 다음과 같다.

---

19) 당시 우리나라의 전체인구의 약 80%정도가 농촌에 거주하는 농민이었다.

①농지개혁은 건국초기 나라세우기와 더불어 전개되어야 할 국민만들기의 첫걸음이었다. 제헌헌법 제1조는 "대한민국은 민주공화국이다."고 하였고, 제2조는 "대한민국의 주권은 국민에게 있고, 모든 권력은 국민으로부터 나온다."고 하였다. 이와 같이 대한민국은 자유민주의 이념을 기초로하여 세워진 나라이며, 정치적으로 자유민주주의와 경제적으로 자유시장경제체제를 기본으로 출발하였다. 자유민주주의는 인격적으로나 경제적으로 자립적이고 독립적인 국민의 성립을 기대하고 있는 것이다. 그런데 농지개혁 이전의 우리의 농촌사회는 地主制의 지배하에 있었으며, 거의 대부분의 농민이 소작농이었고 소작농은 사실상 農奴였다. 그런데 농지개혁으로 농촌주민은 모두 自作農·獨立自營農이 되었다. 농지개혁은 유사 이래 처음으로 모든 농민이 자신의 농지를 소유하게 된 일대 쾌거였다. 그리하여 사실상 신분제가 사라지고 그야말로 자유롭고 평등한 국민이 탄생한 것이다. 제헌헌법이 선포한 그대로 어떤 형태의 차별도 특수계급의 존재도 인정되지 않는 건국이념이 농지개혁을 통하여 실현된 것이다. 다만 당시의 국민은 아직은 당시의 1인당 국민소득 100달러 정도의 빈곤국가인 우리나라의 출발선상에 있는 국민이었다고 하겠다.

②농업생산력이 크게 높아졌다. 자작농화와 농업투자 등이 바탕이 되어 농업생산력이 높아지고 식량공급이 확대되었다. 예컨대 天水畓 비율이 과거 34%이던 것이 1960년에 19.4%로 감소되었다. 또한 쌀 생산이 일제강점기에 200만 톤이던 것이 1960년에 350만 톤으로 증가하였다.

③농지개혁으로 양질의 노동력 양성의 조건이 마련되었다. 농민들은 소작료를 납부하지 않게 되어 자녀교육에 투입할 수 있는 여유를 갖게 되었다. 이승만 대통령은 또한 초등교육의 의무교육제도를 실시하였다. 새로 세워진 우리나라는 자유민주주의가 제대로 꽃필 여건이 아니었다. 당시 민주주의라는 밀알은 가시덤불에 떨어진 것이나 다름없었다. 공산세력의 폭력테러가 끊이지 않았고 한국의 문맹률은 인구의 78%로 집계되고 있었다. 또한 전문학교 이상 대학졸업의 학력소지자는 전체인구의 0.2% 미만이었다. 이러한 여건의 불비를 채우기 위해 이승만은 건국 후 초등교육 의무화를 서둘렀다.

농지개혁과 초등교육의 의무교육채택으로 시너지효과를 갖게 되었다. 소작농으로 생활이 어려운 농민들은 자녀를 취학시킬 여력이 없었으며, 모든 자녀들을 농사일에 종사하게 하여 근근히 생활하였다. 그리하여 정부수립과 함께 초등교육의 의무교육제도가 채택되었지만 그러한 추세는 크게 변화되지 않았다. 그러나 농지개혁으로 농민들은 종전에 비하여 어느 정도 경제적 여유와 주인의식을 갖게 되었으며, 모든 농민들이 자녀들을 점차 학교에 보내게 되었다. 그 결과 1959년까지는 전국학령아동의 95.3%가 취학하는 성과를 올렸고 성인을 대상으로 한 문맹퇴치운동을 전국적으로 전개, 1958년까지 5년간 지속적으로 실시함으로써 1959년에는 우리나라 문맹률은 22%(남자11%,여자 33%)로 떨어졌다. 아울러 학교도 대폭 증설하여 초등학생수가 1960년에는 4,600여 교에 360만 명으로 해방당시보다 배가 불었고 중학생의 경우도 5만 명에서 53만 명으로 10배 증가하였다. 대학교는 해방당시 20교의 대학이 1960년에 이르러는 63개교 이상으로 증가, 대학생 수도 10만 명에 달하여 인구 5천만이 넘는 영국의 대학생 수와 맞먹게 되었다.

당시에는 농민의 재산이 농지와 소였는데 소를 팔아서 자녀를 대학 보냈기 때문에 대학이 농민의 牛骨塔이란 말이 생겼다. 여하튼 농민들의 교육열이 갑자기 높아져 우리 농촌의 많은 인재가 고등교육을 받게 되어 그것이 그동안 우리나라의 빠른 경제성장의 원동력이 되었고, 또한 그것은 농촌인구를 감축시키는 一石二鳥의 역할을 하였다.

Ⅶ. 1948∼1960.6.14.까지 제정된 주요법률

1948년 국회법. 정부조직법. 사면법. 반민족행위처벌법. 연호에 관한 법률. 한글전용에 관한 법률. 양곡매입법. 지방행정기관에 관한 임시조치법. 국군조직법. 국가보안법. 심계원법. 반민족행위특별조사기관조직법. 반민족행위 특별재판부부속기관조직법. 국적법. 국회의원선거법.

1949년 법원조직법. 검찰청법. 국세징수법. 국채법. 지방자치법. 계엄법. 교육법. 귀속재산처리법. 농지개혁법. 병역법. 인구조사법. 세관관서설치법. 지방교통관서설치법. 지방전매관서설치법. 어업에 관한 임시조치법. 대한적십자조직법. 소득세법. 반민족행위처벌법(개). 식량임시긴급조치법. 귀속재산임시조치법. 축우도살제한법. 지방세무관서설치법. 국회의원보궐선거임시조치법. 지방세에 관한 임시조치법. 임시조세조치법. 국가공무원법. 후생복표발행법. 지방체신관서설치법. 영업세법. 농산물검사법. 유흥음식세법. 국경일에 관한 법률. 대한해운공사법. 대한조선공사법. 주세법. 입장세법. 법인세법. 변호사법. 외국인의 입국출국과 등록에 관한 법률. 관세법. 기부통제법. 재외국민등록법. 상표법. 외자구매처임시설치법. 세입보전국채법. 반민족행위재판기관임시조직법. 임시외자관리청설치법. 헌병과 국군정보기관의 수사한계에 관한 법률. 청량음료세법. 지방세법.

1950년 국유재산법. 한국은행법. 은행법. 영림서설치법. 마권세법. 양곡관리법. 통행세법. 헌법위원회법. 탄핵재판소법. 해군기지법. 방어해면법. 행형법. 대한민국재외공관설치법. 계리사법. 법원재난에 기인한 민형사사건임시조치법. 상속세법. 수산물검사법. 선박관리법. 국회의원선거법. 국유재산법. 지방방송국설치법. 군사원호법. 국내재산도피방지법. 대한석탄공사법. 한국은행법. 은행법. 국립극장설치법. 피난민수용에 관한 임시조치법. 공무원임시등록법. 침범지역내 금융기관예금에 관한 특별조치법. 私刑금지법. 부역행위특별처리법. 조세임시增徵법. 지적법. 판사 및 검사특별임용시험법. 양곡증권법. 국민방위군설치법. 국회의원재적수에 관한 특별조치법.

1951년 재정법. 국가배상법. 訴願法. 행정소송법. 防空법. 경찰원호법. 군사우편법. 조세범처벌법. 중앙도매시장법. 행정소송법. 한국조폐공사법. 국민의료법. 기부금품모집금지법. 전시생활개선법. 광업법. 국채 補助券法. 6.25사변수습비특별회계법. 귀속농지특별조치법. 단기4283년도 학년말 및 단기4284년도학년초에 관한 건. 조세특례법. 한미경제원조협정에 의한 대충자금운용특별회계법. 임시지방 分與세법. 군사우편법. 애국복권발행법. 군법회의 재판권에 관한 법률. 벌금 등 임시조치법. 산림보호임시조치법. 금에 관한 임시조치법. 간이소청절차에 의한 귀속해제결정의 확인에 관한 법률의 특별조치법.

1952년 군법무관임용법. 대통령·부통령선거법. 문화보호법. 지방분여세법. 산업부흥국채법. 전몰군경유족과 상이군경연금법. 우편연금법. 국민생명보험법. 상공회의소법. 鑛세법. 부역행위특별처리법폐지에 관한 법률. 신문지법폐지에 관한 법률.

1953년 경찰관직무집행법. 근로기준법. 형법. 전시근로동원법. 국정감사법. 노동쟁의조정법. 노동조합법. 노동위원회법. 서남지구전투경찰대설치법. 교육공무원법. 수산업법. 어업자원보호법. 약사법. 한국산업은행법. 전란수습특별회계법.

1954년 행정대집행법. 가축보호법. 해공항검역법. 전염병예방법. 대충자금특별회계법. 경범죄처벌법. 사법서사법. 소득세법. 민사소송비용법. 민사소송인지법. 형사소송비용법. 국회에서의 증언·감정 등에 관한 법률. 구황실재산법. 형사소송법. 수복지구임시행정조치법.

1955년 정부조직법(개). 경찰관직무응원법. 읍설치에 관한 법률. 지방외자관서설치법. 연합참모본부설치법. 사관학교설치법. 지방해무관서설치법.

1956년 사법경찰관리의 직무를 행할 자와 그 직무범위에 관한 법률. 법관징계법. 연초전매법. 홍삼전매법. 검사정원법. 하급법원판사정원법. 국유재산법. 보건소법. 염전매법. 수의사법.

1957년 저작권법. 농사교도법. 농업협동조합법. 농업은행법. 검사징계법. 마약법. 즉결심판에 관한 절차법. 농약관리법. 병역법(개). 신원보증법. 토지과세기준조사법. 무역법.

1958년 자산재평가법. 참의원선거법. 민의원선거법. 민법. 건설업법. 지방재정조정교부금법. 원자력법. 발명보호법. 소방법. 외자관리법. 造船장려법. 소년법. 공탁법. 소년원법. 형사보상법. 교육세법. 법관 連任법. 국가보안법. 자동차세법. 의무교육재정교부금법.

1959년 법원조직법(개). 制令제7호 폐지에 관한 건. 制令제42호 폐지에 관한 건. 국제통화기금과 국제부흥개발은행에 대한 증자에 관한 법률.

1960년 외자도입촉진법. 공무원연금법. 호적법. 부동산등기법. 우편법. 선박법. 민사소송법.

Ⅷ. 제1공화국헌법에 대한 평가

　제헌헌법의 제정은 우리나라에 새로운 독립국가 그것도 가장 선진적인 통치제도를 가진 국민주권국가를 출범시킨 점에서 우리 대한민국의 초석을 놓은 것이며 앞으로 우리나라의 발전방향을 제시하여 발전을 향도하였고 오늘날 선진국대열에 합류한 대한민국이 있게 한 역사적 쾌거였다. 다만 남북분단이라는 비극적 상황에서 남한만에서 이루어진 점은 너무나 아쉬운 일이었다.

　제헌헌법은 그 헌법원리로 국민주권주의, 국제평화주의, 민주주의의 원리, 권력분립의 원리, 기본권보장, 법치주의, 수정자본주의(통제적 시장경제원리) 등 당시 서구 선진국가에서 채택하였던 헌법원리를 모두 그대로 채택하여 가장 선진적인 헌법이었다. 특히 재산권보장과 시장경제원칙을 채택하여 우리나라가 자유시장경제진영의 일원이 되게 된 것은 우리나라의 앞으로의 비약적인 경제발전의 초석이 되었다는 점에서 더 없는 행운이었다 할 것이다.

　대한민국은 제헌헌법의 제정으로 역사상 처음으로 더없이 훌륭한 헌법을 가지게 되었으며, 비록 우리에게는 처음으로 갖는 헌법이어서 생소하기는 하였지마는 예컨대 미국헌법과 같이 앞으로 오랫동안 순조롭게 단절 없이 시행되고 시대의 변천에 따른 변화와 발전만 담는 개정만 이루어졌으면 하는 것이 우리 국민들의 바람이었다고 하겠다.

　그러나 제1공화국의 헌법운영현실은 헌법규범과는 거리가 멀게 전개되었으며, 그것은 제헌 당시에서도 충분히 예견할 수 있는 일이었다고도 하겠다. 당시 우리나라의 사회적·경제적·정치적·문화적 현실은 제헌헌법은 마치 선진 서구국가에서 제작된 정밀한 기계를 우리나라에 도입하여 운영하는 것과 비유할 수 있어서 우리의 사정은 제헌헌법의 규범과 그 내용에 대하여 너무나 생소하였다고 할 것이다. 오랜 세월 전체주의 왕권통치 아래에서 순종하는 피지배자인 백성으로 살아온 당시 1인당 국민소득 80달러 정도의 빈곤한 우리 국민들에게 국민이 주인이 되어 국가를 운영하는 자유민주의 질서는 그렇게 쉽게 빨리 적응할 수 있는 제도가 못 되었던 것이다. 따라서 우리사회의 현실적 기반 없이 갑자기 들어온 법제도는, 마치 척박한 우리 땅에 자유민주주의의 씨

앗을 심어 놓은 것과 같아서, 우리의 현실에 맞추어 우리의 것으로 키우는 데에는 경험부족 등 여러 가지 여건의 미비로 제도를 운영하는 집권자나 국민들에게 준법의 수준이 크게 낮아 앞으로의 상당한 기간과 훈련이 필요하였다고 하겠다. 그러한 환경여건에 더하여 우리에게 닥쳐온 6.25동란은 헌법운영을 더욱 왜곡되게 만들었다고 하겠다.

그리하여 제1공화국의 헌정현실은 여러 번의 헌법훼손이 있었다. 6.25전란이 한창인 와중에 행하여진 일련의 정치파동과 이승만 대통령의 재선을 보장하기 위한 제1차헌법개정, 그리고 이승만 대통령의 영구집권을 위한 제2차헌법개정은 집권세력의 헌법훼손의 시작이었다. 그 뒤 1960년 3월 15일에 실시된 정·부통령선거에서 집권세력은 온갖 부정을 행사하였으며 이에 참다못한 시민이 저항한 4.19혁명으로 제1공화국은 막을 내리게 된 것이다. 특히 4.19혁명은 우리 국민들이 3.15선거부정과 같은 헌법파괴행위에 대하여서는 분연히 일어나 저항함으로써 헌법원리를 지켰다는 점에서 앞으로의 우리 헌정운영에 있어서 집권세력이 헌법원리를 파괴하는 행위를 행한 경우에는 결코 좌시하지 않는다는 확고한 교훈을 남겼다고 하겠다. 그리고 이승만 대통령이 독재정치를 하였다고 하지마는 스스로의 정권연장이나 6.25전란 극복 등과 같은 그때그때의 그들의 정치적 필요에 따라 개별적 특정사항에 대하여 국가권력을 남용하였거나 사태극복을 위하여 일시적으로 헌법훼손을 하였다고 하더라도 헌법의 자유민주적 기본원칙을 장기간 모든 영역에서 송두리째 훼손할 수는 없었다고 할 것이다. 가장 큰 과제는 앞으로 정부와 국민의 준법의 수준을 크게 향상시키는 것이었다고 하겠다.

헌법의 운영에 있어서 제1공화국은 의원내각제적 요소를 가미한 대통령제를 채택하였는데 이승만 대통령은 처음부터 의원내각제적 요소를 살릴 마음이 없었고 이는 국무총리서리제와 국무원의 사실상 자문기구화 등에서 두드러지게 나타났다. 사실 의원내각제는 정치집단 간에 고도의 관용과 공존의 분위기가 형성된 곳에서 진가를 발휘하는데 1950년대 야당의 분열상을 보면 이합집산을 거듭하는 가운데 의원내각제적 요소는 대통령의 리더십을 발휘할 여지를 줄이고 행정의 안정성과 일관성을 유지하는 데에도 큰 장애가 되었을 것이라는 점에서 이 대통령의 헌법훼손을 부정적으로만 바라볼 수 없게 하는 요인이 된다.

그런데 이승만 정권은 과도 많았으나, 공도 또한 적지 아니하다 할 것이다.

우선 이승만 대통령은 동서냉전으로 한반도가 남북한으로 분단될 수밖에 없던 역사적 상황 속에서 내외정세에 대한 예리한 통찰과 자율정부수립이라는 신념을 바탕으로 대미외교를 통하여 대한민국정부를 수립하는 데 크게 공헌하였다. 특히 그는 UN감시하의 자유총선거를 통하여 대한민국을 수립함으로써 대한민국을 UN이 결의한 한반도의 유일한 합법정부의 지위를 얻게 한 점도 크게 평가되어야 한다. 이 점은 소련의 위성정권으로 출발한 북한과 너무나 대조되기 때문이다.

나아가 건국의 기틀을 자유민주주의와 시장경제를 지향하는 헌법을 갖는 국가로 세움으로써 공산독재를 추구한 북한과는 달리 오늘날 세계사의 중심대열에 올라서서 국가의 수준을 G20반열에 끌어올린 기초를 다진 것이다. 이 점에서 우리는 초대 대통령으로서의 이승만 박사의 공헌을 인정치 않을 수 없다.

또한 북한의 기습남침으로 시작된 6.25동란에서 공산침략군을 물리치고 대한민국을 지킨 지도력과 전시외교능력에 대하여서도 우리는 이승만 대통령의 공로를 각별히 인정하여야 한다. 특히 미국과 한미방위조약을 체결함으로써 6.25동란 후 60년 동안 한반도에서의 전쟁재발을 방지, 한국이 오늘과 같은 경제발전을 이룩할 수 있는 안보환경을 조성한 점도 중요 공헌으로 평가하여야 할 것이다.

그리고 또한 건국의 기초를 마련하는 내정개혁에서 보인 성과도 그의 주요 치적으로 기억되어야 할 것이다. 국가의 기틀을 닦음에 있어서 자유민주주의와 시장경제를 선택한 것과 아울러 행정조직을 정비하여 국민생활 및 경제활동에 안정성과 일관성을 확보하게 하고 대통령 스스로 청렴 근검의 본을 보여 신생국가 겪는 극심한 지배층 및 관료들의 부패를 최소화한 것도 적지 않은 공적이라 할 수 있다. 이러한 내정개혁은 한국에서 60년대부터 시작된 개발연대가 이승만 대통령 집권기에 그 기초가 마련되었음을 알 수 있다 하겠다.

이승만 정부는 당시 우리나라와 같은 경제적 빈곤국에서는 특히 민주주가 성장하기 위한 가장 중요한 전제조건이 되는 경제개발에 대하여서도 많은 노력을 하여 상당한 성과를 거두었다고 하겠다. 즉, 앞에서 살펴본 바와 같이 '경제부흥5개년계획' '산업개발3개년계획' 등을 입안하여 비록 당시에는 실행에 옮기지는 못하였으나 다음 정부에서 경제개발계획을 입안하는 데 바탕이 되게 하였고, 또한 농지개혁을 적기에 시행하여 당시 농민들에게 희망을 갖게 하고, 자립적이고 독립적인 민주국가의 국민 형성에 기여하였으며, 또한 초등교육의 의무교육제도와 함께 장차 국가발전의 전문인력을 양성하게하는 데에도 커다란 역할을 하였다.

결론적으로 이승만 정부는 한편으로는 위에서 본 바와 같은 독재와 부정이 있기는 하였으나, 다른 한편으로는 대한민국정부 수립에 크게 공헌하였고, 자유민주주의와 시장경제를 지향하는 헌법을 도입하였으며, 6.25동란에서 나라를 지켜 냈고 그 뒤처리로 '한·미간 상호방위협정'을 체결하고 60여 만의 한국군을 양성하여 한반도에서의 전쟁재발을 방지, 한국이 오늘과 같은 경제발전을 이룩할 수 있는 안보환경을 조성하였으며 경제발전에도 그런대로 노력하였고, 특히 농지개혁과 초등학교 의무교육제를 강력하게 추진하여 당시로서는 빈곤국가인 우리나라에서 민주화의 필수적 전제요건인 산업화의 초석을 놓았다는 점에서는 상당한 공헌을 하였다고 평가할 수 있을 것이다.

제3절 제2공화국헌법

Ⅰ. 제2공화국헌법의 성립

이승만 대통령은 하야 하루 전인 1960년 4월 25 일 許政을 수석국무위원이자 외무부장관에 임명하였다. 그리하여 4월 27일 이승만 대통령의 사표가 국회에서 수리되자 수석국무위원인 허정이 대통령권한대행이 되어 과도정부가 수립되었다.

허정 과도정부가 수행하여야 할 과제 중 가장 중요한 것은 4월 26일 국회에서 가결된 시국수습책에 따라 의원내각제로의 헌법개정을 하는 것이었다. 그런데 민주당에서는 개헌을 먼저 할 것인지, 제1공화국헌법에 따라 정·부통령선거를 먼저하고 개헌을 할 것인지에 대하여 의견이 나누어져 있었다.

민주당 新派(장면계)에서는 제1공화국헌법규정에 따른 정·부통령선거(재선거)를 먼저 실시하고 새 국회에서 개헌문제를 다루자고 주장하고, 舊派(조병옥계)에서는 자유당국회에서 헌법을 먼저 개정한 다음 새 정부 수립을 위한 총선거를 실시하자는 주장을 하였다. 신파의 입장에서는 당장 선거를 하면 장면이 대통령에 당선되는 것이 확실하였기 때문에 대통령직을 차지한 후 그 여세를 몰아 국회의원선거에서도 승리하려는 의도 아래 先選擧를 요구하였고, 구파의 입장에서는 신파의 장면이 대통령에 당선되었을 경우에는 새로운 선거에 의한 국회에서 의원내각제로의 개헌이 가능하다는 보장이 없었기 때문에 先改憲을 주장하였던 것이다.

이러한 논란 중에 자유당혁신파가 구파에 동조하고 허정 과도정부가 개헌을 먼저 시행하도록 결정함으로써 구파의 주장대로 개헌을 먼저 하도록 결정되었다.

4월 28일 국회는 의원내각제개헌을 위한 9명의 기초위원회를 선임하여 기초작업은 6월초에 완료하였다. 국회는 헌법개정안의 표결을 기명투표로

하도록 바꾸어 6월 15일에 압도적인 여·야 만장일치로 이를 통과시키고 당일 공포하였다.[20]

Ⅱ. 제2공화국헌법의 내용(제헌헌법과의 차이)

제2공공화국헌법의 개정, 즉 제3차개정헌법에서의 개정이유는 다음과 같다. "국민의 기본권의 보장을 위한 권력구조를 종래의 대통령제에서 내각책임제로 하고, 사법권의 독립과 그 민주화를 위하여 대법원장과 대법관을 선거제로 하는 한편 위헌위법의 심사와 기타 헌법사항을 관할하도록 헌법재판소를 설치하며, 선거의 공정을 기하기 위하여 중앙선거관리위원회를 헌법기관으로 하고, 경찰의 중립화를 위하여 필요한 기구의 설치와 지방자치단체의 장의 직선제를 헌법상 보장하기 위하여 개헌을 하려는 것임."

개정이유를 중심으로 하여 제3차개정헌법에서 제헌헌법과 다르게 개정한 사항을 살펴보기로 한다.

1. 기본권의 강화

(1) 거주와 이전의 자유 조항 등의 개별법률유보조항 삭제, 일반법률유보조항 및 자유와 권리의 본질적 훼손금지규정 신설   제헌헌법의 거주와 이전의 자유(제10조), 통신의 비밀 보장(제11조) 및 언론, 출판의 자유와 집회, 결사의 자유(제13조)의 규정에 개별적으로 규정되어 있던 "법률에 의하지 아니하고는"이라는 개별법률유보조항을 삭제하고, 제28조 제2항에 "국민의 모든 자유와 권리는 질서유지와 공공복리를 위하여 필요한 경우에 한하여 제한할 수 있다."는 일반법률유보조항을 두었다. 일반적 법률유보는 원칙적으로 개별적인 기본권조항에는 법률유보를 규정하지 않고 모든 기본권에 일반적으로 적용

---

20) 1960년 6월15일에 국회는 의원내각제로 정부형태를 바꾸는 헌법개정안을 통과시켰다. 내각제는 이승만 정부에 대항하여 온 민주당(1955년)이 처음부터 고수하여 온 당론이었다. 민주당은 이승만의 권위주의정치를 비판하여 왔는데 4.19는 민주당에게 이들이 주장하여 온 정치를 할 수 있는 기회를 제공하였다.

될 수 있는 법률유보를 따로 규정하는 방식이다. 제헌헌법하에서의 개별유보 방식은 강력한 권력을 가진 통지조직의 자의에 따라 법률에 근거하기만 하면 관련 기본권을 제한할 수 있다는 오해를 낳게 할 소지가 있었다. 그리하여 개별법률유보조항을 삭제하고 일반유보조항을 두게 된 것이다.

그리고 또한 일반법률유보조항에 따라 질서유지와 공공복리를 위하여 국민의 자유와 권리를 제한하는 경우에도 제28조 제2항 단서에 "단 그 제한은 자유와 권리의 본질적 내용을 훼손하여서는 아니 되며"라고 규정하여 자유와 권리를 제한하는 경우에도 본질적 내용을 훼손할 수 없도록 한계를 설정하였다.

(2) 언론, 출판에 대한 허가나 검열 금지 및 집회, 결사에 대한 허가제 금지 제2공화국헌법에서는 제28조 제2항 단서 후단에서 "언론, 출판에 대한 허가나 검열과 집회, 결사에 대한 허가를 규정할 수 없다."고 규정하였다.

제1공화국의 권위적인 통치는 국민의 정치적 의사형성과정 및 정치과정에 참여할 수 있는 필수적인 언론, 출판, 집회, 결사를 철저히 제한하여 민주적 헌정질서의 확립을 불가능하게 하였다. 이에 제2공화국헌법에서는 민주주의 정착을 위하여 언론, 출판에 대한 허가나 검열과 집회, 결사에 대한 허가제를 금지하여 국민의 정치과정에의 참여를 최대한으로 보장하도록 하였다.

(3) 정당보호 조항 신설　　　제2공화국헌법은 언론, 출판의 자유와 집회, 결사의 자유를 규정한 제13조 제2항에 "정당은 법률의 정하는 바에 의하여 국가의 보호를 받는다. 단 정당의 목적이나 활동이 헌법의 민주적 기본질서에 위배될 때에는 정부가 대통령의 승인을 얻어 소추하고 헌법재판소가 판결로써 그 정당의 해산을 명한다."고 정당보호에 관한 규정을 신설하여 정치발전을 도모하였다.

제2공화국헌법에서 정당보호에 관한 규정을 최초로 신설한 것은 정치과정이 사회적 통합을 이루기 위하여서는 자유로운 정당활동이 보장되어야 하며, 국민의 지지를 기반으로 하는 민주적 정당성과 국민의 대표성을 지닌 정당이 많이 육성되어야 책임 있는 정치가 가능하여지기 때문이라고 하겠다.

2. 공명선거의 보장

(1) 중앙선거관리위원회의 헌법기관화　　제2공화국헌법은 어떠한 정치적 세력이나 외부압력으로부터 독립하여 공정한 선거관리업무를 담당할 수 있도록 "선거관리를 공정하게 하기 위하여 중앙선거위원회를 둔다. 중앙선거위원회는 대법관 중에서 호선한 3인과 정당에서 추천한 6인의 위원으로 조직하고 위원장은 대법관인 위원 중에서 호선한다."고 규정하여(제75조의2 제1항), 중앙선거관리위원회를 헌법기관으로 격상시켰다.

(2) 공무원의 정치적 중립성 및 신분의 보장　　제2공화국헌법은 "공무원의 정치적 중립성과 신분은 법률의 정하는 바에 의하여 보장된다."고 규정하였다(제27조 제2항). 이는 과거에서와 같이 공무원이 정권의 하수인 역할 하는 일이 없도록 하기 위한 것이다.

(3) 경찰의 중립성보장 및 군의 정치참여 제한　　제2공화국헌법에서는 "행정각부의 조직과 직무범위는 법률로써 정한다. 전항의 법률에는 경찰의 중립을 보장하기에 필요한 기구에 관하여 규정을 두어야 한다."고 규정하였다(제75조). 제1공화국헌법하에서 경찰은 국민의 자유와 권리를 침해하였고, 부정선거에 직·간접적으로 간여한 일이 있었기 때문에 이를 방지하기 위한 것이라 하겠다. 또한 "군인은 현역을 면한 후가 아니면 국무위원에 임명될 수 없다."고 규정하여(제69조제7항), 군의 정치참여를 제한하였다.

3. 통치구조

⑴ 개설

제2공화국헌법은 통치구조로서 정부형태를 권력의 억압으로부터 자유를 보장받기 위하여서는 대통령제를 폐지하고 의원내각제정부형태를 채택하여야한다는 4.19 이후의 국민적 요구를 받아들여 정부형태를 대통령제에서 의원내각제로 전환하였다. 이는 그 시대의 정치현실이 대통령제는 독재적 경향을, 의원내각제는 자유적 경향을 갖는다는 생각을 헌법이 규범적으로 체계화하여 수용한 것이라 할 것이다. 제2공화국헌법이 채택한 의원내각제는 의원내각제의 이상형이라 할 수 있는 영국의 내각책임제에 접근하고 있으며, 고전적 의원내각제의 전형을 갖추고 있다.[21] 제2공화국헌법에서도 영국의 내각책임제와 마찬가지로 책임정치의 실현을 위하여 국무원(내각)에 대한 의회의 불신임결의권을 두되, 정국의 안정을 도모하고 정부위기를 타개하기 위하여 국무원의 민의원해산권을 이른바 무기평등의 원칙에 따라 병존시켰다. 또한 내각의 존속을 언제나 국회의 존속에 예속시킴으로써 권력통합으로 인한 독재의 가능성을 배제시키고 있다.

의원내각제가 성공하기 위하여서는 영국의 헌정사에서 알 수 있듯이 내각의 조직과 활동이 의회의 세력분포에 의하여 직접적인 영향을 받기 때문에 의회 내에서의 안정세력의 확보(과반수)가 필요하다. 따라서 거대한 양대 정당제도의 확립이 요구된다. 또한 직업공무원제도의 확립이 필요하다. 그것은 의회의 내각불신임과 내각의 의회해산 시에 정국의 불안정을 초래할 우려가 있기 때문에 정치적으로 중립적인 위치에서 집행업무를 수행하여 나갈 수 있는 직업공무원제가 필요하다 할 것이다. 그리고 또한 상징적인 대통령이 필요하다. 이는 정치적으로 중립을 지키는 대통령이 의회와 정부가 대립한 경우에 이를 정치적으로 중립적인 지위에서 합리적으로 조정할 수 있기 때문이라 할 것이다.[22]

(2) 입법부

(가) 국회의 양원제   제2공화국의 국회는 임기 4년의 의원으로 구성되는 民議院과, 임기 6년의 의원으로 구성되는 參議院의 양원제(제31조 제2항)의 형태로 운영되며, 참의원 의원은 3년마다 2분의 1씩 개선된다(제33조 제1, 3항). 양원 의원은 보통, 평등, 직접, 비밀 선거로 선출된다(제32조 제1항).

(나) 양원의 권한관계   제2공화국헌법에서는 국민의 대표라 할 수 있는

---

21) 법제처, 전게서, p. 9
22) 김영수, 전게서, p. 473

민의원에 그 권한과 정치적 비중이 주어지고 있는데 그 주요 내용은 다음과 같다. 법률안과 예산안은 먼저 민의원에 제출하도록 규정되어 있다(제39조 제2항). 의안에 관하여 양원의 의결이 일치하지 않을 때에는 그 의안을 민의원의 재의에 부하고 각원에서 의결된 것 중 민의원에서 재적의원 과반수의 출석과 출석의원 3분의 2 이상의 찬성으로 다시 의결된 것을 국회의 의결로 하고 있다(제37조 제2항). 참의원이 국회의 의결을 요하는 의안을 받은 날로부터 60일 이내에 의결하지 않을 때에는 그 의안을 부결한 것으로 간주하며, 예산안은 이 기간을 20일로 한다(제39조 제3항). 국무원에 대한 불신임권은 민의원에만 인정되고 있다(제71조).

㈐ 국회의 국무원 불신임권　　　국회의 권한 중에서 국무원불신임권에 대하여서만 살펴보면 다음과 같다.

국무원에 대한 불신임권은 민의원에만 인정된다. 국무원은 민의원에서 국무원에 대한 불신임결의안을 가결한 때에는 10일 이내에 민의원해산을 결의하지 않는 한 총사직하여야 한다(제71조 제1항). 국무원은 민의원이 조약비준에 대한 동의를 부결하거나 신년도총예산안을 그 법정기일 내에 의결하지 아니한 때에는 이를 국무원에 대한 불신임으로 간주할 수 있다(제71조 제2항). 민의원의 국무원에 대한 불신임결의는 재적의원 과반수의 찬성을 얻어야 한다(제71조 제3항). 국무원에 대한 불신임결의안은 발의된 때로부터 24시간 이후 72시간 이내에 표결하여야 한다. 이 시간 내에 표결하지 아니한 때에는 불신임결의안은 제출되지 아니한 것으로 간주한다(제71조 제4항). 국무원은 국무총리가 궐위되거나 민의의원 총선거 후 처음으로 민의원이 집회할 때에는 총사직하여야 한다(제71조 제5항). 불신임의 대상 및 사유에 있어서 국무원은 민의원에 대하여 연대책임을 지게 되므로 국무원에 대한 민의원의 불신임은 전체로서의 국무원에 대하여서만 인정되고 각료 개개인에 대한 개별적인 불신임은 인정되지 아니한다. 다만 국무총리에 대한 불신임결의는 국무원전체에 대한 불신임결의로 간주된다. 민의원의 국무원에 대한 불신임사유는 제한이 없다.

(3) 대통령

(가) 대통령의 지위·선출 등   의원내각제의 권력구조에서는 대통령은 의례적·명목적 지위를 가진다. 그러나 제2공화국헌법 제51조에서는 "대통령은 국가의 원수이며 국가를 대표한다."고 규정하고 있다. 대통령은 국가원수로서 "대한민국을 대표"한다는 점에서 헌법기관이며, 아울러 정치과정에서 권력의 조정자로서 역할을 담당하도록 하였다. 제2공화국헌법에서는 다음에서 보는 바와 같이 대통령에게 상당한 실질적 권한도 갖도록 하였는 바, 그것은 대통령에게 정치과정에서 권력의 조정자로서의 역할을 담당하도록 하기 위한 것이다.

대통령은 양원합동회의에서 선거하고 재적국회의원 3분의 2 이상의 투표를 얻어 당선된다(제53조 제1항). 대통령의 임기는 5년이고 재선에 의하여 1차에 한하여 중임할 수 있다(제55조).

(나) 대통령의 권한   의원내각제 통치구조 아래에서 대통령의 권한은 대부분이 형식적 권한이며, 실질적 권한은 예외적으로 중립적 지위에서 권력의 조정자역할을 수행하기 위하여 부여된 것이다. 제2공화국헌법에서의 대통령의 실질적 권한으로는 국무총리지명권(제69조 제1항), 정부의 정당소추에 대한 승인권(제13조 제2항), 계엄선포거부권(제64조 제2항), 헌법재판소심판관 임명권(제83조의4 제2항), 국회출석 증언권(제60조) 등이 있다.

(4) 국무원(내각)

국무원은 행정권의 담당자로서 국회와 더불어 국가의 정치적지도와 그 집행을 분담하고 있는 헌법상 최고기관의 하나이다. 국무총리와 국무위원으로 구성되는 합의체기관으로서 민의원에 대하여 연대책임을 진다. 국무원은 항상 민의원의 존립을 전제로 존립한다. 국무원은 국무총리가 임명하여 대통령의 확인을 받은 8인 이상 15인 이내의 국무위원으로 조직된다(제69조 제6항). 국무위원은 반드시 국회의원으로 임명될 것을 요구하지 않는다.

국무총리는 국무회의를 소집하고 그 의장이 되며(제70조 제1항), 국무원을 대표한다(제70조 제3항).

(5) 사법부

제2공화국 헌법에서는 법원의 독립과 국민의 기본권보장을 위한 사법의 기능을 강화하고, 헌법재판소를 설치하였다.

㈎ 대법원장 및 대법관의 선거제 채택　　제2공화국 헌법에서는 대법원장과 대법관은 법관의 자격이 있는 자로서 구성하는 선거인단이 선출하여 대통령의 확인만 받도록 하였으며, 그 밖의 법관은 대법관회의의 의결에 따라 대법원장이 임명하도록 하여 사법권의 독립을 보장하였다(제78조).

당시 사법부선출제는 미국처럼 일반인들이 법관을 선출하는 것이 아니라 법관자격이 있는 사람, 즉 변호사들만이 선거권과 피선거권을 가졌다. 한편 사법부선출제는 공정하여야 할 사법부를 정파적으로 분열시킨다고 지적하는 의견도 있었다.

㈏ 헌법재판소의 신설　　법률의 위헌여부를 최종적으로 심사하고 탄핵심판과 그 밖의 헌법에 관한 사항을 관할하여 헌법을 수호하고 국민의 기본권을 보장하는 기구로서 상설기관인 헌법재판소를 새로이 신설하였다(제83조의3). 이는 제1공화국헌법 아래서 위헌법률심사기관인 헌법위원회가 비상설기구였고 구성원의 절반이 정치인으로 되어 있는 정치적사법기관이어서 그 본래의 기능을 다하지 못하였기 때문이다. 그리하여 제2공화국헌법상의 헌법재판소는 법관의 자격을 가진 9인의 심판관으로 구성되는 순수한 사법기구로서의 성격을 가지며, 심판관은 정당에 가입하거나 정치에 관여할 수 없게 하여 정치적 중립성을 보장하였다(제83조의4).

4. 지방자치

제2공화국헌법은 중앙집권적인 권력남용으로부터 국민의 기본권이 침해받지 않도록 권력통제의 한 수단으로 "지방자치단체장의 선임방법은 법률로써 정하되 적어도 시·읍·면의 장은 그 주민이 이를 선임한다(제97조 제2항)."고 규정하여 지방자치제를 강화하였다.

Ⅲ. 제4차헌법개정

1960년 10월17일 3.15부정선거의 원흉과 부정축재자에 대한 소급처벌의 法源을 마련하는 것을 골자로 하는 헌법부칙개정안이 제출되어 동년 11월 29일 제4차헌법개정이 이루어졌다. 이 헌법개정은 단순히 부칙규정이 개정되었을 뿐이었다.

[헌법개정부칙 단기4293년 11월 29일 공포, 헌법제5호. 1960. 11. 29.]

이 헌법시행당시의 국회는 단기4293년 3월 15일에 실시된 대통령, 부통령선거에 관련하여 부정행위를 한 자와 그 부정행위에 항의하는 국민에 대하여 살상 기타의 부정행위를 한 자를 처벌 또는 단기4293년 4월 26일 이전에 특정지위에 있음을 이용하여 현저한 반민주행위를 한 자의 공민권을 제한하기 위한 특별법을 제정할 수 있으며, 단기4293년 4월 26일 이전에 지위 또는 권력을 이용하여 부정한 방법으로 재산을 축적한 자에 대한 행정상 또는 형사상의 처리를 하기 위하여 특별법을 제정할 수 있다(신설 1960. 11. 29.).

전항의 형사사건을 처리하기 위하여 특별재판소와 특별검찰부를 둘 수 있다(신설 1960. 11. 29.).

전2항의 규정에 의한 특별법은 이를 제정한 후 다시 개정하지 못한다(신설 1960. 11. 29.).

Ⅳ. 제2공화국하에서의 경제발전정책의 성과

4.19혁명으로 탄생한 장면 정권은 1년도 안 되는 짧은 존속기간 중 나름대로의 적극적인 정책들을 구사하려 노력하였다. 특히 한국최초의 '경제개발5개년계획안(1962~1966)'은 비록 군사혁명으로 인하여 시행되지 못하였어도 그것이 박정희 정권이 신속히 설계하고 시행한 제1차경제개발5개년계획의 기초를 마련하였다는 점에서 경제정책사적으로 의의를 갖는다.

장면 정권은 '한강의 기적'을 역설하였으며 '경제제일주의'를 國是로 내걸

고 관치경제를 청산하고 자유경제질서를 확립하고자 하였다. 이를 바탕으로 1
단계로 국토개발계획을 추진하여 정신혁명을 이룩하고, 2단계로 경제개발계
획을 추진하여 경제혁명을 완수하고자 하였다. 장면 정권의 경제정책구상은
이승만 정권과 비교하였을 때 진일보한 측면을 가지고 있었다.

첫째, 관치경제를 청산하고 자유경제질서를 확립하여 나갔다는 점이다. 둘
째, 농촌에 안정농가 100만 호를 육성하고 중소기업에 대한 적극적인 투융자
를 하고자 하였다는 점이다. 셋째, 국토건설운동을 통하여 관민협력에 의한
'정신혁명'을 이루고자 하였다는 점이다. 넷째, 경제개발에 대한 다양한 여론
을 수렴하고 그것을 기반으로 경제개발계획을 추진하였다는 점이다.

장면 정권은 경제개발5개년계획을 통하여 농업생산력을 증대시키고 유휴노
동력을 이용함으로써 국내시장을 발전시키며 경제개발에 대한 국민들의 심리
적 적응력을 높이고자 하였다. 또한 전력·석탄 등의 전략적 부문에 대한 중점
적인 투자를 통하여 산업기반을 구축하고, 비료·시멘트·철강·인건사·정유공
장 등의 기초산업시설을 확충하고자 하였다. 한편, 행정부 수반 직속에서 재정
금융, 정책조정, 통계조정을 담당하고 각부처를 평가·계획하는 경제기획원을
준비하였다. 이러한 정책과 경제관은 박정희 정부에서 계승되었다.

그러나 장면 정부의 경제정책은 결정적인 한계를 가지고 있었다. 경제정책
에 대한 정부의 재량권을 확보하기 위하여서는 국민들의 절대적인 지지가 필
요하였다. 그러나 장면 정부는 부정부패척결, 부정축재자처리, 미국에 대한 경
제자주성확보 등의 문제에서 국민들의 기대에 전혀 부응하지 못하였다. 이는
결국 국민의 지지를 바탕으로 자율적으로 정책을 추진하지 못하고 재원을 미
국의 원조에 일방적으로 의존한 결과였다. 이들 시책은 점차 4.19혁명의 요구
에 역행하였다. 결국 미국정부와의 협력기조는 강화되었지만 경제개발추진을
위한 장면 정부의 정치적 동력은 상실되고 있었다. 국민들의 지지를 얻지 못
하는 한 이들이 주장하는 '정치혁명'은 결코 '경제혁명'으로 이어질 수 없었기
때문이다.

Ⅴ. 1960.6.15.~1961.5.15.까지 제정된 주요법률

1960년 국회법(개). 선거위원회법. 국회의원선거법. 정부조직법(개). 신문 등 및 정당 등의 등록에 관한 법률. 집회에 관한 법률. 대법관직무대리에 관한 임시조치법. 민법. 민사소송법 시행에관한 임시조치법. 정치운동에 관한 법률. 농지개혁법(개). 반민주반역자에 대한 형사사건임시처리법. 특별재판소 및 특별검찰부조직법. 정부보유외국환관리특별회계법. 염업정비임시조치법. 토지세법. 국제개발협회에의 가입조치에 관한 법률. 부정선거관련자처벌법. 반민주행위자공민권제한법.

1961년 감찰위원회법. 항공법. 복권에 관한 임시특례법. 하급법원판사정원법(개). 국토건설사업특별회계법. 헌법재판소법. 부정축재특별처리법. 대여장학금법. 대법원장 및 대법관선거법. 실화책임에 관한 법률. 분배농지소유권이전등기에 관한 특별조치법. 계량법. 특정외래품판매금지법. 대한민국재향군인회법.

Ⅵ. 제2공화국헌법에 대한 평가

4.19혁명은 독재에 항거하여 국민의 기본권을 되찾고 민주주의를 회복하기 위한 시민의 저항운동이었으며 따라서 제2공화국헌법은 이러한 4.19이념을 담는 것이 당연하다 할 것이며, 그 특징은 국민의 기본권의 강화라는 형태로 나타났다.

그리하여 제2공화국헌법은 국민의 기본권 강화를 위하여 종래의 거주, 이전의 자유 조항 등에서의 개별적 법률유보조항을 삭제하고 일반적 법률유보조항으로 대체하였고, 자유와 권리의 본질적 내용의 훼손금지조항을 신설하였으며, 언론·출판에 대한 허가나 검열금지 및 집회·결사에 대한 허가금지조항을 신설하였고, 정당보호조항을 신설하였다. 이러한 개별적 법률유보조항의 일반 법률유보조항으로의 대체, 국민의 권리나 자유를 질서유지와 공공복리를 위하여 법률로 제한하는 경우에도 자유와 권리의 본질적 내용의 훼손을 금지한 것, 언론·출판에 대한 허가나 검열의 금지 및 집회·결사에 대한 허가를 금지한 것

등은 당시 구미선진국 수준의 기본보장이라 할 것이다. 따라서 제2공화국헌법 체계에서 기본권 분야는 개정조항에서는 극히 일부조항만 개정되었지마는 그 내용에서는 제1공화국헌법에 비하여 기본권이 크게 강화됨으로써 실질적으로 는 전면적 개정의 효과를 가져왔다.[23]

그리고 제2공화국의 권력구조로서는 제2공화국헌법개정의 개정이유에서 밝힌 대로 "국민의 기본권의 보장을 위한 권력구조를 종래의 대통령제에서 내 각책임제로 하고"라고 하여 내각책임제를 채택하였다.

제2공화국헌법의 개정에 있어서는 당시 국민들의 자유에 대한 욕구가 너무 커서 거의 반사적으로 이승만 독재에 억눌렸던 국민의 기본권강화에만 집중하 였고 그러한 기본권강화와 그리고 국민의 기본권보장을 위한 내각책임제 권력 구조가 앞으로 우리나라의 정치현실에서 어떻게 작동될 것인지에 대하여 예측 을 하고 그에 맞는 조정을 하는 데에는 미치지 못하였다고 할 것이다. 그리하 여 여기에서 제2공화국헌법상의 기본권강화조항이나 권력구조인 내각책임제 는 거의가 제대로 순방향으로 기능을 발휘하지 못하였고 더러는 역작용을 나 타내기도 하였다. 1960년 7월 29일 제5대 국회의원 총선거에 민주·자유당으 로 대표되는 보수세력에 대항한 혁신정당인 사회대중당·한국사회당 등이 참 가하였으나, 참패함으로써, 장면 정권이 출발할 즈음에는 혁신정당이 정치세 력으로서 차지하는 위치가 극히 미약하였다. 그러나 제2공화국헌법에서는 정 당보호조항을 새로이 두었기 때문에 혁신계 정당들은 과감한 정치활동을 할 수 있었으며, 4.19 이후의 정치적·사회적 혼란을 틈타 세력을 규합하여 점차 혁신·진보계가 세력화하였다. 이들 정당 등이 급진적 좌파세력이 되어 외국군 대의 철수, 한반도의 영구중립 주장, 全한반도의 우선적인 선거 실시 등을 주 장하여 장면 정권을 곤경에 빠뜨리고 헌정질서를 파괴할 정도의 위험수위까 지 다다르게 되었다. 이들 혁신세력은 특히 통일을 남한사회의 핵심적인 문제 로 보고 장면 정부의 '先건설 後평화통일론'은 통일을 하지 않겠다는 것이라 며 비판하면서 중립화 통일론, 남북 협상 통일론 등을 주장하였다.

---

23) 법제처, 전게서, p. 8

그리고 4.19 이후 제1공화국 정권에 의하여 강압적으로 억눌려 있던 노동운동이 집회·결사의 자유 강화에 힘입어 급속히 확산되었다. 그중에서도 전국교원노조가 내세운 급진적 사상과 교원조직의 특성상 사회에 끼친 영향은 실로 막대하였다. 교원노조는 대중집회, 가두시위 더 나아가서는 급진적 좌파세력과 동조하여 시위를 선동함으로써 정치적으로 급진성을 더하였다.[24]

또한 4.19 후의 혼란한 사회상은 급진적 사상을 가진 좌익계통의 학생들에게 자유로운 정치활동을 보장하는 계기가 되었다. 이들은 통일문제에 대하여 서울대학교의 민족통일연맹을 중심으로 급진적 이론을 전개함으로써 사회혼란을 가중시켰다. 남한 측 학생대표들이 판문점에서의 북한학생들과 남북학생회담을 거론하였고, 구체적으로 그것을 실천하고자 하였다.

현대 헌법국가가 추구하는 자유민주주의 헌정질서가 그 토대를 확고히 내리기 위하여서는 발전된 경제가 뒷받침을 해주어야만 가능하다.[25] 앞에서도 지적한 바와 같이 민주주의가 성장하기 위한 가장 중요한 전제요건은 경제의 성장 내지는 발전이라고 할 것이기 때문이다. 제2공화국의 짧은 헌정기간 동안 민주주의의 확립 및 발전을 위한 중요한 뒷받침이 되는 경제기반의 취약성은 물론 그것이 과거부터 내려온 과제이기는 하지마는 장면 정권의 취약성으로 작용하였다. 그리하여 장면 정권도 경제개발의 중요성을 깨닫고 '한강의 기적'을 역설하였으며, '경제제일주의'를 국시로 내걸고 관치경제를 청산하고 자유경제질서를 확립하려고 하였다. 그리하여 제1단계로 국토개발계획을 추진하여 국민의 정신혁명을 이룩하고, 제2단계로 경제개발계획을 추진하여 경제혁명을 완수하고자 하였다. 그러나 장면 정권은 정치적 불안정과 사회적 혼란으로 경제개발을 제대로 추진할 수 없었고, 또한 미국의 원조감소, 미국 달러에 대한 국내환의 교환율을 현실화하기 위하여 한국통화를 평가절하하라는

---

24) 4.19혁명 이후 한국 사회는 민주주의라는 이름으로 끝도 없는 시위의 물결로 가득하였다. 장면 정부 10개월 동안 가두시위는 총 2,000여 건, 시위 참가자만 100만여 명에 달하였다. 매일 평균 7~8건의 시위가 발생한 셈이다. 국민학생들은 교사의 전근을 반대하는 시위를 하거나 어른들은 시위를 그만하라는 시위까지 발생하였다. 경찰은 국회의원이 뺨을 때렸다고 시위를 하였고, 육군훈련소의 훈련병들은 장교가 하대를 한다며 시위를 하였다.

25) 김영수, 전게서, p. 486

미국 측의 정치적 압력에 시달렸을뿐만 아니라 국내 대기업들도 제1공화국시절의 '부정부패'에 대한 처벌가능성 때문에 새로운 투자를 꺼리는 경향이 있어 정부의 경제개발을 제대로 실현하지 못하게 되었다. 그리하여 경기침체와 물가상승 등으로 인하여 失業문제는 점점 더욱 심각해져 갔으며, 일자리를 요구하는 실업자들의 시위가 연일 이어졌다.

그러나 정면 정권이 마련한 경제개발5개년계획안(1962~1966)은 비록 군사혁명으로 인하여 이행하지는 못하였어도 그것이 박정희 정권이 신속하게 설계하고 시행한 제1차경제개발5개년계획의 기초를 마련하였다는 점에서 큰 의의를 갖는다고 할 것이다.

제2공화국에서는 당면과제인 인권보장, 책임정치의 실현, 경제발전, 부정부패추방, 민생문제해결 등이 절대적으로 필요하였고, 이를 위하여서는 장면 정권에게 국민의 전폭적인 지지를 바탕으로 한 강력한 정치적 리더십이 요청되었다. 그러나 장면 정권의 민주당은 대립과 갈등을 극복하지 못하고 분당이라는 극단의 사태로까지 치닫고 만 것이다. 특히 총리지명과 조각을 둘러싸고 더욱 가속화되어 급기야는 구파의 신당창당으로까지 사태가 악화되었다. 원래 민주당은 7.29선거에서 압승하여 총의석 233석 중 75%인 175석을 확보하여 의원내각제에서 필수적인 안정되고 강한 정부체제를 구성할 수 있는 요건을 충분히 갖추었다. 그러나 신·구파로 분당, 구파 86명이 탈당하여 신민당을 창당하여 민주당은 96석으로 국회 과반수인 118석에 크게 미달하게 되었으며 분당 이후에도 各系派로 나누어져 의원내각제에서 체제안정을 위하여 필수요건인 정당기율이 무너졌다. 이에 장면 총리는 무소속 의석 등을 모아 가까스로 124석을 확보하여 과반수를 이루어 1960년 8월 23일에 제2공화국의 내각으로 정식 출범하였으나 정권유지에는 큰 타격을 입게 되었다. 그리하여 단합은 없고 대립만 계속되었으며 이는 결국 장면 정권의 정치 지도력의 상실로 나타났고 나아가서 4.19 이후의 정치적·경제적·사회적으로 나타난 총체적 난국을 수습하는 데 실패하고 만 것이다.

그러나 제2공화국정부는 비록 강력하고 안정된 정부가 되지 못하고 중요한 국정과제들을 신속하고 효율적으로 처리할 능력이 없는 나약한 정부라고 비판을 받았지만 그렇다고 내부적으로 붕괴될 정도는 아니었으며, "제2공화국의 내각제는 취약하고 무능한 것으로 매도되고 있으나 이 시기가 우리나라 역사상 가장 자유로운 시대가 아니었던가 생각한다. 정부는 경제개발계획을 짜고 있었고, 학사졸업생들과 학생들의 참여로 경제부흥과 질서유지도 궤를 같이 잡아가고 있었다."고 하여, 가장 민주적 정부라는 평가를 하기도 한다.[26] 실제로 당시에는 정부에서 헌법을 위반한 바도 없고 국민의 기본권을 침해한 바도 없었던 것 같다.

여기에서 장면 정권은 과연 무능하고 혼란한 정권이었는가에 대한 의문이 제기되기도 한다.

제2공화국을 무너뜨린 박정희 정권은 제2공화국이 전략적으로 무기력하고 통제력이 없는 정권이었다고 주장하였고, 많은 보수 우파 세력들까지도 이러한 생각을 공유하고 있다. 우파뿐만 아니라 좌파들에게도 제2공화국은 한동안 부정적으로 비쳐졌다. 기껏 4.19혁명을 이루어 놓고 제대로 나라를 이끌지 못하여 군부에 나라를 내줬다는 인식이 있었기 때문이다. 제2공화국은 정치적 불안에 시달려 왔다. 이러한 정치불안은 5.16이 성공하는 주 요인으로 작용하였으며 민주화 투쟁을 하던 이들도 내각제로의 전환을 주장하지는 않았다. 즉 제2공화국은 자신이 만든 헌법을 정파 간의 갈등 때문에 스스로 실천하지 못함으로써 본의 아니게 헌정을 훼손하였다고 볼 수 있다는 것이었다. 장면 정부가 국민의 지지를 절대적으로 받는 정부가 아니었던 것은 사실이고, 아직 국민들 사이에서 민주주의적 의식이 확실히 자리잡지 못하여 혼란상에 질려버린 국민이 있었던 것도 사실이다. 그리하여 국민과 미국정부는 모두 5.16 직후에는 중립적인 의견을 보냈고, 일부 지식인들은 5.16군사정변을 4.19혁명의 연장선상으로 보기도 하였다.

그러나 다른 한편으로 권위주의 정권이 막을 내리고 민주화시대가 개막하여 '장면 정권은 1961년 초에 들어가면서 차차 자리를 잡아가고 있었다.'는 반

---

26) 김철수, 헌정50년의 회고와 전망, 숭실대학교 법학연구소, 법학논총 제12집, p. 10 참조

론이 나오기 시작하였고, 4.19혁명 1주년에 큰 혼란이 올 것을 예상하며 계획하였던 5.16 주동세력의 예상과는 다르게 전국적으로 평온하였고, 이 때문에 당시의 사회혼란을 '민주주의를 위한 당연한 진통'으로 파악하는 의견도 있다.

제2공화국헌법이 채택한 의원내각제는 짧은 기간 운영되었기 때문에 공과에 대한 평가를 제대로 하기 어려운 점이 있지만, 정당정치의 발전과 국민의 정치수준이 뒷받침해주지 않는다면 제 기능을 발휘하기 어렵다는 점을 깨닫게 해 주었고 그 후 우리 헌정사에서 의원내각제적 요소의 재도입을 거론하기 어렵게 만든 요인이 되었다.

결론적으로 집권 민주당이 7.29총선에서 과반수 의석을 확보하였음에도 신·구파갈등으로 분당되고 또다시 계파로 나누어진 것에서 보듯이 제2공화국헌법의 의원내각제는 당시 우리나라의 정치여건상 너무 이상적인 통치제도라고 할 것이며, 장면 정권은 당시의 정치적불안과 사회혼란을 수습하기에는 너무 나약하고 느슨하였다고 할 것이다.

장면 정부는 당시의 빈곤국가인 우리나라의 경우에는 경제발전이 나라발전 내지는 민주화를 위한 필수적인 전제조건임을 인식하고 '한강의 기적'을 역설하였으며, '경제제일주의'를 국시로 내걸고 경제발전을 이루고자 하였으나, 정치적 불안정과 사회혼란으로 성과를 이룩하지 못하였다. 그러나 정면 정권이 마련한 경제개발5개년계획안(1962~1966)은 비록 군사혁명으로 인하여 이행하지는 못하였어도 그것이 박정희 정권이 신속하게 설계하고 시행한 제1차5개년계획의 기초를 마련하였다는 점에서 큰 의의를 갖는다. 여하튼 장면 내각이 출범한 이후 거리에는 각종 데모가 그칠 날이 없었고 정국불안에다 쿠데타설이 공공연하게 유포되고 있었다. 그럼에도 장면 총리는 군부에 대하여 방임적인 자세를 취하였다. 이에 군부는 1961년 5월 16일 새벽에 군사쿠데타를 일으키고 의회를 해산시켰으며, 3권을 장악하였다. 그 후 6월 6일 國家再建非常措置法이 공포되어 헌법은 비상조치법에 저촉되지 않는 법위 내에서만 효력이 유지된다고 하여 제2공화국헌법은 사실상 사문화되고 말았다.

제4절 제3공화국헌법

Ⅰ. 5.16 혁명공약과 국가재건비상조치법

1961년 5월 16일 5.16군사쿠데타로 3권을 사실상 장악한 군부는 혁명공약을 발표하였다. 혁명공약은 다음과 같다.

① 반공을 國是의 第一義로 삼고, 지금까지 형식적이고 구호에만 그친 반공체제를 재정비·강화한다.

② UN 헌장을 준수하고 국제협약을 충실히 이행할 것이며, 미국을 위시한 자유우방과의 紐帶를 더욱 鞏固히 한다.

③ 이 나라 사회의 모든 부패와 구악을 일소하고 퇴폐한 국민도의와 민족정기를 다시 바로잡기 위하여 청신한 기풍을 진작시킨다.

④ 절망과 기아선상에서 허덕이는 민생고를 시급히 해결하고 국가자주경제 재건에 총력을 경주한다.

⑤ 민족적 숙원인 국토통일을 위하여 공산주의와 대결할 수 있는 실력배양에 전력을 집중한다.

⑥ 이와 같은 우리의 과업이 성취되면 참신하고 양심적인 정치인들에게 언제든지 정권을 이양하고 우리들은 본연의 임무에 복귀할 준비를 갖춘다.

그리고 권력을 상실한 장면 총리는 5월 18일 마지막 국무회의를 열어 퇴진성명을 발표하고 계엄을 추인하는 한편, 정권을 군사혁명위원회에 이양하였다. 그리하여 군사혁명위원회는 명칭을 국가재건최고회의로 변경하고 5월 21일 혁명내각을 출범시켰으며, 6월 6일 '국가재건비상조치법'을 대통령의 재가를 얻어 공포하였다.

국가재건비상조치법은 前文 4장 24개 조문으로 되었으며, 그 내용은 다음과 같다.

① 혁명정부는 공산주의의 침략으로부터 대한민국을 수호하고 부패와 빈곤으로 인한 국가와 민족의 위기를 극복하고 진정한 민주공화국을 재건하기 위한 목적으로 국가긴급사태를 극복하기 위한 비상조치로서 국가재건최고회의를 설치하였다(비상조치법 제1조).

② 국가재건최고회의는 5.16군사혁명 과업수행후에 시행될 총선거에 의하여 국회가 구성되고 정부가 수립될 때까지 3권을 통합한 대한민국의 최고통치기관으로서의 지위를 가진다(동 제2조).

③ 헌법에 규정된 국민의 기본적 권리는 혁명과업수행에 저촉되지 아니하는 범위에서 보장된다(동 제3조).

④ 국가재건최고회의는 5.16군사혁명이념에 투철한 국군현역장교 중에서 선출된 20인 이상 30인 이내 최고위원으로서 조직된다(동 제4조).

⑤ 국가재건최고회의는 헌법에 규정된 국회의 권한을 행사하고(동 제9조), 내각은 국가재건최고회의에 대하여 연대책임을 진다(동 제13조 제2항).

⑥ 국가재건최고회의는 내각수반을 임명하고 각원은 최고회의의 승인을 얻어 내각수반이 임명한다(동 제14조).

⑦ 대법원장과 대법원판사는 최고회의의 제청으로 대통령이 임명하고(동 제18조 제2항), 헌법재판소에 관한 규정은 그 효력을 정지한다(동 부칙 제5항).

⑧ 제2공화국의 헌법의 규정은 이 비상조치법에 저촉되지 않는 범위 내에서만 그 효력을 갖는다(동 제24조).

Ⅱ. 제3공화국헌법의 제정

군사정권은 신헌법제정과 정권이양을 전제로 앞으로 구정치인의 정계진출을 방지하기 위하여 1962년 3월 16일 全文 12조항과 부칙으로 된 '정치활동정화법'을 제정하고 정화위원회 위원 7인을 임명하였다. 이에 반대하여 윤보선 대통령이 사임하자 비상조치법을 개정하여 3월 24일 박정희 최고회의 의장이 대통령의 권한을 대행하게 되었다.

국가재건최고회의는 1962년 7월 12일에 최고회의의 한 특별위위원회로 헌법심의위원회를 구성하였다. 최고회의 부의장을 위원장으로 하고, 최고회의 각 상임위원회의 위원장 7명과 법사위원회 위원 1인 등 9인의 심의위원으로 구성하고 그들을 보좌하기 위하여 헌법학자, 정치학자, 경제학자 등 21인의 전문위원을 두었으며, 전문위원 중 9인으로 소위원회를 구성하였다. 그리고 1962년 10월 8일에 국가재건비상조치법을 개정하여 헌법개정은 국민투표에 의하여 확정하도록 하고 10월 12일에 국민투표법을 제정·공포하였다.

그리하여 헌법심의위원회에서 성안된 헌법개정안은 국가재건최고회의 의결을 거쳐 12월 17일에 국민투표에 회부하여 확정되어 12월 26일에 공포되고 약 1년 후인 1963년 12월 17일부터 시행되었다.

Ⅲ. 제3공화국헌법의 특색(前헌법과의 차이)

1. 개관

제3공화국헌법도 제헌헌법의 기본원리를 모두 그대로 담은 모범적인 선진적인 민주헌법이라 할 것이다. 제2공화국헌법이 독재에 항거한 4.19혁명의 민심을 그대로 담아 낸 이상형 헌법이라고 한다면, 제3공화국헌법은 그동안의 헌법운영경험 현실을 반영한 보다 현실형 헌법이라고 할 수 있겠다. 그것은 예컨대 제2공화국헌법은 국민의 기본권의 확장에만 역점을 두었으며, 통치구조에 있어서도 국민의 권리를 보장하고 독재를 방지한다는 면에서 내각책임제를 채택하였고, 지방자치에 있어서도 지방자치를 강하게 보장한다는 측면에서 시·읍·면을 자치단체로 하고 그 장은 반드시 주민이 선거하도록 하였다. 이에 대하여 제3공화국헌법에서는 확장된 기본권의 현실적 적용에 있어서의 문제 상황을 고려하여 약간의 조정을 가였으며, 또한 통치구조에 있어서도 우리나라의 안보상황 등 현실적인 여건을 고려하여 대통령제를 채택하였고, 지방자치에 대하여서도 읍·면을 자치단체로 하는 것은 현실적으로 어려운 점이 있다는 점에서 지방자치단체의 종류와 자치단체의 장의 선임방법은 법률로 정하도록 위임하였다.

2. 제3공화국헌법의 특색

제3공화국헌법개정이유서는 다음과 같다.

혁명공약에서 밝힌 바에 의하여 민정이양을 단행함에 앞서 진정한 민주국가인 제3공화국의 기반을 마련하기 위하여 이 헌법개정안을 제안한다. 5.16혁명의 이념은 부패와 부정과 빈곤에서 우리 겨레와 나라를 구제하고 새로운 민주복지국가를 재건하려는 데 있다. 그러므로 민정이양에 앞서 이와 같은 숭고한 이념이 앞으로 탄생될 제3공화국에 계승되어 다시는 과거와 같은 쓰라린 전철을 밟지 않도록 새로운 국가의 튼튼한 기반을 다짐하는 것은 혁명정부의 신성한 의무가 아닐 수 없다. 이에 있어서 혁명정부는 이러한 의무를 다하기 위하여 널리 국민의 여론을 종합하고 진지한 연구와 검토를 거친 끝에 헌법개정안을 작성하고 주권을 가진 국민의 결정으로써 제3공화국의 기반을 마련코자 하는 바이다.

여기에 마련한 헌법개정안의 주요특징을 요약하면 다음과 같다.

① 자유권·생존권·참정권 등의 국민의 기본권을 최대한으로 보장하였으며,

② 건전하고 민주적인 현대적 정당제도를 수립하여 진정한 대의민주정치의 기반을 확립하였고,

③ 참다운 국민의사를 대변하고 깨끗하고 능률적인 의회정치를 기약할 수 있는 합리적인 국회의 조직과 운영을 규정하였으며,

④ 안정되고 일할 수 있는 민주적인 정부형태를 택하였고,

⑤ 국민의 권리보장의 최후보루인 사법권의 독립과 민주화에 만전을 기하였으며,

⑥ 시급한 민생고를 해결하고 국민경제의 조속한 발전을 기할 수 있는 경제체제와 기구를 마련하고,

⑦ 공산세력의 침략을 분쇄하고 굳건한 국가안전을 보장할 수 있는 기구를 설치하였으며,

⑧ 국가의 최고법규인 헌법의 개정은 주권자인 국민이 직접 결정하도록 하였다.

(1) 헌법 前文의 개정

종전의 내용을 거의 그대로 수용하였으나, '3.1 독립정신'에 '4.19의거와 5.16혁명의 이념'을 추가하였다.

(2) 정당국가에로의 지향

제3공화국헌법은 정당국가에로의 강한 의지를 표명하고 있다. 총강(제7조)에 정당에 관한 일반원칙을 규정하였고, 이에 더하여 대통령과 국회의원의 입후보에 소속정당의 추천을 요하게 하였고(제36조 제3항, 제64조 제3항), 국회의원이 당직을 이탈하거나 변경할 때 또는 정당이 해산된 때에는 국회의원의 자격을 상실하도록 하였다(제38조). 따라서 제3공화국헌법아래서는 정당은 필수적인 정치기관으로서의 성격을 갖는다.

(3) 기본권보장의 강화

제3공화국헌법에서는 국민의 기본권보장을 대폭 강화하였다. 그리하여 제2공화국헌법에서 규정하지 아니한 기본권을 많이 추가하였다. 인간으로서의 존엄과 가치(제8조), 직업선택의 자유(제13조), 주거의 자유(제14조), 양심의 자유(제17조), 인간다운 생활을 할 권리(제30조 제1항) 등이다.

① "모든 국민은 인간으로서의 존엄과 가치를 가지며, 이를 위하여 국가는 국민의 기본적 인권을 최대한으로 보장할 의무를 진다."고 하는 기본권의 근본원리조항이라 할 수 있는 헌법 제8조를 신설하였다. 헌법 제8조의 인간으로서의 존엄과 가치는 헌법의 최고구성원리이기도 하면서 인간이 가지는 자율적 인격성과 그 정체성·완전성을 보호영역으로 하는 주관적 방어권이기도 하다. 그러나 이러한 인간의 존엄과 가치를 구체적인 생활영역별로 더 자세히 규정하고 이를 기본권으로 보장하는 것이 나머지 개별 기본권이라고 볼 수 있을 것이다. 따라서 행복추구권과 평등권 그 밖의 다른 모든 기본권은 인간으로서의 존엄과 가치의 내용을 알려주는 역할을 하기도 한다. 그럼에도 불구하고 그러한 기본권에 의하여서 모두 보호되지 않는 인간가치의 고유하고도 핵심적인 영역이 있을 수 있는데, 인간으로서의 존엄과 가치는 바로 이러한 영역

을 주관적권리로 보호한다고 보아야 할 것이다.[27]

② 기본권의 기본이 되는 신체의 자유에 대하여 상세하게 규정하였다. "모든 국민은 고문을 받지 아니하며, 형사상 자기에게 불리한 진술을 강요당하지 아니하며(제10조 제2항)," "체포·구금·수색·압수에는 검찰관의 신청에 의하여 법관이 발부한 영장을 제시하여야 한다(제10조 제3항 전단)."고 규정하였으며, "현행범인인 경우와 장기 3년 이상의 형에 해당하는 죄를 범하고 도피 또는 증거인멸의 염려가 있을 때에는 사후에 영장을 청구할 수 있다(제10조 제3항)." "법률이 정하는 경우에 형사피고인이 스스로 변호인을 구할 수 없을 때에는 국가가 변호인을 붙인다(제10조 제4항)." "私人으로부터 신체의 자유의 불법한 침해를 받은 때에도 법률이 정하는 바에 의하여 구제를 법원에 청구할 권리를 가진다(제10조 제5항)." "피고인의 자백이 고문·폭행·협박·구속의 부당한 장기화, 또는 기망 기타의 방법에 의하여 自意로 진술된 것이 아니라고 인정될 때, 또는 피고인의 자백이 그에게 불리한 유일한 증거인 때에는 이를 유죄의 증거로 삼거나 이를 이유로 처벌할 수 없다(제10조 제6항)."

③ "군인 또는 군속이 아닌 국민은 대한민국의 영토 안에서는 군사에 관한 간첩죄의 경우와 초병·초소·유해음식물 공급·포로에 관한 죄 중 법률에 정한 경우, 및 비상계엄이 선포된 경우를 제외하고는 군법회의의 재판을 받지 아니한다(제24조 제2항)."고 규정하여, 민간인은 원칙적으로 군사재판을 받지 않도록 하였다.

④ 언론·출판, 집회·결사의 자유에 대하여서는 원칙적으로 허가제나 검열제를 실시할 수 없으나, 옥외집회에 대하여서는 그 시간과 장소에 관한 규제를 할 수 있고(제18조 제4항), 신문이나 통신의 발행시설기준은 법률로 정할 수 있으며(제18조 제3항), 공중도덕과 사회윤리를 위하여 영화나 예술에 대한 검열을 할 수 있다(제18조 제1항)고 규정하였다.

⑤ 헌법 제13조에서 직업선택의 자유를 신설하였다. 그러나 직업선택의 자유와 불가분의 관계가 있는 거주·이전의 자유는 헌법 제12조에 따로 규정하였다.

---

27) 법제처, 전게서(헌법주석서 I, 제2판), p. 335

⑥ 헌법 제28조 제1항에서는 "국가는 사회적·경제적 방법으로 근로자의 고용의 증진에 노력하여야 한다."고 규정하여 국가에게 의무를 부과하였다. 또한 제28조 제2항에서는 "모든 국민은 근로의 의무를 진다. 국가는 근로의무의 내용과 조건을 민주주의 원칙에 따라 법률로 정한다."고 규정하였다.

⑦ 제2공화국헌법에서는 단지 생활능력이 없는 국민을 보호받을 권리만을 규정하였는데 비하여, 제3공화국헌법에서는 제30조 제1항의 "모든 국민은 인간다운 생활을 할 권리를 가진다."는 규정과 함께 동조 제2항의 "국가는 사회보장의 증진에 노력하여야 한다." 및 동조 제3항의 "생활능력이 없는 국민은 법률이 정하는 바에 의하여 국가의 보호를 받는다."라는 규정인 생활권적 기본권을 보다 적극적으로 규정함으로써 생활능력이 없는 자를 보호하고 사회보장의 증진에 노력하여야 할 국가의 적극적인 의무를 규정하고 있다.

(4) 대통령제 정부형태

제3공화국헌법 제63조 제1항은 "행정권은 대통령을 수반으로 하는 정부에 속한다."고 규정하고, 동조 제2항에서는 "대통령은 외국에 대하여 국가를 대표한다."고 규정하여 정부형태로서 대통령제를 채택하였다. 그러나 제3공화국헌법상의 대통령제는 긴급재정·경제명령 및 처분권 등 국가긴급권을 부여하고 있는 등(제73조), 제1공화국헌법에서보다는 좀 더 강력한 고전적인 대통령제라고 할 수 있는 요소가 많다. 대통령의 임기는 4년이며, 1차에 한하여 중임할 수 있고(제69조), 대통령은 국민이 직접선거한다. 다만 대통령이 궐위된 경우에 잔임기간이 2년 미만인 경우에는 국회에서 선출하도록 하였다(제64조). 그런데 제3공화국헌법에서는 미국의 대통령제와는 달리 부통령제를 두지 아니하였다. 제1공화국헌법 아래서 대통령과 부통령이 소속 정당을 달리하게 된경우 갈등으로 어려움을 겪은 경험이 있어 이를 막기 위한 것이라고 하겠다. 그리하여 제3공화국헌법에서는 부통령을 두지 않고 그에 갈음하여 국무총리를 두어 대통령을 보좌하며, 대통령 유고시에 그 직무를 대행하게 하였다. 그리하여 제3공화국헌법도 대통령제에 의원내각제요소를 가미한 일종의 변형된 대통령제라고도 할 수 있다. 의원내각제요소로는 국무총리제의 채택이며(제83

조), 국무총리는 대통령의 단순한 보좌기관에 불과하지만 대통령의 국무위원 임명에 대한 제청권과 국무위원해임건의권을 가지며(제84조), 국무총리는 대통령의 명을 받아 행정각부를 통할할 수 있다(제89조). 국회는 국무총리 또는 국무위원의 해임을 대통령에게 건의할 수 있다(제59조). 그리고 대통령이 의장이 되고 국무총리와 10인 이상 20인 이하의 국무위원으로 구성되는 국무회의는 제3공화국헌법에서부터 '의결'기관에서 '심의'기관으로 그 위상이 변하였다(제83조).

또한 제3공화국헌법부터서는 기존의 심계원이 가지고 있던 회계감사권한에 행정기관 및 공무원의 직무에 대한 감찰권한을 더하여 재편된 감사원이 행정부의 한 부분으로 헌법에 규정되었다(제92조 내지 제95조).

(5) 국회

㈎ 단원제 국회(양원제에서 단원제로)

제3공화국 헌법은 신속하고 능률적인 국정운영을 도모하기 위하여 국회의원의 정수를 150 내지 200인으로 하는 단원제를 채택하였다. 즉, 제3공화국 헌법 제35조는 "입법권은 국회에 속한다."고 규정하고, 제 36조 제2항에서는 "국회의원의 수는 150인 이상 200인 이하의 범위 안에서 법률로 정한다."고 규정하였다. 일반적으로 양원제를 채택하여 상원을 두는 경우는 군주국가와 연방국가에서 찾아볼 수 있다. 물론 군주국가나 연방국가가 아닌 나라에서도 양원제의 장점이 있기는 하지마는 제3공화국헌법에서는 경제적·시간적 낭비를 없애기 위하여 단원제를 채택하였다고 할 것이다.

㈏ 정당국가적 경향과 국회의 국민대표성

국회의 국민대표적 성격도 고전적·대의적 민주주의로부터 현대적·대의적 민주주의에로의 변천에 따른 정당제도의 강화로 정당에 의한 기속으로 많은 제약을 받는다고 할 것이다. 국회의원은 대개의 경우 소속정당의 지령에 구속되고 당의 결정에 따라 발언을 하고 표결을 한다.

제3공화국헌법 제36조 제3항에서는 "국회의원의 후보가 되려는 자는 소속

정당의 추천을 받아야 한다.”고 규정하고 있고, 제38조에서는 “국회의원은 임기 중 소속정당을 이탈하거나 변경한 때 또는 소속 정당이 해산된 때에는 그 자격이 상실된다.”고 규정함으로써 정당제도의 확립을 기하고 있기 때문에 의원의 국민대표적 성격에는 많은 제약을 가져왔다고 하겠다.

국회의원의 정수범위도 헌법에 직접 규정하여 국회의원의 총수는 150인 이상 200인 이하로 제한하였다(제36조 제2항). 그러나 1969년 제6차헌법개정에서 국회의원의 정수의 상한선은 250인으로 증가되었다. 그리고 제6대 국회의원선거부터 정당제를 기초로 한 전국구의원선거제도가 도입되었다.

㈐ 국회운영의 합리화

국회운영의 합리화를 위하여 국회의 회기를 헌법에 직접 규정하여 정기국회는 120일을, 임시국회는 30일을 초과할 수 없다고 규정하였다(제43조 제3항). 그것은 제2공화국헌법 아래서의 국회는 상설국회임을 원칙으로 하였는바, 그에 따른 폐단을 없애기 위하여 회기제를 도입하였다. 또한 종래의 회기불계속의 원칙을 버리고 회기계속의 원칙을 채택하여 “국회에 제출된 법률안 기타의 의안은 회기 중에 의결되지 못한 이유로 폐기되지 아니한다. 다만 국회의원의 임기가 만료된 때에는 예외로 한다(제47조).”라고 규정하였다. 그리고 국회는 예산안을 회계년도 개시 30일 전까지 의결할 의무를 규정하였는데(제50조 제2항), 과거의 경험으로 예산의 영달이 늦어 행정업무수행이 큰 지장이 있었기 때문이었다.

국회의결의 경우에 가부동수인 때에는 과거에는 의장이 결정권을 가졌는데, 제3공화국헌법부터는 부결된 것으로 본다고 규정하였다(제45조).

(6) 사법권독립의 강화

제3공화국헌법은 헌법의 수호자로서 사법권의 독립을 대폭 강화하였다. 법관인사의 독립을 위하여 법관추천회의제도를 도입하였다. 헌법 제99조 제1항에 “대법원장인 법관은 법관추천회의의 제청에 의하여 대통령이 국회의 동의를 얻어 임명한다. 대통령은 법관추천회의의 제청이 있으면 국회에 동의를 요청하고, 국회의 동의를 얻으면 임명하여야 한다."고 규정하고 있고, 동조 제2항에서는 "대법원판사인 법관은 대법원장이 법관추천회의의 동의를 얻어 제청하고 대통령이 임명한다. 이 경우에 제청이 있으면 대통령은 이를 임명하여야 한다."라고 규정하고 있으며, 동조 제3항에서는 "대법원장과 대법원판사가 아닌 법관은 대법원판사회의의 의결을 거쳐 대법원장이 임명한다."라고 규정하였고, 동조 제4항에서는 "법관추천회의는 법관 4인, 변호사 2인, 대통령이 지명하는 법률학교수 1인, 법무부장관과 검찰총장으로 구성한다."라고 규정하였다.

또한 구헌법상의 헌법재판소제도를 폐지하고 위헌법률심사권을 법원에 부여하였다(제102조).

(7) 경제조항

제3공화국헌법에서는 제111조 제1항에서 "대한민국의 경제질서는 개인의 경제상의 자유와 창의를 존중함을 기본으로 한다."고 새로이 규정하여, 개인의 경제상의 자유와 창의의 존중을 경제질서의 기본으로 명시하였다. 통설적 견해는 이러한 규정을 제2공화국헌법의 규정과 비교하면서 제3공화국헌법에서 이 규정을 새로이 둔 것은 제3공화국헌법이 개인의 재산권보장과 경제활동자유의 보장을 한층 강화하였다고 본다.[28] 그러나 이러한 통설적 견해는 제헌헌법의 규정을 그대로 이어 받은 제2공화국헌법의 경제질서의 기본을 제84조의 규정만을 기준으로 파악한 것이라 할 것인 바, 제2공화국헌법이나 제헌헌법의 경제질서의 기본은 제84조만을 기준으로 판단하여서는 아니 되고 당연히 제84조와 함께 제5조 등도 기준으로 하여 판단하여야 할 것이다. 그렇게 볼 때 제2공화국헌법이나 제헌헌법은 총강의 제5조에서 "대한민국은 …경제의 …영역에서 각인의 자유·평등과 창의를 존중하고 보장하며"라고 규정하였으며, 제84조에서 "대한민국의 경제질서는 모든 국민에게 생활의 기본적 수요를 충족할 수 있게 하는 사회정의의 실현과 균형있는 국민경제의 발전을 기함

---

28) 김영수, 전게서, p. 525 등

을 기본으로 삼는다. 각인의 경제상 자유는 이 한계 내에서 보장된다."고 규정한 것을 보면 제2공화국헌법이나 제헌헌법상의 대한민국의 경제질서의 기본은 각인의 자유·평등과 창의를 보장함을 기본으로 하되, 모든 국민에게 생활의 기본적 수요를 충족할 수 있게 하는 사회정의의 실현과 균형있는 국민경제의 발전을 기하기 위하여 필요한 범위 안에서 각인의 경제상 자유가 제한된다는 뜻이라 할 것이다. 이는 제3공화국헌법(1962. 12. 26. 공포, 1963. 12. 17. 시행)에서 제2공화국헌법이나 제헌헌법상의 제5조와 제84조를 통합하여 제111조에서 "대한민국의 경제질서는 개인의 경제상의 자유와 창의를 존중함을 기본으로 한다. 국가는 모든 국민에게 생활의 기본적 수요를 충족시키는 사회정의의 실현과 균형있는 국민경제의 발전을 위하여 필요한 범위 안에서 경제에 관한 규제와 조정을 행한다."라고 규정한 것에서 쉽게 파악할 수 있다고 할 것이다.

그러나 여하튼 제3공화국헌법은 대한민국의 경제질서의 기본이 개인의 경제상의 자유와 창의를 존함에 있음을 보다 명백하게 규정하였으며, 자원의 개발과 이용 특허(제112조), 농지의 소작금지(제113조), 농지와 산지의 효율적 이용을 위한 제한과 의무부과(제114조), 농민·어민·중소기업자의 自助를 기반으로 하는 협동조합의 육성 및 그 정치적 중립성 보장(제115조), 대외무역의 육성(제116조), 사영기업의 국공유화 제한 및 경영통제·관리금지(제117조) 등에서 구 헌법에 비하여 사적 자유를 확대하였으며, 국민경제발전과 이를 위한 과학기술진흥에 관한 대통령자문기관으로 '경제·과학심의회'를 설치하도록(제118조) 하여 경제개발을 촉진하도록 하였다.

Ⅳ. 제6차헌법개정

제6차개헌은 이른바 3선개헌이다. 대통령은 1차에 한하여 중임할 수 있다는 규정을 개정하여 박정희 대통령의 3기집권을 가능하게 하였다. 제6차개헌은 1969년 10월 17일의 국민투표에서 확정되어 10월 21일에 공포되고, 공포일로부터 시행되었으며, 그 내용은 다음과 같다.

① "대통령의 계속재임은 3기에 한한다(제69조제3항)."라고 규정하였다.

② 국회의원의 정수 상한을 200명으로부터 250명으로 늘렸다(제36조 제2항).

③ 국회의원이 법률이 정하는 바에 따라 국무위원을 겸할 수 있도록 하였다(제39조).

④ 대통령에 대한 탄핵소추요건을 강화하여 국회의원 50인 이상 발의와 재적의원 3분의 2 이상의 찬성을 얻도록 하였다(제61조 제2항).

제6차개헌은 정치적 혼란을 겪으면서 절차상으로도 하자를 남겼다. 개헌의 결요건을 충족하기 위하여 여당의원과 야당의원을 비정상적 방법으로 포섭하였고, 특히 야당은 당 해체라는 자폭적인 방법까지 써 가면서 개헌저지에 임하여 3선개헌지지를 발표한 3명의 의원직을 상실시키는 사태에까지 이르도록 극한투쟁을 벌였으나 실패하여 다시 당을 복원하였다. 또한 개헌안의 국회표결과 국민투표법안의 의결을 새벽에 국회 제3별관에서 여당의원만 참석한 가운데 강행하였고, 국민투표과정에서도 공무원의 관여 등 절차적 하자가 심하였다.

Ⅴ. 국가보위에 관한 특별조치법

3선에 성공한 박정희 대통령은 1971년 12월 6일, 주한미군 2만 명이 감축되어 한반도에서 냉전위험이 증대되고, 북한의 남침위협이 증대되었다는 이유 등을 내세워 아무런 법적 근거도 없이 국가안전보장회의의 자문과 국무회의의 심의를 거쳐 이른바 '국가비상사태'를 선포하였다. 그 이후 국회는 여당의원들만으로 대통령의 국가비상사태를 사후적으로 합법화하고 이를 뒷받침하기 위하여 비정상적 절차에 의하여 12월 27일 국회 제4별관에서 '국가보위에 관한 특별조치법'을 의결하였다. 이 법률은 대통령에게 헌법상 근거가 없는 국가긴급권을 부여하는 것이었다. 그 주요내용은 대통령은 국가를 보위하기 위하여 신속한 사전대비조치를 취할 필요가 있을 경우 국가비상사태를 선포할 수 있으며, 국가비상사태하에서 대통령은 국회통고만으로 ① 재정 및 경제질서를 유지하기 위하여 일정기간 동안 물가, 임금, 임대료 등에 통제 기타 제한을 가하는 명령을 발할 수 있고(제4조), ② 국방상의 목적을 위하여 필요한 경우 전국에 걸치거나 또는 일정한 지역을 정하여 인적, 물적 자원을 동원하거나 통제운영하기 위하여 국가동원령을 발할 수 있으며(제5조), ③ 일정지역에서의 그 지역에서의 이동 및 입주 또는 그 지역으로부터의 소개 및 이동에 대하여 필요조치를 명할 수 있고(제6조), ④ 옥외집회 및 시위에 대한 규제 또는 금지를 할 수 있으며(제7조), ⑤ 언론 및 출판에 대한 규제를 할 수 있고(제8조), ⑥ 근로자의 단체교섭 또는 단체행동권의 행사는 미리 주무관청에 조정을 신청하여 그 조정결정에 따르도록 하였으며(제8조), ⑦ 세출예산의 범위 안에서 예산에 변경을 가할 수 있도록 하였다(제9조).

훗날 헌법재판소는 이 법률이 "초헌법적인 국가긴급권을 대통령에게 부여하고 있다는 점에서 이는 헌법을 부정하고 파괴하는 반입헌주의, 반법치주의의 위헌법률이다."라고 판시하였다.[29]

Ⅵ. 10월維新

박정희 대통령은 1969년 3선개헌을 단행하여 3선대통령으로 취임하였다. 그 후 박정희 대통령은 1972년 10월 17일에 전국에 비상계엄을 선포하고, 사실상 혁명적 조치를 취하였다. 국회를 해산하고 정당 및 정치활동을 중지시키고 다음과 같은 특별담화를 발표하였다. 즉, "우리 헌법과 각종 법령 그리고 현 체제는 동서양극체제하의 냉전시대에 만들어졌고, 하물며 남북의 대화 같은 예상치도 못했던 시기에 제정된 것이기 때문에 오늘날과 같은 국면에 처해서는 마땅히 이에 적응할 수 있는 새로운 체제로서 一大 유신적 개혁이 있어야 한다."고 하였다. 이와 같은 조치는 당시의 헌법하에서는 법적으로 명백히 불가능한 것이기 때문에 이는 사실상 혁명적 조치였다. 박 대통령은 새 헌법안을 10월 27일 공고하고 11월 21일 이에 대한 국민투표를 실시하였는데, 그 결과 91.5%라는 압도적 찬성으로 새 헌법안은 확정되었고, 12월 27일에 공포되었다. 이로써 제3공화국은 막을 내리게 되었다.

---

29) 헌재 1994. 6. 30. 92헌가18

Ⅶ. 1961.5.16.~1970.까지 제정된 주요법률

　1961년 국가재건최고회의법. 중앙정보부법. 재건국민운동에 관한 법률. 병역의무미필자에 관한 특별조치법. 폭력행위자 등 처벌에 관한 법률. 농어촌고리채정리법. 사회단체등록에 관한 법률. 금융기관에 대한 임시조치법. 국립영화제작소설치법. 특수범죄처벌에 관한 특별법. 한국전력주식회사법. 임산물단속에 관한 법률. 농산물가격유지법. 특별법擬制에 관한 법률. 특정범죄처벌에 관한 임시조치법. 反共법. 인신구속에 관한 임시특례법. 부정수표단속법. 군사원호청설치법. 민사소송에 관한 임시조치법. 혁명재판소 및 혁명검찰부조직법. 외자도입촉진법. 집회에 관한 법률. 외국환관리법. 청원법. 군사원호보상법. 도로법. 하천법. 생활보호법. 도로교통법. 특허법. 향토예비군설치법. 전파관리법. 항공법. 농어촌고리채정리법. 사회단체등록에 관한 법률. 특수범죄처벌에 관한 특별법. 농산물가격유지법. 특정법죄처벌에 관한 임시특례법. 인신구속에 관한 임시특례법. 부정수표단속법. 군사원호청설치법. 군사원호대상자임용법. 군사원호대상자고용법. 군사원호대상자정착대부법. 군사혁명위원회포고제6호개정법률. 구법령정리에 관한 특별조치법. 조세징수임시조치법. 조세범에 대한 특별조치법. 예금적금등의 비밀보장에 관한 법률. 농업협동조합법. 근로자의 단체활동에 관한 임시조치법. 청원법. 표준자오선변경에 관한 법률. 부정축재처리자금특별회계법. 수도방위사령부설치법. 관광사업진흥법. 유선방송수신관리법. 기상업무법. 집달리법. 지방자치에 관한 임시조치법. 교육에 관한 임시조치법. 시장법. 심계원법. 수출조합법. 세무사법. 집회에 관한 임시조치법. 철도법. 한국광업제련공사법. 수출장려보조금교부에 관한 임시조치법. 외국인토지법. 사설강습소에 관한 법률. 공증인법. 인감증명법. 소개영업법. 행정서사법. 흥신업단속법. 특정범죄에 대한 공소권제한 등에 관한 법률. 갱생보호법. 고아입양특례법. 공업표준화법. 정부조직법(개). 중앙공무원교육원설치법. 공장저당법. 광업재단저당법. 부정축재환수절차법. 공무원훈련법. 군사원호보상법. 전몰군경유자녀보호법. 한국은행통화안정증권법. 수난구호법. 국가재건회의직원법. 물가조절에 관한 임시조치법. 윤락행위 등 방지법. 年號에 관한 법률. 국토건설단설치법. 국세와 지방세의 조정에 관한 법률. 국세심사청구법. 이용사 및 미용사법. 매장 등 및 묘지 등에 관한 법률. 인사소송법. 직업안정법. 항로표식법. 도선법. 해난심판법. 밀항단속법. 미성년자보호법. 총포화약류단속법. 유선영업단속법. 공유수면관리법. 예산회계법. 수로업무법. 변리사법. 한공기제조사업법. 전기측정법. 사도법. 상품권법. 인사조정법. 향토예비군설치법. 산림법. 비료단속법. 중소기업사업조정법. 하천법. 신탁법. 군용전기통신법. 공연법. 가축전염병예방법. 식물방역법. 특허국설치법. 부정경쟁방지법. 아동복리법. 생활보호법. 자동차운수사업법. 개항질서법. 선박안전법. 해상충돌예방법. 전파관리법. 재정자금운용법. 기업예산회계법. 지방교부세법. 외국환관리법. 석탄개발임시조치법. 국방대학원설치법. 측량법. 수도법. 여권법. 신탁업법. 토지개량사업법. 특허법. 의장법. 실용신안법. 전기사업법.

1962년 상법. 어음법. 수표법. 건축법. 공유수면매립법. 해양경찰대설치법. 청원경찰법. 주민등록법. 농촌진흥법. 향교재산법. 공무원비위조사에 관한 임시특례법. 문화재보호법. 도로운송차량법. 선원법. 선원보험법. 토지수용법. 섭외사법. 경매법. 차지차가조정업. 이자제한법. 증권거래법. 보험업법. 주요농산물종자법. 사방사업법. 통계법. 공업지구조성을 위한 토지수용특례법. 도시계획법. 건축법. 대한주택공사법. 보험모집단속법. 외국보험사업자에 관한 법률. 담보부사채신탁법. 물품관리법. 영화법. 전화채권법. 화의법. 파산법. 비송사건절차법. 어음법. 수표법. 군법회의법. 군형법. 군인사법. 식품위생법. 한국마사회법. 공공요금심사위원회 설치법. 수산업협동조합법. 서울시행정에 관한 특별조치법. 국민저축조합법. 농가대여양곡법. 개간촉진법. 해외이주법. 정치활동정화법. 수출진흥법. 재해구제법. 군인보험법. 농촌진흥법. 대한항공공사법. 법관의 보수에 관한 법률. 검사의 보수에 관한 법률. 행양경찰대설치법. 청원경찰법. 원호처설치법. 국가유공자 및 월남귀순자특별원호법. 군사원호보상급여금법. 부정축재환수를 위한 회사설립임시조치법. 대한무역진흥공사법. 대한조선공사법. 공립대학의 국립이관에 따르는 재정임시조치법. 수산물검사법. 재산재평가특별조치법. 자동차공업보호법. 울산개발위원회 및 울산

개발계획본부설치법. 검사정원법. 불교재산관리법. 긴급통화조치법. 광업개발
조성법. 긴급금융조치법. 긴급금융조치법에 의한 봉쇄예금에 대한 특별조치
법. 법원직원법. 대한석유공사법. 장기결제방식에 의한 자본재도입에 관한 특
별조치법. 차관에 대한 지불보증에 관한 법률. 정부투자기관예산회계법. 鑄貨
의 통용에 관한 임시조치법. 인천중공업주식회사법. 충주비료주식회사법. 국
민체육진흥법. 보건소법. 수출검사법. 부산시정부직할에 관한 법률. 국민투표
법. 수복지구와 동인접지구의 행정구역에 관한 임시조치법. 국영텔레비전방송
사업 운영에 관한 임시조치법. 혁명과업수행에 관련되는 범죄의 재판관할에
관한 임시조치법. 국민은행법. 주식배당보장에 관한 법률. 회사정리법. 국가
배상금청구에 관한 절차법. 한국수자원개발공사법. 대한손해재보협공사법. 정
당법. 방송관서설치법.

1963년 감사원법. 출립국관리법. 사립학교법. 국토건설종합계획법. 공해방
지법. 의료보험법. 산업재해보상법. 국회의원선거법. 군인연금법. 대통령선거
법. 국토녹화촉진에 관한 임시조치법. 청원산림직원배치에 관한 법률. 전기공
사업법. 광산보안법. 국민투표법. 비상사태수습을 위한 임시조치법. 군수품관
리법. 자동차손해배상보장법. 국가공무원법(개). 근로자의 날 제정에 관한 법
률. 합동참모대학설치법. 징발법. 군속인사법. 호남비료주식회사법. 대한철광
개발주식회사법. 예산회계에 관한 특례법. 중앙정보부직원법. 축산법. 원호대
상자직업재활법. 가사심판법. 의료보조원법. 건설공제조합법. 사료관리법. 산
업교육진흥법. 항만운송사업법. 염관리법. 대한염업주식회사법. 도서관법. 지
방공무원법. 국유재산의 현물출자에 관한 법률. 보조금관리법. 직위분류법.
사회보장에 관한 법률. 산업재해보상보험법. 유로도로법. 기술사법. 지방재정
법. 국제금융기구에의 가입에 관한 법률. 국회법. 국회사무처법. 국회도서관
법. 공영주택법. 지방교육교부세법. 방조제관리법. 해상운송사업법. 한국반공
연맹법. 재외공관공증법. 외국민간원조단체에 관한 법률. 주택자금운용법. 신
문. 통신 등의 등록에 관한 법률. 毒物및劇物에관한法律. 정치자문회의 설치
법. 각급법원의 설치와 관할구역에 관한 법률. 대통령경호실법. 국가안전보장
회의법. 경제·과학심의회의법. 상훈법. 국민운동에 관한 법률. 국민운동본부

직원법. 각급법원판사정원법. 방송법. 건축사법. 법령등 공포에 관한 법률. 의료보험법. 산업재해보상보험업무 및 심사에 관한 법률.

1964년 정당의 합당절차 등에 관한 법률. 언론윤리위원회법. 수출산업공업단지개발조성법. 헌법재판소법 폐지에 관한 법률. 탄핵심판법.

1965년 자산재평가법. 연안어업등 육성법. 지방문화사업조성법. 농어촌電化촉진법.

1966년 地力증진법. 중재법. 군용물 등 범죄에 관한 특별조치법. 군사시설교외이전특별회계법. 특정다목적댐법. 미수복지 등에서 귀순한 의약업자에 관한 특별조치법. 米糠窄油장려법. 농지담보법. 외자도입법. 수산진흥법. 농산물가격안정기금법. 대한수자원개발공사법. 대한준설공사법. 토지구획정리사업법. 하수도법. 정부청사정리특별회계법. 중소기업기본법. 중기관리법. 중기저당법. 한국과학기술연구소육성법.

1967년 과학기술진흥법. 재외국민취적에 관한 임시조치법. 도선업단속법. 농업기본법. 농경지조성법. 낙농진흥법. 농업재해대책법. 무역거래법. 직업훈련법. 결핵예방법. 국장·국민장에 관한 법률. 상훈법(개). 농어촌지붕개량촉진법. 도로정비촉진법. 풍수해대책법. 해운진흥법. 중소기업신용보증법. 국가배상법. 특정다목적댐사업특별회계법. 공원법. 한·미간의 상호방위조약 제4조에 의한 시설과 구역 및 대한민국에서의 합중국군대의 지위에 관한 협정의 시행에 관한 민사특별법. 한·미간의 상호방위조약 제4조에 의한 시설과 구역 및 대한민국에서의 합중국군대의 지위에 관한 협정의 시행에 관한 형사특별법. 섬유공업시설에 관한 임시조치법. 공원법. 재정증권법. 사법시설조성법. 과학교육진흥법. 학교보건법. 기계공업진흥법. 공산품품질관리법. 대한광업진흥공사법. 조선공업진흥법. 한국주택금고법. 항만법. 음반에 관한 법률. 독립유공자사업기금법. 농어촌개발공사법. 부동산투기억제에 관한 특별조치세법.

1968년 자활지도사업에 관한 임시조치법. 도로정비사업특별회계법. 철도기금법. 수출보험법. 국립의료원특별회계법. 농지개혁사업정리에 관한 특별조치법. 서울대학교시설확충특별회계법.

1969년 경찰공무원법. 가정의례준칙에 관한 법률. 지하수개발공사법. 초지법. 한국도로공사법. 전직대통령예우에 관한 법률. 원자력손해배상법. 전자공업진흥법. 지방공기업법. 어항법. 한국과학기술정보센터육성법. 스카우트활동육성에 관한 법률. 한국수출입은행법. 한국산업은행의 출자기업체관리에 관한 법률. 증권투자신탁법. 국립종축장설치법. 농어촌고리채정리법 중 변제의무에 관한 특별조치법. 석탄광업육성에 관한 임시조치법. 국민투표법.

　　1970년 공사채등록법. 저축증대에 관한 법률. 외화국채의 발행에 관한 법률. 징발재산정리에 관한 특별조치법. 수출자유지역설치법. 철강공업육성법. 석유화학공업육성법. 석유사업법. 해저광물자원개발법. 지방공업개발법. 사회복지사업법. 외국인투자기업의 노동조합 및 노동쟁의조정에 관한 임시조치법. 농촌근대화촉진법. 창고업법. 공군기지법. 혈액관리법. 습관성의약품관리법. 고속국도법. 양곡관리기금법. 한국개발연구원법. 전투경찰대설치법. 국가채권관리법. 국방과학연구소법. 공군기술고등학교설치법. 가족계획연구원법.

　　1971년 자동차정류장법. 항공운송사업진흥법. 대일민간청구권신고에 관한 법률. 농림수산업자신용보증법. 농수산물수출진흥법. 대한교원공제회법. 농지개량조합육성에 관한 특별조치법. 비철금속제련사업법. 전신전화설비공사업법. 국가보위에 관한 특별조치법. 지방교육재정교부금법.

　　1972년 상호신용금고법. 국민체육진흥기금에 관한 법률. 문화예술진흥법. 신용협동조합법. 단기금융업법.

Ⅷ. 제3공화국헌법에 대한 평가

　　제3공화국헌법은 5.16군부가 그 주도하에 이른바 민정이양을 위하여 제정한 헌법이지마는 적어도 그 규범체계상으로는 군부가 주도한 흔적은 전혀 없다고 할 수 있겠다. 국민의 기본권을 인간으로서의 존엄과 가치 존중규정 등을 신설하는 등 상세하고 명백하게 규정하여 강화하였고, 엄격한 삼권분립에 입각한 대통령제를 채택하였으며, 또한 신속하고 능률적인 국회운영을 위하여 국회단원제를 채택하였고, 사법권의 독립을 확보하기 위한 사법권우위의 원칙을 확립하고 사법부의 권한을 강화하며 법관인사의 독립을 위한 법관추천회의

제도를 도입하였으며, 위헌법률심사권을 법원에 부여하였다. 정당국가에로의 지향과 진정한 대의정치를 실천하기 위하여 대통령·국회의원선거 입후보 시 소속정당 추천을 필수요건으로 하고, 당적이탈·변경이나 소속정당 해산 시 국회의원의 자격을 상실하도록 하여 정당정치의 확립을 구현하였다. 그리고 개인의 경제상의 자유와 창의의 존중을 경제질서의 기본으로 하였고 경제과학자문회의를 신설하여 국가경제의 발전을 도모하였다.

그리하여 제3공화국헌법규범을 전체적으로 살펴보면 국민의 기본권보장을 목표로 하는 민주주의와 법치주의 추구라는 원리와 목표가 뚜렷하여 제헌헌법의 헌법원리를 모두 승계하여 담고 있는 모범적인 헌법이었다.

그러나 제3공화국헌법의 현실적 상황은 국민의 기본권보장에 적합하지 못한 정치권력의 절대화와 집중화라고 할 수 있다. 이러한 정치권력의 절대화와 집중화를 위하여 집권세력이 주장하는 명분은 안보와 경제성장이었다.

군사쿠데타로 정권장악에 성공한 박정희 대통령은 그 정치적 비판 내지는 반대세력들을 강압적으로 저지하여 그 정권을 유지하기 위하여 초기부터 강하게 반공을 비롯한 안보를 내세웠으며 또한 경제성장의 면에 있어서도 민생고를 시급히 해결하고 국가자주경제재건에 총력을 경주하며 국토통일 위하여서도 북한보다 비교우위에 있어야한다고 여겼기 때문에 경제성장논리를 내세웠다. 그것은 그들이 발표한 혁명공약에 "반공을 國是의 第1義로 삼고", "국토통일을 위하여 공산주의와 대결할 수 있는 실력을 배양하고", "절망과 기아선상에서 허덕이는 민생고를 시급히 해결하고 국가자주경제재건에 총력을 경주한다."는 구절에서부터 잘 나타나 있다. 박정희 대통령은 처음부터 끝까지 안보와 경제성장의 논리를 정권연장과 개발독재의 명분으로 내세웠다.

그리하여 박정희 대통령은 1971년 12월 6일 아무런 헌법적 근거도 없이 국가비상사태를 선포하였고, 국회에서는 12월 27일 여당국회의원만으로 대통령의 국가비상사태선포를 사후적으로 뒷받침하기 위하여 '국가보위에 관한 특별조치법'을 의결하였으며, 박정희 대통령은 1972년 10월 17일 헌정을 중단시켰으며 이로써 제3공화국은 막을 내리게 되었던 것이다.

결국 제3공화국헌법은 그 제정을 뒷받침한 권력에 의하여 10월유신이라는

'대통령의 특별담화'에 의하여 시행이 중단되어 버렸으며, 우리 헌법사에서 가장 비상적인 상황이었다고 하겠다.

　5.16군사정부와 제3공화국정부에서 정치권력이 절대화와 집중화되고 그 명분으로 집권세력은 안보와 경제성장을 주장하였다. 당시의 우리나라의 안보상황과 절대빈곤을 해결하는 길은 안보와 경제성장이었으며, 당시 정부는 1962년부터 제1차경제개발5개년계획을 마련하고 강력하게 추진하여 민주화의 절대적 선행요건이 되는 경제개발을 시작하였다. 그리하여 당시 정부가 주장하는 정치권력의 절대화와 집중화의 의미에 대하여서는 제4공화국헌법에 대한 평가에서 함께 살펴보기로 한다.

제5절 제4공화국헌법

Ⅰ. 제4공화국헌법의 성립

　박정희 대통령은 1972년 10월 17일 전국에 비상계엄을 선포하고 다음과 같이 2개월간의 헌법 일부조항의 효력을 중지시키는 비상조치를 선포하였다.

　① 국회를 해산하고, 정당 및 정치활동의 중지 등 현행헌법의 일부조항의 효력을 정지시킨다.

　② 국회의 기능은 비상국무회의가 수행하며, 비상국무회의 기능은 현행헌법의 국무회의가 수행한다.

　③ 비상국무회의는 1972년 10월 27일까지 조국의 평화통일을 지향하는 헌법개정안을 공고하며, 이를 공고일로부터 1개월 이내에 국민투표에 부쳐 확정시킨다.

④ 헌법개정안이 확정되면 개정된 헌법절차에 따라 1972년 연말이전에 헌정질서를 정상화시킨다.

같은 날 발표한 대통령특별선언에 의하면 이와 같은 조치를 취하게 된 동기에 대하여 다음과 같이 설명하고 있다. 즉, "우리 헌법과 각종 법령 그리고 현 체제는 東西兩極體制하의 냉전시대에 만들어졌고, 하물며 남북의 대화 같은 것은 전혀 예상치도 못하였던 시기에 제정된 것이기 때문에 오늘날과 같은 국면에 처하여서는 마땅히 이에 적응할 수 있는 체제로의 一大 維新的 개혁이 있어야 한다."고 하였다.

즉, 동서양극체제하의 냉전으로부터 多極體制의 긴장완화로 옮겨 감에 따라 자칫하면 강대국 간의 실리외교에서 오는 예견할 수 없는 약소국가의 희생에 대비하여 자주독립을 확립하고, 또 한편으로는 북한과의 평화적 통일을 위한 대화에서 성공의 길을 찾기 위하여 확고부동한 새 체제를 갖추어야 한다는 것이다.

그리고 10월 23일에는 비상국무회의에서 '비상국무회의법'을 의결하였다. 비상국무회의법의 내용은 다음과 같다.

① 비상국무회의는 대통령, 국무총리 및 국무위원으로 구성하며, 대통령이 의장, 국무총리가 부의장이 된다.

② 비상국무회의는 해산된 국회에 제출되었던 법안, 예산안, 조약의 체결, 비준에 대한 동의안, 국채의 모집 또는 예산외에 국가의 부담이 될 계약체결에 대한 동의안은 이미 처리된 것을 제외하고, 모두 비상국무회의에 제출된 것으로 본다.

③ 의안은 대통령 및 국무총리가 제출한다.

10월 26일에는 비상국무회의에서 헌법개정안에 대한 축조심의를 마치고, 10월 27일에는 헌법개정안을 의결하고 공고하였다. 이어 11월 21일 국민투표가 실시되었는데 그 결과 91.5%의 찬성으로 개정안이 확정되고, 12월 27일에는 새 헌법이 공포·시행되었다.

이와 관련하여 박정희 대통령의 유신이라는 결단을 이해하기 위하여서는 1968년을 전후한 국내외의 정세와 역사적 배경에 대한 전반적인 이해가 필요하다 하겠다.

첫째로, 북한의 청와대기습을 통한 대통령암살기도와 무장공비침투로 인한 안보불안감이 가중되었다. 휴전 이후 가장 심각한 북한의 무력도발행위는 1968년 1월 21일 31명의 무장공비들의 청와대기습사건이었다. 그리고 이틀 뒤인 23일에는 북한이 동해안 원산 앞바다에서 정보수집중인 미국의 푸에블로호와 승무원 83명을 나포하는 사건이 발생하였다. 미국측은 한국과 사전협의 없이 비밀리에 승무원 송환을 위한 북한과의 협상에 들어갔다. 이에 박 대통령은 미국에 대한 신뢰를 의심하게 되었다. 같은 해 1월 초 울진 삼척지역에 60여 명의 북한 무장공비가 또다시 침투한 사건은 박대통령의 자주국방의지를 더욱 불태우게 만들었다.

둘째로, 미국이 주도한 베트남전쟁의 마무리과정에서 빚어진 국제정세의 변화이다. 이 시기에 '닉슨 독트린'이 선포되었고, 미·중 데탕트가 시작되었다. 1968년 민주당 존슨 대통령으로부터 정권을 넘겨받은 공화당의 닉슨 대통령은 1969년 7월 미 해군기지 괌에서 "미국이 세계의 경찰역할을 포기하고 앞으로는 공산주의와 투쟁하는 다른 나라 일에 간섭하지 않는다."는 아시아문제는 아시아인에게 맡긴다는 1969년의 '닉슨독트린' 선언과 1971년 3월의 주한미군 2만 명 철수로 휴전선 155마일의 경비를 우리 국군만이 담당하게 된 점, 그리고 1972년 중국을 방문하여 국교정상화를 추진하여 박정희 정권에게 안보불안감을 가중시켰다.

셋째로, 수출경제의 위기가 심화되었다. 1960년대 말이 되면서 외화의존 및 노동집약적 경공업제품위주의 수출경제는 한계를 드러냈다. 차관에 의존한 기업체들이 원리금상환의 압박을 받게 되고, 세계경제의 불황과 달러위기로 선진국들의 경공업제품에 대한 수입규제가 강화되었다. 이러한 경제의 어려움은 인플레의 만연, 기업의 도산, 실업의 증대 등으로 나타났다.

이런 경제적 곤란에다 노동과 빈민문제까지 겹치면서 박정희 정권은 위기에 봉착하였는데 그 절정은 1971년 대통령선거와 국회의원 총선거에서 김대중을 중심으로 한 야당이 높은 득표율을 확보하여 박정희 정부에 대한 대중들의 지지가 철회되고 있음을 보여주었다. 그리고 1969년 3선개헌 때부터 시작된 학생과 정치인 등의 저항운동은 1971년 대통령선거를 전후하여 전국적인 규모로 확대되었으며, 그 이후에는 학계·종교계·법조계 인사들까지 저항운동에 참여하게 되었다.

이와 같은 대내외의 도전을 극복하기 위하여 박정희 대통령이 추진한 것이 바로 정치적으로는 유신이라는 권위주의의 강화와 경제적으로는 중화학공업 추진으로 나타났다고 하겠다. 중화학공업 추진은 기계·조선·전자·화학·철강·비철금속 등의 6대 전략업종에 집중투자함으로써 이미 국제경쟁력이 약화된 경공업에 갈음하여 중화학공업을 수출산업으로 중점 육성하겠다는 것이었다. 그것을 위하여서는 강화된 권위주의체제인 유신체제만이 줄 수 있는 각종 정책적 특혜와 사회정치적 안정의 도움이 절대적으로 필요하다는 것이었다.

Ⅱ. 제4공화국헌법의 제안이유서는 다음과 같다

국가의 안정과 번영 그리고 조국의 평화적 통일을 이룩하여 민족의 활로를 개척하여 나가는 것은 오늘의 우리에게 부과된 신성한 책무이며 역사적인 사명이다. 최근의 국제사회는 냉전시대에서 화해의 시대로 양극체제에서 다극체제로 변전, 격동하는 가운데 우리들을 둘러싼 주변정세는 우리에게 많은 비전과 시련을 안겨주고 있다. 또한 이질적 체제를 가진 동포와의 대화를 통해서 타율에 의한 분단된 조국을 평화적으로 통일하는 것은 우리에게 부하된 막중한 과제이다. 따라서 격동하는 정세에 기민하게 대처하고, 남북대화의 전개를 최대한으로 뒷받침할 수 있도록 국민의 지혜와 역량을 총집결하고 우리 체제를 효율적으로 정비 강화하는 일이 긴급하게 요청된다.

우리는 또한 현행헌법하에서의 정치체제가 가져다준 국력의 분산과 낭비를 지양하고 이를 조직화하여 능률의 극대화를 기하며, 민주주의의 한국적 토착화를 가능케 하는 유신적 개혁을 단행하는 것만이 국가의 안정과 조국의 평화통일을 기약하는 유일한 길임을 확신한다. 이에 헌법개정안을 마련하여 주권자인 국민총의의 결정을 거처 민족중흥의 역사적 과업을 성취하는 기반을 다지고자 한다.

이 헌법개정안의 주요한 특징을 요약하면 다음과 같다.
① 조국의 평화적 통일이라는 역사적 사명완수를 지향하였으며,
② 민주주의의 한국적토착화를 기하였고,[30]
③ 국력을 조직화하고 능률을 극대화할 수 있도록 통치기구와 관계제도를 개혁하였고,
④ 정치·경제·사회·문화 등 모든 면에서 안정을 유지하고 번영의 基底를 확고히 하였다.
⑤ 국민의 기본권을 우리나라 실정에 알맞게 최대한으로 보장하였고,
⑥ 민족의 활로를 개척함으로써 국제사회에서 우리나라의 영광을 드높이고 항구적 세계평화에 이바지할 것을 다짐하였다.

Ⅲ. 제4공화국헌법의 내용(특색)

1. 헌법 전문

제4공화국헌법 전문에는 "조국의 평화적 통일의 역사적 사명에 입각하여 자

---

30) 제4공화국 헌법의 제안이유에서 보면 "민주주의의 한국적 토착화를 기하고"라고 표현하여, 마치 유신체제를 토착화한 한국적 민주주의처럼 표현되어 있으나, 그것은 유신체제의 채택을 합리화하기 위한 표현에 지나지 아니한 것으로 볼 것이며, 결코 유신체제가 토착화된 한국적 민주주의라는 뜻은 아니라고 할 것이다. 그것은 제헌헌법에서 채택한 서구적 민주주의가 물론 외국제도를 도입한 것이지마는 그것은 모든 자유민주주의 국가의 보편적 가치를 가진 제도이며 따라서 나라마다 그 나라의 특수사정에 의하여 약간의 수정은 있을 수 있으나 근본원리를 포기한 토착화라는 것은 있을 수 없기 때문이다. 유신헌법을 기초할 당시에도 유신헌법을 잠정적 제도로 마련한 것이라는 것은 당연한 것으로 받아들였다. 예컨대 유신헌법 부칙 제10조에서는 "이 헌법에 의한 지방의회는 국토통일이 이루어질 때까지 구성하지 아니한다."는 규정이 여러 면에서 매우 어색할뿐만 아니라 사실상 지방자치를 실시하지 않겠다는 뜻이므로 일부에서는 그럴 바에야 아예 헌법본문에서 지방의회에 관한 규정을 삭제하여 버리자는 의견도 있었으나, 헌법개정을 주도하는 측에서는 유신헌법은 어디까지나 잠정적인 헌법이고 언젠가는 본래대로 돌아가야 하니 절대로 안 된다고 하였다.

유민주적 기본질서를 더욱 공고히 하는"이라는 문구가 추가되었다. 이는 당시 10월유신을 단행하면서 그 정당성의 논리로 '조국의 평화적 통일의 역사적 사명'을 들고, 10월유신은 잠정적으로 민주화를 유보하지만 그것은 오히려 '자유민주적 기본질서를 더욱 공고히 하기 위한 조치임을 나타낸 것이라고 하겠다.[31]

2. 기본권보장의 축소

제4공화국헌법은 대부분의 기본권규정마다 새로이 개별적 법률유보조항을 두었으며, 기본권제한의 일반규정에서 기본권의 본질적 내용의 침해금지규정을 삭제한 점에서(제32조 제2항), 그리고 체포·구금을 받을 때 법원에 대한 적부심사권의 삭제, 언론의 자유에 관하여 검열제나 허가제의 금지조항 삭제, 근로자의 단체행동권에 대한 제한·금지규정 신설(제29조 제3항), 재산권의 수용·사용·제한에 대한 보상을 구헌법에서는 '정당보상'을 하도록 한 것을 '보상의 기준과 방법'을 법률로 정하도록 한 것(제20조 제3항) 등에서 기본권보장을 축소하였다. 더욱이 새로이 인정된 대통령의 긴급조치권을 통한 자유와 권리의 잠정적 정지(제53조 제2항)야 말로 가장 심한 기본권침해 장치였고, 실제 있어서 긴급조치권이 기본권침해의 가장 주된 무기가 되었다.

그러나 기본권보장에 있어 긍정적인 사항은 '주거에 대한 압수나 수색'에는 검사의 요구에 의한 법관의 영장을 제시하도록 한 규정(제14조), 국민의 교육을 받을 권리에 관하여 "모든 국민은 그 보호하는 자녀에게 적어도 초등교육과 법률이 정하는 교육을 받게 할 의무를 진다(제27조 제2항)"고 하여, 의무교육을 '초등교육'에서 '법률이 정하는 교육'으로 확대한 규정(제27조 제2항) 등이다. 이에 교육기본법 제8조 제1항은 6년의 초등교육과 3년의 중등교육을 의무교육으로 정하고 있다. 그리하여 현재는 3년의 중등교육까지 의무교육이 전면 실시되고 있다.[32]

3. 통일주체국민회의

(1) 법적성격   제4공화국헌법은 조국의 평화적 통일을 추진하기 위한 온

---

31) 한태연, 헌법학, 법문사, (1978), p. 139
32) 헌재 1991. 2. 11. 90헌가27 참조

국민의 총의에 의한 국민적 조직체로서 조국통일의 신성한 사명을 가진 국민의 주권적 수임기관으로 통일주체국민회의를 두었다(제35조).

  (2) 구성   통일주체국민회의는 국민의 직접선거에 의하여 선출된 대의원으로 구성한다. 통일주체국민회의의 대의원수는 2,000인 이상 5,000인 이하의 범위 안에서 법률로 정한다. 대통령은 통일주체국민회의 의장이 된다(제36조). 통일주체국민회의의 대의원으로 선거될 수 있는 자는 국회의원의 피선거권이 있고, 선거일 현재 30세에 달한 자로서 조국의 평화적 통일을 위하여 국민주권을 성실히 행사할 수 있는 자라야 한다. 통일주체국민회의 대의원은 정당에 가입할 수 없으며, 국회의원과 법률이 정하는 공직을 겸할 수 없다. 대의원의 임기는 6년으로 한다(제37조).

  (3) 권한   대통령은 통일에 관한 중요정책을 결정하거나 변경함에 있어서 국론통일을 위하여 필요하다고 인정할 때에는 통일주체국민회의의 심의에 붙일 수 있다. 이 경우에 통일주체국민회의에서 재적의원 과반수의 찬성을 얻은 통일정책은 국민의 총의로 본다(제38조).
  대통령은 통일주체국민회의에서 토론 없이 무기명투표로 선거한다. 통일주체국민회의에서 재적의원 과반수의 찬성을 얻은 자를 대통령당선자로 한다(제39조).
  통일주체국민회의는 국회의원정수의 3분의 1에 해당하는 수의 국회의원을 선거한다. 이 경우 국회의원의 후보자는 대통령이 일괄하여 추천한다. 대통령이 국회의원 후보자를 추천하는 경우에 통일주체국민회의에서 선거할 국회의원 정수의 5분의 1 범위 안에서 순위를 정한 예비후보자 명부를 제출하여 예비후보자가 명부에 기재된 순위에 따라 궐위된 통일주체국민회의 선출 국회의원의 직을 승계한다(제40조). 국민이 국회의원선거에 참여할 기회가 그만큼 줄어들었다.
  통일주체국민회의는 국회가 발의·의결한 헌법개정안을 의결 확정한다. 이 경우 의결은 재적과반수의 찬성을 얻어야 한다(제41조).

4. 영도적 대통령 중심제 – 대통령

(1) 영도적 대통령중심제　　　제1공화국헌법이나 제3공화국헌법은 약간의 내각책임적 요소를 가미하였으나 3권이 분립된 전형적인 대통령책임제를 채택하였다. 그러나 제4공화국헌법은 대통령이 행정권뿐만 아니라 입법권과 사법권까지 장악하는 이른바 영도적 대통령 중심제 내지는 절대적 대통령 중심제를 채택하였다. 즉, 대통령은 행정권의 수반임과 동시에 국회의원의 3분의 1을 선거하는 통일주체국민회의에 후보를 추천하는 권한을 가진다(제40조 제2항). 그리고 나머지 국회의원 3분의 2를 선거하는 지역구선거에서도 국회의원선거법은 1선거구에서 2인 당선제를 채택하여 거기에서도 대통령이 속하는 여당이 적어도 3분의 1의 국회의원이 당선될 수 있도록 함으로써 결국 여당은 3분의 2의 국회의석을 확보할 수 있게 되어 대통령은 국회를 지배할 수 있게 하였다. 또한 제4공화국헌법은 사법권도 대법원장은 대통령이 국회의 동의를 얻어 임명하고 대법원장이 아닌 모든 법관은 대법원장의 제청에 의하여 대통령이 임명하도록 하여(제103조 제1항, 제2항), 대통령이 사법부도 장악할 수 있게 하였다.

(2) 대통령　　　구헌법에서는 대통령의 선거는 국민의 직선제로 되어 있었고 자유민주주의 국가에서는 국민의 직선제가 원칙인데, 제4공화국헌법에서는 통일주체국민회의 대의원이 선거하는 간선제로 변경하였다(제39조). 대통령의 임기는 6년이다(제47조). 연임에 대한 제한은 없앴다.[33]

---

33) 필자는 당시 법제처 법제관으로서 유신헌법의 제정에 있어 실무작업을 담당하였다. 여하튼 실무작업을 하면서 헌법초안을 접하였을 때, 이미 짐작은 한일이기는 하지만 법률을 공부하는 사람으로서 매우 당혹스럽고 우려스러운 생각이 들었다. 그것은 당시 급변하는 국내외정세에 능동적으로 대처하여 국가안보를 튼튼히 하고 우리나라가 빈곤국가에서 탈출하여 선진국을 따라잡기 위하여서는 중화학공업화를 추진하기 위한 것이라 하더라도 대통령의 권한을 강화하고 국민의 기본권을 일부 제한하는 데 그치는 것이 아니라, 대통령은 행정권의 수반이면서 국회의원 3분의 1을 사실상 선임하고 모든 법관의 임명권을 갖도록 하여 입법부 사법부까지를 장악하도록 하였으며, 더 나아가 대통령의 연임조항을 삭제하여 한 사람이 영구집권을 할 수 있도록 길을 열어 놓았기 때문이었다. 나는 그때 개발도상의 빈곤국가에서는 국가경제를 단기간에 개발하기 위하여서는 어느 정도 독재국가적인 통치체제가 불가피

대통령은 위에서 본 바와 같이 국회의원 정수의 3분 1을 일괄 추천하는 권한을 가지며(제40조 제1항, 제2항), 대통령은 아무런 조건 없이 국회를 해산할 수 있다(제69조). 또한 대통령은 필요하다고 인정할 때에는 국가의 중요한 정책을 국민투표에 붙일 수 있다(제49조).

대통령은 또한 모든 법관의 임명·보직권을 가진다(제103조 제2항).

제4공화국헌법은 종전의 긴급명령권에 대체하여 가장 강력한 권한으로 대통령의 긴급조치권을 인정하였다(제53조). 긴급조치권은 그 내용과 성격에 있어서 프랑스 제5공화국헌법 제16조의 국가긴급권규정을 그 모델로 하였다고 하나 그보다도 강력한 권한이며 국회의 사전 사후의 통제의 원칙적 배제, 사전예방적 조치가능성을 규정하고 있다.

제4공화국헌법 제53조는 긴급조치권을 다음과 같이 규정하고 있다, 즉, "① 대통령은 천재·지변 또는 중대한 재정·경제상의 위기에 처하거나, 국가의 안전보장 또는 공공의 안녕질서가 중대한 위협을 받거나 받을 우려가 있어, 신속한 조치를 할 필요가 있다고 판단할 때에는 내정·외교·국방·재정·경제 사법 등 국정전반에 걸쳐 필요한 긴급조치를 할 수 있다. ② 대통령은 제1항의 경우에 필요하다고 인정할 때에는 이 헌법에 규정되어 있는 국민의 자유와 권리를 잠정적으로 정지하는 긴급조치를 할 수 있고, 정부나 법원의 권한에 관하여 긴급조치를 할 수 있다. ③ 제1항과 제2항의 긴급조치를 할 때에는 대통령은 지체 없이 국회에 통고하여야 한다. ④ 제1항과 제2항의 긴급조치는 사법적 심사의 대상이 되지 아니한다. ⑤ 긴급조치의 원인이 소멸한 때에는 대통령은 지체 없이 이를 해제하여야 한다. ⑥ 국회는 재적의원 과반수의 찬성으로 긴급조

한 측면도 있다고 보았으나, 한 사람의 장기집권에 대하여서는 커다란 혐오감을 가지고 있었다. 그런데 우리나라가 내가 가장 혐오하는 한 사람의 장기집권체제를 만들려고 하니 매우 심정이 착잡하였다. 내가 사석에서 대학 은사이며 이번 헌법초안의 골격을 마련한 것으로 알려진 한태연 교수님께 그러한 나의 심정을 말씀드렸더니, 앞으로 개정되는 헌법은 결국 잠정적 헌법이 될 것이며 국내외사태가 정상화되면 정상적인 대통령제 헌법으로 되돌아갈 수밖에 없을 것이라고 말씀하셨다.

대통령 비서실장이었던 김정렴은 박정희 대통령이 제9대 대통령 임기가 끝나기 1년 전인 1983년에 은퇴할 생각이라고 공개적으로 여러 번 말하였다고 하였다. 김형아. 유신과중화학공업—박정희의 양날의 선택, 일조각(2005), p. 357 참조

치의 해제를 대통령에게 건의할 수 있으며, 대통령은 특별한 사유가 없는 한 이에 응하여야 한다."고 규정하고 있다.

제4공화국헌법에서의 긴급조치는 사전적 예방적으로도 광범위하게 국정전반에 걸쳐서 필요한 조치를 할 수 있고, 국민의 기본권조항의 일시정지까지도 가능하게 하는 반입헌주의적 제도였으며, 실제로 유신시대를 '긴급조치의 시대'라고 부를 정도로 주된 정치통제장치로 작동되었다.[34]

5. 국회

국회는 국민의 보통·평등·직접·비밀선거에 의하여 선출된 의원 및 통일주체국민회의가 선거하는 의원으로 구성한다. 국회의원의 수는 법률로 정한다(제76조). 국회의원 정수의 3분의 1에 해당하는 수는 통일주체국민회의에서 선거하며, 그 후보자는 대통령이 일괄 추천한다(제40조). 3분의 2는 국민의 보통·평등·직접 비밀선거에 의하여 선거한다(제76조). 그런데 국회의원선거법은 1선거구 2인당선제를 규정하여, 대통령이 소속하는 여당에서 적어도 3분의 1이 국민의 직접선거에서도 당선될 수 있도록 하여 결국 여당(대통령)이 3분의 2 이상의 국회의원을 확보할 수 있도록 함으로써 국회를 장악할 수 있게 하였다.

국회기능을 합리화한다는 명분아래서 국회회기를 단축하여 정기회의 회기는 90일을, 임시회의는 30일을 초과할 수 없게 하고 정기회의와 임시회의를 합하여 150일을 초과하여 개원할 수 없게 하였다(제82조 제1항). 국회의 활동이 크게 제약될 수밖에 없었다.

구헌법에서 인정하였던 국회의 국정감사권도 폐지하였다.

6. 헌법위원회

제4공화국헌법에서는 위헌법률심사권을 법원에 부여하지 아니하고 헌법위원회에 부여하였다. "법률이 헌법에 위반되는 여부가 재판의 전제가 된 때에는 법원은 헌법위원회에 제청하여 그 결정에 의하여 재판한다(제105조 제1항)"라고 규정하였다. 헌법위원회는 ① 법원의 제청에 의한 법률의 위헌여부,

---

34) 법제처, 전게서, p. 14

② 탄핵, ③ 정당의 해산에 관한 사항을 심판한다. 헌법위원회는 9인의 위원으로 구성하며, 대통령이 임명한다. 위원 중 3인은 국회에서 선출하는 자를, 3인은 대법원장이 지명하는 자를 임명한다. 헌법위원회의 위원장은 대통령이 임명한다(제109조). 헌법위원회는 그 구성에 있어서 대통령의 영향 때문에 명목적 기관으로 존재하였을 뿐 제4공화국 기간에 그 권한을 행사한 적이 없었다.

제4공화국헌법에서는 헌법개정을 2원화하여 ① 국회의원이 발안한 헌법개정안은 국회의 의결을 거쳐 통일주체국민회의 의결로 확정하고, ② 대통령이 발안한 헌법개정안은 국민투표로 확정하도록 하였다(제124조).

7. 지방자치

제4공화국헌법은 부칙 제10조에서 "이 헌법에 의하여 지방의회는 조국의 통일이 이루어질 때까지 구성하지 아니한다."고 하여 사실상 지방자치를 계속하여 시행하지 않겠다고 규정하였다.

Ⅳ. 박정희 정부(군사혁명정부·제3·제4공화국정부)하에서의 경제발전정책의 성과

약 18년간의 박정희시대는 북한공산집단으로부터의 위협제거라는 안보의 문제와 더불어 우선 ① 절대적 빈곤을 퇴치하여야하는 경제적 문제, ② 민주화의 문제 등에 직면하게 되었다. 이러한 문제는 국토가 분단되고 자원이 빈곤한 상태로 1948년 신생국가로 출범하여 1961년에 겨우 13세가 된 대한민국으로서는 동시에 한꺼번에 추진하기에는 그 당시 대한민국의 국력으로 볼 때 거의 불가능한 일이었다고도 하겠다. 지도자와 엘리트집단이 주어진 국내외 환경과 역사적 여건을 충분히 검토하여 우선순위를 정하여 선택·집중하여 해결하려는 방식이 채택되었던 점은 당연한 일이었다고 보는 것이 일반적 견해였다고도 하겠다.

이에 대하여서는 신생빈곤개발도상국가에서도 근대화라는 경제발전과 민주화라는 정치발전이 동시에 병행될 수 있다는 견해도 있다. 이러한 견해에서는 민주주의야말로 자원의 효율적 배분을 보장하고 성장과 복지를 동시에 도모하며 정치적 안정과 질서유지를 통한 합의 도출이 가능하다고 한다. 이에 대하여 병행하기 어렵다는 견해에서는 경제발전을 위하여서는 소비를 축소하여야 하고 정치적 안정과 질서유지를 통하여 합의에 기반하여 강력한 국가행위를 이끌어 가는 것이 필요한데 선거구민을 의식하여야 하고 사회의 여러 집단으로부터 강력한 압력에 직면하여야 하는 민주주의하에서는 그러한 필요조건을 확보할 수 없다고 한다. 이들 두 가지 견해 중 어느 견해가 타당한지는 결국 역사적·경험적 차원에서 판단하여야 할 것인 바, 역사상 초기산업화단계에서 산업화와 민주화를 동시에 병행적으로 추진하거나 또는 先민주화, 後산업화로 성공한 나라가 거의 없다고 한다. 점차 기술적으로 고도화되고 자본 집약적이 되어가는 국제적 추세에서 산업화에서 늦으면 늦을수록 불리하여지며, 따라서 이러한 각종 후발자의 불리를 극복하고 선진국을 따라잡기 위하여서는 후발국들은 갈수록 심한 권력의 집중이라는 권위주의로 갈 수밖에 없다고 할 것이다. 물론 권위주의 체제라고 하여 반드시 경제발전을 가져오는 것은 아니다. 권위주의 체제 중에서 경제발전에 성공한 나라는 역사상 매우 적으며, 성공한 나라로는 한국·대만·싱가포르·칠레 등을 들 수 있다고 한다.

　개발도상국가에 있어서의 '민주주의와 경제성장과의 상관관계'에 관한 논의에 있어 가장 큰 주목을 끈 것은 하버드대 경제학교수 배로(R. Barro)의 '민주주의는 성장의 처방일수 있는가?(Democracy: a Recipe for Growth?)'(1994)라는 논문이었다. 배로는 1993년 현재 100개의 개도국을 표본으로 하여 실증적인 연구를 하였는데 처음부터 민주주의를 시도한 나라들, 민주화와 경제성장을 병행하겠다고 하는 나라들은 민주화와 경제성장을 모두 실패하였는데, 이에 대하여 先경제성장 後민주화의 발전전략을 택한 나라들만 성공하였으며, 그 대표적인 경우가 한국·대만·싱가포르·칠레 등이며, 先민주화전략을 택한 대표적인 경우는 아프리카의 여러 나라인데 민주화와 경제성장 모두 실패하고 혼란만 거듭하다가 드디어는 모두 권위주의로 돌아섰다고 한다. 이렇게 보았을 때 체제의 안정성과 정책의 신뢰성이 절대적으로 요구되는 산업화 초기단계에서 권위주의체제는 한시적인 '필요악(necessary evil)'이었다고 하겠다. 유신체제는 정부주도의 중화학공업화의 추진을 수월하게 뒷받침하는 도구역할을 하였다고 할 것이다. 유신체제는 한국이 중화학공업화로 고도경제성장을 하기위하여 치렀던 대가였다.[35] 같은 맥락에서 박정희시대는 '민주화의 암흑기'가 아니라 '민주화를 위한 사회경제적 기반조성기'라고 해석할 수도 있을 것이다.[36]

1980년대 들어 이른바 '동아시아 발전국가론'이라는 논의들이 미국의 앰스덴(A. Amsden), 웨이드(R. Wade) 등 많은 학자에 의하여 활발하게 전개되었고, 특히 앰스덴은 한국을 이른바 '향도적 시장경제(guided market economy)'의 전형적인 성공사례 하여 《아시아의 다음 巨人(Asia's Next Giant》(1989)이라는 책의 제목에서 보듯이 한국의 발전전략을 극구 찬양하였다.

1980년 말 중국의 근대화전략이 서방세계에서 주요 연구과제로 떠오르자 다시 박정희 개발전략은 주목을 받게 되었다. 오버홀트(W. Overholt)는《中國의 浮上(Rise of China)》(1989)이라는 책에서 "등소평은 한국의 박정희 모델을 그대로 모방하고 있다."며, 박 대통령의 개발전략을 높이 평가하였다.[37]

박정희 장군이 주도한 5.16군사쿠데타 당시인 60년대 한국경제의 여건은 투자재원의 부족, 기술의 결여, 국내시장의 협소 그리고 양질의 값싼 노동력활용 등의 이유 때문에 경제발전의 전략은 선택과 집중을 통한 제조업과 대기업 위주의 불균형성장전략과 외자의존정책 및 노동집약적 경공업부문을 중심으로 한 수출지향형 성장전략을 채택할 수밖에 없었다. 외교적으로 한일관계정상화를 통한 대일청구권 자금의 확보와 적정한 활용, 베트남파병으로 얻어진 외화와 해외진출 기회의 확대, 그리고 서독으로부터의 차관도입이 이루어진 것도 이와 관련된 것이라고 하겠다. 당시 추진력이 성공을 거둔 것은 군부체제가 가진 커다란 자율성과 대중 강제력을 확보할 수 있었기 때문이다. 이로써 박

---

35) 김형아, 전게서, p. 337
36) 정희채, 정치발전론, 법문사, (2000)
37) 이주천, 원광대 교수, 박정희시대에서 경제발전과 민주주의의 양립성문제, 열린정신인문학연구 10 (1), p. 109

정희 정권은 국가주도의 발전지향형 정책을 펴 나갈 수 있게 되었다.

그러나 제3공화국에서는 국민들의 견제심리가 작동하여 국회의원선거에서 야당에게 상당한 의석을 확보하여 주었고 대통령선거에서도 치열한 선거운동이 전개되어 여러 가지 부작용을 낳기도 하였으며 민주회복이라는 명분을 지니고 야당과 그들을 지지하는 국민들의 거센 정권견제와 정책 저지 등이 벌어졌다. 아울러 정권이 교체될 것을 대비하여 사회 엘리트계층도 현실참여에 소극성을 보여 국력을 결집하는 데 장애가 되었다. 정권이 안정되고 최고지도자에 변동이 생길 여지가 없어지면 행정이나 기술개발 등 각분야에 걸친 다수의 테크노크라트들은 자신의 능력을 인정받아 마음껏 펼칠 수 있다는 점에서 비록 비민주적이라는 비판을 받아도 안정된 정치체제와 권력의 집중에 호의적이고 적극적으로 참여하는 경향을 보여 주었다.

박정희 정권의 삼선개헌이후 정치적 불안정은 심화되었고, 1968년을 전후한 국내외정세는 청와대기습기도 등 북한의 극심한 도발, 미국의 베트남전쟁에서의 철수, '닉슨독트린'과 주한미군 2만 명 철수, 미국의 중국과의 화해기도 등 국제정세의 급변과 국내경제의 외자의존 및 노동집약적 경공업제품위주 수출경제의 한계 등 경제의 어려움으로 박정희 대통령은 입헌적 독재라는 권위주의인 維新體制를 도입하여 잠정적으로 민주주의를 留保하고 안보강화와 중화학공업화를 추진하게 되었다고 하겠다. 박정희 대통령은 10월유신선포 이후 5년여가 지난 1978년 1월 18일 연두기자회견에서 10월유신의 목적을 아래와 같이 언급한 바 있다. "10월유신의 목적과 기본이념은 격변하는 주변정세에 우리가 슬기롭게 대처하여 나가면서 나라를 지키고, 민족의 생존권을 지키며, 또 우리의 민족사적 정통성을 지켜 나가자. 그러기 위하여서는 능률의 극대화와 국력의 조직화가 필요하다. 이것을 통하여 국력배양을 가속화하자. 여기에서 배양된 우리 스스로의 힘으로 평화와 번영을 쟁취하자. 그렇게 하여서 평화통일까지도 더 앞당기자고 하는 데 있다."고 하였다.

유신헌법에 나타난 정치체제는 권위주의적이고 1인 독재적 요소가 노골적으로 드러나 있어 일반적인 공화정과는 거리가 멀었다고 할 수 있다. 기본권 분야에서도 정치체제에 대한 도전과 불안요소가 되는 정치적 기본권과 국력을 집중적으로 운영하는 데 지장이 된다고 여긴 노동3권 등에서 많은 후퇴가 있었다. 그러나 이러한 헌법구조야말로 유신헌법이 지향하는 것으로서 선발 산업화국가들을 뛰어넘어 국가의 생존과 번영의 기틀을 다져야 한다는 목표를 위하여 필요불가결하였다. 이러한 경향은 통일이 가장 늦어져 근대화에서도 영국이나 프랑스 등 경쟁국가들에 비하여 현저히 열세에 놓였던 독일이 짧은 시간 내에 선진화를 이룩하기 위하여 비스마르크의 철권통치가 이루어졌던 점이라든지 근대 일본이 열강들의 침탈에서 벗어나 그들과 나란히 서기 위하여 국력을 총집결하였던 체제를 유지한 것과 맥락을 같이 한다. 즉 우리나라의 현실은 19세기에서 20세기로 넘어가는 독일과 일본 등과 같은 여건에 놓여 있었기 때문에 정치체제에서 20세기 말 세계 선진민주국가의 제도를 그대로 운영할 형편이 아니었다고 볼 수 있을 것이다.

유신 이후 박정희 대통령이 추진한 산업화는 중화학공업추진이었다. 기계·조선·전자·화학·철강·비철금속 등의 6대 전략업종에 집중 투자함으로써 이미 국제경쟁력이 약화된 경공업 대신 중화학공업을 수출산업으로 중점 육성하겠다는 것이다. 그것을 위하여서는 강화된 권위주의 체제인 유신체제만이 줄 수 있는 각종 정책적 특혜와 사회정치적 안정의 도움이 절대적으로 필요하다는 것이다. 그런데 박정희 대통령의 단기간 내에 중화학공업을 육성하겠다는 집착은 유신 전인 1960년대 이후 줄곧 지속되었고 1967년 이후, 기계공업진흥법(1967. 3. 30. 시행), 조선공업진흥법(1967. 5. 30. 시행), 전자공업진흥법(1969. 2. 28. 시행), 석유화학공업육성법(1970. 1. 1. 시행), 철강공업육성법(1970. 4. 2. 시행), 비철금속제련사업법(1971. 1. 22. 시행) 등 6대 중화학공업진흥법을 제정·시행하였다. 그러므로 이런 생각과 노력이 1960년 말의 안보적 위기상황을 거치면서 구체화되어 나타난 것이 1973년에 시작된 중화학공업화의 강력한 추진이라고 볼 수 있다.

그러면 박정희 대통령은 왜 무리하여서라도 중화학공업을 추진하여야만 하였던가? 그것은 경공업위주의 中進國級의 수출형국가로서는 선진국과의 경쟁에서 견딜 수 없기 때문에 반드시 중화학공업위주의 수출정책을 추진하여야 후일 선진국대열에 오를 수 있다는 박정희 대통령의 최종판단이었고, 그 판단은 결코 틀린 것이 아니었다고 하겠다. 1973년 1월 12일 박정희 대통령은 연두 기자회견에서 '중화학공업화'의 추진을 선언하였다. 중화학공업화 선언의 내용은 ① 중화학공업의 비율을 1971년의 35.2%에서 1981년에는 51%로 고도화하고, ② 수출구성에서 중화학제품의 비율을 1971년의 19.1%에서 1981년에는 60% 이상으로 제고하며, ③ 1980년대의 국민소득 1,000달러와 수출 100억 달러의 기반을 조성한다는 것 등으로 요약할 수 있다.

또한 중화학공업화 선언의 또 하나의 동기는 중화학공업이 방위산업발전의 전제가 된다는 것이다. 당시 박정희 대통령은 닉슨 독트린 등으로 미국의 한국에 대한 방위의지를 의심하게 되었고 이에 따라 한국의 자주국방, 특히 무기의 자립생산을 강하게 추진하려 하였다. 그리고 박정희 대통령은 중화학공업화로 북한을 경제·국방에서 모두 능가하는 힘을 기르는 것은 북한과의 체제경쟁에서 승리하고 북한의 위협에 보다 효과적으로 대응할 수 있는 국가전략이라고 보았다.

중화학공업화추진 선언은 제1차경제개발5개년계획(1962~1966)[38] 및 제2차경제개발5개년계획(1967~1971)[39]의 성과를 바탕으로 공업구조를 고도화하여 선진사업국가대열에 합류하겠다는 선언이었다. 박정희 정부가 중화학공업추진을 선언하자 세계은행(IBRD)과 국제통화기금(IMF)이 강하게 반대하였다. "한국은 低賃金의 이점을 살려 노동집약적 경공업제품이나 만들어야지, 자본이 많이 들고 고도의 기술을 요하는 제철이나 자동차공업에 손을 대어서는 안 된

---

38) **제1차경제개발5개년계획**(1962년~1966년)의 주요 골자는 전력·석탄의 에너지원과 기간산업을 확충하고, 사회간접자본을 충실히 하여 경제개발의 토대를 형성하는 것이었으며 우리나라의 많은 노동력을 이용하여 경공업 중심으로 발전시켰다. 그 밖에 농업생산력을 확대하여 농업소득을 증대시키며, 수출을 증대하여 국제수지를 균형화하고 기술을 진흥하는 일 등이었다. 또한 월남전 파병, 한일협정으로 외화를 벌 수 있게 되었다. 이 시기의 경제성장률은 7.8%로 목표를 상회하였으며, 1인당 국민총생산(GNP)은 83달러에서 126달러로 증가되었다.

39) **제2차경제개발5개년계획**(1967년~1971년)은 식량 자급화와 산림녹화, 화학·철강·기계공업의 건설에 의한 산업의 고도화, 10억 달러의 수출 달성(1970), 고용확대, 국민소득의 비약적 증대, 과학기술의 진흥, 기술수준과 생산성의 향상에 그 목표를 두었다. 이 목표를 달성하기 위한 소요자금 9,800억 원 중 국내자금이 6,029억 원, 외자가 14억2,100만 달러였다. 이 중 6억 달러가 1965년의 한일국교정상화로 들어오게 되었다. 또한 이 시기에 경부고속도로가 지어졌다.

다."는 논리였다. 그 반대의 이면에는 IBRD에 대주주로 출자한 미국과 일본 등 선진산업국가들의 이해관계가 자리잡고 있었다. 한국이 IBRD에서 빌린 돈으로 중화학공업을 건설하여 세계시장에서 미·일 등과 경쟁하게 되는 점을 우려하였기 때문이라 할 것이다. 실제 중화학선진국으로서는 오래 전에 세워진 설비의 낙후로 인하여 기술적 우위에도 불구하고 후발 경쟁국가들에게 밀릴 수 있다는 점을 우려하지 않을 수 없었을 것이다. 그리하여 결국 중화학공업 건설을 위하여서는 자금을 스스로 마련할 수밖에 없었다.[40]

중화학공업화를 추진하기 위하여서는 자본재와 원료를 수입할 거액의 외화가 필요하였다. 박정희 정부는 외화확보에 총력을 기울였다. 그리하여 1964년 12월, 박정희는 서독을 방문하여 4,000만 달러의 재정·상업 차관 승낙을 받았다. 하지만, 그것으로는 턱없이 부족하였다. 외자 도입의 큰 물꼬를 터야만 하였다. 그 물꼬가 바로, 한일국교정상화와 베트남파병이었다. 군사정부는 일본과의 국교정상화를 서둘렀다. 이른바 청구권 자금을 얻기 위함이었다. 그리하여 1965년 6월, 한일국교정상화조약이 맺어졌고 8억 달러의 청구권 자금을 받게 되었는데 이는 1964년 수출액이 1억1,900만 달러에 불과한 한국의 숨통을 터줬고 무엇보다도 한국이 일본에서 자본과 선진기술과 지식을 도입할 통로가 열렸다. 그러나 박정희 정부가 일본과 과거사 문제를 유보한 채 안보적인 협력, 경제적인 협력만을 추구하는 데 대하여 야당과 학생들은 대단히 비판적이었다.

외자도입의 두 번째 물꼬는 베트남파병이었다. 1964년 베트남전의 확전을 결정한 미국이 한국에 파병을 요청하였다. 정부는 주한미군의 베트남 이동 방지와 한국군의 현대화, 장병 봉급과 용역수입 등의 다각적 효과를 기대하고 파병을 결정하였다. 일명 '브라운각서'에 의하여 미국은 한국군 현대화 지원 및 증파병력의 장비와 필요경비 부담, 주월 한국군 소요물자와 용역을 한국에서 구매하고, 미군용 물자도 한국에서 일부 발주하겠다는 약속을 하였다. 미국은 또 한국에 공업연구소의 설립도 지원하였다. 박정희 정부는 한국과학기술연

---

40) 최동규, 중화학공업 건설을 위한 내자총동원, 월간조선, (2000. 9월호)

구소, 즉 KIST를 설립하였다. 그리고 해외에 거주하고 있는 우수한 한국인 과학자와 공학자를 국내로 불러들였다 이들은 1970년대에 정부가 중화공업화를 추진하는 데 큰 도움이 되었다. 베트남파병으로 베트남에 대한 수출도 급증하기 시작하였다. 또 파병기간 동안, 베트남에 파견된 군인이나 노동자들이 받은 봉급소득과 베트남에 진출한 한국기업이 벌어들인 사업수익은 총 7억4,000만 달러에 달하였다. 가히 '피 흘려' 번, '피 같은' 돈이었다. 이처럼 한·미·일 세 나라의 협조체제가 공고하여지자 외자도입이 급증하였다. 1965년에는 차관도 입액이 4천만 달러에 못 미쳤으나 1969년에는 12배가 넘는 5억 달러의 외자가 도입되었다. 외자도입 승인을 받기 위하여 민간기업들은 줄을 섰다. 외자도입 승인을 받는 것은 기업에 큰 이익이었기 때문이었다. 외자도입에 대하여서는 은행이 지급보증을 하였고, 그 금액은 1960년대 후반부터 은행대출금액을 넘어서기까지 하였다.

1966년 8월에는 종전의 외자도입에 관한 법적 뒷받침도 강화되었고 이는 외자유치에 큰 기여를 하였다. 외자도입촉진법, 차관에 대한 지불보증에 관한 법률 및 장기결제방식에 의한 자본재도입에 관한 특별조치법을 폐지하고, 이 법률의 내용을 통합, 발전시켜 외자도입법을 제정하였다. 그 뒤 1973년 3월 전문개정하였고, 1973년 12월 부분개정을 거쳐, 1983년 12월 전문개정하여 공공차관의 도입 및 관리에 관한 법률과 외자관리법을 폐지하여 이들 법의 내용을 외자도입법에 흡수하였으며, 1997년 2월 외국인 투자 및 외자도입에 관한 법률이 제정되기까지 외자도입을 법적으로 뒷받침하였다.

정부는 한일국교정상화와 베트남파병으로 확보한 외자로 1960년대 후반 석유화학단지와 종합제철소를 세웠다. 제3차경제개발5개년계획(1972년~1976년)의 목표는 중화학공업화를 추진하여 안정적 균형을 이룩하는 데 두었다. 이 기간에는 착수 직전인 1971년 8월의 '닉슨 쇼크'에 의한 국제경제 질서의 혼란, 1973년 10월의 석유파동 등으로 어려운 고비에 처하게 되었으나, 외자도입의 급증, 수출 드라이브 정책, 중동 건설경기 등으로 난국을 극복하여 연평균 9.7%의 성장률을 유지하였다.

제4차경제개발5개년계획(1977년~1981년)은 성장·형평·능률의 기조하에 자력성장 구조를 확립하고 사회개발을 통하여 형평을 증진시키며, 기술을 혁신하고 능률을 향상시킬 것을 목표로 하였다. 1977년 100억 달러 수출 달성, 1인당 국민총생산(GNP) 1,000달러가 되었지만, 1978년에는 물가고와 부동산 투기, 생활필수품 부족, 각종 생산애로 등의 누적된 문제점이 나타났다. 1979년 제2차 석유파동이 가세하여 한국경제를 더욱 어려운 고비로 몰아넣었고, 1980년에는 광주에서 발생한 5.18민주화운동 등의 정국혼란과 사회적 불안, 흉작이 겹쳐 마이너스 성장을 겪었으나 다행히 1981년에는 경제가 다시 회복세를 보였다.

여하튼 우리나라는 개발도상국가에서는 엄두도 못 내는 중화학공업에 성공하면서 노동집약적 산업구조가 기술집약적 구조로 전환되었다. 철강·비철금속·화학 등 공업이 필요로 하는 원재료를 국산화하여 공업의 자립을 이룩하면서 고도산업국가로 도약할 수 있는 발판을 마련하였다.

중화학공업화는 대한민국을 세계 10위권의 경제 강국으로 만들고, 새로운 미래를 설계할 수 있게 한 중심축이었다.

이러한 중화학공업 중심의 비약적 성공을 가능하게 한 요인으로서는 여러 가지를 들 수 있다고 할 것인데 권위주의 채택으로 인한 정치체제의 안정과 함께, 특히 ① 부정부패 등 해악의 최소화를 들 수 있다. 권위주의체제에서는 국민들의 선거에 의한 정치적 감시나 사회적 감시가 느슨하여질 수 있지만 박정희 대통령은 이 점에서 필리핀 등 다른 후진국의 권위주의 정부 지도자들과 확실히 구별되는 모습을 보여주었다. 물론 대형 부정사건이 전혀 없었던 것은 아니지만 전체적인 통치기간 동안 최고 지도자로서 솔선수범을 보였고 사리사욕과 부정축재 등을 경계하여 강력히 단속하는 데 적지 않은 노력을 기울인 결과였다.[41] 이와 같은 모습은 최고의 권력을 독점한 만큼 그에 대한 책임의식도

---

41) 필자는 행정개혁위원회 위원으로 활동한 적이 있는데 당시 신현확 전 총리가 위원장을 맡았다. 신 위원장은 박정희 대통령이 친척들이 혹시라도 부정에 개입되지 않도록 단속하는 이야기를 들려주었다. 신 위원장이 박 대통령의 고향인 경북 구미·선산에서 국회의원에 당선되자마자 그곳에 사는 박 대통령의 가까운 친척들이 찾아와 박대통령과 가까운 분이 국회의원이 되었으니 "이제는 우리들을 해방시켜 주십시오."라고 하였다는 것이다. 무슨 말이냐고 하였더니 자기들이 시장에만 가도 사복경찰이 따라붙는다고 하면서 이제는 풀어달라고

강하게 느끼고 있었다고 볼 수 있으며 정권유지를 위한 재정적 뒷받침을 따로 고려할 필요가 없었다는 점도 작용하였을 것이다.

② 그리고 또한 국가는 권위주의 체제인 유신체제를 도입하면서도 자본주의와 시장경제질서의 기본 틀은 바꾸지 않고 오히려 강화하였다. 그리하여 실제 경영주체인 사기업들의 입장에서는 국가로부터 많은 재정지원을 받고 국가가 교통정리를 하여 중복투자와 과도한 경쟁을 막고 수출확대에도 많은 지원을 받으면서 자신들의 능력을 최고로 발휘할 수 있었다.

③ 국가는 중화학공업의 경영주체를 국영의 공기업으로 하지 않고[42] 私企業으로 각 민간기업들에게 맡겨 국가는 지원만 함으로써, 동시에 다발적으로 추진된 중화학공업화 정책에서 종전에 경공업과 소비재산업으로 자본을 축적한 많은 재벌 사기업이 분야를 나누어 뛰어들었는데, 각기업은 자신들의 역량을 최대한 충분히 발휘하여 이윤을 창출하고 투자자본을 축적하여 지속적인 연구개발이 가능하였다는 점에서 자유시장경제에 입각한 산업화 내지 선진화가 이루어졌고, 그 결과로 1980년대 이후 국가의 개입이 크게 감소하였음에도 별다른 혼란이 없이 완전한 기업 간 자유경쟁체제로의 이행이 순탄하게 이루어지게 된 것이라고 할 수 있다. 당시의 삼성그룹의 이병철 회장, 현대그룹의 정주영 회장, 포항제철의 박태준 회장 등은 중화학공업화를 이루기 위하여 그야말로 초인적인 지도력을 발휘하였으며 많은 일화를 남겼다.[43]

아울러 덧붙일 것은 노동정책에서도 파업 등 집단적 노사관계에서는 강력한 통제가 가하여졌지만 근로조건의 개선 등 개별적 근로관계에서는 근로기준법이 현실에 맞지 않아 지켜지기가 어렵다고 할 만큼 많은 개선이 이루어졌다는 점이다. 물론 최저임금법 등 핵심제도는 산업화가 정착되기 시작한 다음인 5공화국시대에 비로소 가능해졌지만 유신체제에서 근로조건의 개선과 근로자

하였다는 것이다. 그리하여 그곳 경찰서장과 상의하였더니 수시로 청와대에서 단속사항을 체크하고 있으니 어쩔 수가 없다고 하여 청와대 당국자에게도 상의하였더니 대통령에게 말씀드려도 소용없을 것이라고 하여 포기하였다고 말씀하였다.

42) 포항제철 등 일부는 공기업으로 출발하였으나 적절한 시기에 민영화되었다.

43) 삼성은 정밀기계를 운반하여야 하는데 도로가 비포장이어서 정밀기계가 훼손될 수 있어 며칠 동안에 도로를 포장하고 도로를 장작불로 말렸다고 한다.

권익보호는 집단행동에 대한 과도한 제약을 보상한다는 차원에서 상당한 성과를 거두었다는 점이다.

유신체제는 정치적으로는 후퇴를 보였고 암흑기라 부를 수 있지만 정치적 불안요소가 제거되어 민간기업이 창의와 역량을 최대한 발휘할 수 있었고 경쟁에 수반되는 비능률과 낭비적 요소를 최소화하는 데에도 많은 기여를 하였다고 할 수 있다.

Ⅴ. 1972.10.17.～1979.10.26.까지 제정된 주요법률

1972년 비상국무회의법. 국민투표에 관한특례법. 선거관리위원회에 관한특례법. 대통령특별선언에 따른 헌법개정안의 공고에 관한 특례법. 통일주체국민회의대의원선거법. 통일주체국민회의법. 수출업자신용보증법. 한국종합화학공업주식회사법. 인장업단속법. 농지의 보전 및 이용에 관한 법률. 군사기밀보호법. 군사시설보호법. 기술개발촉진법. 국토이용관리법. 한국방송공사법. 주택건설촉진법. 기업공개촉진법. 군인자녀교육보호법. 산림개발법. 특정지구개발촉진에 관한 임시조치법.

1973년 한국원자력연구소법. 선거관리위원회법. 병역법위반 등의 범죄처벌에 관한 특별조치법. 공무원교육훈련법. 기술용역육성법. 정부투자기관관리법. 농산물도매시장업. 임목에 관한 법률. 지방소방공무원법. 고압가스안전관리법. 의료기사법. 군수조달에 관한 특별조치법. 전기사업법. 모자보건법. 공공차관의 도입 및 관리에 관한 법률. 헌법위원회법. 의료기사법. 군수조달에 관한 특별조치법. 소액사건심판법. 형사소송에 관한 특별조치법. 종묘관리법. 국민투표법. 병역의무특례규제에 관한 법률. 임시수입부가세법. 주택개량촉진에 관한 임시조치법. 물가안정에 관한 법률. 한국교육개발원육성법. 국민투자기금법. 사립학교교원연금법. 국민복지연금법. 산업기지개발촉진법. 감정평가에 관한 법률. 시설대여산업육성법. 대한민국재향경우회법. 특정연구기관육성법. 국가기술자격법.

1974년 전기용품안전관리법. 국세기본법. 대일민간청구권보상에 관한 법률. 부당이득세법. 토지금고법. 신용보증기금법. 단기사관학교설치법. 항공기운항안전법.

　1975년 석탄수급조정에 관한 임시조치법. 관광단지개발촉진법. 한국정밀기기센터육성법. 한국원자력발전공사법. 방위세법. 농지확대개발촉진법. 사회안전법. 민방위기본법. 국회에서의 증언·감정등에관한 법률. 물가안정 및 공정거래에 관한 법률. 지적법. 공익법인의 설립. 운영에 관한 법률. 종합금융회사에 관한 법률. 국군간호학교설치법. 내수면어업개발촉진법. 중소기업계열화촉진법. 공업단지관리법. 공공용지취득및손실보상에관한특례법. 해외건설촉진법. 한국해외개발공사법. 한국보건개발연구원법. 보건연구소법. 관광기본법. 관광사업법.

　1976년 大麻관리법. 한국기술검정공단법. 공중보건장학을 위한 특례법. 근로복지공사법. 유흥음식세법. 부가가치세법. 특별소비세법. 한국과학재단법. 용역경비업법. 농수산물유통 및 가격안정에 관한 법률. 도시재개발법. 직업훈련기본법. 직업훈련촉진기금법. 입양특례법. 비료관리법.

　1977년 임시행정수도건설을 위한 특별조치법. 기능대학법. 국제경제연구원육성법. 영해법. 신용조사업법. 소방공무원법. 반국가행위자처벌에 관한특별조치법. 혼인에 관한 특례법. 특수교육진흥법. 한국어업기술훈련소법. 어선법. 공업배치법. 디자인·포장진흥법. 의료보호법. 환경보전법. 해양오염방지법. 공무원 및 사립학교직원의료보험법. 陸運진흥법. 부동산소유권이전등기에 관한 특별조치법.

　1978년 증권거래세법. 한국정신문화연구원육성법. 농업기계화촉진법. 한국농촌경제연구원육성법. 산업설비수출촉진법. 한공공업진흥법. 중소기업진흥법. 電源개발에 관한 특례법. 한국석유개발공사법. 가스사업법. 해외자원개발촉진법. 국토개발연구원육성법. 한국토지개발공사법. 국민보건의료를 위한특별조치법. 월남귀순용사특별보상법.

　1979년 주차장법. 지하철도건설촉진법. 새마을지도자연수원설치법. 경찰대학설치법. 장기신용은행법. 섬유공업근대화촉진법. 에너지이용합리화법. 교통안전법. 교통안전진흥공단법. 학술진흥법. 향정신성의약품관리법. 국제공항관리공단법.

1980년 유선 및 도선업법. 산림조합법. 자연계교원확보를 위한 특별조치법. 유통산업근대화촉진법. 자연공원법. 도시공원법. 소비자보호법. 특정지역종합개발촉진에 관한 특별조치법. 준공미필기존건축물정리에 관한 특별조치법.

Ⅵ. 제4공화국헌법에 대한 평가

舊헌법들은 적어도 헌법규범상으로는 가장 선진적인 민주주주의 헌법이었으나, 집권자가 헌법을 일탈·남용하거나 무능력 그리고 시민사회의 미성숙으로 헌법규범의 현실화의 비중이 낮았다고 하겠다. 그런데 제4공화국헌법은 헌법규범자체가 국민의 기본권 보장을 약화시키고 집권자의 3권장악을 가능하게 하는 입헌주의에 반하는 헌법이었다고 하겠다.

제4공화국헌법의 정부형태의 성격에 대하여서는 많은 견해가 있는 바, 제4공화국헌법을 '입헌적 독재'라 할 수 있고, 우리나라의 경우 입헌적 독재는 독재를 위한 독재가 아니라 그것은 공산주의의 침략으로부터 우리의 자유와 민주주의를 수호하기 위한 자유에의 수단을 의미한다는 견해도 있고,[44] 제4공화국정부형태가 추구하는 목적은 공산주의 침략으로부터 자유민주주의를 지키고 국민의 기본권을 최적으로 실현하기 위한 것이라고 하기보다는 실제에 있어서는 당시의 역사적인 여러 가지 객관적인 사항을 고려하여 볼 때 박정희 대통령 개인의 장기집권을 위한 독재정치라고 하지 않을 수 없다고 하는 견해,[45] 제4공화국헌법은 남북회담을 구실로 하여 독재체제를 강화하고 영구집권을 하기 위한 한국적민주주의라는 미명하에 명칭만 입헌주의 헌법이었지 실제로는 대통령의 권한을 다른 국가권력과 기능적으로 분립시킨 대통령제가 아닌 국가권력들, 즉 입법권과 사법권마저 대통령의 수중에 장악하여버린 권력이 대통령 1인에게 집중된 전형적인 신대통령제[46]의 독재적 흠정

---

44) 한태연, 한국헌법학, p. 452
45) 김영수, 전게서, p. 599
46) 김철수, 헌법개론, p. 686

헌법이었다[47]고 하는 견해 등이 있다.

제4공화국헌법은 국민의 자유와 권리의 본질적 내용의 침해금지조항의 삭제, 기본권의 개별적 유보조항의 신설, 구속적부심사제의 폐지 등 신체자유보장 악화로 기본권보장이 약화되었다. 그리고 제4공화국헌법은 대통령에게 3권을 집중시킨 영도적 대통령제였다. 대통령은 국가원수이며 행정권의 수반임에도 불구하고 국민으로부터 직선되는 것이 아니라 이른바 국민의 주권적 수임기관이라고 하는 통일주체국민회의에서 간선됨으로써 국민적 정당성이 결여되었다. 또한 대통령은 국가중요정책 국민투표 회부권, 긴급조치권, 국회해산권뿐만 아니라 국회의원 정수의 3분의 1을 통일주체국민회의에 추천하는 권한 그리고 모든 법관의 임명권을 갖게 하여 영도적 대통령제의 구조를 지니고 있었다. 이러한 막강한 대통령의 권한행사에 대한 견제장치가 거의 없었으며, 국회의 국정감사권마저도 삭제되었다. 종전 헌법에서는 법원에 부여되었던 위헌법률심사권마저도 제도상 작동이 거의 불가능한 헌법위원회에 맡겼다. 그리고 헌법적 효력을 갖는 강력한 긴급조치권에 대한 사법적 통제를 할 수 없게 하였다. 이러한 점에서 볼 때 제4공화국헌법은 보통의 입헌주의 헌법의 규범체계와는 상이한 규범체계라고 말할 수밖에 없겠다.

위에서 본 바와 같이 학자들은 제4공화국의 정부형태는 '입헌적 독재', '독재정치', 또는 '신대통령제' 등 여러 가지로 개념 짓고 있으나, 그것은 결국 '입헌적 독재' 내지는 '영도적 대통령제'를 의미하는 것으로 볼 수 있다. 그런데 이러한 입헌적 독재 내지는 영도적 대통령제를 채택하게 된 목적 또는 의도에 대하여서는 앞에서 본 바와 같이 뚜렷하게 의견이 갈린다. 한쪽에서는 그것은 "독재를 위한 독재가 아니라 그것은 공산주의의 침략으로부터 우리의 자유와 민주주의를 수호하기 위한 자유에의 수단을 의미한다."고 하고, 다른 한쪽에서는 그것이 "추구하는 목적은 공산주의 침략으로부터 자유민주주의를 지키고 국민의 기본권을 최적으로 실현하기 위한 것이라고 하기보다는 실제에 있어서는 당시의 역사적인 여러 가지 객관적인 사항을 고려해 볼 때 박정희

---

47) 김철수, 헌정40년의 소묘, 고시연구, 1988년 7월호, p. 56

대통령 개인의 장기집권을 위한 독재정치라고 하지 않을 수 없다."고 한다.

이러한 견해들은 모두가 제4공화국의 정부형태 내지는 그 목적을 법률적 정치적 측면에서만 평가한 것이라 한 것이라고 할 것인 바, 제4공화국의 정부형태 내지는 그 목적은 특히 초기 빈곤개발도상국가에서는 민주화의 필요적 전제요건인 산업화와 경제발전의 측면도 함께 평가하여야 할 것이다. 그런 경우에는 제4공화국의 정부형태 내지 그 목적은 先산업화 後민주화 전략에 의하여 민주주의를 잠정적으로 留保하고 입헌적 독재라는 권위주위 정부형태를 채택하여 민주화의 필수적 전제요건인 산업화를 먼저 이룩하려는 것이라 할 것이다. 따라서 그것은 '惡魔의 시대' 또는 '惡의 시대'가 아니고, 산업화를 위하여 하는 수 없이 민주주의를 잠정적으로 유보한 것이며 굳이 말한다면 '필요악'(necessary evil)이라고 하겠다. 그것은 앞에서 살펴본 바와 같이 산업화는 민주주의의 필수적 요건인데, 초기개발도상국가에서는 경험적 역사적으로 보아 민주화와 사업화를 동시에 추진하거나 先민주화 後산업화 전략으로는 성공할 수 없고, 先산업화 後민주화 전략으로만 성공할 수 있다고 보기 때문이다.

따라서 유신이라는 입헌적 독재 내지는 권위주의적 정부형태를 경계의 눈으로 악의 존재로만 보아서는 안 되고 당시 우리나라와 같이 후진적 빈곤국가에 있어서는 선진국가를 지름길로 빨리 따라잡기 위하여서는 꼭 넘어야할 고난의 산이라고 여겨야 하지 않을까 생각된다. 다만 박정희 대통령은 장기적으로 대통령직을 유지하려는 야망을 가지고 있었다고 할 것이다. 그러나 박정희 대통령은 그보다 더 큰 야망을 가지고 있었으며, 그는 자신의 궁극적인 목표인 한국의 중화학공업화로 산업화를 이루고자 하였다. 그리고 박정희 대통령은 자신의 개인적인 야망과 산업화라는 국가이익이 불가분의 관계로 합쳐진 목표가 오직 유신체제로만 청취될 수 있다고 믿었다.[48]

그러나 제4공화국의 헌정의 운영현실은 너무 일방적이고 폭력적인 것도 사실이었으며 그러한 점은 과도한 것으로 지적되어야 하며, 그때의 아픔을 잊어

---

48) 김형아, 전계서, p. 294

서는 아니 될 것이다. 박정희 대통령은 참고 타협하는 전략을 포기하고 저항
세력을 엄중 처벌하는 전략만을 택하였다.

제4공화국헌법은 제정된 지 얼마 되지 않아 많은 비판과 개헌촉구를 받게
되었다. 1973년 중반부터 제4공화국헌법은 1인체제를 위한 것이며, 국민의 기
본권을 비민주적으로 제약하는 것이기 때문에 자유민주주의 회복을 위하여 개
정되어야 한다는 주장이 나왔다. 그러한 개헌운동은 1974년에 와서 더욱 가속
화되어 커다란 혼란을 초래하게 되었고, 급기야는 제4공화국헌법의 철폐와 박
정희 대통령의 자진사퇴를 결부시키는 지경까지 이르게 되었다.

이에 대하여 정부는 대통령긴급조치의 선포로 맞섰다. 그리하여 1974년 1월
8일에 긴급조치 제1호를 선포하였는 바 그 내용은 다음과 같다.

[대통령긴급조치 제1호]
 1. 대한민국헌법을 부정·반대·왜곡 또는 비방하는 일체의 행위를 금한다.
 2. 대한민국헌법의 개정 또는 폐지를 주장·발의·제안 또는 청원을 하는 행
위를 금한다.
 3. 유언비어를 날조·유포하는 일체의 행위를 금한다.
 4. 前 1, 2, 3호에서 금한 행위를 권유·선동·선전하거나 방송·보도·출판 기
타 방법으로 이를 타인에게 알리는 일체의 언동을 금한다.
 5. 이 조치에 위반한 자와 이 조치를 비방한 자는 법관의 영장 없이 체포·구
금·압수·수색하여 15년 이하의 징역에 처한다. 이 경우에는 15년 이하의 자격
정지를 병과할 수 있다.
 6. 이 조치에 위반한 자와 이 조치를 비방한 자는 비상군법회의에서 심판,
처단한다.
 7. 이 조치는 1974년 1월 8일 17시부터 시행한다.

긴급조치 제2호는 1974년 1월 8일 긴급조치 제1호와 함께 선포되었는데, 제
2호는 제1호에 의한 긴급조치에 위반한 자를 심판하기 위한 비상군법회의의
조직, 운영을 위하여 발하여진 것이다.

긴급조치 제3호는 1974년 1월 14일에 선포되었는데, '국민생활의 안정을 위한 대통령 긴급조치'이다. 그것은 저소득층의 조세부담을 경감시키고, 악덕기업인을 처벌하기 위하여 발하여진 것이다.

긴급조치 제4호는 1974년 4월 3일에 선포되었는데, 전국민주청년학생총연맹(민청연)과 이에 관련되는 諸단체에의 가입 금지, 그 활동의 찬양·고무 또는 동조 등의 금지, 학생의 정당한 이유 없는 출석·수업 또는 시험의 거부와 정상적 수업, 연구활동을 제외한 학교 내외의 집회·시위·성토 등의 일체금지 등 12항을 그 내용으로 규정하고 있었다.

1974년 8월 23일에 선포된 긴급조치 제5호는 긴급조치 제1호와 제4호를 해제하는 긴급조치이다.

1975년 1월 1일에 선포된 긴급조치 제6호는 긴급조치 제3호를 해제하는 긴급조치이다.

1975년 4월 8일에 선포된 긴급조치 제7호는 국민투표에 의하여 유신체제의 존속이 확정됨으로써 많은 구속자가 석방되었으나, 석방된 교수, 학생의 복직, 복교를 요구하는 집회·시위가 계속 가열됨에 따라 발하여진 것이다. 그것은 학원소요를 묵과하지 않겠다는 당국의 반체제운동에 대한 강력한 의미가 있는 것으로 평가된다.

[대통령긴급조치 제7호]
  1. 1975년 4월 8일 17시를 기하여 고려대학교에 대하여 휴교를 명한다.
  2. 동 교내에서 일체의 집회·시위를 금한다.
  3. 제1호, 제2호를 위반한 자는 3년 이상 10년 이하의 징역에 처한다. 이 경우 10년 이하의 자격정지를 병과할 수 있다.
  4. 국방부장관은 필요하다고 인정한 때에 병력을 사용하여 동교의 질서를

유지할 수 있다.

5. 이 조치에 위반한 자는 법관의 영장 없이 체포·구금·압수·수색할 수 있다.

6. 이 조치에 위반한 자는 일반법원에서 관할 심판한다.

7. 이 조치는 1975년 4월 8일 17시부터 시행한다.

1975년 5월 13일에 선포된 긴급조치 제8호는 긴급조치 제7호를 해제하는 긴급조치이다.

1975년 5월 13일에 선포된 기급조치 제9호는 '국가안정과 공공질서의 수호를 위한 대통령긴급조치'였는데, 그것은 긴급조치 제7호를 보완한 것으로 평가되고 있다. 그것은 정부가 국민투표의 결과로 제4공화국헌법이 국민적 정당성을 획득하고 국론통일을 이루었다고 생각하였으나, 국민투표결과에 대한 무효화투쟁과 함께 유신체제의 철폐투쟁이 전국적으로 확산되고 격렬하어짐에 따라 사회불안이 조성되어 그 수습책으로 단행되었다.

[대통령긴급조치 제9호]

1. 다음 각호의 행위를 금한다.

가. 유언비어를 날조, 유포하거나 사실을 왜곡하여 전파하는 행위

나. 집회·시위 또는 신문·방송·통신 등 공중전파수단이나 문서·도화·음반 등 표현물에 의하여 대한민국 헌법을 부정·반대·왜곡 또는 비방하거나 그 개정 또는 폐지를 주장·청원·선동 또는 선전하는 행위

다. 학교당국의 지도·감독하에 행하는 수업·연구 또는 학교장의 사전허가를 받았거나 기타 예외적 비정치적 활동을 제외한 학생의 집회·시위 또는 정치관여 행위

라. 이 조치를 공연히 비방하는 행위

2. 제1항에 위반한 내용을 방송·보도 기타의 방법으로 공연히 전파하거나 그 내용의 표현물을 제작·배포·판매·소지 또는 전시하는 행위를 금한다.

3. 재산을 도피시킬 목적으로 대한민국 또는 대한민국 국민의 재산을 국외에

이동하거나 국내에 반입될 재산을 국외에 은익 또는 처분하는 행위를 금한다.

4. 관계서류의 허위기재 기타 부정한 방법으로 해외이주의 허가를 받거나 국외에 도피하는 행위를 금한다.

5. 주무부장관은 이 조치위반자·범행당시의 그 소속 학교, 단체나 사업체 또는 그 대표자나 장에 대하여 다음 각호의 명령이나 조치를 할 수 있다.

가. 대표자나 장에 대한 소속 임직원·교직원 또는 학생의 해임이나 제적의 명령

나. 대표자나 장·소속 임직원·교직원이나 학생의 해임 또는 제적의 조치

다. 방송·보도·제작·판매 또는 배포의 금지

라. 휴업·휴교·정간·폐간·해산 또는 폐쇄의 조치

마. 승인·등록·인가·허가 또는 면허의 취소조치

6. 국회의원이 국회에서 직무상 행한 발언은 이 조치에 저촉되더라도 처벌하지 아니한다. 다만 그 발언을 방송·보도 기타의 방법으로 공연히 전파한 자는 그러하지 아니하다.

7. 이 조치 또는 이에 의한 주무부장관의 조치에 위반한 자는 1년 이상의 유기징역에 처한다. 이 경우에는 10년 이하의 자격정지를 병과한다. 미수에 그치거나 예비 또는 음모한 자도 또한 같다.

8. 이 조치 또는 이에 의한 주무부장관의 조치에 위반한 자는 법관의 영장 없이 체포·구금·압수 또는 수색할 수 있다.

9. 이 조치시행 후, 특정범죄가중처벌 등에 관한 법률 제2조(뇌물죄의 가중처벌)의 죄를 범한 공무원이나 정부관리기업체의 간부직원 또는 동법 제5조(국고손실)의 죄를 범한 회계관계직원 등에 대하여는 동법 각조에 정한 형에 수뢰액 또는 국고손실액의 10배에 해당한 벌금을 병과한다.

10. 이 조치 위반의 죄는 일반법원에서 심판한다.

11. 이 조치의 시행을 위하여 필요한 사항은 주무부장관이 정한다.

12. 국방부장관은 서울특별시장·부산시장 또는 도지사로부터 치안질서유지를 위한 병력출동의 요청을 받은 때에는 이에 응하여 지원할 수 있다.

13. 이 조치에 의한 주무부장관의 명령이나 조치는 사법심사의 대상이 되지

아니한다.

14. 이 조치는 1975년 5월 13일 15시부터 시행한다.

박정희 대통령의 독재체제로 일관된 유신체제하에서 국민들의 민주화요구는 철저하게 봉쇄되었으며, 헌법에 보장된 국민의 기본권을 박탈하는 긴급조치를 수단으로 한 강권통치는 수많은 민주인사와 지식인·학생들이 옥고를 치르는 등 탄압을 받아 왔다. 야당들은 개헌문제를 정치쟁점으로 삼아 공세를 시작하였으며, 학생들과 재야인사들의 반체제운동도 더욱더 강렬하여졌다. 이러한 상황아래서 유신체제가 중대한 위기에 봉착하게 되는 일련의 사건이 발생하게 되었다. 1978년 12월 12일에 실시된 제10대 국회의원 총선에서 야당인 신민당이 집권 공화당보다 1.1% 많은 32.8%를 획득한 선거결과는 국민의 엄중한 경고였다. 뒤이어 계속된 사건들, 즉, YH사건, 김영삼 씨의 신민당총재당선 및 직무집행정지 가처분신청, 김영삼 씨의 국회의원 제명 등은 유신체제가 무너지는 전주곡이었다.

결국 국민의 민주화요구는 1979년 10월 16일부터 20일까지 폭발된 '釜·馬항쟁사건'에 의하여 절정에 달하였으며, 마침내 사건의 수습을 두고 권력핵심인사들이 분열되기 시작하였고, 이러한 권력내부의 분열을 통해 10.26이라는 비극적사건이 발생하게 되었다. 그 결과로 유신체제는 막을 내리게 되었다.

또다시 독재에 대한 국민저항은 국민들의 승리로 끝을 맺었으며, 국민들은 민주헌정부활의 희망을 갖게 되었다.

제6절 제5공화국헌법

Ⅰ. 최규하 정부의 출범

1979년 10월 26일 사태로 당시 헌법규정에 따라 최규하 국무총리가 대통령권한대행에 취임하였으며, 그 후 최규하 권한대행은 1979년 12월 6일 통일주체국민회의 제3차회의의 궐위된 대통령 후임선거에서 제10대 대통령에 당선되었으며, 21일에 취임식을 가졌다. 최규하 대통령은 취임한 다음날인 12월 7일에 긴급조치 제9호를 해제하였다. 이에 그때까지 금지되었던 개헌논의가 가능하게 되었다. 최규하 정부는 새로운 헌법에 따른 정부수립 시까지 존속하는 과도정부였다.

그런데 당시의 상황은 국민의 민주화 요구에 충분히 부응할 수 있는 정치세력들이 아직 형성되지 못한 상태였고, 기존의 정당이나 행정부는 실질적인 영향력을 행사할 수 없는 상태였다. '힘의 공백상태'에서 10.26사태로 큰 타격을 입지 않고 남아 있는 세력은 오직 군부였다. 이러한 상황에서 박정희 정권 하에서 착실하게 성장하여 온 '하나회'를 주축으로 하는 정치군인들인 이른바 신군부가 군인의 정치개입에 찬성하지 않는 일부 군세력을 12.12군사반란사태를 일으켜 거세하였다.[49] 12.12사태는 1979년 12월 12일에 국군보안사령부사령관 겸 위 합동수사본부 본부장이던 전두환의 지시에 따라 군병력을 동원하여 10.26사태 당시 사태발생 근처에 가 있어 수사가 필요하다는 핑게로 대통령의 승인도 얻기 전에 육군참모총장 겸 계엄사령관인 정승화 대장을 강제연행하고, 이러한 반란세력에 저항하던 장성들을 체포함으로써 신군부가 군부를 완전히 장악하게 되었고, 이를 바탕으로 하여 정권획득의 길에 들어서게 되었다.

---

49) 헌법재판소 다수의견은 12.12군사반란에 관하여 검사의 기소유예처분을 정당하다고 판단하였다. 1995. 1. 20. 94헌마246

그런데 이러한 12.12사태를 통하여 신군부의 정치개입이 가시화되자 민주화를 기대하고 있던 국민들은 최규하 정부가 신속하게 민주화일정을 제시·실천하고 국민의 합의에 따른 민주정부수립을 더욱 강렬하게 요구하게 되었다. 이에 노동자들의 계속되는 파업과 시위, 학생들의 각종집회가 계속되었다. 이러한 상황은 신군부 세력에 의하여 국가안보를 빌미로 한 군사반란 및 정변의 명분으로 작용하게 되었다.

여하튼 12.12사태로 군부와 정보기관을 장악한 신군부는 은밀하게 집권 시나리오를 준비하고 있었다. 1980년 4월 14일에 전두환 씨가 보안사령관에 이어 중앙정보부장서리로 임명되었다.

이러한 상황아래서 학생들이 움직이기 시작하였다 전국의 대학생들은 계엄해제, 유신잔당퇴진, 정부주도개헌중단 등을 주장하며 시위를 하였고, 마침내 5월 15일에는 서울역에 10만 명이 집결하여 야간까지 시위를 계속하였다. 그리고 정치권에서도 계엄해제를 본격적으로 논의하기 시작하였다.

그런데 이에 맞서 5월 17일 국방부에서 전국주요지휘관회의가 열리게 되었고, 여기에서 계엄전국확대를 추진하기로 하고, 같은 날 오후 5시에 전두환 사령관 등은 국무총리를 찾아가 계엄확대와 국회해산, 정치활동금지, 국가보위비상대책위원회설치 등을 요구하였다. 그러나 최규하 대통령은 헌정중단불가론을 역설하여 비상계엄전국확대만을 국무회의에서 결의하기로 결론지었다.

그런데 계엄확대를 심의하기 위하여 열린 국무회의장에 집총한 병력을 대거 투입하여 공포분위기를 조성한 것은 대통령이나 국무위원들에게 무언의 압력을 가하여 그들의 의사를 관철하려고 한 것이라 할 것이다. 그리하여 5월 17일 21시 40분 그 국무회의에서 비상계엄의 전국확대를 의결하고 17일 24시를 기하여 비상계엄의 선포지역을 전국으로 변경한다고 발표하였다.[50] 이에 따라 주요정치인에 대한 체포·연금·연행, 계엄군병력의 국회점거와 국회의원의 등원저지, 모든 정치활동을 금지하는 내용의 계엄포고 10호를 발령하고, 초법적 권력기구인 국가보위비상대책위원회의 설치·운영, 신당창당 등 국헌문란행위

---

50) 5.17내란행위의 합헌성여부가 다투어진 사건에서 헌법재판소 다수의견은 헌법소원취하로 인한 심판절차종료를 결정하였다. 1995. 12. 15. 95헌마221 등

가 자행되었다.

이에 맞서 신군부의 5.17계엄의 전국확대조치라는 반헌법적 조치에 항거하여 광주에서 대대적인 민주화운동이 일어났는 바 신군부 세력은 계엄군을 대거 투입하여 자신들의 위헌적인 집권의지를 관철시키려고 이를 무자비하게 총검으로 진압하여 수많은 선량한 시민들을 살상함으로써 우리의 역사상 유례없는 참화를 초래하는 5.18광주사태가 발생하였다.

그러나 결국 신군부의 조치로 인하여 전두환 사령관이 정국을 장악하게 되었으며, 김영삼 신민당총재에 대한 가택연금, 김종필 공화당 총재 등 권력형 부정축재자에 대한 재산헌납, 사회악의 일소조치 등이 전두환 사령관에 의하여 추진되었다. 그리하여 1980년 8월 16일 최규하 대통령은 학생시위, 광주민주화운동 진압에 책임진다는 이유로 하야하게 되었으며, 그 후 8월 27일 바로 통일주체국민회의는 전두환 장군을 대통령으로 선출하고 9월 1일에 대통령에 취임하여 정권을 장악하게 되었다. 10월 27일에는 7년 단임의 대통령간선제를 골자로 한 헌법개정안을 국민투표를 통하여 확정·공포하였으며, 1981년 2월 11일 대통령선인단선거, 2월 25일 선거인단을 통한 대통령선거가 실시되었다. 그리고 3월 3일 전두환 씨가 12대대통령으로 취임함으로써 제5공화국이 정식으로 출범하였다.

Ⅱ. 제5공화국헌법의 성립

1. 5.17정변 이전의 헌법개정작업

최규하 정부가 등장한 이후에 국회와 정당·학계 등에서 헌법개정움직임이 활발하게 전개되었다. 국회는 헌법개정작업의 주도권을 장악하려 하였고, 정부는 또한 헌법개정작업을 독자적으로 추진하게 되어 헌법개정안에 대한 단일화작업이 어려웠다. 국회는 헌법개정심의특별위원회를 만들어 국회안을 1980년 5월 15일 마무리짓게 되었으나 신군부세력의 5.17정변으로 인하여 국회의 헌법개정작업은 중단되었다.

2. 정부의 헌법개정작업

국회의 개헌작업과정과 병행하여 정부도 독자적인 개헌작업을 진행하였다. 1979년 12월 21일 최규하 대통령은 취임사를 통하여 새 헌법은 1년 내에 마련하겠다고 시사하고 그 개헌방향으로는 "국가보위를 확고히 하고, 권력남용과 부패방지를 장치하고, 국론분열·사회혼란 소지를 봉쇄하고 경제균형을 구현할 것"을 제시하였다. 그리고 최규하 대통령은 1980년 1월 18일에 발표한 연두 기자회견에서도 위와 같은 개헌방향을 설명하면서 개헌방식으로는 대통령개헌안발의에 의한 국민투표를 통한 확정을 제시하였고, 그 헌법의 내용은 "앞으로 설치될 헌법개정심의회 등을 통하여 밝혀 나가게 된다."고 설명하였다. 이리하여 정부는 1월 9일에 법제처장을 위원장으로 하는 '憲法研究班'을 발족하였고, 이 헌법연구반의 보고서에 입각한 정부의 '헌법개정심의회'를 3월 14일에 발족시켰다. 정부는 1980년 1월 20일에 헌법연구반을 구성하였다. 헌법연구반은 4개분과로 나누어 연구를 추진하였다. 헌법연구반은 유럽에 헌법조사반을 파견하였다. 제1반은 프랑스·핀란드·영국·스페인을 방문하였고, 제2반은 서독·오스트리아·그리스를 방문하였다. 이러한 연구결과 등을 토대로 하여 헌법연구반은 조사보고서를 제출하였다. 그런데 신군부세력의 5.17정변으로 인하여 국회의 개헌활동과 아울러 모든 단체의 개헌활동도 중지되었다. 그리하여 그 후의 개헌작업은 정부의 헌법개정심의회가 담당하게 되었다. 정부에서는 헌법개정안을 작성하기 위하여 이미 1980년 3월 14일에 헌법개정심의회를 설립하여 운영하고 있었으므로 동심의회에서 헌법개정안을 심의하고 1980년 9월 9일 제11차 회의에서 헌법개정안을 확정하여, 9월 12일에 대통령에게 보고함으로써 개정안 작성을 마무리지었다. 이 개정안은 국무회의의 의결을 거쳐 9월 29일에 공고되었고, 10월 22일에 국민투표가 실시되어 91.6%의 찬성으로 확정되었다. 이 개정안은 1980년 10월 27일 공포되어 당일로부터 시행되었다.

3. 국가보위입법회의의 구성과 활동

1980년 10월 7일 제5공화국헌법이 시행됨에 따라 국회의원의 임기는 종료되고, 정당도 해산되었으며, 통일주체국민회의도 폐지되고 그 대의원의 임기도 종료되었다. 이에 따라 국회의 권한을 각계의 대표자로 구성된 '국가보위입법 회의'가 맡게 되고 입법활동을 개시하였다(헌법 부칙 제6조).[51]

새 헌법 부칙 제6조 제1항에 따라 과도입법기구로서 국가보위입법회의는 1980년 10월 28일 국가보위입법회의법에 따라 대통령이 임명한 81명의 의원들로 구성되었다. 국가보위입법회의는 1980년 10월 28일부터 1981년 3월 31일까지 156일 동안 존속하였다.

새 헌법 부칙 제6조 제1항은 국가보위입법회의가 잠정적으로 국회의 권한을 대행하게 하면서, 이 입법회의가 제정한 법률 등은 효력을 지속하며, 이 헌법 기타의 이유로 제소하거나 이의할 수 없다고 규정하고 있다(헌법 부칙 제6조 제3항). 입법회의는 정치풍토의 쇄신과 도의정치의 구현을 위하여, 이 헌법 시행이전의 정치적 또는 사회적 부패나 혼란에 현저한 책임이 있는 자에 대한 정치활동을 규제하는 법률을 제정할 수 있다(헌법 부칙 제6조 제4항)고 규정하여 '정치풍토쇄신을 위한 특별조치법'을 제정하여 상당기간 일부 정치인의 정치활동을 금지하였다.

Ⅲ. 제5공화국헌법의 내용

1. 헌법 전문과 총강

새 정부를 前文에서 직접 제5공화국이라고 호칭하였으며, 새 헌법의 지표로서, 국민주권주의, 민족주의 지향, 자유민주적 기본질서의 강화, 정의로운 복지사회의 실현, 조국의 평화적 통일과 국제평화주의의 추구 등을 명시하였다. 제4공화국의 헌법과는 달리 '4.19'와 '5.16'을 삭제하고 '3.1운동의 독립정신'만을 계승한다고 규정하였다.

총강 제1조는 국가형태를 민주공화국이라고 규정함과 동시에 국민주권주의

---

51) 헌법재판소 다수의견은 국가보위입법회의 입법의 절차적 위헌여부에 관하여 위헌적 하자가 없다고 결정하였다. 1994. 4. 28. 91헌바15 등. 그러나 입법회의 입법의 실체적 합헌성여부는 현행헌법하에서 다툴 수 있다고 보았다. 1989. 12. 18. 89헌마32 등

의 원리를 선언하였으며, 제4공화국헌법에 규정되었던 "국민은 그 대표자나 국민투표에 의하여 주권을 행사한다."는 주권행사의 방법에 관한 규정을 삭제하였다. 그리고 제2조 제2항에 재외국민보호조항을 신설하였다. 또한 제4조 제2항에는 국군의 국가안전보장의무와 국토방위의무조항을 신설하였고, 제7조의 정당조항에는 그 제3항에서 정당운영자금의 국고보조항을 신설하였고, 제8조에는 국가의 창조적 민족문화창달노력의 의무조항을 신설하였다.

2. 국민의 기본권보장 강화

제5공화국헌법은 국민의 기본권보장을 강화하였다.

① 인간의 존엄과 가치존중과 함께 새로이 행복을 추구할 권리 및 기본적 인권의 불가침에 관한 조항을 신설하였다(제9조).

② 긴급구속의 요건을 강화하고(제11조 제3항), 구속적부심제를 부활하였으며(제11조제3항), 임의성 없는 자백의 증거능력부인조항을 부활하고(제11조 제6항), 連坐制금지조항을 신설(제12조 제3항)하였다.

③ 주거·이전의 자유(제13조), 직업선택의 자유(제14조), 통신의 불가침(제17조), 언론·출판·집회·결사의 자유(제20조) 등에서 개별적 법률유보조항을 삭제하였다.

④ 사생활비밀과 자유의 불가침(제16조), 형사피고인의 무죄추정(제26조 제4항), 노동자의 적정임금의 보호규정(제30조 제1항)을 신설하였다.

⑤ 언론·출판에 관하여서는 그 자유의 보장과 동시에 타인의 명예나 권리 또는 공중도덕이나 사회윤리를 침해하지 못하게 하였으며, 피해자의 피해배상청구권을 신설하였다(제20조).

⑥ 재산권의 수용·사용·제한으로 인한 보상은 공익과 관계자의 이익을 정당하게 형량하여 법률이 정하는 바에 따라 행하도록 하였다(제22조 제3항).

⑦ 교육의 전문성과 교원의 지위보호조항 그리고 평생교육의 진흥조항을 신설하였다(제29조).

⑧ 병역의무 이행자 및 국가유공자보호조항을 신설하였다(제30조 제5항).

⑨ 인간다운 생활권과 관련하여 사회보장 및 사회복지의 증진에 노력할 국

가의 의무를 규정하였다(제32조 제2항).

　⑩ 환경권보호조항을 신설하였다(제35조).

3. 정부형태 – 대통령제의 채택

　제5공화국헌법은 제4공화국헌법의 통일주책국민회의를 폐지하였고, 대통령선거를 종전과 같이 간선제로 하되, 입후보의 자유를 보장하고, 대통령선거인단의 수를 5,000인 이상으로 증원하였다(제39조). 선거인단은 선출한 대통령의 임기가 시작되면 끝나는 한시적인 조직이다(제40조 제2항, 제41조 제5항). 평화적 정권교체와 장기집권의 폐단을 방지하기 위하여 대통령의 임기를 7년 단임제로 하고(제45조), 그 임기조항이나 중임변경에 관한 조항의 개정은 그 헌법개정 제안당시의 대통령에 대하여서는 적용을 제한하였으며, 전직대통령의 예우(제61조)와 국정자문회의 설치(제66조)에 관하여 규정하였다. 또한 제4공화국헌법상의 대통령의 '긴급'조치권에 갈음하여 '비상'조치권을 인정하되 사전적 예방적 조치는 인정하지 아니하고 사후적 조치만 인정하였으며 그 발동요건을 강화하고, 그 목적과 기한을 한정하였으며, 국회에 의한 통제를 강화였다(제51조, 제57조). 또한 대통령의 국회해산권을 존치하되, 그 요건을 강화하고 국회구성 후 1년 내에는 행사할 수 없도록 하였다(제57조). 그리고 평화통일정책자문회의를 둘 수 있도록 하였다(제68조).

　제5공화국헌법에서도 국무총리의 임명은 국회의 동의를 얻게 하였으며(제62조 제1항), 국회가 국무총리와 국무위원에 대한 개별적 해임의결을 할 수 있게 하는 등(제99조) 의원내각제적 요소가 가미되어 있다.

　그러나 제4공화국헌법에서의 비민주적 제도라고 비판받아 온 제도가 완전히 없어진 것이라고는 말할 수 없겠다. 그중에서 가장 큰 쟁점이 되는 제도가 대통령 간선제라고 할 것이다. 또한 대통령의 비상조치권, 국회해산권도 존치되었는 바, 그 발동요건과 사후통제권이 강화되었다고는 하나 역시 남용될 여지가 너무 큰 권한이었다. 그리고 또한 위헌법률심사권을 그 권한행사가 종전대로 사실상 제한적일 수밖에 없는 헌법위원회에 부여하고 있는 것도 문제점으로 지적될 수 있겠다.

4. 국회

제5공화국헌법은 국회의 구성은 단원제로 하였으며, 국회의원의 선출은 모두를 국민이 직접선거하는데 비례대표제를 가미하고 있다(제77조). 국회의원수는 200인 이상으로 하며(제77조 제2항), 그 임기는 4년으로 하였다(제78조). 국회는 국정조사권(제97조), 고급공무원에 대한 탄핵소추권(제101조), 국무총리·국무위원에 대한 해임의결권(제99조), 비상조치 승인권 및 해제요구권(제51조 제3항, 제5항) 등 권한을 갖도록 하여 행정부에 대한 통제를 강화하였다. 국회의 국무총리 또는 국무위원에 대한 해임의결권을 인정하되, 국무총리와 全국무위원의 해임을 가져오는 국무총리에 대한 해임의결은 국회에서 국무총리임명동의 후 1년 이내에는 하지 못하도록 하였다(제99조). 또한 대법원장임명에 대한 동의권 등을 통하여 사법권에 대한 통제도 행하도록 되었다.

5. 사법권의 강화

제5공화국헌법은 대법원장과 대법원판사가 아닌 법관의 임명권을 대법원장에게 부여하고(제105조 제3항), 징계처분에 의한 법관의 파면을 배제하였으며(제107조 제1항), 재판의 전심절차로서 行政審判을 둘 수 있다는 규정과 행정심판에는 司法節次가 준용된다는 규정을 두었다(제108조 제3항). 법률의 위헌여부에 대한 제1차적 심사권을 법원에 부여하는 등(제108조 제1항) 사법부의 독립과 권한을 강화하였고, 또한 대법원에 행정·조세·노동·군사 등을 전담하는 부를 두게 하여(제103조 제2항) 재판의 전문화와 능률화를 기하였다. 그리고 위헌법률심사권 등을 갖는 헌법위원회는 그대로 존치시켰다(제112조, 제114조).

6. 경제질서

제5공화국헌법도 경제의 기본질서는 개인의 경제상의 자유와 창의를 존중함을 기본으로 하였다(제120조 제1항). 그 점에서 자유시장경제질서를 원칙으로 하였다. 그러나 "국가는 … 사회정의 실현과 국민경제의 발전을 위하여 … 경제에 관한 규제와 조정을 한다."라고 하고, 그에 따르는 조항에서 경제계획, 통제경제·관리경제를 규정한 것으로 보아 제5공화국헌법상의 경제질서도 사회적 시장경제질서의 기본성격을 그대로 유지하였다고 하겠다. 다만 복지국가와 사회정의를 실현하기 위하여 사적자치와 재산권에 대한 규제 및 조정을 강화하고, 경제과정에 대한 국가적 통제와 경제질서의 공법적 규제를 확대한 점이 특색이라고 하겠다. 그것은 독과점에 대한 규제와 조정(제120조 제3항), 소비자보호운동의 보장(제125조), 중소기업의 보호·육성(제123조), 국가표준제도의 확립(제128조 제2항) 등이다.

또한 제5공화국헌법은 농민·어민과 중소기업의 자조조직의 정치적 중립성(제122조 제3항)을 선언하고, 농지의 소작제는 원칙적으로 금지하되, 예외적으로 농업생산성의 제고와 농지의 합리적 이용을 위한 농지의 임대차 및 위탁경영제(제122조)를 도입하였다.

7. 헌법개정절차의 일원화

제5공화국헌법은 제4공화국헌법과는 달리 헌법개정안을 대통령이 제안한 것이든 국회의원이 제안한 것이든 모두 국회가 이를 의결하고 국민투표로 확정하게 하여(제131조 제2항) 헌법개정절차를 일원화하였다. 이는 과거의 헌법원칙으로 돌아간 것이다.

Ⅳ. 제5공화국정부하에서의 경제정책의 성과

1979년 10.26사태로 박정희 대통령의 갑작스런 서거와 그 뒤를 이은 정치적 혼란으로 경제위기가 심화되었다. 1980년의 연간 성장률은 한국경제가 고도성장을 개시한 이래 20년 만에 처음으로 마이너스 3%를 기록하였다. 박정희 정권의 제4차5경제개발개년계획을 넘겨받은 전두환 정권은 박정희 정권의 그것을 토대로 한 정책기저를 택하였으나 제2차국제오일파동의 충격을 극복하고 신보호무역주의의 대두와 국제적 이상고금리 등에 대응하여야 하는 내우외환에 즉각 직면하였다. 결국, 박정희 정권의 의욕적인 4차에 걸친 경제개발5개년계획 이행과정에서 누적된 내부적 문제점이 제2차국제오일파동과 국제고금리를 계기로 실질적인 경제위기로 발전하는 과정에서 전두환 정권은 그 나름대로의 당면과제들 해결에 전력하여 제2차오일파동을 벗어나 1980년대 유례없는 호황기를 만들었다.

전두환 정권은 1980년대 초반의 실질적인 국제수지 및 외환위기를 계기로 더욱 강력히 제기된 중화학공업부문 구조조정 문제를 과감히 다루어 불황의 그늘이 특히 어두웠던 자동차와 발전설비 분야에서 신규진입을 금지하고 기존업체도 사업부문을 정리하도록 하면서 경제의 대외개방폭과 효율성 증대에 주력하였다. 그리하여 1970년대 초 이래 박정희 정권에서 각산업마다 기계공업, 조선공업, 전자공업, 석유화학공업, 철강공업 및 비철금속제련사업 등 6개 중화학공업에 대하여 각개별산업별진흥법을 제정하여 지원업체 또는 업종을 인위적으로 선정하여 정부가 집중적으로 지원하는 방식은 15여 년간 높은 성장을 주도하여 왔으나, 그동안의 세계적인 경제자유화 흐름과 우리 경제의 발전에 맞추어 이제는 그러한 정부주도의 개발방식은 맞지 아니하여 1986년에 이르러 각개별산업별 개별진흥법을 일괄 폐지하고 이에 대체하여 '공업발전법'을 제정하게 되었다. 당시 영국 대처 정부와 미국 레이건 정부를 중심으로 정부의 경제개입을 축소하고 시장의 자율성을 강화하는 신자유주의가 대두하였다.

공업발전법은 종전의 과도한 정부개입을 배제하고 자유시장경제원리를 도입하되 각기업에 대하여 필요에 따라 경쟁력을 배양하고 산업을 합리화하는 노력에 대하여 지원하는 기능별지원제도로 전환하여 큰 성과를 거두었다.

한편 경제안정화를 위하여 인플레억제정책이 시행되었고, 노동운동 억압, 복수노조 금지, 3자개입금지 등 강권적인 노사관계안정화 정책도 추진되었다. 이는 위기에 빠진 중화학기업들에 큰 도움이 되었다. 또한 전두환 정권이 수립·시행한 제5차경제개발5개년계획(1982년~1986)은 명칭을 변경한 "경제사회개발계획"으로서, 이때까지 계획의 기조로 삼았던 '성장'을 빼고 안정, 능률, 균형을 기조로 하여 물가안정, 개방화, 시장경쟁의 활성화, 지방 및 소외 부문의 개발을 주요정책 대상으로 하였다. 이 계획의 가장 큰 성과는 한국경제의 고질적 문제였던 물가를 획기적으로 안정시킨 것이며, 이를 바탕으로 1986년부터 3저현상의 국제환경변화를 맞아 수출이 호조를 보이고 대기업들도 급성장하여 경장수지의 흑자전환, 투자재원의 자립화로 경제의 질적 구조를 튼튼하게 하였다.

제6차경제사회발전5개년계획(1987~1991)은 '능률과 형평을 토대로 한 경제선진화와 국민복지의 증진'을 기본목표로 설정하고, 21세기에 선진사회에 진입하기 위한 제1단계 실천계획으로 수립되었다. 특히 흑자기조로의 전환에 따라 선진국의 보호주의 압력과 대내적인 소외부문의 소득보상 욕구가 더욱 커지게 되어, 이에 대응하기 위한 전략으로 자율·경쟁·개방에 입각한 시장경제질서의 확립, 소득분배 개선과 사회개발의 확대, 그리고 고기술부문을 중심으로 한 산업구조의 개편을 중점과제로 삼게 되었다. 그 결과 경제성장률은 목표 7.5%를 상회하여 10%를 달성하였으며, 실업률은 2.4%로 고용안정을 가져왔고, 저축증대에 노력한 결과 국내저축률은 당초 예상보다 높은 36.1%에 이르렀다.

그리하여 한국경제는 정부의 강력한 안정화, 합리화 정책에 힘입어 1980년대 전반에 예년의 성장세를 회복하였다. 그리고 1986년부터 1988년에는 대호황이 왔다. 이 3개년간 수출의 폭발적 증가에 힘입어 경제성장률은 매년 11%를 넘었다. 이 호황기에 가장 두각을 나타낸 산업은 자동차산업이었으며, 그동안 추진해 온 중화학공업 육성시책이 결실을 맺어 우리 경제가 선진국가들과 대등한 지위에서 경쟁력을 갖추게 된 원동력이 되었고, 경제성장으로 국가재정이 넉넉해져 그 후 분출한 노동운동과 엄청난 임금상승 등 변화된 경제활동 여건에도 대응할 체력을 갖추게 됨과 아울러 급팽창한 사회복지수요를 충당할 수 있게 하였다.

Ⅴ. 1980.10.27.~1988.2.25.까지 제정된 주요법률

1980년 국가보위입법회의법. 정치풍토쇄신을 위한 특별조치법. 농어민후계자육성기금법. 새마을운동조직육성법. 축산업협동조합법. 사회보호법. 국정자문회의법. 주식회사의 외부감사에 관한 법률. 정치자금에 관한 법률(개). 한국전력공사법. 한국과학기술원법. 택지개발촉진법. 한국방송광고공사법. 독점규제 및 공정거래에 관한 법률. 대통령선거법. 사회복지사업기본법. 언론기본법. 노사협의회법.

1981년 총포화약류단속법. 학교급식법. 광업법. 국회의원선거법. 국회법. 소송촉진 등에 관한 특례법. 수산물검사법. 국회사무처법. 온천법. 주택임대차보호법. 평화통일정책자문회의법. 외무공무원법. 한국전기통신공사법. 원호기금법. 한국원호복지공단법. 경찰관직무집행법. 세무대학설치법. 교정시설경비교도대설치법. 한국청소년연맹육성에 관한 법률. 문화보호법. 전자공업진흥법. 아동복리법. 계엄법. 대학원생 등의 병역특례에 관한 특별조치법. 심신장애자복지법. 노인복지법. 교육세법. 국가를 당사자로 하는 소송에 관한 법률. 전화세법. 담배전매법. 교통사고처리특례법. 한국직업훈련관리공단법. 공직자윤리법. 산업안전보건법.서울올림픽대회조직위원회지원법. 중소기업제품구매촉진법. 시장법. 한국산업경제기술연구원법.

1982년 정부조직법(개). 증권거래법(개). 병역법(개). 관광사업법(개). 항공법(개). 선박안전법(개). 가축전염병예방법(개). 원자력법(개). 헌법위원회법(개). 해외이주법(개). 건축법(개). 직업안전법(개). 해군기지법(개). 특허법(개). 농어촌개발공사법(개). 전기공사공제조합법(개). 에너지이용합리화법(개). 국제공항관리공단법(개). 국제관광공사법(개). 기계공업진흥법(개). 조달기금법(개). 기상업무법(개). 문화예술진흥법(개). 향토예비군설치법(개). 단기사관학교설치법(개). 수도권정비계획법. 금융실명거래에 관한 법률. 서울올림픽조직위원회지원법(개). 청구권자금의 운용 및 관리에 관한 법률(폐지). 대일민간청구권 보상에 관한 법률(폐지). 특정외래품판매금지법(폐지). 새마을금고법. 생활보호법(개). 한국여성개발원법. 신용관리기금법. 학교시설사업촉진법. 유아교육진흥법. 해외자원개발촉진법(개). 한국가스공사법. 국토이용관리법(개). 석유사업법(개). 도시재개발법(개). 사회교육법. 중소기업기본법(개)

1983년 환경오염방지사업단법. 사회정화운동조직육성법. 국회법(개). 독립국채상환에 관한 특별조치법. 부동산중개업법. 주택임대차보호법(개). 전기통신기본법. 공중전기통신사업법. 농어촌소득원개발촉진법. 정부투지기관관리기본법. 외자도입법(개). 특정경제범죄가중처벌등에 관한 법률. 군인공제회법. 국토이용관리법(개). 유전공학육성법

1984년 상법(개). 한국대학교육협의회법. 국회의원선거법(개). 선거관리위원회법(개). 정부조직법(개). 공무원연금법(개). 비상대비자원관리법. 국유철도건설촉진법. 해운진흥법(개). 행정소송법(개). 행정심판법. 군인연금법(개). 사립학교교원연금법(개). 의료보험법(개). 노동위원회법(개). 공인노무사법. 박물관법. 전통건조물보조법. 하도급거래공정화에 관한 법률. 서울아시아경기대회·올림픽대회조직위원회지원법(개). 임대주택건설촉진법. 塵肺의예방과 진폐근로자의보호등에 관한 법률. 한국해양소년단연맹육성에 관한 법률. 언론기본법(개).

1985년 농가목돈마련저축에 관한 법률. 경찰공무원법(개). 소방공무원법(개). 군인사법(개). 한국방송공사법(개).서울특별시행정에 관한 특별조치법(개).

1986년 공업발전법. 석탄산업법. 공유토지 분할에 관한특례법. 한국직업훈련관리공단법(개). 직업훈련기본법(개). 근로복지공사법(개). 한국해외개발공사법(개). 독립기념관법. 공중위생법. 모자보건법. 대한무역공사법(개). 중소기업창업지원법. 중소기업사업조정법(개). 한국전력공사법(개). 한국광업진흥공사법(개). 대한석탄공사법(개). 한국가스공사법(개). 한국석유개발공사법(개). 에너지경제연구원법. 한국주택공사법(개). 한국도로공사법(개). 한국토지개발공사법(개). 올림픽대회등에 대비한 관광·숙박업등의 지원에 관한 법률. 한국관광공사법(개). 한국전기통신공사법(개). 전산망보급 및 확장과 이용촉진에 관한 법률. 원자력법(개). 산업기술연구조합육성법. 정부조직법(개). 한국국방연구원법. 법률구조법. 대외경제협력기금법. 신기술사업금융지원에 관한 법률. 한국전매공사법. 독점규제 및 공정거래에 관한 법률(개). 국제금융기구에의 가입조치에 관한 법률(개). 서울아시아경기대회·올림픽대회조직위원회지원법(개). 농어촌지역개발기금법. 농어촌개발공사법(개). 농지임대차관리법. 특허법(개). 대외무역법. 도·소매업진흥법. 부정경쟁방지법(개). 국민복지연금법(개). 폐기물관리법. 도시교통정비촉진법. 해상교통안전법. 유선방송관리법. 표준시에 관한 법률. 컴퓨터프로그램보호법. 약관의 규제에 관한 법률. 소비자보호법(개). 島嶼개발촉진법. 노동조합법(개). 최저임금법.

1987년 신용카드업법. 근로자의 주거안정과 목돈마련지원에 관한 법률. 한

국산업안전공단법. 건설기술관리법. 전문건설공제조합법. 대통령선거법. 선거관리위원회법(개). 후천성면역결핍증예방법. 자본시장육성에 관한 법률(개). 통신기술연구원법. 방위산업에 관한 특별조치법(개). 부산교통공단법. 근로기준법(개). 범죄피해자구제법. 혼인에 관한 특례법. 청소년육성법. 전통사찰보전법. 史料의蒐集및보존등에 관한 법률. 언론기본법폐지법률. 방송법(개). 정기간행물의등록등에 관한 法律. 한국방송통신공사법(개). 해양개발기본법. 소프트웨어 개발촉진법. 한국식품개발연구원육성법. 한국적십자사조직법(개). 남녀고용평등법. 대체에너지개발촉진법. 항공우주산업개발촉진법. 법원조직법(개). 국군조직법(개). 한국수자원공사법.

1988년 병역법(개). 평화통일정책자문회의법(개). 전직대통령예우에 관한 법률(개). 국가원로자문회의법.

Ⅵ. 제5공화국헌법에 대한 평가

제5공화국헌법은 제4공화국헌법에서 민주주의 헌법원칙을 위배한 사항을 거의 대부분 제거하여 헌법규범상으로는 국민의 기본권보장이 상당히 회복되고 3권이 분립된 민주주의 헌법체제라 할 것이다. 그것은 종전의 제4공화국헌법이 이른바 입헌적 독재헌법으로서 국민의 기본권보장이 약화되고 대통령이 행정권뿐만 아니라 입법권과 사법권까지 3권을 장악한 제헌헌법 이래의 일반적인 민주주의 헌법원칙을 벗어난 헌법체제여서 국민들로부터 계속하여 개헌에 대한 저항을 받아 왔기 때문이라 할 것이다.

그리하여 제5공화국헌법에서는 국민의 행복추구권 및 기본적인권의 불가침규정을 신설하였고, 신체의 자유를 크게 강화하였으며, 주거·이전의 자유 등 많은 기본권보장규정에서 개별적 법률유보조항을 삭제하고, 노동자의 적정임금의 보호규정, 환경권보호규정, 언론피해자의 피해배상청구권 등 많은 기본권보장규정을 신설하는 등 기본권보장을 강화하였다.

그리고 대통령이 국회를 장악할 수 없도록 국회의원은 모두 국민이 직접 선거하도록 하였으며, 대통령이 사법권을 장악할 수 없도록 일반법관은 대법원장이 임명하도록 하였다. 그리고 또한 대통령의 비상조치권을 인정하되 그 발동요건을 강화하고, 그 목적과 기한을 한정하였으며, 국회에 의한 통제를 강화하였고, 또한 대통령의 국회해산권을 존치하되, 그 요건을 강화하고 국회구성 후 1년 내에는 행사하지 못하도록 하였다.

그러나 제4공화국헌법에서의 비민주적 제도가 완전히 없어진 것이라고는 말할 수 없겠다. 그중에서 가장 큰 쟁점이 되는 제도가 대통령 간선제라고 할 것이다. 제5공화국헌법에서도 제4공화국헌법에서와 같이 대통령선거에 있어서 간선제를 개정하지 못하고 유신체제의 가장 비민주적제도로 지탄받아 온 제도를 이어 온 것은 국민의 기본권조항의 강화나 대통령의 국회나 사법부 장악권을 없애는 개정사항의 뜻조차도 흐려버리는 것이었다고 할 것이다. 그러나 제4공화국헌법에서와는 달리 선거인단의 수를 5,000명 이상으로 늘렸으며(제40조 제2항), 누구든지 정당의 추천을 받거나 법률이 정하는 수의 대통령선거인의 추천을 받아 입후보를 할 수 있게 하였고(제39조 제2항), 대통령의 임기를 7년 단임제로 하고 중임할 수 없게 하였으며(제45조), 그리고 대통령의 임기조항을 개정하더라도 개정당시의 대통령에게는 효력이 없도록 한 개정(제45조, 제129조 제2항)은 구헌법에서 현직대통령이 무리하게 헌법의 중임제한 규정을 개정하여 장기집권을 한 선례를 없애 장기집권을 원천적으로 차단하려고 하였고, 그 이후 단임제가 정착된 점에서는 상당한 평가를 할 수 있다고 하겠다. 그러나 그러한 개정은 몸통인 간선제가 유지되고 있기 때문에 다른 목적 때문에 얻어진 달래기식 낙수(落穗)였다고 할 것이다. 그리하여 구헌법에서의 대통령 간선제를 개정하지 못하고 계속 이어 온 것은 12.12사태와 5.17사태로 권력을 장악한 신군부세력이 쉽게 정권을 장악하고 사실상 군정을 연장하려는 의도였다고 할 것이어서 대통령 간선제는 제5공화국헌법의 제도 중 그 뜻이 가려진 비민주적 제도로서 폭발성이 강한 저항의 표적이었다고 하겠다. 12.12사태와 5.17사태는 사실상 뚜렷한 명분도 없는 신군부세력이 정권을 장

악하기 위한 군사쿠데타 내지는 내란이었다.[52]

그리하여 제5공화국헌법은 규범체계상으로는 상당히 진전된 민주헌법으로서의 형식과 내용을 갖추었으나 운영 현실적으로는 유신체제의 연장이었으며, 군정체제였다고 하겠다.

그리하여 당시의 상황을 "헌법규정은 약간 민주화되었으나 실제에 있어서는 국회의 권한행사가 一黨국회화하여 사실상 봉쇄된 상태였으며, 五共비리가 자행되었다. 국민의 기본적 인권은 법률의 美名하에 많이 제한되었으며, 사법부가 위축되어 위헌법률에 대한 위헌심판제청조차 하지 못하였으며, 재판의 독립성이 부정되는 사태로 되었다. 명목상으로는 학문의 자유가 보장되었으나, 실제에 있어서는 대통령이 교육전권을 행사하였고, 학원 내에 경찰이 상주하게 되었다. 비상조치는 행해지지 않았으나 사실상 경찰에 의한 계엄과 같은 사태가 계속되었다."고 기술하기도 하였다.[53]

결국 제5공화국정권은 민주적 정당성을 결여한 상태에서 국민의 강력한 저항에 부딪히게 되었고 헌법개정 및 독재타도를 외치는 6.10민주항쟁에 의하여 직선제개헌을 받아들일 수밖에 없게 되었다.

그러나 제5공화국정권은 비록 12.12군사반란과 5.17사태, 그리고 5.18광주민주화운동 탄압으로 탄생하기는 하였으나, 국정수행에 있어서는 상당한 업적을 이루었다고 하겠다. 제5공화국정부는 박정희 정부에서 15년여에 걸쳐 정부주도로 추진하여 오던 중화학공업육성정책을 이어받아 그동안의 시대환경변화와 우리의 경제발전에 맞추어 이제는 정부개입을 배제하고 민간기업의 자율경쟁에 맡겨 시장경제원리에 따라 민간기업이 자율적으로 경영하도록 하고 최소한의 정부개입만 인정하도록 하였다. 또한 박정희 정부에서 추진하여 온 제4차경제개발5개년계획(1977~1981)을 이어받아 제2차국제석유파동, 5.18광주

---

52) 신군부세력이 정권을 장악한 1981년에는 그동안의 경제개발로 1인당 국민소득 2,000달러, 우리나라가 GNP 총액으로 세계 20위의 국가가 되어 당시로서는 정부가 주도하는 경제개발체제는 이제 민간주도의 자유경쟁체제로 이행하고 있는 상황이어서 신군부세력은 박정희 정권의 경우와 같이 경제개발을 주도하기 위하여 정권을 장악하여야 한다는 명분을 내세울 수도 없었다고 하겠다.

53) 김철수, 전게서 p. 14

민주화운동 등에 따른 어려움을 극복하고 1980년대의 유례없는 호황기를 만들었다. 그는 계속된 제5차경제사회발전5개년계획(1982~1986)에서는 이 계획의 가장 큰 성과로 한국경제의 고질적 문제였던 물가를 획기적으로 안정시킨 것이며, 이를 바탕으로 1986년부터 3저현상의 유리한 국제환경변화를 맞아 경장수지의 흑자전환, 투자재원의 자립화로 경제의 질적 구조를 튼튼하게 하였다. 그리고 제6차경제사회발전5개년계획(1987~1991)에서는 그 성과로 경제성장률은 목표 7.5%를 상회하여 연평균 10%를 달성하였으며, 실업률은 2.4%로 고용안정을 가져왔고, 저축증대에 노력한 결과 국내저축률은 당초예상보다 높은 36.1%에 이르렀다.

그리고 제5공화국 전두환 정부에서는 1986년 아시안게임, 1988년 서울올림픽 게임을 유치하여 우리나라의 국격과 경쟁력을 높였다. 또한 주택임대차보호법을 처음으로 제정하여(1981. 5. 1.) 주택임차인을 보호하였고, 사회적으로는 야간 통행금지를 풀었으며, 교복자율화를 시행하였고, 과외금지조치도 시행하였다.

전두환 정권은 단임제개헌을 받아들였고, 단임으로 평화적으로 정권을 이양하는 전통을 세웠으며, 물가안정과 고도의 경제성장을 이룩하였고, 아시안게임 유치 및 올림픽대회 유치로 국격을 높이는 등 공도 많았다. 과는 과대로 엄격하게 평가하고, 공은 공대로 높이 평가하여야 할 것이다

제7절 제6공화국헌법

Ⅰ. 제6공화국헌법의 성립

1. 6.10항쟁과 6.29선언

신민당은 창당한 지 불과 25일 만에 1985년 2월 12일에 실시된 총선에서 67

석을 얻어 제1야당으로 부상하였으며, 민한당과 국민당에서 당선자를 영입하여 103석을 확보함으로써 제12대국회는 사실상 民政黨-新民黨 양당체제가 국축되었다. 그리하여 신민당은 우리나라 헌정사상 최대의 야당이 되었고, 사실상 야권을 통합하여 강력하게 전두환 정권에 도전할 수 있는 발판을 마련하게 되었다. 2.12총선은 김영삼·김대중 兩金씨의 승리였고, 민주화세력의 승리였다. 2.12총선으로 인하여 전두환 정권의 기본골격 자체가 흔들리게 되었다고 할 것인 바, 그것은 총선의 선거 유세과정에서 직선제개헌문제가 정국현안으로 등장하였기 때문이다. 결국 6.10민주화항쟁에 앞서 개헌의 도화선이 된 것이 바로 이 2.12총선이었다.[54]

제12대국회 원구성 후 대표연설에서 신민당 이민우 총재는 '대통령직선제로의 헌법개정은 국민에게 정부선택권을 되돌려주는 것이라고 하면서 대통령직선제 개헌을 요구하고 이를 위하여 국회에 헌법개정특별위원회를 설치할 것을 주장하였다. 이에 대하여 전두환 대통령은 1986년 1월 16일 새해 국정연설에서 "개헌논의는 1989년에 가서 하는 것이 순서"라고 밝혀 개헌에 대한 긍정적 입장을 처음으로 표명하였다. 이에 대하여 신민당은 1985년 2월 6일 김영삼 씨의 입당을 계기로 개헌 추진력을 강화한 뒤 총선 1주년인 1986년 2월 12일 개헌서명운동을 전격적으로 시작하였다. 이에 정부당국은 신민당사 봉쇄와 서명명부압수 등으로 강경 대처하였다. 이 같은 난국을 타개하기 위하여 열린 2월 2일 청와대 3당대표회담에서 전두환 대통령은 국회 내 헌법관계특위설치에 호의적인 반응을 표시하고 정부 내 특위국성의사를 밝히면서 88년까지 헌법연구와 '89년 개헌가능' 입장을 보다 강하게 표명하였다. 그러나 신민당은 이와 같은 제의를 전면거부하고 "86년 가을까지 직선제개헌을 완료해야 할 것"을 주장하고 11일 서울을 시발로 장외투쟁을 시작하였다.

전두환 대통령은 1986년 4월 30일 3당대표 회담에서 임기 중 개헌 용의를 밝혔다. 전두환 대통령은 개인적으로는 88년까지 현행헌법을 지킬 것과 국회에서 여야의 합의에 의한 건의를 주문하였다. 이에 따라 국회는 6월 24일 '국회

---

54) 김영수, 전게서, p. 664

헌법개정특별위원회(憲特)'구성을 결의하였으며, 1986년 7월 30일 국회에 국회헌법개정특별위원회가 발족되었다. 국회개헌특위는 민정당에서 내각제개헌안을, 신민당과 국민당에서 대통령령직선제개헌안을 제출하고 본격적인 활동에 들어갔으나 공청회문제로 여야가 대립하여 한 달이 지나도록 개헌내용토의에는 접근조차 못한 채 결국 활동중단사태에 들어갔다. 전두환 대통령은 1987년 1월 12일 새해 국정연설을 통하여 합의개헌의 조속매듭을 거듭 촉구하면서 합의가 안 될 경우 중대결단을 예고하였다. 그 뒤 1월 14일 서울대생 朴鐘哲 군 치사사건이 발생하면서 개헌정국은 끝내 교착상태로 빠지고 말았다. 개헌정국이 풀릴 기미를 보이지 않는 가운데 신민당은 당권과 노선문제로 이민우 총재와 김영삼 김대중 씨 간의 갈등으로 결국 두 김씨가 신당창당을 선언함으로써 신민당은 분당되고 말았다. 이에 따라 전두환 대통령은 합의개헌 실패의 책임을 두 김씨에게 돌리면서 1987년 4월 13일 이른바 '개헌논의 연기를 위한 특별담화(4.13護憲조치)'를 발표하고 개헌논의를 1988년 서울올림픽 이후로 미루고 제13대 대통령선거는 제5공화국헌법에 따라 연내에 실시하겠다고 밝혔다. 그러나 이러한 4.13개헌유보선언은 대통령직선제개헌을 희망하는 당시의 국민의사에 정면으로 역행되는 것이었다.

그 무렵 서울대생 박종철 군에 대한 고문치사 사건의 은폐·조작사실이 폭로되어 국민적 분노가 확산되는 가운데 범야권이 연합하여 '민주헌법쟁취국민운동본부'를 구성하였고, 1987년 6월 9일 연대생 李韓烈 군이 시위 중 최루탄에 맞아 사망하는 사건을 계기로 6월의 민주화운동이 가속화되었는데, 그 와중에 民政黨이 6월 10일 전당대회를 열어 노태우를 대통령후보로 지명하자 그날 학생들뿐만 아니라 일반시민들까지 참여한 민주화시위가 더욱 거세게 확산되었다.

이에 노태우 대통령 후보는 1987년 6월 29일 이른바 '6.29선언'을 발표하여 국민들의 대통령직선제 개헌요구를 수용하고, 시국사범 석방, 인권침해 즉각 중단, 언론활성화를 위한 제도개선, 지방자치제와 교육자치제 및 사회단체의 자율성보장, 정당활동보장 등을 약속하였고, 전두환 대통령은 7월 1일 '시국수습에 관한 대통령특별담화'에서 노태우 후보의 6.29선언의 내용을 수용하겠다고 밝혔다.

2. 제6공화국헌법의 성립

1987년 7월 31일부터 9월 16일까지 각정당의 협상대표들에 의하여 100개항 내외의 쟁점사항을 중심으로 논의를 거듭한 끝에 마침내 새 헌법시행일과 국회의원선거시기에 관한 합의를 끝으로 완전한 합의에 도달하였다. 이와 병행하여 국회의 헌법개정특별위원회는 8월 17일부터 활동을 재개하였고 8월 31일 제7차 회의에서 각정당의 정치협상결과를 가지고 헌법개정안을 기초할 憲法改正案起草小委員會를 구성하였다. 기초소위원회는 9월 1일부터 9월 17일까지 헌법개정안을 기초하였고, 9월 17일 헌법개정안이 정식으로 제안되었으며, 9월 21일에는 대통령이 이를 공고하였고, 국회에서 압도적 다수로 의결하였으며, 10월 27일 국민투표에서 확정되었고, 대통령은 이를 10월 29일에 공포하였다. 이리하여 우리나라 헌정사상 처음으로 여야 간 합의에 의하여 대통령직선제를 골간으로 한 민주헌법이 부활되었다.

Ⅱ. 제6공화국헌법의 내용

1. 헌법 前文 및 총강

제6공화국헌법은 헌법 전문과 총강에서 대한민국임시정부의 법통과 不義에 항거한 4.19민주이념의 계승 및 조국의 민주개혁과 평화적통일의 사명을 명시하였고, 재외국민에 대한 국가의 보호의무를 규정하였으며(제2조 제2항), 자유민주적 기본질서에 입각한 평화적 통일정책을 수립하여 추진한다는 규정을 신설하였고(제4조), 국군의 정치적 중립성 준수를 명시하였다(제5조 제2항). 또한 정당의 설립은 자유이며, 복수정당제는 보장되나 그 조직과 활동이 민주적이어야 한다는 점을 명시하였으며, 정당의 목적이나 활동이 민주적 기본질서에 위배된 때에는 헌법재판소의 심판에 의하여 해산되도록 하였으며(제8조 제2항. 제4항), 국가는 전통문화의 계승·발전과 민족문화의 창달에 노력하여야 한다(제9조)고 선언하여 문화창달을 국가의 중요한 책무로 규정하였다.

2. 기본권의 강화

제6공화국헌법은 법률과 적법한 절차에 의하지 아니하고는 처벌·보안처분 또는 강제노역을 받지 아니하도록 하였으며, 체포·구속·압수·수색에는 적법한 절차에 따라 검사의 신청에 의하여 법관이 발부한 영장을 제시하도록 하였다(제12조 제2항, 제3항). 또한 체포·구속 시 그 이유와 변호인의 조력을 받을 권리를 告知할 의무 및 가족 등에게 그 이유·일시·장소를 통지할 의무규정을 신설하였고(제12조 제5항), 구속자에 대하여 구속적부심사청구가 가능하도록 하였으며(세12조 제6항), 언론·출판에 대한 허가나 검열의 금지 및 집회·결사에 대한 허가금지규정을 신설하였다(제21조 제2항). 또한 통신·방송의 시설기준과 신문의 기능보장에 필요한 사항을 법률로 정하도록 하였고(제21조 제3항), 과학기술자의 권리를 법률로써 보호하도록 하였다(제22조 제2항). 그리고 재산권의 수용·사용 또는 제한 및 그에 대한 보상은 법률로써 하되 정당한 보상을 지급하도록 하였고(제23조 제3항), 군사시설에 관한 죄를 범한 민간인에 대하여는 군사법원의 재판관할에서 제외하였으며(제27조 제2항), 형사피해자는 법률이 정하는 바에 의하여 당해 사건의 재판절차에서 진술할 수 있도록 하였고(제27조 제5항), 형사피의자로서 구금되었던 자가 법률이 정하는 불기소처분을 받은 경우에도 보상을 받을 수 있도록 형사보상제도를 확대함(제28조)과 아울러 타인의 범죄행위로 인하여 생명·신체에 피해를 받은 국민에 대한 국가구조제도를 신설하였다(제30조). 그러나 이러한 자유권은 "국가안전보장·질서유지 또는 공공복리를 위하여 필요한 경우에는" 법률로써 제한할 수 있으나, 기본권의 불가침성을 강조하여 제한하는 경우에도 "자유와 권리의 본질적 내용을 침해할 수 없다."고 규정하였다(제37조 제2항).

그리고 국민생활의 균등한 향상을 기하고 국민의 실질적 평등을 기하기 위하여 자유권적기본권과 함께 사회적기본권을 규정하였다. 그것은 자본주의사회의 발전에 따라 나타나는 모순을 제거하고자 사회적시장경제질서를 도입하게 되었고, 국민의 최저생활 및 인간다운 생활을 보장하는 사회복지국가원리를 채택하게 된 것이다. 결국 사회복지국가원리 내지 사회적기본권은 자유권행사를 위한 전제조건 내지는 자유의 실질적인 실현가능성을 목표한다고 할 것이다.

그리하여 모든 국민은 능력에 따라 교육을 받을 권리를 가지며(제31조 제1항, 제3항), 대학의 자율성을 법률이 정하는 바에 의하여 보장하도록 하였으며(제31조 제4항), 근로자의 최저임금제를 실시하도록 하였고(제32조 제1항), 여자의 근로는 특별한 보호를 받으며, 고용·임금 및 근로조건에 있어서 부당한 차별을 받지 아니하도록 하였다(제32조 제4항). 그리고 단체행동권 행사의 법률유보조항을 삭제하고, 법률이 정하는 주요방위산업체에 종사하는 근로자의 단체행동권은 제한하거나 인정하지 아니할 수 있도록 하였으며(제33조 제1항, 제3항), 국가는 여자의 복지와 권익향상을 위하여 노력하도록 하고, 노인과 청소년의 복지향상을 위한 정책을 실시할 의무 및 재해예방의 노력을 국가에 부과하면서(제34조 제3항, 제4항, 제6항) 환경권규정에 국민이 쾌적한 주거생활을 할 수 있도록 주택개발정책의 실시를 추가하여 규정하고(제35조 제3항), 혼인·가족·건강에 관한 권리에 모성보호규정을 추가하였다(제36조 제2항).

3. 국회

국회는 단원제를 채택하였으며, 국회의원의 수는 200인 이상으로 하고, 그 임기는 4년이며 비례대표제를 가미하였다(제41조). 국회의 임시회소집요건을 '재적의원 3분의 1 이상'에서 '재적의원 4분의 1 이상'으로 완화하고, 정기회회기를 90일에서 100일로 연장하였으며, 연간 개회일수 제한규정을 삭제하고, 대통령이 요구한 임시회에서의 처리안건 제한규정을 삭제하였고(제47조), 국회는 국정을 감사하거나 특정한 국정사안에 대하여 조사할 수 있도록 국정조사권을 부활하는 등 국민의 대표기구인 국회의 권한을 강화하여 그 기능을 활성화함으로써 국가권력의 균형과 조화를 도모하였다(제67조). 그리고 국회의 국무총리 및 국무위원에 대한 해임의결권을 해임건의권으로 변경하였다(제61조).

4. 정부형태 – 대통령

정부형태는 대통령중심제를 채택하였다.

대통령은 국민이 보통·평등·직접·비밀선거에 의하여 선출하도록 하고, 최고득표자가 2인 이상인 경우 국회의 재적의원 과반수가 출석한 공개회의에서 당선자를 결정하도록 하며, 대통령후보자가 1인일 때에는 선거권자 총수의 3분의 1 이상 득표하여야 당선되도록 하였다(제 67조 제1항 내지 제3항). 그리고 대통령의 피선거권이 있는 자는 국회의원의 피선거권이 있고 선거일 현재 40세에 달한 자로 규정하였으며(제67조 제4항), 대통령의 후임자선거는 임기만료 70일 내지 40일 전에 하되, 대통령이 궐위된 때에는 60일 이내에 하도록 하면서(제68조), 대통령의 임기는 5년 단임으로 규정하였다(제70조). 특히 대통령의 비상조치권을 삭제하고 긴급재정경제처분 및 명령권과 긴급명령권을 대통령에게 부여하면서(제76조), 대통령의 국회해산권을 삭제하여 대통령의 권한을 합리적으로 축소·조정하였다. '국정자문회의'는 '국가원로자문회의'로, '평화통일정책자문회의'는 '민주평화통일자문회의'로 명칭을 변경하고, 대통령의 자문기관으로 국민경제자문회의를 신설하였다(제90조, 제92조, 제93조).

5. 사법부

대법원장은 국회의 동의를 얻어 대통령이 임명하며, '대법원판사'를 '대법관'으로 하고, 대법관은 대법원장의 제청으로 국회의 동의를 얻어 대통령이 임명하도록 하였고, 일반법관은 대법관회의의 동의를 얻어 대법원장이 임명하도록 하였다(제104조). 대법원장의 임기는 6년으로 하며, 중임할 수 없고, 대법관의 임기는 6년으로 하며 연임할 수 있으며, 일반법관의 임기는 10년으로 하며 연임할 수 있다(제105조). '군법회의'를 '군사법원'으로 명칭을 변경하고, 非常戒嚴下 군사재판의 경우에는 사형을 선고한 경우는 單審制를 제외하도록 하였다(제110조).

6. 헌법재판소

헌법위원회제도를 폐지하고, 헌법재판소를 신설하여 법원의 제청에 의한 법률의 위헌여부 심판, 탄핵의 심판, 정당의 해산 심판 및 국가기관 상호간 등의 권한쟁의에 관한 심판과, 법률이 정하는 헌법소원에 관한 심판을 관장하도록 하였다(제111조 제1항). 헌법재판소는 법관의 자격을 가진 9인의 재판관으로 구성하며 대통령이 임명하되, 9인 중 3인은 국회에서 선출하는 자를, 3인은 대법원장이 지명하는 자를 임명하고, 헌법재판소의 장은 국회의 동의를 얻어 재판관 중에서 임명하도록 하였다(제111조 제2항 내지 제4항). 헌법재판소 재판관의 임기는 6년으로 하고 연임할 수 있으며, 정당가입은 금지된다(제111조 제1항, 제2항). 헌법재판소에서 위헌결정, 탄핵결정, 정당해산결정 또는 헌법소원에 대한 인용결정은 6인 이상의 찬성을 요하도록 하였다(제113조 제1항).

7. 경제질서

헌법 제119조에 "대한민국의 경제질서는 개인과 기업의 경제상의 자유와 창의를 존중함을 기본으로 한다."고 규정하여 우리나라의 경제질서의 기본원칙이 자유주의 경제체제를 대원칙으로 삼는다는 것을 선언하는 동시에, "국가는 균형있는 국민경제의 성장 및 안정과 적정한 소득의 분배를 유지하고 시장의 지배와 경제력의 남용을 방지하여, 경제주체 간의 조화를 통한 경제의 민주화를 위하여 경제에 관한 규제와 조정을 할 수 있다."고 선언하여 우리나라가 사회복지국가를 지향하고 있음을 밝히고 있다. 그리고 국가는 농지에 관하여 耕者有田의 원칙이 달성될 수 있도록 노력하여야 하며, 농지의 소작제도를 금지하되, 농업생산성제고와 농지의 합리적 이용을 위하거나 불가피한 사정으로 발생하는 농지의 임대차와 위탁경영은 법률이 정하는 바에 의하여 인정되도록 하였다(제121조). 그리고 국가는 농업 및 어업을 보호·육성하기 위하여 농·어촌종합개발과 그 지원 등에 필요한 계획을 수립·시행하도록 하였으며(제123조제1항), 국가의 균형있는 지역경제육성의무를 신설하였다(제123조 제2항). 또한 국가는 농수산물의 수급균형과 유통구조개선에 노력하여 가격안정을 도모하도록 하였으며(제123조 제4항), 국가는 농·어민과 중소기업의 自助組織의 자율적 활동과 발전을 보장하였다(제123조 제5항). 그리고 국가는 과학기술의 혁신과 정보 및 인력의 개발을 통하여 국민경제의 발전에 노력하도록 하였다(제127조 제1항).

Ⅲ. 제6공화국헌법에 대한 평가

제6공화국헌법에 대한 평가는 여기에서는 우리 헌법의 규범화와 실효성이 거의 선진국수준으로 높아져 우리나라의 산업화와 민주화가 이룩된 바로 제6공화국헌법 '성립시기'까지만 다루고 그 이후는 다음 기회로 미루기로 한다.

제6공화국헌법은 우리 헌정사상 처음으로 여·야의 실질적인 정치협상과 성숙한 민주여론의 감시와 비판을 받으면서 이루어진 헌법개정으로 가장 민주적인 헌법이다. 이렇게 민주적인 헌법개정이 가능하였던 것은 그때까지의 오랜 동안 우리 국민의 헌정운영의 경력의 총화라고 할 것이며 그것의 분출이라고 할 6.10민주화항쟁이 우리나라에서 헌법상 선언된 국민주권원리가 헌법현실적으로 관철되도록 만든 중요한 사건이었다. 그리고 이 민주항쟁 이후로는 국가권력이 헌법상 통제되기 시작하였으며, 국가권력의 성립과 행사가 국민에 의하여 결정되는 민주법치국가의 틀이 자리잡게 되었던 것이다.

헌법에 의한 통치와 국가권력에 대한 통제가 되기 위하여서는 우선 국가권력이 국민에 의하여 성립되고 결정되어야 할 것인 바, 지난 우리 헌법사를 돌이켜보면 이러한 민주주의 원리가 더러는 파괴되고 더러는 침해되었던 것이다. 그것은 지난 우리의 헌정사에서 1인 또는 특정집단이 권력장악 또는 장기집권 시도를 위하여 헌법개정을 주도하였기 때문에 이러한 민주주의 원리를 파괴하고 결국에는 법치주의 원리마저도 성립할 수 없도록 만들었다.

그러나 6.10민주화항쟁에 근거하여 성립한 제6공화국헌법은 우리나라 헌정사상 처음으로 평화롭고 민주적인 절차에 하여 여·야간 합의에 의하여 만들어진 것이다. 이를 통하여 우리나라 헌정사상 처음으로 정권성립의 '민주적 정당성'이 확보되었다. 그에 더하여 그 후의 헌법발전을 보면 정권성립의 민주적 정당성에 그치지 않고 '국가권력의 행사'에 국민이 영향을 미칠 수 있도록 법제가 발전되고 헌법재판소를 통한 헌법의 규범력이 강화되었다. 그리하여 마침내 헌정사상 처음으로 정권의 평화적 교체는 물론 여·야간 수평적인 정권교체가 이루어지게 되었다.

우리나라 헌정사상 과거에는 국가권력 성립 그 자체가 온전한 민주적 정당성을 갖지 못하였음은 물론 국가권력의 행사와 활동이 제대로 통제되지 못하였다. 그리하여 헌법 현실적으로 역대정권은 사실상 집권자 스스로에게만 헌법을 지키도록 도덕적 의무를 부과하였다. 이를 법적으로 강제하지 못하여 결국 권력행사를 거의 통제하지 못하는 독재정권에 가까운 체제가 되고 말았다고 하겠다. 이에 제6공화국헌법은 종래의 형식적으로만 존재하였던 헌법위원회제도를 폐지하고 헌법재판소제도를 도입하여 헌법의 실효성을 담보하도록 하였다. 헌법재판소는 10년이라는 그동안 비교적 짧은 기간에 헌법재판권의 행사를 통하여 공권력의 침해로부터 국민의 기본권을 보호하고 기본권의 내용을 구체화하였음은 물론, 헌법을 장식적 헌법이 아닌 살아있는 현실적 규범적 헌법으로서 그 효력을 회복시키는 역할을 충분히 수행하게 되었다.[55]

이렇게 하여 6.10민주항쟁으로 인하여 오랫동안의 국민의 민주주의에 대한 경험이 결집되어 여·야 합의로 직선제개헌이 이루어져 국가권력 성립의 민주적 정당성이 확보되었으며, 이렇게 민주적 정당성이 확보된 국가권력은 다시 헌법재판소제도의 도입으로 헌법규범에 의하여 통제되는 헌법의 현실화·생활화가 실현되면서, 국민의 기본권이 보호되고, 국민들은 헌법이 바로 국민들을 위하여 존재함을 새삼 인식하게 된 것이다.

우리는 흔히 1987년 6월항쟁과 이에 정부가 굴복하고 6.29선언으로 직선제개헌을 받아들여 현행헌법인 제6공화국헌법이 탄생함으로써 우리나라가 민주화를 이룩하였다고 본다. 그러나 '민주화를 이룩하였다'는 뜻은 우리는 꾸준히 노력하여 그때 와서 비로소 민주화가 거의 완성되었다는 뜻이며 제6공화국헌법에 의하여 갑자기 민주화가 되었다는 뜻은 아니라고 할 것이다.

우리나라가 제헌헌법에 의하여 출발할 당시에는 비유적으로 말하면 우리나라의 선진적 민주헌법의 도입은 서구선진국에서는 벌써 큰 나무로 무성하게 자란 사과나무의 어린 묘목을 풍토가 다른 우리나라의 가시덤불 속 같은 척박한 땅에 옮겨 심은 격이라고 할 것이다. 그리하여 우리나라의 민주화는 그

---

55) 헌법재판소, 전게서, p. 81

와 같은 여건하에서 제헌헌법시행 이후 제6공화국헌법이 탄생할 때까지 여러 가지 난관을 거치면서도 끊임없이 한 걸음 한 걸음 발전하여 온 결과로 정부와 국민의 준법 수준이 높아져 이루어진 것이다.

제1공화국헌법에서 출발하여 그동안은 우리 헌정은 여건이 갖추어지지 않은 그야말로 험한 비탈길을 올라오면서 더러는 넘어지기도 하고 더러는 구르기도 하며 많은 고난을 겪으면서 우리 국민과 역대정부가 민주화의 길을 다듬어 왔다고 할 것이다. 국가기관과 국민들은 점차 민주주의와 자유경제질서의 참뜻을 알고 그 생활에 익숙하여졌으며, 우리 국민들은 헌법을 훼손하는 집권세력에 대하여서는 결코 좌시하지 않고 커다란 희생을 치르면서도 민주화운동을 통하여 저항하였고 집권세력은 결국 이에 굴복하여 왔다. 그런데 집권세력 중에서도 특히 박정희 정권은 한편으로 헌법을 훼손하면서도 다른 한편으로는 민주화를 위한 필수요건인 빈곤에서 탈출하기 위한 중공업중심의 산업화발전을 이룩하기 위하여 온 힘을 기울였다.

따라서 우리는 그동안의 헌정사를 돌아보면서 헌법훼손사태만 너무 치중하여 보지 말고 그동안에 민주화를 위한 필수요건인 산업화를 위한 노력에 대하여서도 그러한 산업화는 결국 민주화를 위한 여건조성이었음을 인정하야 할 것으로 본다.

그리하여 제6공화국헌법에 의한 우리나라의 민주화는 그동안 우리 국민과 정부의 준법 수준의 향상을 바탕으로 집권세력의 수많은 헌법훼손에 저항한 민주화운동세력과, 또한 헌법을 훼손하여가면서까지 우리나라의 빈곤탈출을 위한 산업발전을 이룩한 산업화세력이 함께 이룩한 합작품임을 인정하여야 할 것이다.

그리하여 큰 틀에서 보면 우리 헌법은 그동안 꾸준히 계속하여 어려움 속에서도 국가의 최고상위법규범으로서 국가운영의 근거를 제공하여 왔으며 나라발전의 근거를 제공하였고 그 실효성과 규범력을 높여 왔다고 할 것이다.

제2장

중화학공업의 육성

제2장 중화학공업의 육성

제1절 중화학공업육성추진 배경 및
각개별 중화학공업육성법률의 제정

Ⅰ. 중화학공업의 육성추진 배경

우리나라는 1970년대에 들어 중화학공업을 급격하게 발전시켰다. 박정희 정권의 1960년대 수출주도형 공업화의 전략으로 2차에 걸친 경제개발5개년계획의 추진은 경제규모의 양적 팽창과 수출의 증대를 가져왔다. 그러나 농업의 정체, 원료 및 중간제의 해외의존도 증가, 외채부담 증가로 인하여 국제수지 악화 등의 부작용이 뒤따랐다. 또한 1970년대 초부터 선진국들이 경공업제품에 대한 수출규제를 시작하였으며, 제1차석유파동은 정부로 하여금 제1·2차 경제개발5개년계획 기간인 1960년대의 값싼 노동력을 이용하여 주로 섬유·합판·가발·신발 등 경공업 중심 수출지향적 정책에서 탈피할 수밖에 없게 하였다. 그리하여 박정희 정권은 1972년부터 실시한 제3차경제개발5개년계획[1] 부터 본격적인 중화학공업육성정책을 실시하였다. 일본이 제2차세계대전 후 폐허가 되다시피 한 경제를 소생시키기 위한 첫 단계로 경공업위주의 수출산업

---

1) 제3차경제개발5개년계획(1972년~1976년)의 목표는 중화학공업화를 추진하여 안정적 균형을 이룩하는 데 두었다. 이 계획 착수 직전인 1971년 8월의 '닉슨 쇼크'에 의한 국제경제 질서의 혼란, 1973년 10월의 석유파동 등으로 어려운 고비에 처하게 되었으나, 외자도입의 급증, 수출 드라이브 정책, 중동 건설경기 등으로 난국을 극복하여 연평균 9.7%의 성장률을 유지하였다.

에 치중한 뒤 수출액이 20억 달러에 달한 1957년에 중화학공업정책으로 전환하여 10년이 지난 1967년에 100억 달러의 수출을 하게 된 선례가 우리나라 중화학공업의 의지를 북돋았다고 하겠다.

박정희 정권은 3선개헌 이후 정치적 불안정은 심화되었고, 1968년을 전후한 국내외 안보정세의 급변과 국내경제의 어려움으로 입헌적 독재라는 권위주의인 維新體制를 도입하여 민주주의를 잠정적으로 留保하고 집중화된 권위주의 권력으로 국가안보의 강화와 산업의 중화학공업화를 강력하게 추진하게 되었다. 이하튼 유신체제와 중화학공업화 정책과는 당시의 대내외적 위기상황에 대응하기 위하여 박정희 대통령이 선택한 동전의 양면과 같은 정치·경제적 두 전략이었다고 할 수 있다. 북한의 청와대 기습기도 등 지속적인 위협과 공격, 베트남전쟁에서의 미국의 철수, "미국이 세계의 경찰역할을 포기하고 앞으로는 공산주의와 투쟁하는 다른 나라 일에 간섭하지 않는다."는 1969년의 '닉슨 독트린'과 1971년 3월의 주한미군 2만 명 철수로 휴전선 155마일의 경비를 우리 국군만이 담당하게 된 점, 미국의 중국과의 화해기도, 1971년 대선에서 나타난 정치권력의 위기, 남북대화의 필요성, 무기국산화와 방위산업 육성의 필요성 등이 중화학공업 정책화 선언의 '정치적, 군사적' 배경이었다. 그리고 소비재 중심의 수출정책이 봉착한 현실적 한계, 산업구조 고도화의 필요성, 국제 분업에 대한 진입기반구축과 수출촉진, 제3차경제개발5개년계획과의 연계 등이 중화학공업 정책의 '경제적' 배경이었다.

이와 같이 유신 이후 박정희 대통령이 추진한 산업화는 중화학공업의 본격적인 추진이었다. 이미 국제경쟁력이 약화된 경공업으로는 선진국대열에 합류할 수 없다고 판단하고 기계·조선·전자·화학·철강·비철금속 등의 6대 전략업종에 집중 투자함으로써 경공업 대신 중화학공업을 수출산업으로 중점 육성하여 산업화를 이루어 선진국을 지름길로 따라잡겠다는 것이었다. 그것을 위하여서는 특정 기업에 대하여 각종 정책적 특혜와 사회정치적 안정의 도움을 줄 수 있는 강화된 권위주의 체제인 유신체제가 절대적으로 필요하다는 것이다.

Ⅱ. 6개 전략중화학공업의 육성을 위한
   각산업별 개별 중화학공업육성법의 제정

그런데 박정희 대통령의 단기간 내에 중화학공업을 육성하겠다는 집착은 유신 전인 1960년대 이후 줄곧 지속되었고, 1967년 이후, 기계공업진흥법(1967. 3. 30. 시행), 조선공업진흥법(1967. 5. 30. 시행), 전자공업진흥법(1969. 2. 28. 시행), 석유화학공업육성법(1970. 1. 1. 시행), 철강공업육성법(1970. 4. 2. 시행), 비철금속제련사업법(1971. 1. 22. 시행) 등 6대 전략업종인 개별 중화학공업진흥법을 제정·시행하였다. 6대 전략산업인 중화학공업의 선정은 전후방관련효과, 성장기여도, 부가가치창출효과, 외화획득률 및 절약효과, 국내자원활용도, 외자유치가능성 등을 기준으로 하여 선정하였다. 그러므로 이런 생각과 노력이 1960년대 말의 안보적 위기상황과 경제적 어려움을 거치면서 구체화되어 나타난 것이 1973년에 본격화된 중화학공업이라고 볼 수 있다. 그런데 중화학공업 자체는 조선공업·자동차공업 등 조립공업과 철강공업·화학공업 등 원자재공업부터 시작하여 이전부터 상당기간에 걸친 사전과정을 가지고 있었다. 이러한 사전과정이 있었기에 1973년 이후 한국의 중화학공업육성은 두 차례의 석유파동과 국내외의 반대에도 불구하고 단기간에 괄목할 만한 성과를 걷을 수 있었다고 하겠다.

그러면 박정희 대통령은 왜 무리하여서라도 중화학공업을 추진하여야만 하였던가? 그것은 경공업위주의 中進國級의 수출형국가로서는 선진국과의 경쟁에서 견딜 수도 없고 경공업으로는 선직국의 대열에 오를 수 없기 때문에 반드시 중화학공업위주의 수출정책을 추진하여야 후일 선진국대열에 오를 수 있다는 판단이었고, 그러한 판단은 결코 틀린 것이 아니었다고 하겠다.

Ⅲ. 중화학공업화의 추진 선언
   ─제4공화국헌법의 유신체제의 뒷받침을 받다─

제3차경제개발5개년계획(1972년~1976년)에서도 그 계획의 목표로서 중화학공업화를 추진하여 안정적 균형을 이룩하는 데 두었다.

1973년 1월 12일 박정희 대통령은 연두기자회견에서 '중화학공업화'의 추진을 선언하였다.

중화학공업 정책 선언은 1972년 10월 이른바 유신체제의 선언에 후속하는 것이었다.[2] 박정희 정권의 삼선개헌 이후 정치적 불안정은 심화되었고, 1968년을 전후한 국내외정세는 청와대 기습기도 등 북한의 극심한 도발, 미국의 베트남전쟁에서의 철수, '닉슨독트린'과 주한미군 2만 명 철수, 미국의 중국과의 화해기도 등 국제정세의 급변과, 국내경제의 외자의존 및 노동집약적 경공업 제품위주 수출경제의 한계 등 경제의 어려움으로 박정희 대통령은 입헌적 독재라는 권위주의인 제4공화국헌법에 의한 維新體制를 도입하여 잠정적으로 민주주의를 留保하고 유신체제를 뒷받침으로 안보강화와 중화학공업화를 추진하게 되었다고 하겠다. 즉, 유신 이후 박정희대통령이 추진한 것은 유신헌법을 뒷받침으로 하는 우리나라의 중화학공업화라는 산업화이었다. 기계·조선·전자·화학·철강·비철금속 등의 6대 전략업종에 집중 투자함으로써 이미 국제경쟁력이 약화된 경공업 대신 중화학공업을 수출산업으로 중점 육성하겠다는 것이다. 그것을 위하여서는 국가권력을 조직화하고 능률을 극대화한 권위주의 체제인 유신체제만이 줄 수 있는 각종 정책적 특혜와 사회정치적 안정의 도움이 절대적으로 필요하였다는 것이다.

유신체제가 중화학공업화 추진을 위한 정치체제와 관련제도의 강화였다면, 중화학공업화 선언은 유신체제의 정통성을 보강하여줄 경제적 업적을 창출함과 동시에 한국의 산업구조와 수출지향형 산업화 전략을 한 단계 증강시키고

---

2) 류상영, 연세대학교 국제대학원 교수, 박정희의 중화학공업과 방위산업정책―구조. 행위자 모델에서 본 결속된 선택(2010. p. 153.) 오원철의 아래와 같은 회고는 당시 거의 동시에 실행되었던 유신과 중화학공업화의 관계와 이에 대한 박정희의 인식을 가장 잘 표현하여 주고 있다. "요사이 많은 사람이 박 대통령은 경제에는 성공했지만 민주주의에는 실패하였다고들 말한다. 심지어는 박 대통령아래서 장관을 지냈던 이들조차 공개적으로 중화학공업화와 유신개혁을 별개의 문제처럼 이야기한다. 나는 이렇게 말한다. 중화학공업화가 유신이고 유신이 중화학공업화라는 것이 쓰라린 진실이라고. 하나 없이는 다른 하나도 존재할 수 없었다. 한국이 중화학공업에 성공한 것은 박 대통령이 중화학공업화가 계획한대로 정확하게 시행되도록 국가를 훈련시켰기 때문이다. 유신이 없었다면, 대통령은 그런 식으로 국가를 훈련시킬 수가 없었을 것이다. 이런 사실을 무시하는 것은 비양심적이다."

심화시키기 위한 경제전략의 하나였다. 중화학공업화는 유신개혁의 최우선과제이고, 중화학공업화는 유신체제의 흥망과 궤를 같이하였다. 중화학공업화계획의 작성은 1972년 5월 '풍년사업'이라는 이름으로 알려진 유신헌법의 초안작성과 거의 동시에 진행되었다. 박정희 대통령은 양날의 칼을 벼른 것이다. 박정희 대통령의 유신체제는 한국이 고도경제성장을 위하여 치렀던 대가였다.[3]

중화학공업화 선언의 내용은 ① 중화학공업의 비율을 1971년의 35.2%포인트에서 1981년에는 51%로 고도화하고, ② 수출구성에서 중화학제품의 비율을 1971년의 19.1%에서 1981년에는 60%이상으로 제고하며, ③ 1980년대의 국민소득 1,000달러와 수출 100억 달러의 기반을 조성한다는 것 등으로 요약할 수 있다.

중화학공업육성의 세부계획은 기계공업·조선공업·전자공업·화학공업·철강공업·비철금속공업 등 6개 사업을 중점전략산업으로 설정하였다. 또한 자동차공업육성도 중화학공업육성에 포함하기로 하였다. 그리고 중화학공업의 기초소재인 제철분야는 1973년 현재 1백만 톤 규모에서 1980년대 초 1천만 톤 규모로 생산능력을 확장한다는 계획 아래, 포항제철을 4기에 걸쳐서 확장하고 이와는 별도로 제2종합제철을 건설한다는 계획을 수립하였던 것이다.

또한 중화학공업화 선언의 또 하나의 동기는 중화학공업이 방위산업발전의 전제가 된다는 것이다. 한국의 국방산업육성은 중화학공업화의 필수사업으로 추진되었다. 그런데 정치경제적 시각에서 중화학공업은 상대적으로 국내경제 문제에 집중된 정책이라 볼 수 있으나 방위산업정책은 국제적 군사질서와 한·미관계에 직접적으로 연관이 있는 정책으로 방위산업은 미국의 국익과 한반도 전략이 직접 연계된 사항으로서 구조적 제약이 강하였고 박정희 대통령의 정치적 선택의 폭은 제한적이었다. 한국의 유도탄개발에 대한 미국의 철저한 감시가 그 예이다.

아울러 박정희 대통령은 유신과 중화학공업화를 북한과의 체제경쟁에서 승리하고 북한의 위협에 보다 효과적으로 대응할 수 있는 국가전략이라고 보았다. 박정희 대통령은 10월유신 선포 이후 5년여가 지난 1978년 1월 18일 연두기자회견에서 10월유신의 목적을 다음과 같이 언급한 바 있다. "10월유신의

---

3) 김형아, 전게서, p. 290

목적과 기본이념은 격변하는 주변정세에 우리가 슬기롭게 대처해 나가면서 나라를 지키고, 민족의 생존권을 지키며, 또 우리의 민족사적 정통성을 지켜 나가자, 그러기 위하여서는 능률의 극대화와 국력의 조직화가 필요하다, 이것을 통하여 국력배양을 가속화하자, 여기에서 배양된 우리 스스로의 힘으로 평화와 번영을 쟁취하자, 그렇게 하여서 평화통일까지도 더 앞당기자고 하는 데 있습니다."라고 하였다.

그런데 중화학공업화에 있어서 가장 큰 문제는 필요한 자금의 조달이었다. 박정희 정부가 중화학공업추진을 선언하자 IBRD(세계은행)과 IMF(국제통화기금)이 강하게 반대하였다. "한국은 低賃金의 이점을 살려 노동집약적 경공업제품이나 만들어야지, 자본이 많이 들고 고도의 기술을 요하는 제철이나 자동차공업에 손을 대어서는 안 된다."는 논리였다. 그 반대의 이면에는 IBRD에 대주주로 출자한 미국과 일본 등 선진산업국가들의 이해관계가 자리 잡고 있었다. 한국이 IBRD에서 빌린 돈으로 중화학공업을 건설하여 세계시장에서 미·일 등과 경쟁하게 되는 점을 우려하였기 때문이라 할 것이다. 그리하여 결국 중화학공업건설을 위하여서는 자금을 스스로 마련할 수밖에 없었다. 중화학공업화를 추진하기 위하여서는 자본재와 원료를 수입할 거액의 외화가 필요하였다. 1973년 8월에 완성된 중화학공업추진10개년계획에 의하면 중화학공업화를 위하여 10년 동안에 약 96억 달러(외자 58억 달러, 내자 38억 달러)가 필요할 것으로 예상되었다.

박정희 정부는 외화 확보에 총력을 기울였다. 그리하여 1964년 12월, 박정희는 서독을 방문하여 4,000만 달러의 재정·상업 차관 승낙을 받았다. 하지만, 그것으로는 턱없이 부족하였다. 외자도입의 큰 물꼬를 터야만 하였다. 그 물꼬가 바로, 한일국교정상화와 베트남파병이었다(p. 122, 265, 282 각주3 참조).

Ⅳ. 중화학공업화의 추진

그리하여 당시 정부에서는 중화학공업화정책을 효과적으로 집행하기 위하여 위의 6개 전략산업에 대한 개별 산업육성법과는 별도로 '경제안정과 성장에 관한 긴급명령'(1972. 8. 3. 일명 8.3조치), 기업공개촉진법(1972. 12. 30. 제정), 조세감면규제법(1974. 12. 26. 개정), 관세법(1968. 12. 31. 개정), 외자도입법(1973. 3. 12. 개정), 중화학공업육성을 위한 외자유치 원칙(1973. 5. 제정), 수출산업설비금융규정(1973. 5 제정), 국민투자기금법(1973. 12. 14. 제정), 산업기지개발촉진법(1973. 12. 24. 제정), 중화학공업추진을 위한 기업경영지침(1973. 11. 제정) 등의 각종법률과 제도를 마련하여 전략산업에 대한 지원 및 육성책을 다양하게 시행하였다.

그리고 1973년 5월 14일 대통령령으로 중화학공업추진위원회를 설치하였는바. 위원회는 국무총리를 위원장으로 하고, 경제기획원장관, 재무부장관, 문교부장관, 상공부장관, 건설부장관, 과학기술처장관, 제2무임소장관, 정문도 위원, 안경모 위원, 김만제 위원 등으로 구성되었다. 이 위원회는 종합계획을 심의 확정하는 기능을 갖고 있을 뿐이었기 때문에, 정부는 구체적인 중화학공업 육성계획을 마련하고 주도할 기획단을 설치하였다. 오원철 청와대 제2경제수석을 단장으로 하고, 상공부 중공업차관보, 경제기획원·상공부·건설부의 국장급과 재무부·과학기술처의 과장급을 중심으로 조직하여 활동하였다. 아울러 정부는 유신정책심의회를 두고 부문별로 조사위원회를 설치하였다. 기획단은 다양한 연구기관과 국내유수의 전문가들 그리고 국무총리가 이끄는 유신정책심의회의 조사연구위원회 위원 중에서 필요한 인적자원을 동원하였다. 예컨대 중화학분야의 대학교수 46명이 각각 기계·조선·전자·화학·철강·비철금속을 담당하는 6개소위원회의 구성원으로 지명되었다.

박정희 대통령이 자신의 중화학공업화계획을 추진할 인물로 경제기획원의 경제전문가가 아닌 상공부의 엔지니어출신의 기술관료 오원철 등을 선택한 것은 미국식 경제원리에 반하는 자신의 정책을 반대하는 이론가들보다 무엇인가를 성취해본 경험이 있고, 자신의 계획을 성실히 실행할 인재가 필요하였기 때문이라 할 것이다. 오원철은 대통령의 지시에 따라 정치적 간섭이나 반대 없이 중화학공업화계획을 추진하였다. 그러나 1980년 중반에 이르러서는 상공부 출신의 기술관료에서 경제기획원의 경제관료에게로 추진주체가 바뀌었다.

여하튼 초기에 박정희·김정렴·오원철이 조화를 이루어 중화학공업화계획의 실현에 세 가지 필수요소를 제공하였다. 그 세 가지 요소란 박정희의 강력한 지도력, 김정렴의 경제전문지식, 오원철의 공업비전과 기술이었다.[4]

정부는 위의 6개 전략산업에 대한 각개별산업육성법에 근거하여 중점 육성할 중화학공업업체를 한 분야에 한두 사업체씩 선정하여 규모의 경제를 구현할 수 있도록 규제하고 집중 지원하였다. 우선, 금융기관 예금으로 국민투자기금을 조성하고, 그를 중화학공업에 쏟아부었다. 또한 중화학공업 분야의 기업에 세제 혜택을 주었으며, 인력이 충분히 공급될 수 있도록 공업고등학교와 공과대학의 입학정원을 획기적으로 늘렸다. 공업고교 수는 8년 만에 1.6배로, 그 학생 수는 2.5배로 커졌다. 여기서 양성된 기능인력이 훗날 한국중화학공업의 중심기술자로 성장하였다. 정부는 또 해당 분야 연구소도 설립하였다. 또한, 6대업종별로 산업기지를 건설하였다. 정부는 이와 같이 사업체에 대하여 집중 지원을 하면서 동시에 그들 업체의 사업수행에 대하여서는 정부가 필요한 보고를 받고 명령·지시를 할 수 있게 하여 사실상 대한민국주식회사를 설립하여 기업육성을 정부가 정책적으로 주도할 수 있도록 하였다.

이와 같이 중화학공업 육성을 정부가 정책적으로 주도할 수 있게 한 것은 당시에는 소요되는 거액의 자금을 민간기업이 조달하기가 어렵고 민간기업에는 전문인력도 거의 없었기 때문이라 할 것이다.

또한 정부는 1973년 3월 14일 건설부의 직제를 개편하여 중화학공업 입지개발 업무만을 담당할 '산업입지국'을 신설하고, 중화학공업의 입지개발을 촉진하기 위하여 1973년 12월 24일(법률 제2657호) '산업기지개발촉진법'을 제정·공포하였다. 이와 더불어 정부는 산업기지개발을 전담하기 위한 기구로 '산업기지개발공사'를 1974년 2월 1일 설립하였다.

중화학공업육성을 위한 체제정비 후 정부는 대규모 임해산업단지의 개발에 착수하였다. 대규모 임해산업단지의 건설은 중화학공업의 특성상 규모가 클수록 규모경제 이익을 도모할 수 있다는 점과 항만조건 등 임해산업단지 건설에 유리한 후보지가 국가적으로 제한되어 있기 때문에 좋은 입지조건을 갖춘 곳

---

4) 김형아, 전게서, p. 284

에 자원을 집중시키는 것이 효율적이라는 점 등을 고려한 것이다.

1970년대의 임해산업단지 개발은 철강, 정유 및 석유화학, 비철금속, 조선, 종합기계 등 업종별 전문산업단지 조성에 목적을 두고 추진되었다. 중화학공업은 대부분 소재생산기능이 강하기 때문에 주도 업종별로 전문산업단지를 조성하여 지역별로 공업을 특화하고자 한 것이다. 문제는 어느 지역에 어떤 업종을 배치할 것인가 하는 것인데, 이때의 기준으로는 전문 업종별 공장 생산규모에 대응하는 항만조건·용수조건·용지 등 주로 물리적 조건을 기초로 삼았으며, 최종적으로는 중화학공업추진위원회에서 확정하였다.

최종 선정된 업종별 전문산업단지를 살펴보면, 화학공업은 울산·여수, 경공업 수출자유지역은 비인·군산, 철강은 포항·낙동강 하류, 전자공업은 구미, 조선공업은 부산·울산·거제, 중화학공업 수출자유지역은 온산 등이었다. 이중 계획대로 추진되지 못한 곳은 비인·군산지구의 제2수출자유지역, 낙동강하류의 철강기지 등이며, 온산은 제련산업단지로 개발되었다.

이들 지역의 대부분은 '산업기지개발촉진법'에 의한 산업기지로 개발되었다. 산업기지개발촉진법에 의해 1974년에 산업기지로 지정된 최초의 산업단지는 창원, 여천, 온산, 옥포, 안정, 죽도 등 6개 단지로 이미 건설사업이 착수되었거나 중화학공업기지로 조성될 계획으로 있던 지역이었다. 6개 산업기지의 지정 이후 정부는 1974년 울산 미포지구와 포항을 산업기지로 추가 지정하고, 1977년에는 전자공업진흥계획에 따라 구미지구를 산업기지로 지정하였다. 우리나라의 대표적인 산업도시들이 1970년대 중·후반에 걸쳐 모두 그 모습을 드러낸 것이다.

산업기지 지정 당시만 해도 임해산업단지의 개발예정 지역인 포항, 울산, 온산, 옥포, 죽도, 창원, 여천, 북평 등은 한가한 어촌이었거나 농촌이었으며, 1974년 산업기지 개발구역 지정 사실이 발표될 때까지만 해도 대부분의 국민들에게는 생소한 곳이었다. 이러한 지역에 1960년대에서 1970년대에 걸쳐 국가가 앞장서서 대규모의 임해산업기지를 조성하였고, 이 결과 이들 지역은 각종 제조업에 소재를 생산·공급하는 중화학공업지대를 형성하였다. 이 같은 개발은 1970년대 중반에서 1980년대 중반까지 불과 10년 동안에 그 기초

가 다져진 것이다. 이 시기를 '임해지역 산업단지 개발기'라 부르는 이유가 여기에 있다.[5]

이러한 중화학투자로 1970년대 후반에 한국경제는 '단군 이래 최대의 호황'이라는 말이 나올 정도로 급성장하였다. 1976~1978년에 연간 경제성장률은 10%를 넘었다. 그 기간 제조업의 연평균 성장률은 16.6%에 달하였다. 중화학공업화는 기계공업 부문을 제외하고는 모두 목표를 초과 달성하였고, 수출 100억 달러도 애초 목표보다 4년을 앞당긴 1977년 말에 달성하였다

우리나라 주요 대기업그룹들은 대부분 1970년대의 중화학공업육성정책을 통하여 도약할 수 있었다. 그것은 경제발전이 이루어지기 전에 이미 사업의 기반을 다졌던 현대·삼성·럭키금성(현 LG)·선경(현 SK)·쌍용·한진을 비롯한 많은 기업이 조선·자동차·전자·항공·운수 등에 진출하였고, 각분야에서 중화학공업진흥책으로 정부의 싼 이자로 자금을 대출받고 세금 감면과 보조금 등을 받아 국내시장을 장악할 수 있도록 보호를 받았으며 이를 계기로 대기업들은 대규모설비 투자를 할 수 있고 독점적 지위를 누리며 재벌기업으로 성장하게 된 것이다.

중화학공업은 대규모투자가 필요하기 때문에 막대한 자본금을 투입하여야 하였으나 당시 그러한 정도의 투자를 할 만한 기업은 많지 않았다. 그리하여 가공의 자본금을 조성하기 위하여 모회사가 자회사에 출자하고 자회사는 그 돈을 다시 다른 계열회사에 출자하는 순환출자구조가 형성되었다. 실제로 가진 돈은 1억 원인데 이런 식으로 몇 번 출자를 하면 마치 5억 원이나 10억 원을 가진 것처럼 자본금이 뻥튀기되었던 것이다. 그룹 오너들은 지분을 1~2%만 보유하고 있어도 전 계열사를 경영할 수 있고 경영권을 유지하기도 쉬웠다. 경영상황이 좋은 주력회사가 초기투자기간 동안 손실을 볼 수밖에 없는 자회사를 우회적으로 지원하는 船團체제를 유지할 수도 있었다. 초기손실이 컸던 현대자동차는 현대건설의 지속적 지원으로 성장하였고, 삼성은 반도체사업 초기에 그룹에서 번 돈을 대부분 반도체에 쏟아부었다.이는 재벌오너체제·선단경영체제였기 때문에 가능한 일이었다. 이와 같은 구조는 한국재벌을 부정적

---

5) 산업단지개발 개요, 국가기록원 나라기록 컬렉션/토픽

으로 보는 시각에서는 언제나 비판의 대상이 되어 왔다. 그러나 당시 상황에서는 불가피하였고 이를 통하여 한국경제가 도약할 수 있었다는 것이 최근에는 일반적인 견해로 받아들여지고 있다. 가난하고 자본이 없는 나라가 거대자본을 조성하여 나가는 과정에서 여러 가지 무리수가 발생하였던 것이라고 할 것이다.

다만 선단식 경영은 조기에 신규사업의 역량을 구축하고 초기 사업위험을 줄여 사업의 조기 안착을 가능하게 하였으나 경제력 집중으로 인한 폐해나 무분별한 확장으로 인한 계열기업의 연쇄도산과 같은 부작용을 낳기도 하였다. 또한 대기업 총수의 왕성한 기업가 정신은 고도성장에 크게 기여하였으나, 황제경영과 같은 독단적 경영으로 국가경제에 큰 부담을 주기도 하였다.

흔히 한국자본주의 시기를 국가 또는 정부가 개별기업에 대하여 구체적인 사항까지 명령하고 지시했던 '과거 시기'와 민간경제주체들의 자율성이 보장되는 '오늘날의 시기'로 구분한다. 국가나 정부의 개입의 정도가 1960~1970년대에는 많았지만 1980년대 중반부터는 점차 줄어들었다.

중화학공업은 1980년대 초반 과잉투자의 폐해가 나타났다. 재벌기업들이 경쟁적으로 중화학공업에 투자하였고 이로 인하여 중화학공업에서는 생산이 너무 많은 반면 경공업에서는 생산 부족현상이 벌어졌다. 1979년 오일쇼크로 세계경제가 수요감소에 직면하게 되자 과잉설비에 대한 구조조정을 하여야만 하였다.[6]

Ⅴ. 각산업별 개별중화학공육성법의 폐지, 단일 공업발전법으로 통합, 대체

그런데 1979년 10월 박정희 대통령의 갑작스런 서거와 그 뒤를 이은 정치적 혼란으로 경제위기가 심화되었다. 1980년의 연간성장률은 한국경제가 고도성장을 개시한 이래 20년 만에 처음으로 마이너스 3% 성장을 기록하였다. 새로

---

6) 송의영 교수, 서강대 경제대학원. 70년대 우리나라 중화학공업이 막대한 양의 신투자를 해야 하고 규모의 경제에 의존하는 몇 개 산업에 집중되어 있었기 때문에 세계수요가 예상보다 못할 경우에는 필연적으로 금융위기로 번질 가능성을 내포하고 있는 계획이었다.

집권한 전두환 신군부 정권은 경제위기의 원인을 박정희 시대의 중화학공업화에서 찾았다. 신군부는 여기서 박정희 정부와 차별성을 보이려 하였다. 신군부는 1970년대 중화학공업화를 주도한 상공부라인에서 경제기획원라인, 김재익 경제수석비서관으로 교체하고 경제정책의 주도권을 주었다. 정부는 불황의 그늘이 특히 어두웠던 자동차, 발전설비 부문에서 투자조정을 시도하였다. 그 분야에서 신규진입을 금지하고, 기존업체도 사업부문을 정리하도록 하였다. 전두환 정부는 정부가 특정산업을 선택하여 그 소수 기업을 집중 지원하던 기존의 중화학공업정책도 바꾸었다. 그리하여 1986년에는 과거의 6개의 개별 공업육성법을 폐지하고, 일반화된 기능별 지원을 내용으로 하는 '공업발전법'을 제정하였다.

이런 정책 전환은, 세계적인 경제자유화 흐름과 그동안의 우리경제의 발전에 맞추어 정부간섭에서 기업자율화로 기존 산업정책을 바꾼 것이다. 당시 영국 대처 정부와 미국 레이건 정부를 중심으로 정부의 경제 개입을 축소하고 시장의 자율성을 강화하는 신자유주의가 대두하였다. 이와 같은 변화는 구체적인 법제도의 변화를 수반하였는데 그때까지 각기업에 대하여 정부가 정책적으로 지시 명령을 할 수 있게 한 6개의 개별 중화학공업육성법은 모두 폐지되고 이에 대체하여 1986년에 기업의 자율성을 인정하는 '공업발전법'을 제정하게 된 것이다.

그리하여 '공업발전법'은 1960년대 말에서 1970년대에 제정되었던 위에서 본 개별 중화학공업육성법에 갈음하여 1986년에 제정된 법률이다. 1960년대 초까지 만하더라도 1인당 국민소득이 80달러 대의 최빈국이던 우리나라가 1980년대 초에는 1인당 국민소득이 2,000달러 대로 높아지면서 GNP 총액으로 전 세계 20위, 1인당 국민소득 41위, 수출액은 15위까지 각각 부상되는 과정에서 공업은 문자 그대로 중추적 역할을 하여 왔다. 그동안 이러한 공업의 발전을 제도적으로 뒷받침하여 온 것은 바로 위에서 본 기계공업진흥법 등 개별 중화학공업육성법이다. 그러나 제정된 지 15년여가 흐르는 과정에서 대외 여건도 세계적인 경제자유화로 변하였고 우리경제도 크게 발전함에 따라 정부의 정책기조도 정부가 기업의 육성을 주도하던 정책에서 기업의 경영은 각기업의 자율에 맡기도록 이들 개별 공업육성법률들을 모두 폐지하고 이에 대체하여 공업발전법을 제정하게 되었던 것이다.

공업발전법의 제정이유에서 "1980년대 초까지의 초기공업육성단계에서는 공업의 각분야를 정부가 공업을 직접 지원·육성하기 위하여 정부주도하에 업종별로 개별법을 제정·시행하여 왔으나 그동안 우리나라의 공업기반의 수준이 향상되어 정부의 공업발전정책이 시장경제의 자율·경쟁원리에 맡기는 방향으로 전환되고 있는 추세에 맞추어 종전의 기계공업진흥법등 6개의 공업지원·육성관계법률을 폐지하고 공업기술 및 생산성의 향상 등을 통하여 공업의 균형있는 발전을 도모하며 공업의 합리화를 촉진하려는 것임."이라고 밝히고 있다. 공업발전법에 대하여서는 아래에서 별도로 그 제정취지와 내용에 대하여 상세하게 살펴보기로 한다.

Ⅵ. 중화학공업화추진의 성과

1970년대 후반 1차석유파동이 진정되며 궤도에 오르던 중화학공업화는 1979년 긴축정책과 함께 본격적인 조정 논의에 빠져들었다. 이미 1차석유파동을 겪었음에도 충분한 대비책을 세우지 못하였던 상황에서 1978년 하반기부터 석유화학제품 및 일반 공업용원자재 등 주요 원자재의 수입가격이 계속 상승하였고, 특히 1979년 들어와 급등하였다. 결국 1979년 4월 '중화학공업 투자조정 및 수출지원 폭 축소'를 골자로 하는 중화학공업 투자조정안이 마련되었다. 중화학공업화에 대한 비판이 고조되었고, 1979년 8월 경제과학심의회의는 대책의 기본방향을 "기착공된 사업은 가급적 완공시켜 정상 가동토록 지원하되 기착공된 사업이라도 사업의 완급, 시장성, 자금소요액 등을 고려하여 보류, 연기, 합병이 가능한 것은 조정하고, 그 다음의 제5차5개년계획부터 중화학건설을 새 출발할 때에는 수익성, 판로, 국제경쟁력을 존중하는 방향으로 새 출발한다"로 제시하였다. 그러나 1979년 10월 26일 박정희 대통령의 사망으로 중화학공업은 완전히 비판의 대상 그 자체로 바뀌었다.

여하튼 10.26사태 후 중화학공업은 한때 비판의 대상이 되기도 하였다. 그리하여 한국의 중화학공업은 강제적인 조정을 거쳐 1980년대 후반의 3저 호황을 배경으로 세계시장에서 두각을 나타내었으며 1990년대 발전도상국의 외채위기와 외환위기속에서도 한국수출의 대표적 공업으로 한국경제의 위기탈출을 주도하였다. 21세기에 들어와서는 세계시장의 반복되는 금융위기와 불안정속에서 한국의 성장을 주도하고 있는 것은 여전히 중화학공업이었다

2013년 현재 한국은 粗鋼 생산 6,606만 1천 M/T으로 세계 6위, 선박 건조량 10,037CG/T으로 세계 2위, 자동차 생산 4,521,429대로 세계 5위를 차지하고 있다. 한국의 중화학공업은 첨단기술과 집중 등에서 여전히 불안정한 문제를 가지고 있다. 그러나 20세기 후반과 21세기 전반기에 걸쳐 많은 발전도상국가들이 성장을 추구하였지만 오늘날 세계시장에서 주도적 역할을 하지 못하고 있는 것은 가장 강력한 성장엔진이 될 수 있는 중화학공업에서 여전히 선진공업국과의 격차를 줄이지 못하였기 때문이다. 이런 점에서 한국의 중화학공업은 광복 70년을 거치며 발전도상국으로서는 독보적 성과를 거두었다고 볼 수 있고, 오늘의 한국을 만든 주요 요소이었다고 말할 수 있다.

한국의 중화학공업은 질적으로도 크게 성장하여 세계적인 수준의 기술도 보유하고 있다. 대표적으로 포스코의 파이넥스공법이 있다. 포스코가 독자적으로 개발하여 세계최초로 상용화에 성공한 파이넥스공법은 지난 100년간 사용하여 온 기존 용광로방식에 비하여 황산화물·질소산화물·비산먼지 등의 배출량을 대폭 낮췄다. 이를 통하여 포스코는 세계에서 가장 친환경적인 제철소를 만들어 가고 있다. 또한 한국이 이루어 낸 또 하나의 신고유기술인 육상건조공법도 빼놓을 수 없는 신기술이다. 조선·해운 경기가 활황이던 2000년대 초반 갑문을 열고 물을 채워 조립된 선박을 띄우는 기존의 드라이 도크방식으로는 쏟아지는 주문을 소화할 수 없었다. 이에 현대중공업은 세계 최초로 도크 없이 배를 만드는 육상건조공법을 고안하여 냈다. 이 공법은 지금도 진화하며 우리나라의 독보적인 기술로 꼽히고 있다.[7]

우리나라는 개발도상국가에서는 엄두도 못 내는 중화학공업에 성공하면서

---

7) 과학콘텐츠센터, 한강의 기적을 낳은 중화학공업(2016. 9. 28.).

노동집약적 산업구조가 기술집약적 구조로 전환되었다. 철강·비철금속·화학 등 공업이 필요로 하는 원재료를 국산화하여 공업의 자립을 이룩하면서 고도 산업국가로 도약할 수 있는 발판을 마련하였다.

중화학공업화는 대한민국을 세계 10위권의 경제 강국으로 만들고, 새로운 미래를 설계할 수 있게 한 중심축이었다.

세계의 부정적 시선에도 불구하고 중화학공업화에 성공한 대한민국! 경제 강국, 대한민국을 만든 기적의 중심에는 철근처럼 탄탄한 중화학공업이 있었다.

제2절 각산업별 개별중화학공업육성법률의 폐지 및 공업발전법의 제정(시행 1986. 7. 1., 제정 법률 제3806호, 1986. 1. 8.)

Ⅰ. 머리말

1960년대 초기만 하더라도 1인당 소득이 80달러의 최빈국이던 우리나라가 이제는 2천 달러로 높아지면서 GNP 총액으로 전 세계 20위, 1인당 GNP로는 41위, 수출액은 15위까지 각각 부상되어 오는 과정에서 공업은 문자 그대로 중추적 역할을 하여 왔다.

1차5개년계획기간 중의 제조업성장이 GNP전체의 성장에 대하여 미친 기여율은 18.4%, 2차계획기간 중은 33.2%, 3차계획기간 중은 36.9%, 4차계획기간 중은 48.4%였으며, 84년도에는 56.0%에 달하였다.

오늘날 우리 국토의 전체의 불과 0.54%면적 위에 세워진 43,483개의 각종 공장이 GNP 총액의 30%, 수출의 95%, 총취업자 수의 23%를 담당하고 있다는 현실은 우리의 성장에 대한 공업의 비중을 새삼 일깨워주고 있다.

그동안 이러한 공업의 발전을 제도적으로 뒷받침해 온 것은 기계공업진흥법(67년), 조선공업진흥법(69년), 전자공업진흥법(69년), 석유화학공업육성법(70년), 철강공업육성법(70년), 비철금속제련사업법(71년), 섬유공업근대화촉진법(79년) 등이다.

특히 1960년대 전반기에 공업성장의 기반조성을 위한 사회간접자본의 확충사업이 어느 정도 진척되게 되자 제2차5개년계획부터 공업발전이 본격적으로 전개되기 시작하였거니와, 이러한 추세 속에서 이들을 제도적으로 뒷받침하겠다는 정부의 강력한 의지가 성문화된 것이 바로 이들 법률이다.

그러나 이제 제정된 지 15년여가 흐르는 과정에서 주변 여건도 많이 변하였고, 정부의 시책기조도 큰 전환을 하여 오고 있는 추세에 부응하여 이들 법률은 전반적인 재검토를 받지 않으면 안 되게 되었던 것이다.

II. 새 공업발전법의 추진배경

1. 국내외 여건의 변화

종전의 법규들이 근본적인 재조명을 받게 된 사유에 대하여서는 보는 각도에 따라 여러 가지로 설명될 수 있겠으나, 여기에서는 우선 국내외 여건이 이들 법률제정 당시에 비하여 어떻게 변하였는지에 대하여 간단히 살펴보아야 한다.

(1) 우선 대외적인 여건에 대하여 보면 우리의 공업이 중진국수준으로 올라서게 되면서 우리는 점차로 소위 '전방위 경쟁' 상황 속으로 빠져들게 되었다는 점이다.

우선 우리의 제품들이 선진국산업과 경합관계에 돌입하여 그들로부터 수입규제를 받게 되는가 하면(1984년도 대선진국 수출총액 중 무려 41.2%가 수입규제아래 수출이었다.) 우리와 직접적인 경쟁관계에 있는 나라들(특히 신흥공업국들)과는 실로 한 발 한 발을 다투는 치열한 경쟁이 일상화되고 있으며, 우리보다 뒤늦은 후발개도국들로부터도 적극적인 추격을 받고 있는 실정이다(예를 들어 미국총수입에 대한 비중이 우리나라의 경우 1980년도 1.8%에서 3.0%로 늘어남에 비하여 중국은 0.4%에서 1.0%로 두 배 이상 확대되었다.).

이러한 상황에도 불구하고 우리 산업의 경쟁력면에서는 여러 가지로 우려하는 지적이 많아졌다. 많은 사람이 지적하듯이 1970년대와 같은 외형성장위주의 高인플레성장시대에는 기업들이 생산성과 품질의 향상, 기술의 혁신에 대한 노력보다는 부동산 등에의 투자로 기업의 발전을 꾀하려는 풍조가 지배하기 마련이며, 이러한 풍조로 인하여 우리의 경쟁력은 직접적인 영향을 받게 되었다는 것이다.

여기에 몇 가지 예만 들어보더라도 우선 일본과의 노동생산성비교를 할 경우, 일본에 비하여 우리나라의 생산성수준이 상대적으로 1970년대 말까지 계속하여 저하되어 오다가 1980년대에 들어와서야 그간의 물가안정시책과 생산성향상을 위한 노력에 힘입어 상당히 개선되었다. 그러나 아직도 일본에 비하여 3분의 1을 조금 넘는 수준에 불과한 것으로 전문기관들은 분석하고 있다.

이러한 실정아래서 우리의 산업들은 구태의연한 경영누습을 하루 빨리 탈피하여 새로이 전개되는 경쟁여건 속에서 스스로 버텨 내고 발전하여 나갈 수 있는 경쟁력기반을 확립하여 나가야 할 필요성이 절실하여지는 것이며, 경쟁력이 있는 산업만이 자생하여 나가고 경쟁력이 구조적으로 상실되는 업종은 자연스럽게 사라지게 되도록 하는 것이 국민경제에 큰 부담을 줌이 없이 활력 있는 산업구조를 유지하여 갈 수 있게 하는 길이 될 것이다.

(2) 뿐만 아니라 신법을 구상하게 된 동기는 현행법률이 제정되었던 1970년대 초에 비하여 공업발전의 바탕도 많이 변모하여 왔다는 것이다. 우선 공업의 생산규모가 1970년대에 비하여 8.9배가 증가하였으며, 이 과정에서 업체수도 2만1천 개에서 4만3천 개로 거의 배가 되었다.

또한 저축율 면에서도 1970년의 총투자율 25.3% 중 15.7%만이 국내저축으로 충당되었는데 비하여 1985년의 경우에는 30.0%의 투자율 중 27.4%가 국내저축율에 의존(따라서 그 비율은 91.3%)하게 되는 등 투자역량도 크게 확대되었다.

또한 人力面에서도 학사배출인원이 3배가 증가한 9만 명, 석사는 7.5배가 증가한 1만5천 명, 박사는 5배가 증가한 1천여 명을 매년 배출하고 있으며, 해외 근무인원도 1970년대의 평균 400명 수준에서 6천여 명의 인원이 세계 방방곡곡에서 뛰고 있으며 매년 27만 명에 달하는 인원이 해외여행을 하고 있어 그만큼 비지니즈에 대한 국민적 역량도 크게 제고되었다.

그 밖에도 자동차가 1백만 대가 넘고, 전화대수가 지난 15년간 75만 대에서 7백만 대로 늘어나는 등 공업의 발전기반 자체가 1960년대 말의 초기개발단계와는 너무도 많이 달라졌다는 사실자체가 우리에게 이에 맞는 새로운 정책의 전개를 요구하고 있는 것이다.

이러한 상황하에서 종전과 같이 산업에 대하여 정부가 직접 깊숙이 개입하여 기술분야(업종)나 지원업체를 인위적으로 선정하고 이에 대하여 집중적으로 지원을 하여주는 방식의 정부체제가 과연 더 이상 바람직한 것이냐에 대한 지적이 높게 일어나게 된 것이다.

2. 국내외 여건변동에 대응하는 정책기조의 추이
– 대내·대외 경쟁체제의 도입 –

위와 같은 국내적 또는 대외적인 측면에서의 여건이 변동되는 데 대응하여, 우리들은 그간 이에 대하여 어떠한 내용으로 정책대응을 하여 왔는가 하면 이에 대하여서는 한마디로 대내·대외 경쟁의 도입의 확대였다고 말할 수 있을 것이다.

특히 1980년대에 들어와서 제5공화국 출범 이후 시장경제원리에 입각한 자율경쟁체제의 확립을 위하여 주력하여 온 것이 정책기조상의 특징이라고 하여도 과언이 아닐 것이다.

그 근본적인 취지와 추구하는 이념이 무엇인가에 대하여서는 논자에 따라 여러 가지로 설명할 수 있겠고, 어찌보면 경제학의 근본 원리까지 논급하여야 할 본질적인 정책기조의 문제가 되겠으나, 여기에서는 우선 우리나라 특유의 사정에 입각하여 다음 몇 가지로 요약하여 보기로 한다.

첫째로, 자원의 최적배분 유도이다. 특정분야에 대한 정부의 중점지원에 기대려는 기업풍토하에서 자칫 야기되기 쉬웠던 자원배분의 왜곡을 막고, 시장기능의 원리에 입각하여 자원의 자연적인 배분이 이루어질 수 있도록 하자는 것이다. 바꾸어 말하면 지나친 허가제·등록제의 규제로 자원이 특정분야에 인위적으로 주입되어 가도록 하는 현상은 가급적 막아야 했던 것이다.

각종 규제의 철폐와 중소기업들의 창업이 용이하여지도록 하려는 조치가 모색되는 이유도 바로 여기에 있는 것이며, 1980년도 12월에 제정된 공정거래법의 제정입법목적도 이러한 정책방향을 추구하는 대표적인 사례의 하나인 것이다.

둘째로, 국제경제여건과 날이 갈수록 치열하여져 가는 국제경쟁 속에서 우리산업이 발전하여 나갈 수 있도록 하기 위하여서는 산업에 대한 정부의 지나친 보호 내지 지원은 이를 점진적으로 지양하여 나가면서 —민간의 자율적인 역량의 터전위에서 각자 스스로 모색하고, 도전하고, 사업을 키워 나가도록 도모하는 가운데— 어떠한 내·외여건 속에서도 이를 이겨 낼 수 있는 경쟁력과 의지를 갖출 수 있도록 유도하고자 하는 것이다.

근래 정책자금의 점진적인 축소 또는 금리격차의 지양 등을 비롯하여 금융전반에 걸친 자율화가 추진되고 있고, 내국세나 관세제도면에서 특정산업에 대한 감면이 축소되는 등 산업지원제도면에서 이른바 균형화 내지 중립화의 개념으로 나아가고 있는 것도 모두 이런 맥락에서 추진되고 있는 것이라 할 수 있다.

셋째로, 산업과 각기업들의 체질을 구조적으로 개선시키자는 것이다. 위에서 본 바와 같이 초기 개발육성단계에 흔히 볼 수 있었던 외부의존(기대) 풍토하에서는 기업이 자신들의 내부경영구조를 개선하고 강화하는 것은 기대하기 어려웠다.

이제 냉엄한 경쟁여건 속에서 이겨 나가는 길은 오직 재무구조를 비롯한 기업의 체질전반을 스스로 개선하고 다져 나가는 길밖에 없는 것이 오늘의 상황이다.

넷째로, 외부로부터 압력에 대한 대처수단이다. 우리산업이 자라고 수출이 늘어나면 늘어날수록 우리의 수출에 대한 개방의 압력도 더욱 커질 수밖에 없는 것이 필연적인 추세이다. 이러한 추세에 처하여 우리의 산업이 취하여야 할 과제도 오직 경쟁력을 강화하여 어떠한 조건하에서도 이겨 낼 수 있는 자주역량을 길러 내는 수밖에 없음은 물론이다.

물론 이것만이 그 사유의 전부는 아니겠지만, 근래 수입자유화가 과감하게 추진되고 있고, (1988년까지 선진국수준인 95%수준 실현예상), 관세면에서도 매년 인상되어 가고(1988년까지 전 품목 평균관세율 18.1% 예상) 있는가 하면, 외국인 투자의 문호도 더욱 넓혀 종전의 positive system에서 negative system으로 전환하는 등 일연의 조치가 이루어지고 있는 것들은 개방추세에 대응하는 시책의 방향들로서 불가피한 선택이 되고 있는 것이다.

3. 새로운 정책기조에 비추어본 현행 법률의 문제점

우리가 현재 운용하여 오고 있는 법률들은 그 제정이래 분명히 많은 성과를 쌓아 왔다. 지난 1970년대 초 이래 15년여에 걸쳐 이들 법률들은 그간의 외형적인 성장을 제도적인 면에서 뒷받침하여 왔다는 데에는 누구나 이의가 없을 것이다.

그러나 위에서 본 바와 같이 새로운 여건의 변화와 정책기조의 전환은 이들 법률에 대하여서도 새로운 조명을 하지 않으면 안 되게 되었다.

이에 대하여서도 여러 가지 측면에서 고찰하여볼 수 있겠으나. 이들 법률들은 제정당시의 여건과 법제정 목적의 특수성 때문에 그 체제와 내용면에서도 이에 따른 특수성을 띠지 않을 수 없다는 데에서부터 우리의 논의를 시작하여 볼 수 있을 것이다.

첫째로 들 수 있는 것은 광범한 규제와 정부지원에 입각한 육성의 개념이 지배하였다는 것이다. 당시 너무도 부족하였던 자원사정으로는 산업을 일으키려함에 있어 자연히 그 배분대상을 정책적으로 선택하는 분야로 한정할 수밖에 없었다. 이에 따라 각법률들은 당해분야에서 일정한 기준을 정하여 놓고 이에 해당하는 업체들만 '등록'을 받을 수 있도록 함으로써 이들 등록업체에 한하여 지원을 받을 수 있도록 하거나 공장의 제조시설을 설치하려는 경우에도 허가를 받게 한다든지 심지어는 제조공정에 대하여도 정부가 간섭할 수 있는 근거규정을 두게 되었던 것이다.(물론 이러한 허가제가 그 이유의 전부는 아니겠지마는 오늘날 제조업체의 숫자를 비교하여볼 때 우리의 경우 4만3천 개로, 대만의 6만3천220개, 일본의 44만7천 개에 비하여 커다란 격차를 보이는 것은 우리에게 주는 시사점이 크다고 하겠다.)

둘째로, 지원대상이 포괄성을 띠게 되었으며, 지원에 대한 의지가 직접적이고도 강렬하게 표출되어 있다는 점이다. 기계공업·섬유공업 등 각분야별로 특별법을 제정하는 과정에서 비록 이들 특별법이 각개별분야를 대상으로 하는 법이면서도 각법률자체는 해당분야의 모든 공업을 그 대상으로 한다고 되어 있었던 것이며, 따라서 지원대상도 기계공업전반, 섬유공업도 모든 분야에 해당되도록 규정되어 있었던 것이다. 이러한 공업의 육성을 위하여서는 가능한 여러 가지의 방법을 통하여 적극적으로 이를 지원하여준다는 의도하에 예를 들어 특별단지를 조성하여준다든지, 공공요금을 할인하여준다는 규정, 또는 심지어 정부가 특정업종에 보조금을 지급하여줄 수 있다는 규정까지 삽입되어 있었던 것이다.

셋째로, 초기성장단계의 이들 법률들은 외형적인 성장면에 보다 더 역점을 두어 왔으며, 공업의 경쟁력 향상에 대한 내용은 상대적으로 미흡하였다는 평가를 받고 있다.

각분야별로 생산규모를 어떻게 늘리고 또한 이를 촉진하기 위하여 어떤 지원을 한다는 규정들은 많았지만 이들 공업이 생산성을 제고시키고 기술을 발전시키며 품질을 향상시키는 노력을 통하여 산업의 경쟁력을 강화하여 나가도록 하는 데 대한 규정들은 거의 없거나 형식적으로 규정은 몇 개 조항이 있다고 하더라도 그 구체적인 내용이 미비하여 거의 실제운영이 되지 못하였던 것이다. 예를 들어 '00공업 합리화계획'을 수립한다고 되어 있지만 이들 조항이 실제 운영된 실적은 거의 없다.

넷째로, 정책수립의 정부주도형적 성격이다. 당시 아직 개발초기단계에서 국내에서 가장 잘 조직된 지식과 정보는 정부쪽에 집중되어 있었던 결과였기도 하였지만 각법률에 의한 정책의 결정과 집행은 광범위한 컨센서스를 바탕으로 하기보다는 정부쪽에서 제한된 시간·정보를 토대로 이루어져 왔다는 지적을 받고 있는 것이다.

Ⅲ. 공업발전법의 추진과정

위에서 본 바와 같이 최근의 국내외 경제동향과 정부정책방향의 흐름에 부응하여, 공업부문의 법규들을 종합적으로 재검토하고 정비한다는 문제는 오래 전부터 제기되어 왔다.

이에 따라 상공부에서는 1983년 8월부터 각법률의 주무담당관들이 중심이 되어 앞으로의 정책방향을 어떻게 정립할 것인가에 대한 논의를 계속하여 오는 가운데, 업계와 관계전문가들의 의견도 광범하게 청취하는 일련의 작업이 진행되어 왔다. 그리하여 드디어 현행법에 대신할 새로운 법규로서 공업발전법(안)이 성안되기에 이르렀고, 이 시안을 토대로 관계정부기관은 물론 각종연구소와 경제단체, 그리고 저명한 학계인사 등과의 다각적인 의견교환이 있게 되었다. 이러한 과정에서 나타난 건설적인 의견들은 다시 진지한 내부검토과정을 거치게 되었으며, 이 과정을 통하여 보완되고 다듬어진 정부안이 국회에 제출되었다.

그동안 법안과 관련하여 관계기관이나 전문가들의 검토과정에서 가장 관심의 대상이 되었던 것은 산업정책의 한계, 즉, 민간경제에 대하여 어디까지 개입할 수 있는가의 문제에 관한 것이었다. 종전의 정부의 과도한 개입으로부터 야기되었던 '정부실패(government failure)'의 사례에 대하여 깊이 우려하는 입장에서는 더 이상의 정부의 간섭이나 개입을 배제하고 시장경제원리에 현저히 충실하여 산업이나 개별기업이 스스로의 권한과 책임하에 판단하고 결정하고 행동하도록 두어야 한다는 것을 강조하였다. 반면에 아직은 완전한 선진경제에 이르지 못한 현 단계로서는 공업을 보다 더 효율적으로 발전시켜 나간다는 차원에서 최소한의 불가피한 개입은 허용되어야 한다는 입장에서는 (개입의 범위를 대폭 줄이고 개입으로부터 야기될 수 있는 부작용은 최대한 예방하여나가는 장치를 강구하는 가운데) 현실에 존재하는 '시장실패(market failure)'를 보완하여주는 정부의 기능이 적절하게 존재하여야 한다는 것이었다.

그러나 우리의 현 단계에서 공업의 효율적인 성장을 도모한다는 것은 현실적으로 긴절한 정책기조가 되고 있는 터에 불가피한 정책의 존재는 인정하여야 마땅하며, 다만 어떻게 하면 종전과 같은 체제를 탈피하여 합리적이고도 합목적적인 정책의 수립을 도모하여 가느냐가 논의 초점이 되어야 한다는 데 의견이 모아졌다.

이에 따라 앞으로의 공업정책에 있어서는 특정업종. 특정업체의 인위적인 선정과 자의적인 배려를 한다는 인식을 기본적으로 불식하여 각산업분야별로 과거를 돌아보고, 현재를 점검하며, 미래를 가늠하여보는 입체적인 연구가 정책체제 내지는 정책형성과정의 기본적 틀이 되어야 한다는 주장이 강조되었다.

물론 이러한 연구과정에서는 정부측 일변도의 관행을 과감하게 떨쳐버리고, 업계와 연구소·학계 등 국내의 지식과 정보가 총집약화되도록 노력하여야 한다는 것과, 산업의 발전을 지원해주는 데 있어서도 경쟁력을 배양하고 산업을 합리화하는 노력에 대하여 지원이 따라주는 이른바 기능별지원의 중요성에 대한 주장도 강조된 바 있다는 것을 말하여 두고 싶다.

Ⅳ. 공업발전법의 주요내용

1980년대 초까지의 초기공업육성단계에서는 공업의 각분야를 직접 지원·육성하기 위하여 정부주도하에 업종별로 개별법을 제정·시행하여 왔으나 그동안 우리나라의 공업기반의 수준이 향상되어 정부의 공업발전정책이 시장경제의 자율·경쟁원리에 맡기는 방향으로 전환되고 있는 추세에 맞추어 종전의 기계공업진흥법등 7개의 공업지원·육성관계법률을 폐지하고 공업기술 및 생산성의 향상 등을 통하여 공업의 균형있는 발전을 도모하며 공업의 합리화를 촉진하려는 것이 제안이유였다.

(1) 민간자율기반의 확립　　민간자율기반을 확립하기 위하여 각종규제, 즉 사업자등록, 시설등록 등을 과감하게 철폐하고 시장원리 내지 자율적인 경쟁체제에 입각한 공업발전체제를 이룩하도록 하였다.

(2) 합리화 업종의 지정　　이러한 시장경제 원칙에 대한 예외로서가 아니

라 이것이 보다 완전하게 기능을 발휘할 수 있도록 촉진한다는 차원에서 일부 필요한 공업분야에 대한 '합리화계획' 제도를 활용한다는 '합리화계획' 제도를 두었다. 이 분야에 대하여서는 새 법 제정과정에서 가장 많은 논의가 되었는 바, 우리의 현실에서 꼭 필요하다고 인정되는 경우에 한하여 최선의 정책이 수립되어지도록 보완적인 장치로 새 법에 담아지게 된 것이다.

합리화계획의 대상은 그 시각의 초점을 '경쟁력'에 두고, ① 경쟁력을 갖출 때까지 효율적으로 제고시켜 나가기 위하여 업계가 합심하여 노력하는 분야와 ② 구조적으로 경쟁력을 잃어가는 업종으로서 당해산업의 처리(설비감축, 업종 전환 등)를 체계적으로 추진하여나가는 분야의 두 가지로 나누어 규정하였다. 먼저 경쟁력보완분야에 대하여서는 기술의 향상이라든지 생산성제고, 시설의 최신화 또는 필요한 설비투자에 이르기까지 당해업종이 경쟁력을 효율적으로 강화하여 나가는 데 필요한 제반 사업이 추진되게 될 것이며, 다음으로 경쟁력상실분야에 있어서는 시설증대의 규제 내지 처리의 촉진, 사업의 양도 또는 업종의 전환 등 당해업종이 국민경제에 큰 부담을 줌이 없이 자연스럽게 사라지도록 유도하고자 한 것이다.

이러한 사업들을 수행하는 데 꼭 필요한 공동행위에 대하여서는 공정거래법의 적용도 배제하도록 하였다. 이들 대상분야는 원칙적으로 업계의 자발적 신청과 공업발전심의회 등의 심의를 거쳐 선정하게 될 것이며 그 추진과정에 있어서도 원칙적으로 사업자의 자주적인 노력에 의하도록 하되, 필요한 최소한의 범위 안에서만 정부의 지원을 실시하거나 등록제 등을 실시할 수 있도록 하였다.

그리하여 상공부장관은 사업자의 신청을 받아 공업발전심의회와 대통령령이 정하는 심의회의 심의를 거쳐 합리화업종을 지정하는 것을 원칙으로 하되, 사업자의 자발적인 신청을 기대하기 어려운 경우 등에는 상공부장관이 공업발전심의회 및 대통령령이 정하는 심의회의 심의를 거쳐 직권으로 지정할 수 있도록 하였다(법 제4조, 제5조).

(3) 공업기반기술향상계획의 수립   공업지원정책의 재정비를 하도록 하였다. 이제 앞으로는 업종별지원은 '합리화계획' 대상 업종에 국한시킬 것이며,

따라서 업계에 대한 지원은 이른바, '기능별'지원정책으로 전환하여 기술과 생산성향상을 기하도록 하는 데 주력하게 될 것이다. 이를 위하여 상공부장관은 '공업기반기술향상계획'을 수립하고, 이를 뒷받침하기 위하여 각종연구소 등에 연구개발을 위탁하거나, 각기업들의 시험연구개발 및 기술향상촉진을 위한 사업을 적극적으로 실시하도록 지원할 방침이다. 이러한 지원책의 일환으로 기존의 각종 기금을 통합한 '공업발전기금'도 설치 운영할 것이다.

그리하여 상공부장관은 공업기반기술향상계획을 수립·공고하고, 공업기반기술개발사업과 사업자의 기술향상노력을 촉진하기 위한 공업기술개발촉진사업을 하도록 하였다(법 제12조). 그리고 또한 공업의 균형있는 발전과 공업의 합리화를 촉진하기 위한 필요한 재원을 확보하기 위하여 공업발전기금을 설치하도록 하였다(법 제17조 내지 제20조).

(4) 공업발전심의회설치　　공업정책추진체제를 개선하기 위하여 공업에 관한 전문적인 지식과 식견을 갖춘 전문가들(업계·학계·연구소 등)로 하여금 모든 정보가 수집되도록 하며, 최선의 정책이 수립되도록 한다는 목표아래 공업정책심의회를 설치하여 실질적·실용적인 운영을 할 수 있는 방향으로 유도하여 나갈 것이다. 그리하여 사업자 및 공업에 관한 전문가로 구성된 공업발전심의회를 상공부에 설치하도록 하였다(법 제21조).

(5) 사업자단체의 설립　　사업자는 상공부장관의 허가를 받아 업종별로 사업자단체를 설립할 수 있도록 하였다(법 제23조).

(6) 기계공제사업단체 및 조선공제사업단체의 설립　　사업자는 상공부장관의 허가를 받아 사업자의 상호부조를 통하여 기계류의 품질보장과 하자보증을 목적으로 하는 기계공제사업단체와 건조 중 또는 건조 후 인도전 선박의 사고로 인한 손실의 보상을 목적으로 하는 조선공제사업단체를 설립할 수 있도록 하였다(법 제25조).

(7) 공정거래법의 적용배제　　업종별 합리화계획에 의하여 실시하는 공동행위, 사업제휴, 합병 등에 대하여는 독점규제및공정거래에관한법률을 적용하지 아니하도록 하되, 상공부장관은 공동행위·사업제휴·합병 등을 포함하는 업종별 합리화계획을 수립하고자 할 때에는 미리 경제기획원장관과 협의하도록 하였다(법 제26조).

(8) 벌칙　　업종별 합리화계획의 실시에 따른 상공부장관의 조치명령에 위반한 합리화사업자는 1천만 원 이하의 벌금에 처하도록 하였다(법 제29조).

Ⅴ. 새 공업발전법에 기대되는 효과

새로이 제정된 공업발전법을 통하여 우리는 앞으로의 공업정책면에서 많은 성과가 나타나는 계기가 될 것임을 기대한다.

우선 무엇보다도 제조업에 대한 각종 규제의 과감한 철폐는 우리의 공업에 새로운 차원의 도약을 하게 될 전기를 마련하게 될 수 있을 것으로 기대한다. 사업자에 대한 허가제, 생산시설에 대한 각종규제가 폐지되고 자유로운 생산활동을 전개할 수 있도록 하게 함으로써, 새로운 창업이 진작되고 활발한 공업투자가 일어나게 되도록 분위기를 조성하는 데 커다란 기여를 하게 될 것이다.

또한 민간자율경쟁체제의 확립은 기업풍토면에서 경쟁속의 자기단련을 생활화하는 기업체질을 이룩할 것이며, 경쟁력측면에서 이를 보강하거나 정리하여 나가는 시책, 그리고 업종별지원보다는 기능별지원이라는 시스템을 추구하여 나가는 과정 등에서 자연스러운 산업구조개선이 이루어지게 될 것이며, 이에 따라 효과적인 공업발전 내지 국민경제의 발전도 촉진하게 될 것으로 기대되는 것이다.

한편 각계의 컨센서스를 이룩하는 정책체제를 통하여서는 정책의 시행착오를 최소화하고, 정책자체에 대한 각계의 호응을 높여 그 효율적인 집행이 이루어질 수 있는 바탕이 마련되게 될 것이다.

[참고자료] 상공부, 공업발전법 해설(1986년)

제3절 공업발전법의 폐지 및 산업발전법의 제정
(시행 1999. 5. 9., 제정 1999. 2. 8. 법률 제5825호)

Ⅰ. 산업발전법의 제안이유 및 주요골자

행정규제기본법에 의한 규제정비계획에 따라 산업의 경쟁력강화, 산업조직의 효율화, 기업구조조정의 촉진 및 국제산업협력의 증진 등 우리 산업구조의 고도화를 촉진하기 위한 정책추진체제를 종합적으로 정비함으로써 21세기의 경쟁력 있는 선진형 산업구조를 앞당겨 달성하기 위하여 1999년 2월 8일 법률 제5825호에 의거 공업발전법이 폐지되고 새로이 '산업발전법'이 제정되었다.

이 법의 주요골자는 ① 성장잠재력 및 국민경제발전에의 기여도가 높은 새로운 산업부문의 창출을 촉진하기 위한 시책을 수립할 수 있는 근거를 마련함으로써 21세기의 산업여건변화에 부응하는 경쟁력 있는 산업구조로의 개편을 촉진할 수 있도록 함(법 제7조). ② 산업의 경쟁력강화를 위하여 부품 등의 표준화·공용화사업기술 또는 상표의 공동개발사업 등에 대한 지원근거를 마련함으로써 기업간협력을 촉진할 수 있도록 함(법 제11조). ③ 구조조정이 필요한 기업을 인수하여 정상화한 후 매각을 통하여 수익을 추구하는 기업인 구조조정전문회사의 설립을 촉진하기 위하여 동 전문회사의 등록제도 등을 마련함으로써 우리 기업의 구조조정이 원활히 이루어질 수 있도록 함(법 제14조 내지 제18조). ④ 기업구조조정전문회사에 대하여 독점규제 및 공정거래에 관한법률에 의한 지주회사 및 상법에 의한 사채발행한도상의 특례를 인정함으로써 동 전문회사의 원활한 업무수행 및 재원조달이 가능하도록 함(법 제19조).

Ⅱ. 산업발전법의 주요내용

1. 산업발전시책의 강구

산업자원부장관은 산업의 경쟁력 강화를 위하여 관계중앙행정기관장과 협의하여 ① 산업의 경쟁력강화, ② 구조조정의 촉진, ③ 산업기술 및 생산성의 향상, ④ 산업인력의 양성 및 그 효율적인 관리, ⑤ 산업기반의 확충, ⑥ 국제간 산업협력의 증진 등에 대한 산업발전시책을 강구하도록 하였다(법 제3조).

2. 산업의 경쟁력강화

(1) 중·장기산업발전전망의 수립 등　　산업자원부장관은 산업의 중·장기적인 발전방향을 제시하기 위하여 5년 단위의 중·장기산업발전전망을 수립할 수 있으며, 그 중·장기산업발전전망에는 ① 산업구조의 고도화에 대한 전망, ② 산업부문별 발전전망 및 투지예측, ③ 성장잠재력 및 국민경제발전에의 기여도가 높은 새로운 산업부문의 발전전망, ④ 기술·인력·입지 등 기업활동요소의 수급변화에 대한 전망이 포함되어야 한다(법 제4조).

(2) 첨단기술 및 첨단제품의 선정　　산업자원부장관은 중·장기산업발전전망에 따라 산업구조의 고도화를 촉진하기 위하여 첨단기술 및 첨단제품의 범위를 정하여 이를 고시하여야 하며, 여기에서의 첨단기술 및 첨단제품의 범위는 기술집약도가 높고 기술혁신속도가 빠른 기술 및 제품을 대상으로 ① 산업구조의 고도화에 기여, ② 신규수요 및 부가가치 창출효과 및 ③ 산업간 연관효과 등을 고려하여 정하여야 한다(법 제5조).

(3) 부문별 경쟁력강화시책 수립　　그리고 산업자원부장관은 중·장기산업발전전망에 따라 산업부문별로 경쟁력을 강화하기 위한 시책을 수립하여야 하며, 부문별경쟁력강화시책에는 ① 산업부문별 경쟁력의 현황 및 강화방안, ② 기술·인력 입지 등 기업활동요소의 원활한 공급방안, ③ 국제화 및 정보화의 촉진방안 등 사항이 포함되어야한다(법 제6조).

(4) 신산업의 창출촉진　　그리고 또한 산업자원부장관은 중·장기산업발전전망에 따라 신산업의 창출을 촉진하기 위한 시책을 수립하도록 하여야 하며, 그 시책에는 ① 신산업의 부가가치 및 고용창출전망, ② 신산업의 발전방향, ③ 기술·인력·입지 등 기업활동요소의 원활한 공급방안이 포함되어야 한다(법 제7조).

(5) 지역산업의 진흥계획　　서울특별시장·광역시장·도지사 등 시·도지사는 관할지역의 산업진흥을 위한 산업진흥계획을 수립할 수 있으며, 산업진흥계획에는 ① 관할지역의 산업현황 및 산업발전전망, ② 산업입지, 기술인력, 교통시설, 용수시설, 정보화 수준 등 관할지역의 산업기반현황 및 개선방안이 포함되어야 한다. 산업자원부장관은 산업진흥계획의 시행을 지원하기 위한 시책을 수립할 수 있으며, 그 시책을 수립함에 있어서는 ① 지역별 산업구조의 고도화, ② 산업입지, 기술인력, 교통시설, 용수시설, 정보화 수준 등 지역별 산업기반현황, ③ 대통령령이 정하는 수도권에 소재하고 있는 독점규제 및 공정거래에 관한 법률 제9조의 규정에 의한 대규모기업집단의 본점 또는 공업배치 및 공장설립에 관한 법률 제2조 제1호의 규정에 의한 공장의 수도권 밖으로의 이전방안 등을 고려하여야 한다(법 제8조).
　정부는 ① 수도권 밖의 지역에 설립되는 중소기업기본법 제2조의 규정에 의한 중소기업 또는 공장, ② 수도권에서 수도권 밖의 지역으로 이전하는 기업의 업무관련시설 또는 공장에 대하여 필요한 지원을 할 수 있다. 정부는 위 각호의 1에 해당하는 기업·공장 또는 시설이 설립되거나 이전되는 지역의 지역총생산·재정자립도·인구증가율 등이 다른 지역보다 현저하게 낮은 지역인 때에는 다른 지역보다 우대하여 지원할 수 있다(법 제9조).

(6) 사업전문화 유도시책　　또한 산업자원부장관은 산업의 경쟁력강화를 위하여 기업이 영위하는 사업의 전문화를 유도하기 위한 시책을 수립할 수 있다(법 제10조).

(7) 기업간 협력의 촉진　　기업간 협력에 의한 산업의 경쟁력강화를 위하

여 기업이 ①부품 등의 표준화 또는 공용화를 위한 사업, ②공동의 기술 또는 상표를 개발하는 사업, ③기업협력에 의하여 기술·인력 등을 제휴하는 사업을 수행하는 때에는 이에 필요한 지원을 할 수 있다(법 제11조). 또한 정부는 인적자원의 개발 등 기업의 경영능력의 증진을 위한 사업에 대하여 필요한 지원을 할 수 있다(법 제12조).

(8) 사업전환의 지원 등   정부는 대통령령이 정하는 사업전환 등의 과정에서 발생하는 유휴경영자원의 활용도를 높이기 위하여 ①유휴설비의 매각·담보해제 등 유휴설비의 처리를 위한 사업, ②재취업훈련·취업알선 등 고용안정과 관련한 사업, ③기술이전·고용승계 등 유휴 경영자원의 활용을 위한 사업에 대하여 필요한 지원을 할 수 있다(제13조). 또한 산업자원부장관은 유휴설비의 거래를 촉진하기 위하여 ①기업간 유휴설비거래의 중개, ②유휴설비 매매에 관한 정보 제공 등 유휴설비의 원활한 거래를 위하여 필요한 사업을 행하는 자 중 대통령령이 정하는 법인 또는 단체가 그 사업을 효율적으로 수행할 수 있도록 필요한 지원을 할 수 있다(법 제13조).

3. 기업구조조정전문회사

(1) 기업구조조정전문회사의 등록   구조조정대상기업의 인수, 인수한 구조조정대상기업의 정상화 및 매각 등의 사업을 영위하는 회사로서 이 법에 의한 지원을 받고자 하는 자는 산업자원부장관에게 등록하여야 한다. 또한 중소기업창업지원법 제11조 제1항의 규정에 의하여 중소기업청에 등록한 중소기업창업투자회사와 여신전문금융업법 제3조 제1항의 규정에 의하여 재정경제부에 등록한 신기술금융사업자중 구조조정대상기업의 인수, 인수한 구조조정대상기업의 정상화 및 매각 등의 사업을 추가로 영위하고자 하는 자는 산업자원부장관에게 등록을 신청할 수 있다(법 제14조 제1항, 제2항).

(2) 구조조정대상기업   구조조정대상기업은 금융 및 보험업을 제외한 업종의 영업을 영위하고 있는 기업으로서 ①어음법 제83조의 규정에 의하여 지

정된 어음교환소로부터 최근 3년 이내에 1회 이상 거래정지처분을 받은 기업, ② 화의법 제13조의 규정에 의한 화의개시, 회사정리법 제30조의 규정에 의한 정리절차개시 또는 파산법 제122조의 제1항 또는 제123조 제1항의 규정에 의한 파산을 법원에 신청한 기업, ③ 당해기업에 대하여 채권을 가진 금융기관이 부실채권을 정리하기 위하여 당해기업과 경영의 위임계약을 체결하여 관리하는 기업, ④ 당해기업에 대하여 채권을 가진 금융기관 등으로 구성된 기구로서 대통령령이 정하는 기구가 그 정상화의 추진이 필요하다고 인정한 기업, ⑤ 영업양도·합병·자산매각 등을 통하여 당해기업의 재무구조개선 또는 경영정상화의 추진이 필요한 기업으로서 대통령령이 정하는 요건에 해당하는 기업 등이다(법 제14조 제4항).

 (3) 기업구조조정전문회사의 조정대상기업의 인수·합병이나 그 영업 또는 자산을 매입하는 방법   ① 당해전문회사가 구조조정대상기업의 주식 또는 지분을 취득하여 그 경영권을 획득하거나 자산을 매입하는 방법, ② 당해구조조정전문회사의 자회사로 하여금 구조조정대상기업과 합병하거나 구조조정대상기업의 영업 또는 자산을 매입하는 방법으로 행하여야 한다(법 제14조 제5항).

 (4) 전문회사의 인수 등의 제한   전문회사는 그와 대통령령이 정하는 특수한 관계에 있는 구조조정대상기업을 인수·합병하거나 그 영업 또는 자산을 양수하여서는 아니 된다. 전문회사는 특수관계에 있는 자에게 그가 인수 등을 한 구조조정대상기업을 매각하여서는 아니 된다. 전문회사는 주조조정대상기업을 인수 등을 한날로부터 5년 이내에 당해구조조정대상기업을 매각하여야 하되, 산업자원부장관은 전문회사가 당해구조조정대상기업을 매각하기 어려운 경우로서 대통령령이 정하는 사유가 있다고 인정되는 경우에는 1년 이내의 범위 내에서 당해구조조정대상기업의 매각기한을 연장할 수 있다(법 제17조).

 (5) 전문회사에 대한 특례   전문회사가 독점규제 및 공정거래에 관한 법률 제2조 제1호의2의 규정에 의한 지주회사에 해당하게 되는 경우에는 동법 제8

조의2 제1항 제1호(순자산액을 초과하는 부채액을 보유하는 행위) 및 제2호(자회사의 주식을 당해자회사 발행주식 총수의 100분의 50 미만으로 소유하는 행위)의 규정을 적용하지 아니한다. 전문회사는 상법 제470조의 규정에 불구하고 자본금과 적립금의 합계액의 10배를 초과하지 아니하는 범위 안에서 사채를 발행할 수 있다(법 제19조).

(6) 기업구조조정조합의 등록 등   전문회사와 전문회사외의 자가 출자하여 구조조정대상기업에 대한 투자·인수 등을 하기 위하여 조합을 결성할 때에는 산업자원부장관에게 기업구조조정조합의 등록을 신청하여야 한다. 전문회사가 조합을 결성하고자 할 때에는 ① 사업개요, ② 출자계획, ③ 수익의 배분계획, ④ 기타 산업자원부장관이 필요하다고 인정하는 사항을 공고하여야 한다. 전문회사는 조합에 출자되는 자금을 선량한 관리자의 주의로써 관리하여야 한다(법 제15조).

(7) 기업의 구조조정 촉진을 위한 지원   산업자원부장관은 ① 기업간 인수·합병의 중개, ② 기업간 기술·인력 등의 제휴알선, ③ 기업의 생산설비, 부동산 등의 매매에 관한 정보제공, ④ 기업의 구조조정에 관한 지원제도의 안내 및 상담을 행하는 법인 또는 단체로서 대통령령이 정하는 자에게 그 사업을 효율적으로 수행할 수 있도록 필요한 지원을 할 수 있다(법 제21조).

4. 산업기술 및 생산성향상

(1) 산업기술 및 생산성향상의 장려   산업자원부장관은 사업자로 하여금 산업기술 및 생산성 향상을 촉진하게 하기 위하여 ① 기업의 연구개발 및 생산성향상과 관련된 조직의 설치 및 운영, ② 산업기술개발조성에 관한 법률에 의한 전문생산기술연구소 및 산업기술연구조합육성법에 의한 산업기술연구조합의 설립·운영, ③ 제27조의 규정에 의한 한국생산성본부, 정부출연연구기관등의 설립·운영 및 육성에 관한 법률에 의하여 설립된 한국생산기술연구원 및 특정연구기관육성법 또는 정부출연연구기관등의 설립·운영 및 육성에 관

한 법률에 의한 특정연구관이 행하는 사업에의 참여, ④ 제24조의 규정에 의한 산업기반기술개발사업 및 산업기술 기반조성에 관한 법률에 의한 기술기반조성사업에의 참여, ⑤ 연구개발에 관한 투자의 촉진, ⑥ 외국선진기술의 도입에 관 한 사업을 실시하도록 장려하여야 한다(법 제22조).

(2) 산업기반기술개발계획 등의 수립   산업자원부장관은 산업발전에 긴요한 기술로서 ① 산업의 공통적인 애로사항으로 되어 있는 기술분야, ② 산업의 기술력향상에 필요한 핵심소재 및 부품의 기술분야, ③ 산업의 핵심기술의 집약에 필요한 엔지니어링·시스템기술분야, ④ 에너지, 자원기술, 첨단기계관련 산업기술 등 새로운 개발수요가 큰 기술분야, ⑤ 산업기술의 향상을 위하여 우선적으로 개발이 필요한 기술분야의 기술을 효율적으로 개발하기 위한 '산업기반기술개발계획'을 5년 단위로 수립하여야 한다. 산업기반기술개발계획에는 ① 산업기술의 향상을 위한 기술개발 또는 기술도입에 관한 사항, ② 기술계통도의 작성 등 기술전망조사에 관한 사항, ③ 산업기술수준의 평가 및 기술개발의 수요조사에 관한 사항, ④ 외국정부·국제기구 및 외국의 기술관계기구와의 공동연구개발에 관한 사항, ⑤ 기술개발성과의 활용에 관한 사항, ⑥ 위 각호에 해당하는 분야의 개발을 효율적으로 추진하기 위하여 필요한 사항이 포함 되어야 한다. 산업자원부장관은 산업기반기술개발계획의 시행을 위한 시행계획을 매년 수립하여 이를 고시하여야 한다(법 제23조).

(3) 산업기반기술개발사업의 실시   산업자원부장관은 산업기반기술개발계획을 효율적으로 추진하기 위하여 대통령령이 정하는 바에 의하여 중앙행정기관의 장과 협의하여 ① 국·공립연구기관, ② 특정연구기관육성법 또는 정부출연연구기관등의 설립·운영 및 육성에 관한 법률에 의한 특정연구기관, ③ 산업기술연구조합육성법에 의한 산업기술연구조합, ④ 고등교육법에 의한 대학·산업대학·전문대학 또는 기술대학, ⑤ 정부출연연구기관등의 설립·운영 및 육성에 관한 법률에 의하여 설립된 한국생산기술연구원 또는 산업기술기반조성에 관한 법률에 의한 전문생산기술연구소, ⑥ 산업디자인진흥법에 의한

한국산업디자인진흥원 및 산업디자인 전문회사, ⑦ 산업기술정보원법에 의한 산업기술정보원, ⑧ 제27조의 규정에 의한 한국생산성본부, ⑨ 산업기술개발의 촉진을 위하여 필요하다고 인정하여 대통령령이 정하는 법인·단체 및 사업자 등으로 하여금 산업발전에 필요한 산업기반기술개발사업을 실시하게 할 수 있다. 이 경우 산업자원부장관은 산업기반기술개발사업을 실시하는 자에게 그 사업에 소요되는 비용에 충당할 자금을 출연할 수 있다(법 제24조).

(4) 첨단기술 등의 개발사업을 위한 자금지원   정부는 기술개발을 촉진하기 위하여 예산의 범위 안에서 ① 제5조 제1항의 규정에 의한 첨단기술 및 첨단제품의 개발시업, ② 자본재의 시제품개발사업, ③ 산업기반기술개발사업의 후속개발사업, ④ 산업의 균형있는 발전과 산업구조의 고도화를 촉진하기 위하여 대통령령이 정하는 기술개발사업에 필요한 자금을 지원할 수 있다(법 제25조).

(5) 개발기술의 실용화   정부는 개발된 기술을 응용하여 이를 실용화하는 사업자 및 이에 대한 출자를 주된 사업으로 하는 자를 육성하기 위하여 필요한 시책을 강구하여야 한다. 산업자원부장관은 대통령령이 정하는 바에 의하여 개발된 기술의 실용화를 촉진하기 위하여 ① 실용화를 지원하는 전문기관의 육성, ② 실용화에 의하여 생산되는 제품의 판매촉진, ③ 기타 개발된 기술의 실용화를 촉진하기 위하여 대통령령으로 정하는 사업을 실시할 수 있다(법 제26조).

(6) 한국생산성본부   산업의 생산성향상을 효율적이고 체계적으로 추진하기 위하여 한국생산성본부를 설립한다. 한국생산성본부는 법인으로 하고, ① 경영진단 및 지도사업, ② 교육훈련사업, ③ 조사연구사업, ④ 자동화·정보화 등 생산성향상을 위한 기법의 개발 및 보급사업, ⑤ 산업자원부장관이 생산성향상을 위하여 위탁한 사업, ⑥ 기타 생산성향상을 위하여 필요한 사업으로서 한국생산성본부의 정관이 정하는 사업을 실시한다. 한국생산성본부는 목적달성에 필요한 경비를 조달하기 위하여 산업자원부장관의 승인을 얻어 수익사업을 할 수 있다(법 제27조).

5. 산업기반기금

(1) 기금의 설치 및 조성　　정부는 산업의 균형있는 발전과 산업기반의 구축에 필요한 재원을 확보하기 위하여 산업기반기금을 설치한다(법 제28조). 기금은 ① 정부의 출연금 또는 융자금, ② 사업자 또는 제38조의 규정에 의한 사업자단체의 출연금, ③ 기금운용으로 생기는 수익금, ④ 대통령령으로 정하는 수입금을 재원으로 조성한다. 정부는 국내에서 자금을 차입하거나 외국에서 차관을 도입하여 기금에 대여할 수 있다(법 제29조).

(2) 기금의 사용　　기금은 ① 산업의 생산성향상 및 고부가가치화를 위한 사업, ② 입지·물류·유통·정보화 등 산업의 기반여건조성을 위한 사업, ③ 환경친화적인 산업기반의 조성을 위한 사업, ④ 산업의 경쟁력강화시책의 추진을 위한 사업, ⑤ 산업조직의 효율화시책의 추진을 위한 사업에 사용한다(법 제31조).

6. 국제산업협력의 증진

(1) 국제산업협력증진시책　　산업자원부장관은 국내산업의 발전을 위하여 외국과 산업부문의 협력을 증진하기 위한 시책을 수립할 수 있다. 국제산업협력증진시책에는 ① 국제산업협력의 기본방향, ② 국제산업협력의 추진방향, ③ 국제산업협력을 촉진하기 위한 민·관의 협력방안이 포함되어야 한다(법 제32조).

(2) 산업협력협의체의 운영 등　　산업자원부장관은 국내산업의 발전을 위하여 외국과의 산업협력협의체를 운영하는 등 산업부분의 협력을 증진하고 강화할 수 있으며, 정부는 협의체의 원활한 업무수행을 위하여 필요한 지원을 할 수 있다(법 제33조).

(3) 민간산업협력활동의 지원　　산업자원부장관은 국내기업, 대학, 산업·기술관련기관 또는 단체 등이 외국의 기관·단체 등과 대통령령이 정하는 산업협력활동을 추진하는 때에는 관련정보의 수집·제공 등 필요한 지원을 할 수 있다(법 제34조). 산업자원부장관은 국제산업협력을 촉진하기 위하여 지역별

또는 분야별로 민간전문가를 활용할 수 있으며, 민간전문가의 국내외활동에 대하여 여비 등 소요비용을 지원할 수 있다(법 제35조).

7. 산업발전심의회

산업발전에 관한 중요사항을 조사·연구 및 심의하고 산업자원부장관의 자문에 응하기 위하여 산업자원부에 산업발전심의회를 둔다. 심의회의 위원은 산업에 관한 학식·경험이 있는 자 중에서 산업자원부장관이 위촉한다. 다만 대통령령으로 정하는 경우를 제외하고는 공무원을 심의회의 위원으로 위촉할 수 없다.

산업지원부장관은 특정분야의 조사·연구 및 심의를 위하여 필요하다고 인정하는 경우에는 대통령령이 정하는 바에 의하여 심의회에 분과위원회를 둘 수 있다(법 제36조, 제37조).

8. 사업자단체 등

(1) 사업자단체   사업자는 대통령령이 정하는 바에 의하여 산업자원부장관의 인가를 받아 업종별로 당해업종의 사업자단체를 설립할 수 있다. 사업자단체는 법인으로 한다(법 제38조).

사업자단체는 ①발전방향에 관한 조사·연구사업, ②이익증진을 위한 사업, ③산업경쟁력의 향상을 위한 사업, ④심의회 및 분과위원회의 지원을 위한 사업, ⑤산업자원부장관이 당해업종의 발전을 위하여 위탁한 사업, ⑥기타 사업자단체의 정관이 정하는 사업을 실시한다(법 제39조).

(2) 공제사업단체   사업자는 대통령령이 정하는 바에 의하여 산업자원부장관의 인가를 받아, ①기계류의 품질보증과 하자보증을 목적으로 하는 기계공제사업단체, ②건조 중 또는 건조 후 인도전의 선박이 사고로 인하여 손실을 입은 경우 그 손실에 대한 보상을 목적으로 하는 조선공제사업자단체를 설립할 수 있다. 공제사업자단체는 법인으로 한다. 공제사업자단체에 대하여 이 법에 규정된 것을 제외하고는 민법 중 사단법인에 관한 규정을 준용한다(법 제40조).

제4절 기계공업진흥법과 기계공업육성

I. 기계공업진흥법 해설(1967. 3. 30. 제정, 1967. 7. 1. 시행)

1. 기계공업진흥법의 내용

기계공업진흥법은 기계공업의 합리적인 육성을 촉구함으로써 기계공업의 진흥과 발전에 기여함을 목적으로 한다(법 제1조). 이 법에서 '기계공업'이라 함은 기계기구(부분품을 포함) 또는 구조물을 제작(가공을 포함)·조립하는 공업을 말한다(법 제2조).

(1) 기계공업진흥계획 및 시행계획의 작성·공고   상공부장관은 ① 기계제품수급에 관한 사항, ② 도입기계시설의 국산화에 관한 사항, ③ 법 제7조의 규정에 의한 특정기계공업육성에 관한 사항, ④ 시설개체보완에 관한 사항, ⑤ 기계공업의 계열화에 관한 사항, ⑥ 기술도입과 기술자·기능자 양성에 관한 사항, ⑦ 기계공업육성자금조달 및 운용에 관한 사항, ⑧ 기타 필요한 사항을 정하는 기계공업진흥계획을 작성하고 이를 공고하여야 하며(법 제3조), 이 기본계획을 실시하기 위하여 매년 시행계획을 작성하고 시행일 30일 전에 이를 공고하여야 한다(법 제4조).

(2) 기계공업의 등록   기계공업을 영위하는 자는 상공부장관이 정하는 바에 의하여 등록을 하여야 한다(법 제6조).

(3) 특정기계공업의 지정 및 등록   상공부장관은 ① 도입기계시설의 국산화에 대한 기여도가 큰 기계공업, ② 기능 및 품질의 개선과 생산비의 저하가 관련공업에 미치는 효과가 큰 기계공업, ③ 제작기술의 신규개발을 촉구할 필요가 있는 기계공업(특정기계공업)을 지정하고 이를 등록하여야 한다(법 제7조).

(4) 특정기계공업영위자에 대한 지시   상공부장관은 특정기계공업의 육성을 촉구하기 위하여 필요한 때에는 특정기계공업을 영위하는 자에게 ① 노후시설의 개체보완, ② 시설배열의 합리화, ③ 시설의 계열화, ④ 기타 필요한 사

항을 지시할 수 있다(법 제8조).

　(5) 기계공업육성자금을 조성 및 융자　　정부는 재정자금에 의하여 장기저리의 기계공업육성자금을 조성하며, 특정기계공업을 영위하는 자에게 필요한 때에는 기본계획의 범위 안에서 해당사업자에 대하여 ①도입기계시설의 국산화, ②노후시설의 개체보완, ③계열화를 위한 시설의 설치, ④제품검사시설의 설치, ⑤원자재(기계제작용 부품을 포함) 구매자금을 융자할 수 있다. 정부는 기계공업육성자금을 조성하기 위하여 필요한 때에는 국채를 발행할 수 있으며, 국채발행에 관하여는 산업부흥국채법을 준용한다(법 제9조). 정부는 특정기계공업을 영위하는 자에 대하여 제품을 담보로 하여 필요한 자금을 융자할 수 있다(법 제10조).

　(6) 시설기준·제품검사기준의 설정　　상공부장관은 특정기계공업의 합리적 육성을 위하여 필요한 시설기준·제품검사기준을 정할 수 있다(법 제11조).

　(7) 기계공업기술자 및 기능자를 양성하는 자에 대한 보조　　상공부장관은 기계공업기술자 및 기능자를 양성하는 자에 대하여 그 경비의 일부를 보조할 수 있다(법 제12조).

　(8) 국내생산가능기계시설의 품목 선정 등　　상공부장관은 국내에서 생산할 수 있는 기계시설의 도입을 억제하기 위하여 국내생산기계시설의 품목을 선정하고 도입기계시설에 대한 국산화비율을 정하여 공고하여야 한다(법 제13조 제1항). 상공부장관은 도입기계시설의 선정·설치·가동에 관하여 국내에서 기술용역이 되는 기계공업부문에 대하여는 외국기술용역을 억제하고, 외국과 기술제휴를 한 자에 대하여는 국내책임기술자를 배치하도록 지시하여야 한다(법 제13조 제2항).

　(9) 특정기계공업제품의 시작품제작 등에 대한 자금보조　　정부는 기본계획의 범위 안에서 기계공업을 영위하는 자가 ①특정기계공업제품의 시작품제작, ②수출용기계기구의 시작품 제작, ③수출용기계기구의 제작용 견본구입을 위하여 필요한 때에는 그 자금의 일부를 보조할 수 있다(법 제14조).

　(10) 감가상각　　정부는 특정기계공업에 공하는 고정자산에 대하여 대통령령으로 정하는 바에 따라 계산한 금액을 그 상각액으로 한다(법 제15조).

(11) 기계공업을 영위하는 자에 대한 보고명령   상공부장관은 필요한 때에는 기계공업을 영위하는 자에게 업무상황에 관한 보고를 명할 수 있다(법 제16조). 이러한 보고명령에 대하여 각종보고를 제출하지 아니하거나 허위로 보고한 자는 2만 원 이하의 벌금에 처한다(법 제18조).

(12) 기계공업심의회의 설치   기계공업에 관한 상공부장관의 자문에 응하기 위하여 상공부장관소속하에 15인 이내의 위원으로 구성하는 기계공업심의회를 두며, 심의회는 ①기본계획과 시행계획 작성 및 변경에 관한 사항, ②특정기계공업 선정에 관한 사항, ③특정기계공업의 시설의 합리화에 관한 사항, ④특정기계공업의 시설기준. 제품검사기준 및 기술자격기준에 관한 사항, ⑤도입기계시설에 관한 국산화에 관한 사항, ⑥기계공업의 계열화에 관한 사항 ⑦기타 필요한 사항을 조사·심의한다(법 제17조).

2. 기계공업진흥법 폐지 및 공업발전법 제정, 그리고 공업발전법 폐지 및 산업발전법 제정

한편 기계공업진흥법은 이 시기에 비슷한 취지로 만들어져 시행되었던 전자·철강·조선·화학·섬유·에너지 등 다른 6개 분야 진흥법과 함께 1986년 7월 '공업발전법'으로 흡수 통합되었으며, 1999년 2월 공업발전법이 폐지되고 새로이 '산업발전법'이 제정되어 현재에 이르고 있다.

Ⅱ. 기계공업의 발전약사

1. 기계공업은 제조업 핵심생산설비 공급

기계공업은 제조업 핵심생산설비를 공급하며 기업과 국가 제조경쟁력을 좌우하는 중요 산업분야이다. 기술을 축적하는 데 오랜 시간과 대규모 투자가 필요하고 기술진입장벽이 높아 단기간에 경쟁력을 확보하기 어렵다. 하지만 신기술개발에 성공하여 상용화하면 오랫동안 제조경쟁력을 유지할 수 있어 경제 파급력도 더 높일 수 있다. 2018년 국내 일반기계산업 부문은 전년 대비 수출이 10.2% 증가한 536억 달러(약 50조7,600억 원)를 기록하여 사상 처음으로 수출 500억 달러를 돌파하였다. 4년 연속 반도체 다음으로 많이 수출한 분야로도 꼽힌다. 이 같은 성과는 50년간 정부와 기업이 합심하여 이룬 결과이다. 반도체·철강·자동차 등 주력산업설비를 공급하는 핵심기반으로서 경쟁력을 높이기 위하여 일본·독일·미국 등 선진국에 의존하던 기계를 국산화하고 기계공업 중심의 공업자립기반 구축과 고도화, 1967년 기계공업진흥법 제정, 1969년 한국기계공업진흥회 창설 등을 추진한 것이 주효하였다.

2. 기계공업이 토대가 된 경제개발·수출확대 전략

광복 전 우리나라의 기계공업은 일본의 정책적인 억제로 인하여 영세공업의 영역을 벗어나지 못하였고 소규모의 주물공장을 비롯하여 몇 개의 농기구제작공장 외에는 국내 기계류 수요의 대부분을 일본에 의존할 수밖에 없었다. 1953년에 개발된 가마니 짜는 기계가 우리나라 기계공업의 시작이라고 할 수 있으며, 1959년에는 우리나라에서 최초로 선반이 제작되었다.

우리나라는 1950년대 후반에 들어와서 기계공업은 비교적 활발한 성장을 하여 제조업 평균성장률을 상회하였다. 이것은 주로 금속소재와 전기기기 부문의 높은 성장에서 비롯하였다.

제조업상 비중, 즉 부가가치기준으로는 1955년에 7.1%이던 것이 1960년에는 7.8%로 향상되었으며, 업체 수는 1955년 868개 업체에서 1960년에는 1,949개 업체로 늘어났으나, 우리나라 기계공업은 여전히 후진성을 면하지 못하였다.

1960년대 초부터 경제개발5개년계획이 실시됨에 따라 우리나라의 기계공업은 활발한 시설확장 및 시설개체와 기술향상 등을 달성하였다. 그 결과 양적·질적으로 고성장을 기록함으로써 발전을 위한 토대를 구축하였다.

1960년대의 연평균성장률은 23%로 제조업성장률을 능가하였는데, 이것은 주로 전기기기 부문과 수송용기기 부문이 성장을 주도하였다.

전기기기 부문에서는 전동기를 비롯한 변압기·라디오, 그 밖의 전자기기와 일부 내구소비재 부문의 발전이 두드러지게 나타났으며, 수송기기 부문에서는 자동차 및 그 부분품과 자전거 등이 크게 발전하였다.

일반기계 부문에서는 원동기를 비롯한 금속공작기계·보일러·섬유기계 및 재봉기 등의 생산수준이 크게 향상되었으며, 베어링의 발전이 현저하였다.

이 기간 중 제조업에서 차지하는 기계공업의 비중도 크게 향상되어 전체 제조업에서 차지하는 비중이 1960년 12.8%이던 것이 1969년에는 16.8%였으며, 부가가치생산액에 있어서는 동기간중 7.8%에서 14.4%로 향상되었다.

이와 같이 1960년대에 고도의 성장을 할 수 있었던 것은 공업화정책과 더불어 구체적인 기계공업진흥책이 마련되고 실시되었기 때문이다.

1962년부터 시작된 제1차경제개발5개년계획은 우리나라 공업화기반 구축에 역점을 두었으나 당시 공업기반이 약한 현실에서 소비재중심의 경공업에 치중될 수밖에 없었다. 1962년 4월에 자동차공업5개년계획이 발표되었고 신진자동차에서 최초의 국산자동차인 새나라자동차를 출시하였다.

우리나라는 산업구조 근대화를 위하여 1967년 제2차경제개발5개년계획을 추진하였다. 제2차경제개발5개년계획은 사회간접자본의 확충으로 자립경제의 기반을 구축하는 데 역점을 두었다. 당시 중점과제는 화학·철강·기계공업으로 공업고도화 기틀을 마련하고 공업생산을 늘리는 방안을 담았다. 산업구조를 근대화하고 공업 내에서 중화학공업 비중을 확대하겠다는 목표를 세웠다. 당시 중화학공업 투자계획 비중이 60%를 상회할 정도였다. 정부는 1967년 3월에 '기계공업진흥법'을 제정하고 기계공업진흥기본계획 및 연차별시행계획을 수립하고 기계업체등록제도를 실시하여 특정기계공업의 지정 육성에 노력하고 1971년까지 당시 기계시설 30%를 국산화하는 것을 목표로 하였다. 이 법은 거의 20년간 우리나라 기계공업발전에 크게 이바지하였다. 이후 1972년에는 제3차경제개발5개년계획과 6개 중화학공업중점육성계획을 마련하였던 바, 중화학공업중심의 수출주도적 공업화를 추진하였다. 중화학공업중점육성계획은 1981년까지 1인당 국민소득 1,000달러와 수출달성 100억 달러를 목표로 기계·조선·전자·화학·철강·비철금속 등 6개 중화학공업을 중점 육성하는 방안이 담겼다. 이후 장기 기계공업육성계획의 일환으로 공작기계공업육성방안도 마련하였다. 이 같은 노력을 바탕으로 기계산업은 국가경제발전을 이끄는 핵심분야로 성장하였다. 중화학공업중심으로 산업구조가 재편되었고 전문기능인력 양성, 연구개발, 기계국산화에 집중하여 성과도 거두었다.

뿐만 아니라 1968년 4월에는 재정자금을 재원으로 하는 일반은행의 '특수자금취급규정'을 제정, 기계공업육성자금을 방출하여 국산기계의 수요창출과 기계공업 및 주요산업의 시설근대화를 유도하였다.

한편, 1969년 4월에는 기계품질보장 및 하자보증제도를 실시하여 국산기계류에 대한 신뢰도 제고와 국산기계류의 품질향상을 도모하였다.

1970년대 초에는 국제통화의 불안과 자원파동에 따른 석유파동 등으로 인하여, 세계적으로 경기가 침체상태에 빠짐에 따라서 기계공업의 성장도 크게 둔화되었다.

1970~1972년 사이 제조업의 연평균성장률은 11.6%였는데, 기계공업은 5.3%에 지나지 않았다. 제조업 중 기계공업의 비중(부가가치 기준)도 1969년에 14.4%이던 것이 1972년에는 10.6%로 떨어졌다.

그러나 1973년 이후 경기가 회복되면서 설비투자와 생산활동이 활발하여져서 기계공업은 다시 급속도로 발전하게 되었다.

즉, 1973~1977년 사이 기계공업의 연평균성장률은 전체 제조업의 24.6%를 훨씬 능가하는 36.6%를 기록하였다. 또한, 제조업 중 기계공업이 차지하는 비중도 1977년에는 20.5%로 크게 향상되었다.

한편, 이 기간 중에는 기계류의 수출이 괄목할 만하게 신장되었다. 그리고 1970년의 기계류 수출은 7,800만 달러에 지나지 않았으나 1977년에는 26억 1,400만 달러로 증가하여 1970년에 비하여 33.5배로 늘어났다.

이와 같이 기계공업이 이 기간에 급속하게 발전된 것은 정부의 다각적인 육성시책의 영향 때문이라고 할 수 있다. 즉, 1970년대에 들어와 정부는 기계공업육성을 위하여 창원기계공업기지의 건설과 기계류국산화를 강력히 추진하였다.

1973년 9월 정부는 창원기계공업기지의 건설을 골자로 하는 '장기기계공업육성계획'을 수립, 발표하였다. 이 계획의 목표는 ① 국내수요기계류의 자급체제 확립, ② 기계류의 수출증대, ③ 생산기술의 향상과 전문화·계열화체제의 확립 등에 두어졌다.

제3차경제개발5개년계획의 제4차 연도인 1975년의 우리나라 기계공업은 국제경기의 불투명 속에서도 시설의 확충과 현대화를 적극 추진하여 양산체제를 확립하였으며 국제경쟁력을 강화하여 기계공업의 수출산업화의 전환점을 마련하고 기계공업의 자립도를 증대시켜서 우리나라 기계공업의 여명기를 맞이한 해라고 평가된다. 특히 자동차공업은 국산 고유모델 자동차 포니가 개발되어 국내최초로 에콰도르에 수출함으로써 조립생산체에서 제조생산체제로 탈바꿈하였다. 이로써 명실공히 세계에서 16번째로 자동차제조국으로 인정받게 된 것은 우리나라 기계공업계에 밝은 전망을 던져준 것으로 특기할 만한 성과라 볼 수 있다.

그리고 또한 1977년에는 미국·독일·일본에 이어 4번째로 NC 선반을 개발하였으며, 1979년에는 국내 최초로 선박엔진이 개발되었다. 우리나라 기계공업이 단기일에 가속도로 성장한 것은 방위산업의 견지에서 총력안보의 차원에서 기계공업을 혁명적으로 모든 지원을 집중하여 육성하였기 때문이라고 풀이된다.

한편 1976년 초에 수립, 발표된 '기계류국산화계획'은 플랜트의 국산화, 시설의 근대화, 기술혁신, 수출진흥, 창원기계공업기지의 적극건설 등을 내용으로 하는 기계공업육성대책의 근간으로서, 1970년대 우리나라 기계공업을 타공업에 비하여 선도적인 위치로 끌어올리는 데 크게 기여하였다.

3. 세계로 뻗어나가는 한국 기계공업

1980년대에 들어오면서 우리나라의 기계공업은 지난 1970년대 고도성장과정에서 시설의 과잉투자가 나타난 부문에 대한 투자조정이 이루어졌으며, 새로운 첨단기술 산업으로의 집중투자가 행하여졌다.

창원기계공업기지의 건설이 계속되어 1986년에 193개 업체가 입주하였으며, 총 투자액이 11조244억 원이며, 종업원 총수도 5만600여 명에 이르게 되었다. 제조업에서 차지하는 기계공업의 비중도 크게 향상되었다.

1985년 제조업체 수는 44,037개인데, 그 가운데 기계공업체가 11,498개로 되어 제조업에서 차지하는 비중은 36.1%이다. 뿐만 아니라 부가가치 생산액으로도 30.6%를 차지함으로써 기계공업이 우리나라 공업에서 차지하는 비중은 크게 향상되었다.

1990년대에 들어오면서 우리나라의 기계공업은 1980년대 후반부터 추진된 제1・2차 기계류 부품소재의 국산화계획을 통하여 전반적인 기술수준을 크게 향상시켰으며, 그 결과로써 수입대책효과 및 자급능력이 향상되었다.

또한, 인력난・작업환경개선요구 등에 부응하고, 수요자의 요구(Needs)변화에 따른 다품종 소량생산 및 유연성 있는 소품종 대량생산 추세에 대응하기 위하여 메커트로닉스(Mechatronics)기술의 개발을 위한 지속된 연구개발투자가 이루어졌다.

메커트로닉스기술이란 메커닉스(Mechanics)와 일렉트로닉스(Electronics)를 합성한 신조어로서 기계 및 전자의 관련 기술을 융합한 기술이다.

이러한 기술이 실현된 메커트로닉스기기를 제조하는 산업을 메커트로닉스산업이라고 총칭하고 있는데, 주요 메커트로닉스기기로는 NC공작기계・산업용 로봇・CAD・CAM・PLC・센서류・자동창고 등이다.

제조업의 국제 경쟁력 강화를 위하여 추진된 공장자동화(Factory Automation) 및 메커트로닉스산업으로 기계공업은 지속적으로 성장하였는데, 1994년 말 현재 기계공업 사업체 수는 33,872개로 전체 제조업체 중 37.1%를 차지하였으며, 부가가치 생산액은 42.1%를 차지함으로써 기계공업이 우리나라 공업에서 차지하는 비중을 매우 견고히 하였다.

기계공업은 부가가치 생산성이 높고 자원절약적・기술집약적이면서 품종의 다양성 등의 특성으로 인하여, 타 공업에 비하여 우리나라 여건에 비추어 앞으로 더욱 육성, 성장시켜야 할 부문이다. 그러기 위하여서는 먼저 수요의 창출과 확대가 필요하다.

수요증대를 위하여서는 품질수준의 제고를 꾀하고, 질적으로 수준급에 도달한 품목에 대하여서는 공급자로 하여금 국내수요자에게 일정기간 동안 품질보장을 하여주게 함으로써, 점차적으로 수입대체를 유도하여야 할 것이다.

우리나라의 기계공업은 꾸준한 노력으로 발전을 거듭하여 세계 10위 수준의 기술력과 생산력을 보유하고 있다. 그러나 국토 면적이 작아 원자재의 생산량이 부족하고 내수시장이 협소하여 큰 규모의 경제효과를 얻기 어려운 현실이므로 수출입시장의 활성화를 위하여 노력하여야 한다. 해외시장을 개척하기 위하여서는 부단한 기술혁신이 필요하다. 기계류는 성능과 품질이 생명이므로 부단히 기술혁신을 하여 품질향상과 신제품 개발하여야 한다. 이를 위하여서는 선진기술의 적극적인 도입 소화, 연구개발투자 및 기술인력의 양성에 적극 노력하여야 할 것이다.

또한, 기계공업은 그 특성이 지닌대로 무수한 부품으로 이루어지기 때문에 부품공업의 육성이 절실히 요구된다. 부품생산을 담당하는 중소기업과 완제품 조립생산을 담당하는 대기업 상호간의 종적 구조관계를 통한 전문화·계열화 체제의 구축이 타 분야에 비하여 특히 필요하다.

그리고 시장을 확보하기 위한 매출확대 노력에서 벗어나 수익 위주의 경영에 집착하여야 할 것이다. 우리나라의 내수시장이 협소하여 규모의 경제효과를 이룩하기 어려운 현실이므로 각 업체마다 특화된 제품의 개발과 생산에 주력하여야 할 것이다.

경쟁력이 뒤처진 국내 부품·소재산업 역량을 끌어올리기 위한 제도도 마련하였다. 2000년 한국기계산업진흥회가 부품·소재 전문기업육성법 제정을 건의하였고 이를 반영하여 2001년 부품·소재 전문기업 등 육성에 관한 특별조치법이 제정·공포되었다. 이 법이 시행됨에 따라 전문투자조합을 꾸려 자금을 지원할 수 있게 되었고, 공공기금과 외국인이 투자조합에 출자할 수 있게 되었다. 또 대학교수와 국공립연구기관 연구원이 관련 기업 임직원을 겸직할 수 있게 되었고 기업은 세제혜택과 정책자금 지원을 받을 수 있게 되었다.

1979년 말에 2차석유파동으로 인하여 우리나라의 기계공업은 다시 위기가 왔으나 해외시장 개척 등의 노력으로 무난히 극복하였다. 그 후 1980년대 후반부터 부품소재의 국산화계획을 추진하여 기술수준이 전반적으로 크게 향상되어 수입대체효과 및 자급능력이 향상되었다. 우리나라는 1995년에 자동차 스폿용접로봇을 개발하였고 2000년에 들어서는 항공우주산업에 관심을 갖고 투자하였다. 2005년에는 초음속 전술통제기 양산1호와 순수 우리 기술의 국산전동차를 개발하였다. 또한 기계국산화 정책 및 부품소재 산업의 육성으로 신기술을 개발하고 해외시장도 개척하게 되었다.

2000년에 접어들며 기계산업은 IMF 외환위기 이후 점차 안정되었다. 2002년 기계산업 총수요는 215조 원을 기록하여 사상 첫 200조 원을 돌파하였다.

2005년에는 내수가 회복되어 설비투자가 증가하고 자동차·조선 산업이 성장하면서 수출이 증가하였다. 기계산업 종사자 수는 123만 3,200명으로 2000년 이후 5년 만에 20.2% 증가하였다. 사업체 수는 4만 6,082개로 29.4% 늘었다. 일반기계 부문은 1988년부터 2003년까지 만성 무역수지 적자를 기록하였으나 지속 성장하면서 2004년 흑자전환에 성공하였다.

같은 기간 전통 주력수출산업인 전자전기제품군 점유율은 8.1% 감소하였지만 일반기계 수출비중은 4.2%에서 8.9%로 증가하였다. 수출점유율은 2008년 주요수출품목인 자동차·반도체를 상회할 정도로 성장하였다. 2019년 현재 세계 주요선진국은 성장동력이 여전히 제조업에 있음을 재확인하고 이 분야 경쟁력을 끌어올리기 위한 방안을 모색하고 있다. 독일이 먼저 시작한 '인더스트리 4.0'전략은 국내에서 4차산업혁명으로 인식되며 미래 제조업 성장방향으로 인식되고 있다. 4차산업혁명은 인공지능(AI), 빅데이터, 사물인터넷(IoT)을 활용하여 생산자가 아닌 수요자 중심의 제조로 패러다임을 전환하는 것이 골자이다. 전통 제조산업에 디지털기술을 접목하여 스마트공장, 스마트서비스 플랫폼을 갖춰야 경쟁력을 확보할 수 있다는 분석이 나온다. 이 일환으로 2013년부터 2018년까지 추진한 산업혁신운동은 국내에 1,500여개 스마트공장을 구축하고 기업의 공정·환경을 혁신하는 결과를 낳았다. 기존 1단계는 제조업중심으로 추진하였으나 2018년 시작한 2단계는 유통·물류 등으로 지원 대상을 확대하였다.[1]

Ⅲ. 기계공업의 전망

1. 기계산업의 지난 50년 미래 50년

60년대 국내 최초 수동형선반을 개발하였던 기업은 스마트공작기계를 개발하고 70년대 철제 쌀통을 만들던 기업은 첨단반도체 장비를 만드는 기업으로

---

1) 박영탁, 기계공업진흥회 상근부회장, 기계공업의 회고와 전망, 김태희, 한국기계연구원 선임연구원, 한국계산업의 전망. 산업동향 인베스트코리아(2020. 10. 07.). 한국의 산업(한국산업은행), 광공업통계조사보고서(경제기획원), 한국표준산업분류(통계청 1998.). 한국민족문화대백과사전(기계공업). 기계일반교과서 1, 기계공업과 그 밖의 공업.

재탄생하였다. 기계산업은 반세기 역사를 지나 지금 이 순간에도 진화를 거듭하고 있다. 기계산업의 역사는 機械産業人이 모두 함께 흘린 땀의 흔적이기도 하다. 그 안에는 광복 이후 산업의 불균형을 딛고 일구어 낸 중화학공업육성, 국산화 및 기술지원 기반마련을 통한 경쟁력 강화, 기술력 확보와 도전정신으로 일구어 낸 세계시장 진출 등 기계산업인이 걸어온 발자취가 고스란히 녹아있다. 이런 노력과 헌신으로 기계산업은 세계 수출 8위라는 괄목할만한 성장을 이루었다. 변화하는 글로벌 시장에서 주도권을 잃지 않고 기계산업의 미래 50년을 일구어 가기 위하여서는 과도기인 현재를 어떻게 보내느냐가 매우 중요하다. 모든 산업분야가 융합을 거듭하는 상황에서 기계산업 역시 하드웨어만으로 경쟁력을 논하기는 어렵다. 최근 스마트공장 확산에 따라 빅데이터, 인공지능기술을 바탕으로 한 지능형 기계설비의 수요가 확대될 것으로 기대되므로 원천기술개발 노력과 더불어 생산기계, 설비의 고성능·고효율화 등 경쟁력 확보가 시급하다. B2B(기업 대 기업간) 산업인 기계산업은 일반국민의 관심에서 조금 멀어져 있지만 제조업기반을 이루는 뿌리와 뼈대이며 고용창출효과가 큰 고부가가치산업이다. 기술력을 축적하는 데 오랜 시간이 걸리지만 한번 일정수준 기술까지 도달하면 기술추격이 쉽지 않다. 따라서 정부차원 장기적이고 지속적 지원과 관심이 무엇보다 중요하다. 이와 더불어 미래 기계산업을 이끌어 갈 기업역할도 중요하다. 글로벌 기계산업을 대표하는 100년기업들은 스스로 혁신을 거듭하고 있다.

정부와 기계산업계 가교역할을 하며 기계산업 역사와 함께 성장하여 온 기계산업진흥회는 올해 창립 50주년을 맞이하였다. 앞으로도 기진회는 기계산업이 ICT, IoT, 인공지능, 5G, 빅데이터 등 신기술과 융복합을 하여 디지털혁신을 주도하고 일자리 창출과 경제활력 회복에 기여할 수 있도록 기계산업계와 함께 최선을 다하여 나가야 할 것이다. 정부, 기업, 산·학·연 모두 하나의 방향으로 역량을 결집하고 앞만 보고 매진한다면 새로운 시대, 새로운 성공의 신화는 멀지 않다. 기계산업 새로운 50년이 더욱 기대되는 이유이다.[2]

---

2) 손동연, 한국기계산업진흥회 회장(두산인프라코어 대표이사 사장), 전자신문(2019. 4. 18.)

2. 기계 산업에 부는 변화

(1) 사회변화에 대응하기 위한 핵심기술이 기계산업에서 비롯된다는 시각이 확산되면서 일각에서는 "기계혁신이야 말로 전 산업의 생산성과 품질에 영향을 미친다."고 말하기도 한다.

제조업 전반에 생산설비, 부품소재를 공급하는 기계산업은 기술개발의 전후방 연계효과도 매우 크다. 그런 만큼 장기간의 기술축적과 지속적인 투자가 필수적이어서 신흥국이 기술력을 따라잡는 것이 쉽지 않다. 반면 제조업 내에서 고용유발효과가 커 경제성장에 있어 중요한 요소이다. 독일, 일본, 미국 등 기계산업 선진국은 원천기술과 노하우를 바탕으로 기계산업의 50% 이상을 점유하고 있다. 고능률화, 초정밀화를 위한 공작기계 CNC 시스템의 경우 일본과 독일기업이 세계시장의 90%를 독점하고 있다.

중국, 인도 등도 자국의 제조업강화를 위하여 정책적인 차원에서 기계산업에 투자를 강화하고 있다. 일부 리서치 회사들은 2020년이 되면 중국이 세계 3위의 기계수출국으로 부상할 것이라는 전망도 내놓고 있다.

기계산업 내에서도 융·복합화, 고기능화, 스마트화, 고효율화 등이 대두되면서 트렌드를 쫓기 위한 연구개발에 투자가 계속되고 있다. 지속적인 R&D는 앞으로 기계산업이 4차산업혁명 시대에 중추적인 역할을 할 것이라는 기대감을 고조시키는 이유이기도 하다. 기계산업 내 연구가 더욱 활발하여질 것이라 생각한 기계연은 선도기관 5곳의 연구개발동향을 분석하였다. 기계연은 최근 5년간의 논문데이터를 기준으로 발표된 수가 많은 상위 다섯 개 기관을 비교군으로 선정하였다. 분석대상은 독일의 프라운호퍼연구협회(FhG), 일본의 산업기술총합연구소(AIST), 대만의 산업기술연구소(ITRI), 네덜란드의 국립응용과학기술연구소(TNO), 핀란드의 국가기술연구센터(VTT) 등이다.

연구기관들이 가장 중점에 두고 있는 것은 단연 엔지니어링이다. 제조 엔지니어링은 제조업 혁신과 경쟁력의 필수요소로 부각된 지 오래이다. 엔지니어링 활동이 생산효율성을 재고하고 원가절감이라는 문제해결에 집중하면서 활용영역이 더욱 확장되고 있다. 이러한 산업계 추세를 보여주듯 일본 산업기술총합연구소를 제외하고는 모두 15% 이상 컴퓨터 과학분야 연구를 진행하고 있다. 네덜란드 국립응용과학기술연구소의 경우 20% 이상을 컴퓨터 과학분야에 집중하고 있다. 향후 이 연구소가 4차산업혁명과 관련하여 컴퓨터 과학분야를 선도할 것이라는 전망이 나올 정도이다.

(2) 선도기관이 집중하는 연구 분야를 보면, 인더스트리 4.0이라는 개념을 처음 도입한 독일은 엔지니어링에 대한 연구비중이 5개국 중 가장 높았다. 신 제조장비, 스마트공장, 자율기계 등 기계 분야에서의 이슈에 대응하기 위한 연구도 진행 중이다. 컴퓨터 과학에 꾸준한 투자는 실질적인 R&D성과로 이어지기도 하였다. 독일이 신재생에너지 강국임에도 불구하고 에너지와 환경과학 분야의 연구는 상대적으로 낮은 수준이다. 컴퓨터과학에 연구를 집중하는 독일의 행보를 두고 인더스트리 4.0에 대응하기 위한 포석이라는 분석이 나오는 이유이다.

제조 미래를 변화하는 디지털화에 연구를 수행하는 프라운호퍼연구협회는 프로덕션 4.0에 집중하고 있다. 개별제품을 빠르고 유연하게 지속 생산하는 것으로, 인더스트리 4.0을 포괄하는 개념이다. 꾸준한 R&D는 기계를 위한 하드코팅, 신속한 레이저빔 방향전환거울, 효율적인 경량모터, 저렴한 마그네틱센서 등 가시적인 결과물을 내놓았다.

핀란드 국가기술연구센터도 디지털 엔지니어링, 스마트공장, 빅데이터 기반의 산업용 인터넷등 스마트산업에 집중하고 있다. 꾸준한 연구로 그래핀, 3D 프린팅, 초경량금속을 개발하는 성과를 냈다. 자국의 강점을 살리는 동시에 새로운 주제에 대응하는 움직임도 있다.

일본 산업기술총합연구소는 로봇산업을 더욱 발전시키기 위한 연구를 지속하고 있다. 근래에는 산업용 로봇으로 구동되는 생물 의학실험로봇 마호로(Maholo)를 개발하였다.

앞으로 5G가 산업경쟁력을 좌우할 것이라 내다본 대만 산업기술연구소는 기계연구소 외에 정보통신연구소를 둬 5G 무선통신시스템을 연구하고 있다. 이외에도 인공지능의 기계학습모델 및 심층신경네트워크 등 새로운 주제에도 대응하고 있다.

기계연은 "선도기관의 연구동향은 빅데이터, 소프트웨어 등 ICT 기술을 기계분야와 접목하려는 시도로 보인다."며 "재료과학, 에너지, 화학공학 등 전통적인 기계공학에 집중하고 있는 한국과는 대비되는 부분"이라고 설명하였다.

(3) 메가트렌드대응에 나서야 한다. 전반적인 경기침체로 한국 기계산업은 수요감소에 직면하였다. 더욱이 내수시장의 경쟁강도가 심화되면서 국내산업 전반의 역량확대와 경쟁력제고가 필요하다는 주장이 제기되는 상황이다. 이를 타개하기 위하여 기계산업트렌드에 부합하는 산업분야로의 확장과 유연하고 선제적인 전환의 필요성도 제기된다. 무엇보다 선진국과 후발국 사이의 차별화를 위한 전반적인 역량강화의 중요성이 대두되고 있다.

기계연도 새로운 분야로의 전환이 용이하지 않은 특수성을 언급하는 동시에 "과거연구 분야에 얽매이지 않았는지 분석한 뒤 메가트렌드에 대응하는 연구와 시스템기술에 대한 연구를 강화하여야 할 때"라고 자조적인 목소리를 냈다.

연구 방향의 변화가 필요하다는 것을 인지한 과학기술정보통신부는 지난해 8월 기계연을 비롯한 28개 과학기술연구기관과 연구협약을 체결하였다. 과기정통부는 "중장기적 관점에서 각 기관이 하여야 하는 연구를 고민하고 추진하여야 한다는 지적이 있었다."며 배경에 대하여 설명하였다. 이어 "공정성, 불확실성, 수월성 등의 가이드라인을 제시하였고, 기술경쟁력 확보와 혁신성장을 궁극적인 목표로 삼았다."고 덧붙였다. 성장둔화의 기로에 서 있는 한국기계산업이 어떤 방법을 모색할지 앞으로의 행보를 주목하여 봐야 할 때다.[3]

---

3) 한국기계연구원, 4차산업혁명 핵심 기계산업은 어떤 준비를 하고 있는가?(2019. 1. 3.)

제5절 조선공업진흥법과 조선공업의 진흥

Ⅰ. 조선공업진흥법 해설(제정 법률 제1937호, 1967. 3. 30., 시행 1967. 5. 30.)

1. 조선공업진흥법의 내용

중화학공업과 방위산업 육성 시책에 따라 6대 기간산업으로 선정된 조선공업의 진흥을 위한 법률적 근거를 마련하기 위하여 1967년 3월 30일 법률 제1937호로 '조선공업진흥법'이 제정되었다.

조선공업진흥법은 ①선박건조의 적정과 조선기술의 향상을 기하고 국내조선을 장려함으로써 조선공업의 진흥을 도모함을 목적(법 제1조)으로 제정되었으며, ②상공부장관은 조선공업심의위원회의 심의를 거쳐 '조선공업진흥기본계획'을 수립(법 제3조)하도록 하고, ③국산화 장려금을 교부(법 제4조)하거나 재정자금에 의하여 장기저리조선자금을 조성하여 일정한 사업에 대하여 융자(법 제5조)할 수 있도록 하며, ④조선업자는 선박공제사업단체를 설립(법 제6조)할 수 있도록 하고, ⑤조선업 또는 조기업을 영위하고자 하는 자는 상공부장관의 면허(법 제7조 내지 제9조)를 받도록 하며, ⑥조선업자는 선박을 건조하거나 개조하고자 하는 경우에는 대통령령이 정하는 바에 의하여 그 구조·성능 및 공정에 관하여 상공부장관의 승인(법 제10조 및 제11조)을 받도록 하고, ⑦조선공업에 관한 자문에 응하기 위하여 상공부장관소속하에 조선공업심의위원회를 설치(법 제14조)하도록 규정하였다.

2. 조선공업진흥법 폐지 및 '공업발전법' 제정, 그리고 공업발전법 폐지 및 산업발전법 제정

한편 조선공업진흥법은 이 시기에 비슷한 취지로 제정되어 시행됐던 기계·철강·화학·섬유·에너지 등 다른 6개 분야 진흥법과 함께 1986년 7월 '공업발

전법'으로 흡수 통합되었으며, 다시 1999년 2월 6일 법률 제5825호에 의거 공
업발전법이 폐지되고 새로이 '산업발전법'이 제정되었다.

Ⅱ. 조선공업의 현황과 전망

1. 조선공업의 발전약사

(1) 개설

과거부터 조선사업은 국가기간산업중 가장 중요한 한 축을 담당하였다. 특
히 국가간·대륙간·교역이 점점 더 큰 규모로 성장하고 있는 현대사회에서는
조선사업의 발전이 필수적이다.

우리나라 조선사업은 1929년 방어진철공소가 설립되고 이어 1937년에 조선
중공업(대한조선공사의 전신이며, 현재는 한진중공업)이 설립되면서 기틀이 확
립되었다. 그리고 해방 이후에는 6.25전란을 거치면서 군수물자와 원조물자의
공급을 위하여 선박의 수요가 증대됨에 따라 부산지역을 중심으로 조선사업이
발전하기 시작하였다.

1970년대 초반 조선산업은 정부의 강력한 중화학공업육성정책의 일환으로
적극 장려되었다. 정부는 자원빈국 탈출을 위하여서는 오직 정부주도로 중후
장대(重厚長大)사업 중심의 경제개발계획을 추진하여야 한다고 보고, 고용과
수출이라는 두 마리 토끼를 조선사업을 통하여 잡으려 하였다.

세계조선시장에 본격적으로 참여한 지 10년이 지나지 않아 기존 조선국들
을 누르고 일본에 이어 세계 2위의 조선강국의 자리에 올랐고 2003년 이후
에는 수주량·수주잔량·건조량 3개 부문 모두 세계 1위의 시장점유율을 기록
하게 되었다.

현재 세계적으로 가장 큰 규모의 조선소 BIG 3(현대중공업·대우조선해양·
삼성중공업)이 모두 한국에 있고, 한국 내에서도 세계 1위 조선소의 자리를 차
지하려는 경쟁이 날로 치열하여지고 있다.

조선산업은 해운업·수산업·군수산업 등에 사용되는 각종선박을 건조하는
종합조립산업으로서 산업구조상 다음과 같은 특성을 가지고 있다.

조선산업은 종합조립산업으로 철강·기계·전기 전자·화학 등 관련산업에 대한 파급효과가 매우 큰 것으로 알려져 있다.

또한 선박의 건조공정이 매우 복잡하고 구조물제작상 자동화에도 한계가 있기 때문에 적정한 규모의 기능인력 확보가 불가피한 노동집약적 산업이면서, 고도의 생산기술을 필요로 하는 기술집약적 산업이다.

그리고 드라이도크·크레인 등의 대형설비가 필수적이므로 막대한 시설자금과 장기간의 선박건조에 소요되는 운영자금이 있어야하는 자본집약적 사업이기도 하다.

한편 조선산업은 다른 상품에 비하여 생산가가 높기 때문에 수출기여도 및 외화가득률이 높으며, 세계가 단일시장이기 때문에 생산성과 국제기술경쟁력만 확보된다면 우리나라와 같이 자원이 부족한 나라에서는 수출전략산업으로서 아주 적합한 산업이다. 이러한 조선산업의 특성은 우리 정부가 제2차와 제3차5개년계획(1967년~1976년)에서 중화학공업을 집중 육성키로 한 정책을 계기로 국내에 뿌리내리게 되어 이후 우리나라의 산업발달을 견인한 중추적인 역할을 충실히 수행하였다. 이제 조선산업은 국내산업 중 국제경쟁력이 확실하게 확보된 산업의 하나로 꼽히고 있다.

우리나라의 조선산업의 역사적 발전과정을 구분한다면 60년대의 기반조성기, 70년대의 도약기, 80년대의 성장기, 90년대 이후를 성숙기로 나누어 불 수 있겠다.

광복을 맞이하여 한국정부는 조선업을 육성하고자 각 대도시마다 해양대학을 설립하는 등 노력을 하다가 갑작스러운 6.25전란으로 인하여 한국은 그야말로 폐허가 되었다. 그러나 6.25전란으로 국토는 폐허가 되기는 하였으나 전쟁중 미군과 UN의 군수물자와 원지물자 수송에 필요한 선박수요가 늘어나고 선박수리도 활발하여지면서 부산을 중심으로 하여 의도하지 않게 조선업이 급성장하기 시작하였다. 그 당시 조선업의 주요기술은 리벳접합공법이라 하여 철판을 겹쳐서 리벳으로 고정하는 기술이었으며, 그것은 영국의 고유기술이었고 영국은 이 기술로 당시 세계조선시장을 휩쓸고 있었다. 그러나 이 기술은 고전적 공법으로 UN에서는 대량으로 선박을 건조하기 위하여 철판을 리벳으로 고정하는 기술이 아닌 용접공법으로 바로 배를 건조하였고 이 과정에서 한국의 조선소 기술자들은 용접기술을 자연스럽게 습득할 수 있었다. 그러나 그당시 한국의 조선업기술 수준은 그저 작은 어선을 건조하는 수준에 머물러 있었기 때문에 용접기술의 습득은 대단한 기술의 발전이었다.

1950년대의 우리나라 조선업체는 국영조선소인 대한조선공사와 그 밖에 영세한 다수의 민간업체로 구성되었는데 민간업체의 수는 많았으나 그 시설과 능력면에서는 대한조선공사에 비할 바가 되지 못하였다.

당시의 우리나라의 조선산업은 엔진은 물론 기자재와 의장품에 이르기까지 수입에 의존하고 있어 자본력이 부족한 수산업자나 해운업자의 부담을 가중시켰기 때문에 정부는 1958년 3월에 조선공업육성 및 해운·수산업 진흥을 위하여 조선장려법을 제정하여 건조비의 40% 이내에서 정부가 보조금을 지급하며, 융자는 50%이상 할 수 있게 하였으나 예산부족으로 소기의 성과를 거두지 못하였다.

(2) 1960년대

1961년 5월 16일에 집권한 군사정권은 수출로 외화를 획득하고 산업구조를 공업화하는 것을 근간으로 하는 경제개발계획을 강력하게 그리고 지속적으로 추진하였다. 그러나 초기에는 산업구조가 취약하여 경공업중심으로 산업화가 추진되어 중공업인 조선산업에는 큰 관심을 보이지 못하였다.

그런데 1966년 대한조선공사의 자체기술로 건조한 2,600톤급 화물선 신양호가 미국의 ABS 선급협회의 입금검사에서 최초로 합격하면서 처음으로 배다운 배를 만들기 시작하였고 이에 자신감을 얻은 정부는 제2차경제개발5개년계획 기간인 1967년 조선공업진흥법과 기계공업진흥법을 제정하여 본격적으로 조선산업을 육성하는 법적근거를 마련하였다. 또한 조선업의 종류도 기존의 목선건조에서 강선위주의 선박으로 개량을 유도하였으며, 이 과정에서 미국의 리버티선을 제작할 때 배를 부분부분 나누어서 제작하여 붙이는 블록건조기법을 처음 도입하여 10,000톤 규모의 선박을 건조할 수 있는 능력을 갖추게 되었다. 그리고 이때부터 본격적으로 배를 만들어 베트남과 대만 등에 선박을 수출할 수 있게 되었다.

1960년대 경제개발5개년계획의 적극적인 추진은 우리나라 경제의 규모를 급속히 확대시켰으며, 이에 따라 선박의 수요도 급증하게 되었다. 그러나 총수요 중 국내건조비율은 갈수록 낮아져 1차경제계획 중에는 총 국내수요량의 70%를 외국에서 수입하였으며, 2차경제계획 중에는 86.5%를 수입하여 국내공급률은 약 20%에 불과한 실정이었다. 그리하여 1960대 말에는 선박의 국내자급도가 10~20%수준으로 저하되어 조선소의 시설확장이 요구되었다.

(3) 1970년대

1970년대에 한국조선업은 세계무대로 도약을 하게 되었다. 정부는 해외 수출이 가능하여지자 1970년 조선업의 가능성을 느껴 한국의 주요산업으로 조선업을 본격적으로 육성하기 시작하였고 정부의 지원 아래 현대조선소와 옥포조선소, 고려조선소(현대중공업) 등 주요 대기업들이 이어서 조선업으로 진출하였다. 이때 정주영 회장의 조선소건설 일화는 아직도 회자가 되고 있다.[1] 상공부는 1970년 우리나라에 원유를 공급하던 미국 걸프사에 대한조선공사에게 선박을 발주하도록 하였다. 그에 따라 대한조선공사는 걸프사에 1973년까지 2~3만톤급 소형 유조선 12척을 건조하여 인도하였다. 한편, 4대 핵공장사업에

---

1) 현대조선소를 설립할 당시 정주영 회장에게 가장 큰 문제는 돈이었다. 정 회장은 1971년 9월 영국 버클레이 은행으로부터 차관을 얻기 위하여 런던으로 날아가 A&P 애플도어의 롱바톰 회장을 만났다. 조선소 설립경험도 없고, 선주도 나타나지 않은 상황에서 영국은행의 대답은 한마디로 'NO'였다. 그러나 정 회장은 간단히 물러서지 않았다. 갑자기 바지주머니에서 500원짜리 지폐를 꺼내 펴 보였다.
　"이 돈을 보시오. 이것이 거북선이오. 우리는 영국보다 300년 전인 1500년대에 이미 철갑선을 만들었소. 단지 쇄국정책으로 산업화가 늦었을 뿐, 그 잠재력은 그대로 갖고 있소."라는 임기응변으로 롱바톰 회장을 감동시켜 차관에 대한 합의를 얻었다. 하지만 선주를 찾는 일이 문제였다. 그때 정 회장의 손에는 황량한 바닷가에 소나무 몇 그루와 초가집 몇 채가 선 초라한 백사장을 찍은 사진이 전부였다. 정 회장은 이 같은 광경이 담긴 미포만 사진 한 장을 쥐고 미친 듯이 배를 팔러 다녔다. 결국 정주영 회장은 그리스 거물 해운업자 리바노스를 만나 26만 t짜리 배 두 척을 주문받고 조선소를 건립하면서 동시에 건립 전에 주문받은 2척의 배를 만들어 진수시킨 세계 조선사에 유일한 기록을 남겼다. 이렇게 설립된 현대조선소는 현재 세계최대규모의 중공업회사로 성장하였다.

서 조선업을 배정받은 현대건설의 정주영도 조선소 건설에 나섰다. 그는 영국에서 조선기술을 확보했지만, 차관을 얻기 위하여선 조선소를 짓기도 전에 선박 구매자를 확보하여야 하였다. 1971년 10월 정주영은 그리스의 한 해운업자에게서 국제시세보다 싼 값인 한 척당 3,095만 달러로 26만 톤급의 초대형 유조선 2척을 2년6개월 뒤 인도하기로 계약하였다. 현대가 계약을 불이행할 경우, 선수 원리금에 대하여 한국정부가 지급하겠다는 보증까지 하였기에 가능한 일이었다.[2] 이렇게 현대는 5천만여 달러의 차관을 얻어 1972년 3월, 조선소를 울산에 짓기 시작하였다. 아울러 선박 건조도 병행하였다. 그 후로 현대는 1973~1974년초까지 총 12척 300만 톤의 초대형유조선을 건조하게 되었다. 일본의 조선회사와 기술제휴를 맺어 설계도면을 얻고, 또 사원들을 기술연수 보내면서 큰 도움을 얻었다. 그러나 이내 시련이 닥쳤다. 1973년 말 제1차석유파동으로 석유가격이 4배로 올랐다. 세계경제가 급속히 침체된 것이다. 유조선의 건조 수요가 크게 줄었다. 현대가 건조한 초대형 유조선 3척은 인도일자 등을 핑계로 인수하여 가지 않았다. 그리하여 현대조선소는 출범하자마자 망할 위기에 처하였다. 현대는 정부의 지원과 자구노력으로 이 위기를 넘겼다. 특히 현대조선은 중동건설 붐에서 활로를 찾았다. 모기업 현대건설이 중동에서 수주한 주베일 항만건설공사에 철구조물을 납품하는 일이었다.[3] 현대조선은

---

2) 정주영 현대그룹 설립자. 텅빈 미포만 사진 한 장을 보여주면서 "당신이 배를 사주면, 샀겠다는 증명을 가지고 영국 정부의 승인을 받아서 영국 정부에서 차관을 얻어서 기계를 사서 여기에 조선소를 지어서 배를 만들어 줄 테니까 사라는 얘기예요."라고 말하였다.

3) 당시 정 회장은 현대건설이 수주한 주베일 산업항 건설공사를 조선사업의 불황을 타개하기 위하여 활용한 것이다. 그리하여 항만건설에 필요한 철 자킷 등 자재를 울산조선소에서 제작하여 시간과 비용을 절감하기 위하여 세계최대의 태풍권인 필리핀해양을 지나 동남아해상, 인도양을 거쳐 걸프만까지 대형 바지선을 끌고 가는 대양 수송작전이라는 아무도 생각지 못한 모험을 시도하였다. 수송도중 대형 파이프 자킷이 태풍으로 해난사고가 날 것에 대비하여 자킷이 해면에 떠 있도록 하는 공법을 강구하는 치밀함도 보였다.

당시 선진국들을 더욱 놀라게 한 것은 자킷설치공사 착수와 동시에 자킷을 연결하는 빔제작도 설계대로 울산에서 제작한 사실이다. 수심 30m나 되는 곳에서 파도에 흔들거리며서 중량 500톤짜리 자킷을 한계오차 5cm 이내로 정확히 20m간격으로 심해에 설치한다는 것은 사실 불가능한 일이었다. 그러나 정 회장의 창조적인 발상과 그칠 줄 모르는 도전의식은 가로 18m, 세로 20m, 높이 36m로 무게가 500톤이나 되는 자킷 89개를 울산에서 운반해 와 5cm이내의 오차

울산에서 제작한 철구조물 자켓을 동남아 바다와 인도양을 지나는 6,750마일의 해로로 중동 건설현장에 공급하였다. 현대조선은 이 철구조물 사업으로 조선사업의 부진을 메웠다. 덕분에 현대조선은 1970년대 후반의 극심한 조선불황을 헤쳐 나갔다.

현대조선소에서는 1972년 3월 기공 이래 1975년 5월까지 약 3년여 동안 2천 건이 넘는 안전사고가 일어나기도 했다. 하지만 기술자와 근로자는 이 어려운 과정을 이겨내며 선박건조 기술을 습득하였다. 한국 조선업 생산성은 1960년대 말에는 일본의 1/20 가량에 불과하였으나, 1984년에는 일본의 절반으로 격차를 좁힐 수 있게 되었다. 이 학습능력이야말로 한국조선공업을 훗날 세계 1위로 우뚝 서게 한 원동력이었다. 이렇게 한국의 조선업은 정부 당국자, 기업주, 기술자, 근로자의 땀과 눈물의 결정체였다.

현대중공업의 경우, 처음에는 10만 톤 규모의 도크를 확보하는 정도였으나 당시 세계조선시장에서 대형유조선의 수요가 많았고 정부에서도 국제규모의 조선소건설을 경제개발 중 핵심 중의 하나로 적극 육성하려는 의도가 있었기 때문에 조선소 건설계획을 완전히 바꾸어 최대 건조능력 50만 톤급의 시설을 갖추어 연간 26만톤급 VLCC(초대형 유조선) 5척을 건조하여 전량 수출하는 것으로 바꾸어 1976년 3월에 조선소의 기공식을 가지게 되었으나, 건설공사가 진행되면서 규모는 또다시 더욱 커져서 최대건조능력이 70만톤급으로 확대되어 1976년 4월에 준공되었다. 그리고 1차공사가 진행되고 있는 중에도 정부의 장기조선공업진흥계획에 따라 신설능력을 확대하여 100만 톤급 유조선을 건조할 수 있는 조선소로 확장하는 공사가 병행되어 결국 900m, 560m 길이의 도크를 새로 확보하고 450톤 골리앗 4기를 갖춘 세계최대의 조선소로 등장하게 되었다. 그리하여 현대중공업의 경우 당시 한국의 경제규모와 맞지 않은 초대형조선소를 준공하는 동시에 26만 톤급의 초대형유조선인 애틀앤틱 배런호를 함께 건조하면서 한국의 조선업을 세계시장에 알리기도 하였다. 또한 지금의 STX인 대동조선소에서는 우리나라 취초로 컨테이너 전용선인 비너스호를 건

로 완벽하게 설치하는 것을 가능하게 하였다. 이렇게 만든 주베일 산업항은 20세기 최대의 役事로 극찬받기도 하였다.

조하여 흥아해운에 인도하기도 하였다. 그러면서 1976년이 되면서 정부는 우리 선박은 우리 조선소가 건조하고 우리 화물은 우리 선박으로 수송한다는 슬로건을 내걸면서 조선업과 함께 해운업을 육성하는 계획조선사업을 시작하였다. 그러다 한 가지 큰 변화가 생겼으니 제1차와 제2차 석유파동이다. 이 석유파동으로 인하여 세계조선시장은 심각한 침체기에 빠지게 되고 유럽의 많은 조선소가 불황을 이기지 못하여 문을 닫게 되고 그 당시 세계 조선업 1위였던 일본마저도 1차 2차 합리화조치를 통하여 건조능력을 절반수준으로 감소시켜야 하였다. 하지만 한국에서는 이때에 정부의 조선사업육성정책에 따른 지원으로 삼성중공업과 대우조선해양이 초대형선박을 건조할 수 있는 제2도크를 완공하게 되었다. 이 제2도크의 완공으로 인하여 한국의 조선소는 세계 2위 수준의 조선업강국으로 자리를 잡게 된 것이다.

이와 같이 1970년대 전반에는 현대·삼성·대우조선소 건설로 경쟁력 있는 규모를 갖추는 시기였으며, 한편 시설확장에 대한 정부의 금융지원과 계획조선사업 및 연불수출제도의 실시 등 정부의 각종 정책이 조선사업발전에 지대한 공헌을 한 것으로 평가된다. 우리나라 조선공업은 이러한 정부지원에 힘입어 당시 세계적인 조선불황으로 많은 구·미조선업체가 시설을 감축하거나 도산하는 것과는 대조적으로 확장과 발전을 거듭하였으며, 1960년대에만 하여도 근대적인 조선사업이 불모지였던 우리나라를 불과 10여 년 사이에 세계유수의 조선강국으로 올려놓게 하였다.

(4) 1980년대

1970년대에 괄목할 만한 양적인 성장을 보인 한국 조선사업은 고용과 수출을 통하여 국가경제에 크게 기여하였다. 그러나 세계의 조선사업은 1970년 후반부터는 두 차례에 걸친 석유파동으로 끝없는 불황의 터널 속에 있었다. 이에 우리나라 조선사업도 물량확보를 위한 저가수주가 지속되어 경영에 많은 어려움을 겪게 되었다. 해운 및 조선경기 침체가 계속되던 1980년대 초에 대우조선·삼성조선 등 대형조선소가 준공되고 시설능력을 대폭 확장하면서 금융비용 및 감가상각부담, 지속적인 원화 절상 등으로 큰 어려움을 겪다가 마침내 1989년 조선산업합리화라는 정부의 비상조치까지 이어지는 상황을 맞았다.

정부는 1986년에 조선공업진흥법을 폐지하고 이에 대체하여 공업발전법을 제정하게 되었는데, 이 법은 과거 비교우위관점에서 산업구조를 조정하여 온 공업정책의 문제점을 반성하고 시장경제원리에 기반을 둔 산업구조조정정책을 추진한다는 방향의 전환이었다. 즉, 산업구조고도화를 위하여서는 단계별로 볼 때 첨단산업 등 유망산업의 육성, 성장산업의 국제경쟁력 강화, 그리고 불황 또는 사양산업의 축소가 이루어져야 한다는 것이었다. 조선산업은 구조적인 불황산업으로 보고 각종지원제도를 폐지하는 등 조정정책을 추진한다는 것이었다.

그러나 1987년 이후 세계조선경기가 점진적으로 회복, 수주량의 증가와 조선업계의 경영상태가 점차 개선되고 있음에도 불구하고 80년대의 장기불황의 여파로 국내의 일부조선업체는 차입금에 의한 대규모의 시설투자와 운영자금으로 재무구조가 악화되고 노사분규가 발생하여 국제경경쟁력이 떨어지게 되었다. 정부는 재무구조의 개선 없이는 향후 조선경기가 회복되어도 자력에 의한 경영정상화가 어렵다고 판단하고 조선업체의 대량실업사태와 국민경제에 미치는 여향을 감안하여 1989년 8월 조선산업합리화조치를 시행하였다.

정부는 조선사업을 경영합리화업종으로 지정하여 대상업체는 재무구조개선을 위하여 계열기업의 처분, 자산의 매각, 통·폐업 등 자구노력에 의하여 재무구조를 개선하도록 하며, 정부는 이에 필요한 지원으로 자구노력에 대한 조세지원으로 등록세·취득세 등 면제, 계열사의 출자한도초과에 대하여 예외를 인정하기로 하였다. 또한 합리화조치의 목적을 달성하기 위하여 1993년 말까지 조선시설의 신증설을 억제하고 선박수출 추천제도를 시행하여 저가수주 및 과당경쟁을 방지하도록 하였다.

이 기간 중 한국 조선의 산 역사라고 자부하던 대한조선공사가 매각되어 1990년 한진중공업으로 바뀌었으며, 정부가 대우조선을 중심으로 금융 및 세제를 지원하는 파격적인 조치가 이어졌다. 그러나 우리나라는 이 시기에 다른 국가들도 모두 불황으로 조선소를 폐쇄할 때 오히려 시설과 규모를 확대한 결과가 되어 세계조선시장 점유율이 크게 높아지면서 호황기를 맞아 더 큰 성장의 발판을 마련한 결과가 되었다. 위기 속에서 규모의 확대 없이는 일본의 벽을 넘을 수 없다는 신념으로 신설투자를 결단한 기업가들의 혜안이거나 우리끼리의 경쟁의 산물이라고 하겠다.

(5) 1990년대

1980년대는 한국조선업의 산업합리화로 엄청난 고통을 받으면서 부실기업의 대명사로 국민들의 머릿속에 기억되던 시절이었다. 그러나 세계조선업의 불황은 한국의 조선업에도 영향을 끼쳤고 한국조선업은 구조조정 등의 경영난을 겪기도 하였지만 다행히 1990년대에 전 세계의 해운업이 되살아나면서 조선업도 살아나게 되고 세계경제가 살아나면서 대형유조선의 건조가 크게 늘어나게 되었다. 대형유조선의 발주가 급증한 이유는 아무래도 전 세계가 석유파동을 겪은 후였기 때문이었다. 그리하여 1990년대는 우리 조선산업사에 또 한 번의 큰 획을 그은 시기로 평가된다.

한국조선업의 경우 세계의 조선업계가 문을 닫는 와중에도 초대형 도크건설 성공으로 대형선박의 건조가 가능했기 때문에 세계시장점유율 30%정도를 확보하고 있었다. 그러면서 1993년 법으로 조선업의 시설확장을 제한하던 합리화조치가 해제되면서 삼성중공업, 현대중공업, 대동조선, 한라중공업 등 한국의 조선소들이 적극적으로 확장하기 시작하였고 연간 건조능력이 500만 톤에서 800만 톤으로 크게 늘어났으며, 대형선박의 수주를 늘리면서 사상 처음으로 수주율이 1위인 일본을 제치고 세계 1위의 조선업국가가 되었다.

조선업 1위의 과업을 이룰 수 있었던 것은 전 세계의 조선업 불황속에서 오히려 시설투자를 하면서 조선업규모를 키웠던 것이 큰 힘이 되었으며, 무엇보다 조선 수주품질이 매우 우수한 것을 세계가 인정하였기 때문이다. 조선업 1위가 된 후 한국의 조선업은 이 시기부터 LNG선과 유조선, 그리고 초대형 컨테이너선 그리고 부유식 석유시추선(FPSO) 등 부가가치가 높은 선박의 건조량이 급격히 늘어나기 시작하였으며, 고속페리와 호화유람선시장에도 진출하였다. 2000년대 이르러 세계3대조선소를 모두 한국의 조선소가 차지할 만큼 조선업은 최고의 전성기를 누리게 되었다.

1997년 IMF 사태속에서도 국내의 조선사업은 세계적 수준의 경쟁력을 바탕으로 외화획득에 힘써 외환위기를 조기에 탈출하는 데 큰 역할을 하였다. 1999년 선박수출로 획득한 외화가 50억 달러를 넘었다.

(6) 2000년대 및 그 이후

하지만 이때부터 중국의 조선업도 서서히 성장하기 시작하였는데 중국은 저렴한 인건비를 바탕으로 저가 조선의 수주를 내세우며 급성장하였다. 그러다가 2008년 세계적인 경제위기인 미국의 리먼사태가 터지게 되고 이 경제위기로 인하여 한국의 많은 중소중공업이 문을 닫게 되었다. 거기다가 현대중공업, 삼성중공업 등 대기업조선소 역시 큰 타격을 입게 되었다. 중소중공업의 폐업과 조선업불황으로 인하여 결국 전 세계의 조선업 순위 1위가 한국에서 중국으로 바뀌게 되었다. 이 순위 바꿈은 마치 석유파동때 유럽에 있는 많은 중소 조선소가 문을 닫게 되면서 그 수주물량이 한국으로 넘어왔고 한국의 조선업이 급성장한 것과 같은 현상이 중국에게 일어난 것이다. 선박의 경우 중국이 국가의 지원에 힘입어 한국보다 약 25% 이상 저렴한 가격으로 수주하였기 때문에 기술력은 한국의 조선소가 월등하였지만 가격면에서 중국에 밀릴 수밖에 없었다.

하지만 2018년 6월 중국의 후동중화조선소에서 건조한 LNG선 글래드스톤호가 운항한지 2년 만에 운항이 불가능하다는 진단을 받고 폐선이 결정되었고 기술력부족으로 인하여 선박의 건조완공시점이 늦는 일이 많아지는 등 중국 조선소의 문제점이 계속적으로 발생하자 전 세계의 수주가 다시 한국의 조선소로 몰리기 시작하였다. 그러면서 2019년 전 세계 선박점유율이 41.9%로 늘어나면서 다시 전 세계조선업 1위의 자리를 탈환하였다. 거기에 현재 전 세계는 친환경규제가 강화되면서 LNG 수요가 급증하였고 자연스럽게 LNG운반선의 수요가 급증하였다. 이러한 수요의 증가에 세계적인 LNG선박 기술력을 보유한 한국의 조선소는 수주물량이 급증하게 되었다. LNG 수요는 2030년까지 급증할 것으로 보여 한국의 조선업은 계속적으로 성장할 것으로 보여진다.[4]

---

4) 한국조선의 역사, 네이버 블로그(2019. 12. 9.)

(7) 한국조선사업의 성공요인

한국조선사업의 성공요인은 정부의 산업정책, 재벌중심의 조선사업 육성, 재벌간 경쟁체제, 자체기술개발, 조선인력육성 등을 들 수 있겠다.

㈎ 조선산업은 기본적으로 정부의 지원이 있어야 가능한 산업이다.

조선산업이 고도로 자본·노동집약적인 산업인 데다가 시장에 대한 불확실성이 커서 산업초기에는 정부의 보증이 절대적으로 필요하기 때문이다. 한국의 조선산업은 정부의 강력한 지원으로 시작되었으나, 다른나라들과는 차별화되는 점이 있다. 일반적으로 조선산업이 안정궤도에 오르기 위하여서는 수요처인 해운산업의 지원이 필요하였다. 그러나 한국에 있어서는 미국이나 일본 등에서와는 달리 해운업의 지원이 거의 없었다. 여러 위험요인이 있음에도 불구하고 한국정부는 조선사업을 수출지향형으로 육성하였고, 결과적으로 그 도박은 성공하였다. 이는 자국 해운산업을 우군으로 삼고 있던 선진 조선업국가들과는 명백히 구분되는 특징이다.

㈏ 한국정부는 조선산업 육성에 적극적이었지만 정부가 직접 조선사업을 책임지지는 않았다.

한국정부는 재벌에게 조선사업을 할당함으로써 재벌중심으로 조선산업을 육성하였다. 한국정부는 재벌에게 규모의 경제를 실현하도록 강하게 권하였다. 한국이 조선사업을 본격적으로 시작한 1970년대 중반은 조선불황으로 대부분의 나라가 조선산업 구조조정을 하고 있을 시기였는데, 한국정부는 재벌들에게 반강제적으로 조선사업을 위임하고 여기에 규모의 경제까지 실현하도록 하였다. 이로 인하여 재벌들은 자의 반 타의 반으로 조선산업의 불황기에 오히려 조선소의 규모를 확장하는 상황을 연출하였다. 결과적으로 규모를 키운 조선업체들은 80년대 중반 조선시장 호황으로 진가를 발휘하였으며, 이후 규모의 경쟁에서도 다른 조선 경쟁국을 앞서 나갔다.

㈐ 재벌기업간의 치열한 경쟁이 조선사업의 발전에 중요한 역할을 하였다.

한국에서는 현대·대우·삼성·한진 등 여러 재벌그룹이 대형조선소를 운영하였고 이들이 해외시장을 놓고 치열한 경쟁을 펼쳤다. 국내재벌의 조선업경쟁은 또 다시 규모의 경제실현으로 이어졌고 이 과정에서 LNG선의 표준을 세우기도

하였다. 오늘날 한국조선업체의 원천이라 할 수 있는 대형도크보유, 설계유연성향상 등도 국내재벌간의 경쟁으로 이루어진 것이라 할 것이다.

㈃ 자체적인 조선기술개발이 한국조선산업의 발전에서 매우 중요한 역할을 하였다.

한국은 80년대 당시 일본에게 패권을 빼앗기고 조선산업을 정리하고 있던 유럽으로부터 기술을 도입하였고, 일본으로부터도 기술유입에 공을 들여 90년대 들어 중요기술도입에 성공하였다. 그러나 한국조선업체들은 이에 만족하지 않고 자신들이 받아들인 기술력을 바탕으로 새로운 기술을 적극 개발하는 기지를 보였다. 설계기술이나 도크활용능력 등은 원래 유럽이나 일본에서 수입된 것이었지만 한국기업은 이 기술을 활용하여 자신들만의 고유기술로 발전시키는 데 성공하였다.

㈄ 조선인력양성이 조선산업성공에 중요한 역할을 하였다.

국내에 제대로 된 조선소가 없던 50년대에도 한국은 서울대학교를 비롯한 국립대학교에 조선해양공학과를 세우고 적극적으로 인재를 양성하였으며, 90년대 중반까지도 사립대학이 조선해양공학과를 계속 설립하였다. 90년대까지 지속적으로 배출된 조선인력을 바탕으로 한국은 조선인력확보에서 유리한 위치를 점하게 되었으며, 오늘날 조선업체 경쟁력의 밑거름이 되었다.[5]

Ⅲ. 조선산업의 전망

한국조선업, 제2전성기를 준비할 때다.

우리 정부는 자율운항선박 핵심기술개발은 물론 2018년 친환경선박법 시행과 기본계획을 바탕으로 친환경선박 핵심기술 개발사업을 지원하였다. 국내 조선업계는 글로벌 시장을 주도하고 있는 가스운반선 및 친환경연료추진선박 핵심기술을 토대로 암모니아, 수소연료전지 등 차세대 추진시스템 선박과 해양제품을 선점하기 위한 전략을 시의적절하게 준비하여 기회로 활용하여야 한다. 한편 수년간 진행된 조선시황 침체는 중소형 조선 및 기자재업계 등 산업

---

5) 이경묵, 서울대학교 경영대학원교수, 한국 조선산업의 성공요인, SBL COLUMN(2013.01.18.)

생태계의 동반 침체로 이어졌다. 산업생태계 재건을 위하여서는 대형조선소 중심으로 기자재업계와 신제품 R&D지원 확대, 우수 협력사와 모기업 기술 개발 협력을 통한 상호경쟁력 제고, 원가절감 및 생산성향상 등 동반 성장을 위한 지속적 노력과 지원이 필요하다. 이와 함께 해운과 강재 등 전후방산업과의 상생·협력을 기반으로 향후 시장확대 및 새로운 패러다임에 공동 대응하는 지혜가 필요하다.

조선산업은 글로벌경제에 매우 민감하게 반응하는 대표 수주산업이다. 국내 조선업계 대표 주력 선종인 초대형유조선(VLCC)은 중량만 4만 톤, 적재화물은 30만 톤에 이른다. 건조기간 역시 2년 가까이 소요될 정도로 많은 인력과 설비가 투입된다. 육상에서 건조되는 최대중량물이다. 무게만큼 속도는 느리지만 꾸준히 대양을 항해하고 있다. 수주 증가에 따른 과실이 빨리 나오지 않는다고 조급해할 이유는 없다. 반 세기에 걸친 도전과 성취를 기반으로 기술을 혁신하고 상생하며 꾸준히 나아간다면 우리 조선산업은 또 한 번 전성기를 맞을 것이다.[6]

---

6) 이병철, 한국조선해양플랜트협회 부회장, 전자신문(2021. 7. 15.)

제6절 전자공업진흥법과 전자공업육성

Ⅰ. 전자공업진흥법 해설(시행 1969. 2. 28., 제정 법률제2098호, 1969. 1. 28.)

1. 법의 개요

1960년대 중후반 정부의 전자공업육성 의지는 상공부의 산업육성책으로 표출되었다. 상공부는 1964년 전기공업과를 신설한 후 1966년 초 전기공업과의 통신공업계 업무부문을 통신과 가전으로 나눈 다음 가전분야를 전자공업계로 승격시켰다. 작으나마 상공부의 이 같은 직제개편은 우리나라 전자산업이 정부정책 중심으로 진입하는 한편 관련 업무가 행정적으로 처리될 수 있는 계기가 되었다.

1966년 전기공업과는 전자산업을 특화산업으로 지정하여줄 것을 건의하는 한편 이에 대비하여 산업육성 기반구축 작업에 돌입하였다. 이러한 작업을 거쳐 ① 개발품목 발굴 및 조사, ② 전자공업 영역확대, ③ 외국산 수입제한조치, ④ 전자공업협동조합 창립 추진, ⑤ 전자공업진흥 등 5개년계획 수립 등 5개항을 담은 계획을 마련하였다. 이 계획에 따라 상공부는 1966년 12월 15일 박충훈 장관을 통하여 '전자제품수출8개년계획'의 근간이 되는 '전자공업진흥5개년계획'을 발표하였다. 주요 골자는 전자부품의 국산대체, 조립 및 부품공장의 분업화와 전문화, 수출원가의 절감, 기술인력의 양성, 수출시장 다변화 등이었다. 한국의 전자산업을 결산하는 최대의 수확은 역시 1969년 1월 시행된 전자공업진흥법의 제정이라 할 수 있다. 이 법 제정의 취지는 전자산업을 국가 중추산업으로 진흥함으로써 산업설비 및 기술의 근대화, 국민경제의 발전에 기여하게 한다는 것이었다. 1959년 금성사의 진공관라디오 개발이 있은지 꼭 10년만의 일이었다.

이 법이 제정됨에 따라 정부는 비로소 본격적인 전자산업진흥시책을 추진할 수 있게 되었다. 그 가운데서도 상공부는 중점 육성대상 품목을 지정할 수 있는 법적 근거를 확보함으로써 전자산업육성 주무부처로서 전면에 나설 수 있게 되었다. 상공부장관에게는 중점 육성이 필요한 전자기기 품목을 지정할 수 있는 권한과 이 권한을 강력하게 추진할 수 있는 전자공업진흥기본계획 수립 임무가 주어졌다. 이때 장관이 지정할 수 있는 중점육성 대상품목은 관련기술의 국산화, 업계의 전문화와 양산화, 성능과 품질의 개선 등이 요구되던 것인데 이는 결과적으로 민간업계에 상공부의 입김이 강하게 작용할 수 있었던 근거이기도 하였다. 장관은 또 성능과 품질보장이 필요한 기기의 품질검사를 실시하며 기술개발과 해외시장 개척 등에 필요한 시책을 강구할 것도 규정하고 있었다. 이와 함께 수출을 촉진하기 위한 전자공업단지의 조성과 필요할 경우 관련기관과 단체로부터 보고를 받을 수 있는 권한도 가졌다. 장관의 자문에 응하는 15인 이내의 '전자공업심의회'를 설치할 수 있는 권한도 주어졌다.

2. 법의 구체적 내용

이 법 제정의 취지는 전자산업을 국가 중추산업으로 진흥함으로써 산업설비 및 기술의 근대화, 국민경제의 발전에 기여케 한다는 것이었다(법 제1조).

(1) 전자 공업 등의 정의　　　이 법에서 '전자공업'이란 전자기기 등을 제조하는 사업을 말하는데, 전자기기 등이란 전자기기(電子管·半導體素子 기타 이에 유사한 부품을 사용하여 전자운동의 특성을 응용하는 機械器具를 말한다.) 및 전자기기에 주로 사용하는 부품과 재료를 말한다(법 제2조).

(2) 전자기기 등의 지정　　　장관은 ①제조기술의 개발, ②전문화·계열화 및 양산화, ③성능 및 품질의 개선과 생산비의 저하 등을 특히 촉구할 필요가 있는 전자기기를 지정하고 공고한다(법 제3조).

(3) 전자공업진흥계획　　　장관은 전자기기 등을 제조하는 전자공업을 육성하기 위하여 전자공업진흥기본계획을 작성하고 공고하여야 한다. 기본계획에는 ①개발대상품목의 지정 및 개발목표연도의 설정, ②성능 및 품질의 개선과 생산비의 저하, ③전문화·계열화 및 양산화, ④기술도입과 기술훈련 및 지도, ⑤전자공업시설의 개선 ⑥전자공업단지 조성 및 운영, ⑦전자공업육성자

금조성 및 운용, ⑧기타 필요한 사항을 정하여야 한다(법 제4조). 장관은 기본계획을 실시하기 위하여 매년 실시계획을 작성하고 이를 공고하여야 한다(법 제5조).

(4) 전자공업의 등록   전자공업을 영위하는 자는 상공부령이 정하는 바에 따라 등록하여야 한다(법 제7조).

(5) 전자기기 등의 품질검사   장관은 또한 성능 및 품질보장이 필요한 기기 등으로서 장관이 정하는 기준의 검사시설을 갖추지 아니한 자가 제조한 것은 품질검사를 받도록 하고 검사에 합격하지 못한 전자기기 등에 대하여서는 그 품질보장에 필요한 개선사항을 그 전자공업을 영위한 자에게 명할 수 있게 하였다(법 제8조).

(6) 전자공업육성자금 조성   그리고 정부는 전자공업육성을 위한 장기저리의 재정적 원조를 하기 위하여 재정자금에 의한 전자공업육성자금을 조성하도록 하였다(법 제9조).

(7) 기술개발 등   장관은 기본계획에 따라 기술개발, 기술훈련 및 지도와 해외시장개척 등에 필요한 시책을 강구하도록 하였다(법 제10조).

(8)전자공업단지의 조성   장관은 전자기기 등의 수출을 촉진하기 위하여 산업단지개발조성법을 준용하여 전자공업단지를 조성할 수 있도록 하였다(법 제11조).

(9) 전자공업심의회   전자공업의 육성에 관한 장관의 자문에 응하게 하기 위하여 상공부에 전자공업심의회를 두었다. 심의회는 위원장 1인과 15인 이내의 위원으로 구성하며, 심의회는 ①법 제3조의 규정에 의한 전자기기 등의 지정에 관한 사항, ②법 제4조 내지 제6조의 규정에 의한 기본계획 및 시행계획의 수립과 변경에 관한 사항 그리고 ③법제8조의 규정에 의한 품질검사에 관한 사항 등을 조사심의한다(법 제12조).

(10) 보고명령 및 벌칙   장관은 전자공업을 영위하는 자 등에게 필요한 보고를 명할 수 있도록 하고 이에 따른 보고를 하지 아니하거나 허위로 보고한 자는 10만 원이하의 벌금에 처하도록 하였다(법 제13조).

전자공업진흥법의 제정·공포와 동시에 정부는 이 법에 의거하여 수립한 중
장기진흥 기본계획인 '전자공업진흥8개년계획'을 발표하였다. 당초 5개년계획
이었으나 제3차경제개발5개년계획 기간과 일치시키기 위해 8개년으로 조정되
었다. 핵심은 8년의 계획기간에 총 140억 원의 진흥자금을 투자하여 마감 연도
인 1976년에 전자산업부문 수출액이 4억 달러에 이르게 한다는 것이었다. 이 계
획에서 전자산업진흥의 3대 목표는 중점육성대상품목의 개발(국산화), 수출목
표의 달성, 국산화의 단계적 제고 등으로 정하여졌다. 구체적 진흥방안으로는
기기·부품·재료 간 제조 계열화를 통한 산업개발체제의 확립, 수출 전략산업으
로서의 육성, 진흥기금조성 등이 제시되었다. 상공부는 이 계획에 따라 우선 전
자기기 54개, 전자부품 29개, 전자재료 12개 등 모두 95개 품목을 진흥대상으로
지정하고 1969년부터 1971년까지 1단계, 1972년부터 1976년까지 2단계로 나누
어 육성한다는 원칙을 세웠다. 이 계획은 대성공을 거두었다. 1976년 전자산업
수출액은 목표하였던 4억 달러가 아니라 10억 3,600만 달러를 수출하였으니 무
려 260%의 달성률을 기록한 것이다. 이 해 우리나라의 총수출액은 77억 1,500만
달러였으니 전자제품이 점하는 비율은 17.6%에 달하였다.

3. 전자공업진흥법의 폐지와 공업발전법의 제정 대체, 공업발전법의 폐지 및 산업발전법의 제정

한편 전자공업진흥법은 이 시기에 비슷한 취지로 만들어져 시행되었던 기계·
조선·화학·철강·비철금속 등 다른 5개 분야 진흥법과 함께 1986년 7월 '공업
발전법'으로 흡수 통합되었으며, 1999년 2월 공업발전법이 폐지되고 새로이
'산업발전법'이 제정되어 현재에 이르고 있다.

Ⅱ. 한국의 電子産業(Electronics Industry)의 개요

1. 한국 전자산업의 발전 약사

정부 정책과 기업 전략의 변화를 중심으로 한국 전자산업의 발전단계를
살펴보면, 태동(1959~1965), 기반형성(1966~1979), 도약(1980~1992), 고도화

(1993~) 단계로 구분될 수 있다.[1]

(1) 태동기(1959~1965)

1959년 금성사(현 LG전자)에서 최초로 국산 라디오를 생산한 이후 초기 몇 년간 한국의 전자산업은 대내지향적 수입대체에 주력하고 있었고 정부내 전담조직이나 체계적인 육성전략은 존재하지 않았다. 하지만, 정부는 1965년 7월 '라디오 및 전기기기'를 13개 수출특화산업(품목) 중의 하나로 지정한 후 1966년부터는 수출에 초점을 맞춰 국내역량을 배양하는 종합적인 전자산업육성정책을 제시하기 시작하였다. 당시 한국은 의류 등 노동집약적 산업에 초점을 맞춘 수출지향 공업화전략의 초기성과를 바탕으로 새로운 유망산업을 모색하고 있었는데, 전자산업은 가치사슬상 조립부분에서는 노동집약적 성격을 가지고 있으면서도 기술혁신이 빠르고 경제전체에 대한 파급효과가 크며 국내외 수요가 급증하는 성장산업으로 주목을 받았다.

정부는 전자(1969)에 대하여 조선(1967), 기계(1967), 석유화학(1969), 철강(1970), 비철금속(1971)과 마찬가지로 별도의 전자공업진흥법을 제정하였고, 이후 중화학공업화정책을 통하여서도 각종 지원을 하였다.

(2) 기반형성기(1966~1979)

기반형성기 전자산업육성정책으로 정부는 전략적으로 국내시장을 보호하면서 육성대상품목을 지정하고 이를 개발, 생산, 수출하기 위하여 투자하는 기업을 지원하는 방식을 주로 사용하였다. 1966년 상공부 전기공업과의 통신공업계 업무에 가전분야가 추가되었고, 1971년에 전자공업담당관(과장급)실이 생겼으며, 1978년에는 전자전기공업국이 설립되었다. 전자산업 관련 전용공단과 품질관리 및 교육·연구개발 체계도 이 시기에 확립되었다. 새로운 유망사업을 모색하던 기업들도 전자산업에 진출하여 국내외 시장에서 치열하게 경쟁하며 핵심역량을 키워 나갔다. 라디오 등 일부 제품을 조립하는 단계에서 출발

---

[1] 2016 경제발전경험 모듈화사업: 한국전자사업의 발전: 기반형성기를 중심으로, 기획재정부·KDI 국제정책대학원, 책임연구원 임원혁 국제정책대학원 교수.

한 한국의 전자산업은 기반형성기에 TV 등 주요 전자제품과 부품의 국산화율을 높이고 회로설계기술 등을 확보하여 반도체 등 핵심부품·소재를 개발할 수 있는 단계 직전까지 발전할 수 있었다.

(3) 도약기(1980~1992)

이후 도약단계에 들어선 한국의 전자산업은 정부차원에서는 가전분야에서 정보통신분야로 육성정책의 초점을 전환하는 한편 수출과 함께 내수를 확충하였고, 기업차원에서는 연구개발을 강화하여 제품을 다변화하고 핵심부품·소재를 개발하는 데 주력하였다. 정부는 기반형성기의 국내소비 억제시책에서 벗어나 1980년 국내 컬러TV 방영을 허용하는 한편, 국가연구개발사업과 국가기간전산망사업을 적극 추진하였다. 기반형성기에는 주로 상공부의 계나 과 단위에서 전자산업육성정책을 추진하였던 반면, 도약기에는 체신부 부처 단위에서 정보통신산업육성정책을 주관하였다. 특히 한국통신을 공사화하여 매출액의 3%를 연구개발에 투자함으로써 국내 정보통신산업의 혁신역량을 크게 향상시켰다. 민간기업들 또한 핵심부품·소재를 계속 수입에 의존하여서는 전자산업에서 성공을 거두는 데 한계가 있다는 점을 인식하고 자체 연구개발을 대폭 확장하였다. 그 결과 한국은1982년에는 전전자교환기를 개발하였고 1983년에는 미국, 일본에 이어 세계에서 세 번째로 64K DRAM을 개발하는 데 성공하였다.

(4) 고도화기(1993~)

이처럼 도약기의 한국 전자산업은 제품 다변화와 핵심부품 국산화에 일정부분 성공을 거두었지만, 1990년대 초까지는 미국이나 일본에 비하여 여전히 한 수 아래인 것으로 평가되었다.[2] 하지만, 정부와 업계는 이후 품질고도화와 핵심부품 및 제품선도개발에 초점을 맞춰 한국 전자산업의 수준을 세계 정상급

---

2) 이와 같은 상황을 배경으로 삼성의 이건희 회장은 1993년 프랑크푸르트에 임원진을 소집하여 국내 1위에 안주하지 않고 세계 제일을 지향하며 모든 것을 다 바꾸겠다는 각오로 품질경영에 몰두할 것을 선언하였다.

으로 끌어올렸다. 정부는 인터넷 등 정보화와 전자정부의 기반시설을 확충하는 한편, 민·관이 협력하여 새로운 성장동력을 발굴하고 연구개발을 지원하였다. 특히 체신부를 확대 개편하여 1994년에 출범한 정보통신부는 이후 10여 년간 정보통신산업육성에 주도적인 역할을 하였다. 한편 기업들은 고속추격 및 혁신전략에 기초하여 연구개발과 양산화에 공세적으로 투자함으로써 세계 정상급의 경쟁력을 확보하게 되었다. 비록 휴대전화기, 평판디스플레이, 스마트폰을 처음으로 개발한 곳은 미국 또는 일본기업이었지만, 한국기업들은 얼마 지나지 않아 시제품을 개발하였고 품질개선과 공세적 투자를 통하여 선발주자를 추격하고 추월하였다. 또한, 한국기업들은, 패블릿(phablet)의 성공사례에서 볼 수 있는 것처럼 기존의 선발주자보다 앞서 혁신적인 제품을 개발하기도 하였다.[3]

2. 한국의 전자산업 현황(개요)

전자산업은 전자공업·전자공학을 기본으로 하는 제조업을 말한다. 반도체 ic의 등장으로 이후 기술적인 혁신이 일어나면서 산업구조는 단기간에 눈부신 발전을 거듭하였다. 계속된 공업의 발전은 초고밀도 집적회로(VLSI)를 등장시켰다. 그리고 컴퓨터의 발명은 생산의 자동화를 가능하게 만들었다. 설계에는 CAD(Computer Aided Design)을 이용하게 되었다. 현대사회에서 우리가 사용하는 컴퓨터, 반도체, 스마트폰, LCD, 텔레비전 등이 반도체ic 덕분에 구현이 가능하였던 대표적인 전자산업 제품들이다.

20세기 중반 시기에는 일본의 전자공업과 관련기업들이 세계에서 주도적이

---

3) 2011년 말 삼성전자의 갤럭시노트는 5.3인치의 스크린과 오랜 배터리 수명 및 펜 기능을 무기로 패블릿시장을 개척하였다. 당시 애플 아이폰의 3.5 인치 스크린에 익숙해져 있던 전자제품 평론가들은 갤럭시노트가 '우스꽝스러운 크기'라며 신랄하게 비판하였으나, 갤럭시노트가 시장에서 인기를 끌자 그들도 스마트폰의 주기능이 통화가 아니라 읽고 쓰기라는 점을 인식하게 되었다. 갤럭시노트의 성공에 자극을 받아 애플도 대형 스크린과 펜 기능을 갖춘 패블릿을 출시하였다. 삼성전자의 패블릿은 소니의 워크맨, 모토롤라의 휴대전화기, 샤프의 평판디스플레이, 애플의 스마트폰과 같은 수준의 혁신제품은 아니더라도 한국전자산업이 처음으로 개발한 시장선도제품이라고 할 수 있다.

었고, 한국은 제3공화국시기에 본격적으로 중공업을 육성하기 시작하여 현재는 거대한 공업능력을 갖추게 되었다. 이후 중국 및 대만 역시 전자산업에 몰두함으로써 사실상 세계의 전자산업은 한·중·일·대만의 동아시아권에서 강세를 보이며, 동아시아의 전자공업량은 타 지역에 비하여서도 두드러지게 크다.

1980년대 일본의 거품경제시절만 하여도 전자산업은 일본이 지배하고 있었다. 한국 중산층과 부유층이 일제 VTR, 워크맨과 코끼리표 밥솥을 사서 들여오던 시기였다. 또한 이 시기는 카세트테이프, 플로피디스크 등으로 대표되는 자기저장매체(magnetic storage)의 시대였다.

전성기 일본 전자산업은 소니가 선두에 있었다. 일본의 전자산업은 2000년대 초까지 그럭저럭 버텼으나, 끝내 디지털 혁신에 실패하였고 2010년대가 되자 한국, 중국권과 경쟁력에 밀려 급격하게 몰락하였다. 산요전기·아이와를 비롯한 몇몇 기업은 아예 역사 속으로 사라져버렸고 소니·도시바·히타치·파나소닉 등도 예전만 못하였다. 구조조정을 비롯한 체질개선을 시도하고 있지만 그럼에도 과거의 영광을 되찾기는 어려운 게 현실이다. 유럽의 전자산업은 더욱 처참하게 붕괴된 상황이다. 한때 카세트테이프, CD규격을 내놓은 것으로도 유명하였던 네덜란드의 필립스는 사실상 전기면도기 전문회사가 된 지 오래이며 현재는 가전보다는 의료기기시장에 집중하고 있고, 독일의 지멘스도 가정용 전자기기시장과는 인연이 끊어졌다. 보쉬도 유럽 한정의 브랜드가 되었고, 프랑스의 톰슨은 브랜드만 남았고, 알카텔은 중국에 넘어갔다. 핀란드 노키아도 휴대전화 사업부를 마이크로소프트에 팔아버리고 통신장비사업으로만 연명하는 상황이다. 스웨덴의 에릭슨도 상황이 좋지 않다. 그나마 스웨덴의 일렉트로룩스가 최근 사업을 확장하는 상황이다. 2010년대 이후로 세계 유명 전자기업 랭킹에 유럽 기업들은 단 하나도 없다.

북미도 애플 같은 첨단 IT 업종의 기업을 제외하고 RCA는 역사 속으로 사라지고, 제너럴일렉트스, 월풀, 웨스팅하우스 같은 전통 가전기업은 아시아권에 밀려버려 사실상 경쟁력을 상실한 상황이다.

한국전자정보통신산업진흥회(KEA)가 2013~2018년 전자산업 추이를 분석한 결과 한국이 연평균 성장률이 9.0%로 주요국 중 3위에 올랐다. 그러나 '반도체 편중'이 심하였다.

한국은 2018년 전 세계 전자업계에서 중국과 미국에 이어 3위 생산국의 지위에 오른 것으로 조사되었다.

특히 최근 5년간 주요국 가운데 3번째로 높은 성장률을 기록하며 '글로벌 IT 강국'의 입지를 굳혔으나 반도체 등 전자부품에 대한 지나친 '편중'은 극복하여야 할 과제라는 지적도 나왔다.

KEA가 발간한 '세계 전자산업 주요국 생산동향 분석' 보고서에 따르면 2018년 한국의 전자산업 생산액은 1천711억100만 달러(약 202조7천억 원)로 집계되었다.

세계에서 차지하는 비중은 8.8%로, 중국(7,172억6,600만 달러, 37.2%)과 미국(2,454만2,200만 달러, 12.6%)에 이어 3번째였다.

5년 전인 2013년(1,111억7,900만 달러)과 비교하면 53.3%나 늘어난 것으로, 순위도 일본을 제치고 한 단계 올라섰다.

특히 최근 5년간 연평균 증가율이 9.0%에 달하면서 상위 20개국 가운데 베트남(11.7%)과 인도(10.9%)에 이어 세 번째로 높았다. 중국과 미국은 각각 2.9%와 1.0%였고, 일본은 -2.3%를 기록하며 '역성장'한 것으로 나타났다.

그러나 한국은 2018년 전체전자산업생산에서 차지한 전자부품비중이 77.3%로, 5년 전보다 18.8%포인트나 높아지면서 의존도가 심화된 것으로 나타났다. 무선통신기기와 컴퓨터가 각각 10.0%와 7.8%로 그 뒤를 이었다.

업계 관계자는 "지난 2017년과 지난해 글로벌 메모리반도체 시장의 '슈퍼호황' 덕분에 삼성전자와 SK하이닉스가 역대 최고 실적을 올리면서 전자부품 비중이 큰 폭으로 확대되었다."면서 "덕분에 경쟁국인 일본을 제치고 3위로 올라선 것으로 보인다."고 설명하였다.

중국의 경우 가장 비중이 큰 컴퓨터 분야가 전체의 34.2%를 차지하였고, 미국도 무선통신기기 분야의 비중이 최대였으나 32.3%에 그치며 분야별로 비교적 고른 분포를 보였다. 일본은 전자부품 분야 비중이 56.6%로 가장 높았다.

부문별로는 전 세계 전자부품 생산에서 지난해 한국이 19.2%의 비중으로,

중국(24.1%)에 이어 2위를 차지했다.

무선통신기기는 4.3%의 비중을 차지하며 중국(46.4%)과 미국(20.0%), 베트남(6.8%), 인도(4.4%)에 이어 5번째였고, 컴퓨터(3.3%)도 중국(59.7%)과 멕시코(6.0%), 미국(4.9%), 일본(4.0%)에 이어 5위에 랭크되었다.

업계에서는 삼성전자와 SK하이닉스, LG전자 등 대기업을 중심으로 연구개발(R&D)과 설비에 적극적으로 투자하면서 한국이 전 세계 전자업계에서 입지를 넓혔으나 반도체 의존도가 지나치게 높아 중국, 미국 등과 비교하였을 때 '충격'에 취약할 수 있다는 지적이 나오기도 하였다.

일본의 한국에 대한 소재수출 규제와 같은 '돌발변수'가 발생하였을 때 '공포 지수'가 급격히 올라갈 수 있다는 것이었다.

KEA 관계자는 그러나 "그런 우려도 나올 수 있지만 반도체는 분명히 높게 평가하여야 할 성공사례이고, 다른 산업이 따르지 못하였다고 보는 게 더 적절하다."면서 "제2, 제3의 삼성전자가 나와야 한다."고 말하였다.

또 "중국의 경우 자국 업체도 많이 성장하였지만 미국과 한국, 일본 업체들의 현지 공장이 많은 점이 세계 1위 자리를 지키는 요인"이라고 덧붙였다.

III. 반도체산업

1. 개요

1980년대, 한국 경제의 또 하나의 성취는 반도체산업이다. 한국의 반도체산업은 1960년대 중엽 외국계 기업에 반도체부품을 단순 조립하는 것으로 출발하였다.

1970년대 중엽부터는 삼성이 웨이퍼가공체제를 갖추어 트랜지스터 등 집적회로(LSI) 제품을 생산하였다. 1983년 삼성의 이병철 회장은 반도체사업을 주력업종으로 결정하고 D램반도체 제조에 뛰어들었다.[4] 재계의 라이벌인 금성사와 현대 역시 반도체사업에 진출하였다. 반도체부문은 재계 최고 그룹의 격

---

4) 이병철 회장의 말씀 "영국이 증기기관을 만들어 400년간 세계를 제패하였는데 나도 그런 생각으로 반도체에 투자한 것이니 앞으로 자네들이 열심히 잘 해내라."

전장이 되었다. 삼성은 1983년 11월과 1984년 10월에 각기 64KD램과 256KD 램을 개발하였다. 선진국과는 5년 정도의 기술시차가 있었다. 게다가 시장은 호락호락하지 않았다. 일본기업의 덤핑 공세로 1985년에 D램 가격이 폭락하였다. 1984년 9월 삼성이 첫 출하할 당시 3달러였던 64KD램 반도체가격은 1985년 8월, 그 1/10인 30센트로 떨어졌다. 삼성의 생산원가는 1.7달러였다. 1985년 삼성은 1,300억 원의 천문학적 손실을 보았으며, 현대와 금성도 마찬가지였다. 다행히 1986년부터 사정이 나아졌다. D램 반도체가격이 오른 것이다. 정부도 기업의 반도체투자에 자극받아 연구비를 지원하기 시작하였다. 서서히 일본과의 제품개발 격차를 줄였다. 한국은 D램 개발착수 9년여 만에 미국, 일본과 대등한 수준에 도달하였다. 급기야 1990년대에는 D램을 본격적으로 수출하기 시작하였다. 전 세계적으로 PC가 급속히 보급되는 추세 속에서 D램 수요가 급증한 것이다. 한국산 D램의 대량 주문이 몰렸다. 한국은 1993년부터 세계 메모리반도체 1위를 달성하고, 전체 반도체에서 미국, 일본에 이은 3위의 생산국이 되었다. 선두기업 삼성전자는 1995년, 한국기업사상 최초로 조 단위 순이익을 기록하였다.

2. 한국의 반도체산업의 발전약사

현재와 같은 반도체 모습으로 발전하였던 반도체 역사를 세계적인 흐름에서 간략하게 살펴보고, 한국 반도체의 태동, 성장, 성숙기의 관점에서 단계별로 살펴본다.

(1) 태동기

고체 상태의 트랜지스터는 전통적인 진공관을 대체하여 오늘날 IT 기술을 필두로 사회·문화·경제 전반에 혁명적인 변화를 가져왔다. 과거의 진공관은 높은 진공 속에서 금속을 가열할 때 방출되는 열전자를 전기장으로 제어하여 정류·증폭 등의 특성을 얻을 수 있는 유리관으로, 크기·전력 소모·동작속도 면에서 현재의 트랜지스터와는 비교도 안 될 정도로 성능이 뒤떨어진다. 트랜지스터의 발명은 기체상태의 소자가 고체상태로 바뀌는 역사적인 사건이었다.

이후 1958년 미국의 잭 킬비에 의하여 고체상태의 게르마늄기판 위에 여러 가지 전자소자를 집적한 최초의 집적회로가 개발되었다. 그가 발명한 집적회로기술 때문에 집채만 한 크기의 컴퓨터를, 휴대할 수 있는 손바닥크기로 줄일 수 있게 되어 현대기술의 핵심인 마이크로일렉트로닉스가 탄생할 수 있었다. 그는 이 업적으로 2000년 노벨물리학상을 받았다.

1947년 트랜지스터 발명 이후 미국은 사실상 반도체산업의 종주국이었다. 그러나 냉전시대에 미국은 반도체기술의 군사적인 응용에 역점을 둘 수밖에 없었고, 민간소비자를 위한 가전과 같은 소비재부문 응용기술 개발은 상대적으로 위축되었다. 제2차세계대전 패전 후 전후복구에 열을 올리던 일본은 미국이 집중하지 않은 민간소비재부문에 집중하여 반도체부문의 중흥기를 맞이할 수 있었다. 일본의 반도체 중흥기에 결정적인 기여를 한 또 다른 외부환경으로는 1949년 미국법무부의 AT&T에 대한 반독점금지결정을 들 수 있다. 외부로의 기술개방이 가능하여져 외국기업들도 기술료를 지불하면 자유롭게 쓸 수 있게 된 것이다. 소니를 필두로 일본업체는 휴대용 트랜지스터라디오를 개발하고 LCD TV의 시제품을 개발한 미국의 RCA를 추월하여 샤프와 세이코는 상용화된 LCD TV를 시장에 먼저 출시하였다. 반도체기술을 이용한 일본산 가전제품은 빠른 속도로 미국시장을 잠식하여 들어갔고, 엎친 데 덮친 격으로 1985년 세계반도체시장의 불황으로 미국은 큰 피해를 보게 되었다. 결국 미국은 일본에 미·일 반도체협정 체결을 강요하여 그 뜻을 이루었으나 큰 실효는 거두지 못하였다.

한편으로 미국은 일본의 반도체기술을 견제하기 위하여 한국에 반도체 관련 기술이전을 묵인하였고 한국 반도체산업은 전환기를 맞이할 수 있게 되었다. 1990년 소비에트연방 붕괴로 미국은 국방과학기술에서 민간소비재기술개발에 박차를 가할 수 있는 전환점을 맞이하게 되었다. 때맞춰 반도체기술의 응용분야가 가전에서 컴퓨터로 이동하고 메모리시장보다 마이크로프로세서와 같은 비메모리시장의 빠른 성장이 이루어졌다. 미국국방부는 미국 내 반도체산업을 육성하기 위하여 반도체 제조기술컨소시엄인 SEMATECH 설립을 지원하여 1990년대 이후 반도체기술과 시장을 견인하도록 계기를 마련하여 주었다.

한국반도체산업은 1965년 미국기업이 반도체 포장 및 조립 등을 저임금국 가로 이전하면서부터 시작되었다. 당시의 반도체포장조립기술은 세세한 수작 업으로 이루어져서 많은 인력이 필요하였는데, 값싼 노동력과 숙련된 기술을 가졌던 한국이 적합하였다.

국내 최초의 반도체기업은 1965년 미국의 소기업인 '고미'가 간단한 트랜 지스터를 생산하기 위하여 설립한 합작기업이었다. 본격적인 제조업은 1966 년 미국반도체제조사 페어차일드가 투자를 하면서 시작되었고 이후 모토롤라, 시그네틱스, AMI, 도시바 등이 잇따라 투자대열에 참여하였다. 그러나 이때만 하여도 우리나라의 값싸고 우수한 노동력을 겨냥하여 단순한 제품조립 수준에 서 벗어나지 못하였고 완제품은 전량 투자기업으로 수출되었다.

(2) 성장기 – 경제여건에 최적산업으로 판단, 집중투자 –

1970년대 들어 세계 전자산업의 발전에 발맞춰 한국정부가 반도체산업육성 에 나서면서 반도체 생산과 수출은 빠르게 증가하였다. 정부는 상공부에 전자 공업과를 설치하고 전자공업 육성자금으로 체계적인 지원을 시작하였다. 정부 는 또한 전자통신연구소(ETRI)를 설치하여 반도체산업육성을 간접적으로 지 원하기 시작하였다. 전자산업육성과 함께 대일 무역적자를 줄이려는 목적으로 1969년 전자공업진흥법을 제정하고 그에 기반하여 전자공업진흥8개년계획을 수립하였다. 이 계획에는 반도체제품 개발, 수출진흥, 소요자금 조성 등 반도 체 산업발전을 지원하는 다양한 조치들이 포함되어 있었다. 1970년에는 국내 자본으로 금성사와 아남산업이 반도체 조립을 처음으로 시작하였다. 이때부터 우리나라 기업들도 반도체산업의 중요성을 인식하고 반도체산업에 더 많은 투 자를 하기 시작하였다.

1970년 전자제품 생산은 불과 10억달러 규모였고 총수출에서 차지하는 비 중도 6.6%에 불과하였다. 그러나 불과 10년도 지나지 않는 1979년에 와서는 생산이 33억달러, 수출비중은 12%를 차지할 정도로 커졌다. 그렇지만 여전히 국산 반도체가 기술과 생산량 측면에서 국내 전자산업의 수요를 충족시키지 못하였다.

한국의 반도체사업이 단순한 포장 및 조립 기술을 탈피하여 반도체제조의 원재료라 할 수 있는 웨이퍼 가공생산을 우리나라에서 처음 성공한 것은 1974년 '한국반도체'가 설립되면서이다. 그러나 이 회사는 공장 준공 2개월만인 1974년 12월, 자금난에 봉착하고 이건희 회장(당시 중앙일보 이사)이 사재를 털어 인수하였다. 이것이 삼성전자 부천반도체공장의 시작이다. 삼성은 이 공장에서 1975년 전자 손목시계용 CMOS 반도체 칩을 개발, 국내생산하기 시작하였다. 이 전자 손목시계는 '대통령 박정희'라는 이름이 새겨진 채 한국의 첨단기술을 자랑하는 물건으로 외국 국빈들에게 선물되곤 하였다. 또 1976년에는 국내에서 처음 트랜지스터 생산에 성공하고 당시로서는 최첨단인 3인치 웨이퍼 가공설비까지 갖추고 의욕적인 사업을 전개하였다. 이후 경쟁 재벌기업인 금성은 대한전선이 1977년 설립한 대한반도체를 인수하고 미국의 AT&T와 합작으로 금성반도체를 설립하였다. 1979년에는 한국전자가 일본 도시바와 합작형태로 트랜지스터, 다이오드 등 개별소자완제품을 생산하기 시작하였다.

그러나 1970년대에는 양적인 성장에도 불구하고 반도체를 하나의 독립된 산업으로 관심을 갖기보다는 전자산업의 부품산업으로 주목하였다. 국내반도체산업이 독립된 산업으로 자리잡을 수 있도록 과감한 연구개발과 투자가 일어나기 시작한 것은 1983년부터이다. 이 당시에 2차오일쇼크가 세계경제를 강타하게 되었다. 한국과 마찬가지로 석유가 나오지 않는 일본이 오일쇼크의 충격을 크게 받지 않는 점에 정부와 재계는 주목하였고, 그 한가운데에는 첨단기술에 의한 반도체산업이 큰 역할을 하였다는 것을 알게 되었다. 또한 반도체산업은 재료비 비중이 낮고 핵심 인적자원에 크게 의존하는 업계특성과, 당시 한국경제의 여건과 국민성에 최적인 산업으로 판단되어 한국정부와 재계의 집중적인 투자가 이루어지기 시작하였다 이웃 일본기업들이 반도체사업에 집중적으로 투자하여 미국에 필적하는 성과를 거두는 데 자극을 받은 것이다. 당시 미국 인텔은 D램을 처음 제품화한 기업이지만 일본에 밀리자 D램을 포기하고 CPU에만 전념키로 하는 획기적인 결정을 내리기까지 하였다.

그럼에도 불구하고 막상 삼성이 1983년 본격적으로 반도체산업에 뛰어들겠다고 하자 정부관리들조차 비판하는 사람이 많았다. 이른바 '도쿄선언'을 통하여 1983년 2월 8일 당시 삼성의 이병철 회장이 반도체산업 참여를 선언하자 정부의 모 고위관리는 "사업성도 불확실하고 돈 많이 드는 반도체를 왜 한다는 말인가. 차라리 신발산업을 밀어주는 게 낫다."고 비난하였다. 물론 앞서 있던 일본의 반도체업체들도 실소를 금치 못하였다고 한다. 반도체산업은 그만큼 투자가 많이 필요한 산업이었고 고난도의 기술이 필요하였기 때문이다. 그러나 삼성이 사업진출 10개월만에 미국, 일본에 이어 세계 세 번째로 64KD램 개발에 성공하자 인식이 크게 달라지기 시작하였고 금성과 현대도 본격적으로 반도체산업에 뛰어들게 되었다. 회의적이었던 정부 역시 국내반도체산업 육성에 적극적이 되었고, 1985년에는 '반도체산업종합육성계획'을 새로 발표하고, 연구비 지원을 큰 폭으로 늘리는 등 각종 지원을 아끼지 않았다. 정부의 반도체산업에 대한 획기적인 지원은 1985년 삼성, 현대, 금성이 설립한 반도체 연구조합과의 공동연구개발사업제의를 적극 수용한 것이다. '단군이래 최대 국책사업'이라는 이 연구개발 사업에 정부는 총 1천900억 원의 연구비 중 600억 원을 지원하였다. 이 연구개발사업의 결과물은 1990년대에 금성과 현대가 세계 주요 D램기업으로 성장하고 우리나라가 세계 D램시장 점유율 1위를 달성하는 발판이 되었다.[5]

(3) 성숙기 – 시장규모 큰 DRAM에 집중, 세계 반도체 기술 선도 –

1983년 삼성전자는 경기도 용인 기흥에 반도체전용공장을 설립하고 자체 기술로 64KDRAM 개발을 성공하여 발표하였다. 한국의 본격적인 DRAM 시대가 열린 것이다. 이후 1984년 256KDRAM, 1986년 1MDRAM, 1988년 4MDRAM, 1989년 16MDRAM, 1992년 64MDRAM, 1994년 256MDRAM, 1996년 1GDRAM 개발성공으로 이어졌다.[6]

DRAM은 한 개의 트랜지스터와 전하저장을 하는 한 개의 커패시터로 이루

---

5) 백재현, 아이뉴스24 통신방송팀장(2004. 11. 25.)

6) '반도체의 날', 반도체의 날은 우리나라가 반도체 수출이 최초로 연 100억 달러를 돌파한 1994년 10월을 기념한 날로 11월 넷째 주 목요일로 정하였으며, 2008년부터 매년 국가주력산업인 반도체산업발전에 기여한 산·학·연 유공자들의 노고를 기리고 있다.

어진다. 저장된 전하는 쉽게 손실되어 재생과정이 필요하여 'Dynamic'이라는 이름으로 불리고, 데이터를 저장할 때 각각의 메모리위치에 처음부터 순서대로 진행하지 않고 어떤 위치라도 직접 'access'하여 저장할 수 있기 때문에 'Random Access'라는 이름으로 불린다.

DRAM은 주로 컴퓨터의 주기억장치에 이용되고, 마이크로프로세스 내에 탑재되어 캐시메모리로 주로 쓰이는 빠른 동작속도를 갖는 SRAM(Static Random Access Memory)은 전원이 공급되는 한 재생과정이 필요하지 않아 'Static'으로 비교되어 불린다.

돌이켜 보면 한국반도체산업은 몇 개의 중요한 선택의 기로에 서 있었다. 초창기에는 주문형반도체와 메모리반도체라는 갈림길이 있었다. 한국반도체산업체는 메모리반도체 집중이라는 선택을 하게 되었고, 그 결과로 한국반도체업체의 생산구성이 메모리 대 비메모리 비율이 87:13이 되고, 세계반도체업체의 평균인 21:79와 비교할 때 심한 불균형상태가 초래되었다. 한국반도체업계는 두 가지 이유 때문에 메모리반도체에 대한 집중이 해외 의존형 불균형성장 전략임에도 불구하고 최적의 선택이라고 판단하였다. ① 반도체기술 종주국인 미국이 유일하게 일본에 뒤지는 것이 메모리분야이고 이 분야는 원천기술 못지않게 생산기술에 크게 의존한다는 사실이다. ② 주문형반도체는 충분한 설계기술, 표준화기술, 공정기술을 확보하지 못하면 생존할 수 없기 때문에 후발업체로서는 메모리반도체에 집중하는 것이 타당하였다.

이후 메모리반도체 내에서도 DRAM과 SRAM 중 어떤 선택을 하여야 하는가에 대한 기로에 섰을 때, 한국반도체업체는 DRAM 분야에 집중하였다. SRAM은 제품이 다양하고 후발업체의 시장진입이 상대적으로 쉬웠으나 결정적인 문제는 그 시장규모가 DRAM의 절반에도 미치지 못하였다. 후발업체 여건상 공장가동률을 극대화하고 재투자를 위한 재원충당을 위하여서는 시장규모가 중요한 판단기준이 될 수밖에 없었다.

1980년대 후반 DRAM 분야에서 국내 반도체업계는 또 한 번의 선택의 기로에 서게 된다. DRAM을 이루고 있는 커패시터의 3차원 구조로 웨이퍼에 구멍을 파는 트랜치형과 탑처럼 쌓아 나가는 스택형에 대한 선택이었다. 결과적으로 국내반도체업체가 선택한 스택형구조가 탁월한 판단이었으며, 이를 통하여 해외 경쟁업체의 추격을 따돌리고 업계 선두를 차지하는 결정적인 전기를 맞이하였다. DRAM과 SRAM이 전원이 꺼지면 저장된 정보가 사라지는 문제가 있는데, 플래시 메모리소자는 전원이 꺼진 상태에서도 저장된 정보가 손실되지 않는 장점이 있어 MP3 플레이어, 디지털카메라, PMP, PDA 등과 같은 개인용 휴대용단말기에 널리 쓰인다.

1990년대 후반 국내반도체업체는 NOR형(프로그램 수행이 가능한 코드형 메모리)과 NAND형(데이터 저장만 가능한 메모리) 플래시메모리에 대한 또 한 번의 선택의 갈림길에 놓이게 된다. 국내업체의 NAND형 플래시메모리에 대한 선택은 결과적으로 매우 적절하였으며, 이는 MP3 플레이어와 디지털카메라와 같은 폭발적인 시장성장에 힘입어 NOR형보다 더 시장 규모가 커졌다는 사실로 입증되었다.

이러한 탁월한 선택으로 DRAM사업 성공 이후 국내반도체업계는 NOR형 플래시 메모리에 집중한 인텔을 시장점유율에서 앞지르는 비약적인 성장을 하게 되었다. 이러한 메모리분야의 비약적인 성장은 18개월마다 칩의 집적도가 두 배가 된다는 무어의 법칙을 1년마다 두 배가 된다는 황의법칙에 대한 증명으로 이어져 세계반도체역사를 다시 쓰게 되었다. 한국반도체산업은 당당하게 세계반도체기술을 선도하고, 시장을 견인하게 되었다.

1985년 반도체산업 침체기와 1997년 외환위기 때 반도체에 대한 투자축소가 대세였던 세계적인 흐름 속에서 오히려 역발상으로 과감하게 투자를 늘린 투자타이밍, 중요한 선택의 고비 때마다 탁월한 선택과 집중, 정부와 산업체 간의 유기적인 협력으로 마침내 세계반도체 산업의 주역으로 성장하였다.[7]

---

7) 최양규, KAIST교수, 세계반도체 역사를 다시 쓰다. 과학기술(2008. 2월호), P. 70 이하. 삼성전자의 반도체 생산공장 완공의 역사는 현대미포조선과 그 궤를 같이한다고 볼 수 있다. 배를 사겠다는 선주가 있어야 돈을 빌려준다는 말을 듣고 정주영 회장이 울산미포만의 백사장 사진 한 장을 달랑 들고 선주를 찾아나서 그리스 선주로부터 원유운반선 두 척을 수주 받아 그것을 가지고 차관도입을 성공시킨 불가능을 가능하게 한, 업계의 정설을 뒤집는 역발상, 리더의 비전 공유와 강력한 리더십, 엔지니어의 지칠 줄 모르는 측면에서 그러하다.

반도체업체의 정설은 반도체생산공장 건설에 통상 18개월이 소모되는 데, 이병철 회장은 6개월 만에 완성하라는 지시를 하였고, 엔지니어들은 24시간 휴일도 없이 열심히 일하였다. 반도

한국반도체산업의 성공은 무모하리만큼 과감한 결정과 결정된 일에 혼을 불어넣어 미친듯이 일하는 근로자들의 투지에 정부의 적절한 지원책이 더하여 만들어졌다. 여기에다 반도체 가격 경기 등 운이 결합한 결과라고 할 수 있다. 한국반도체산업의 성공을 '신화'로 평가하는 이유가 여기에 있다. 그러나 초정밀을 요하는 반도체공장을 선진국의 3분의 1 수준인 6개월 만에 그것도 겨울을 나면서 건설하여 내는 집념이나 진동에 약한 고가의 장비를 설치하기 위하여 불과 7시간 만에 4킬로미터나 되는 진입로를 넓히고 포장을 해내는 눈물겨운 노력이 뒷받침되었다는 사실을 잊지 말아야 할 것이다.

(4) 도전받는 한국반도체산업

(개) 반도체산업에 닥친 도전

2021년 5월13일 정부가 주최한 'K반도체 전략보고대회'에서 삼성전자와 SK 하이닉스를 위시한 국내반도체기업 153곳이 앞으로 10년간 반도체 사업에 510조 원을 투자하겠다고 밝혔다. 국내 단일산업 중 최대규모 투자계획으로, 2021년 한 해 국가전체예산(558조 원)에 버금간다. 국내반도체업계의 맏형인 삼성전자만 171조 원을 투자하기로 하였다. 그만큼 세계반도체산업이 격변기를 맞이하고 있고, 한국 반도체산업에 닥친 도전이 크다는 의미이다.

반도체는 국가의 산업경쟁력을 좌우하는 전략적 가치를 가진 기술이다. 특히 전기차와 5G·AI·IoT 등 이른바 '4차산업혁명'이 본격화하면서 고성능 반도체기술은 더욱 중요하여졌다. 이는 미국과 중국, 유럽 등 강대국 간의 '반도체전쟁' 심화로 이어지고 있으며, 한국 반도체산업의 입지는 점점 더 위협받는 상황이다. 전문가들은 "시스템반도체 분야의 열세와 메모리반도체의 경쟁력약화, 미·중 간에 갈팡질팡하는 국가정책 등이 한국반도체산업의 미래에 걱정을 안기고 있다."고 말한다.

체공장 장비는 먼지·진동과 같은 외부 환경에 민감하기 때문에, 공장 반입 시 피해를 최소화하기 위하여 4km의 비포장도로구간을 반나절 만에 포장하고 거대한 선풍기로 말렸다는 일화는 유명하다. 강력한 리더십, 시작점과 끝점을 찍고 불합리한 목표임에도 불구하고 일직선으로 앞만 보고 달려가서 그 목표를 완수하는 저돌적인 추진력, 뛰어난 인재와 이들의 헌신적인 노력, 정확한 시장 및 기술예측과 투자시기에 대한 적절한 판단이 오늘날 한국 반도체 사업의 원동력이다.

㈏ 존재감 빈약한 시스템반도체

반도체는 우리나라 총수출의 약 20%를 차지하는 주력산업이다. 하지만 대부분 메모리반도체에 편중되어 있다. D램시장에서 삼성의 점유율은 2020년 기준 41.7%, SK 하이닉스는 29.4%로 합산 점유율이 무려 71.1%다. 반면 이 사업의 주류인 시스템반도체에서는 한국의 반도체의 존재감이 미미하다. 삼성전자도 이 분야에서는 시장점유율(매출액기준)이 2.2%, 세계 13위에 불과하다. 지난해 전 세계반도체시장에서 시스템반도체의 비율은 56%에 달한다. 시스템반도체의 대표격인 CPU(중앙처리장치)와 GPU(그래픽처리장치)는 인텔과 AMD, 엔비디아 등 미국기업이 단 한 번도 주도권을 놓지 않았다. 모바일 운영체제(OS)와 앱구동에 쓰이는 모바일반도체(AP)는 엔비디아에 인수된 영국 ARM과 미국 퀄컴이 장악하고 있다. 또 차량용반도체는 네덜란드의 NXP(21%), 독일의 인피니온(19%), 일본의 르네시스일렉트로닉스(15%) 등 유럽과 일본의 독무대다. 삼성전자가 그나마 시스템반도체를 만드는 파운드리(반도체 수탁생산)시장에서 2위이지만, 1위 대만 TSMC와 격차는 좁혀지기는 커녕 점점 커지고 있다. 시장조사기관 트렌드포스에 따르면 TSMC의 파운드리 시장점유율은 지난해 1분기 47.1%에서 올해 1분기 56.0%로 8.9포인트 올랐다. 삼성전자는 같은 기간 19.1%에서 18.0%로 떨어졌다.

㈐ 무너져가는 메모리 '초격차'

엎친 데 덮친 격으로 메모리반도체분야의 경쟁력마저 도전받고 있다. 삼성전자는 과거 선폭 3나노미터(nm. 1nm는 10억분의 1m)급의 초미세반도체공정 기술을 세계최초로 개발하는 등 해외경쟁사들이 따라잡을 수 없는 '초격차'를 이룩하였다.

하지만 최근 3위(23.5%) 업체인 마이크로폰이 삼성과의 격차를 빠르게 줄여오고 있다. 작년 11월 메모리소자를 176층까지 쌓아올리는 방식의 '176 낸드 플레시'를 내놓은데 이어 올해 1월엔 최소 1나노미터급 선폭의 '1알파(α)D램'을 세계최초로 개발, 양산을 시작하였다. 기존 D램제품 대비 반도체소자의 밀도를 40%이상 끌어올린 기술로, 삼성전자와 SK하이닉스를 모두 제쳤다.

㈔ 미·중 사이 갈림길에 선 한국

　반도체는 국가와 진영 간 이해관계의 영향을 크게 받는 산업이다. 냉전시대 미국이 소련의 반도체기술의 습득을 철저히 막고 방해한 것이 그 일례이다. 이 때문에 1990년대까지 소련의 전투기에 진공관이 쓰였을 정도다. 미국은 또 1980년대 히타치와 도시바, NEC 등이 세계 D램 반도체산업을 장악하며 인텔과 모토롤라 등을 빈사상태로 몰아넣자 강력한 대일 통상압박에 나섰다. 미국반도체기업이 무너져 기술이 유출되는 것을 막기 위하여서였다. 일본은 결국 1986년에 "앞으로 10년간 공정가격 이하의 반도체를 미국에 수출하지 않는다."는 내용의 '미·일 반도체협정(1986)'을 체결하였다. 이는 아이러니하게도 당시 걸음마를 시작한 한국의 D램 산업이 고속성장 할 수 있는 배경이 되었다.

　반도체산업을 둘러싼 국제정치적 갈등은 더욱 고조되고 있다. 중국이 반도체를 기반으로 5G와 AI, 우주항공기술에 두각을 보이자 미국은 2018년부터 대중무역제재를 하여 중국에 대한 첨단반도체공급을 제한하고 있다. 더불어 세계 최대 반도체 제조국인 대만과 한국을 중국의 영향에서 떼놓으려 한다. 반도체업계에서는 "미국이 만약 자국과 한국의 안보적 이익이 일치하지 않는다고 판단하면 1980년대 일본처럼 얼마든지 한국반도체산업을 고사시킬 수 있다."는 말이 나온다.[8]

3. 반도체산업의 미래

　(1) 반도체산업의 현황

　세계 반도체시장은 (연평균매출기준) 2016년 2,925억 달러에서 2018년 4,104억 달러로 급속히 성장하였고, 2023년에 4,469억 달러로 지속적으로 성장할 것으로 전망된다. 4차산업혁명 시대 반도체기술의 중요성이 증가함에 따라 반도체시장은 꾸준히 성장할 것으로 예상된다. 인공지능 및 빅데이터처리 등의 수요에 힘입어 메모리반도체시장이 성장을 견인하고 있으며, 2021년까지 연평균 6.4%의 고성장이 전망된다. 특히, NAND Flash 메모리반도체시장은 12.2%로

---

8) D램 점유율 42% 삼성, 시스템반도체는 2.2%, '메모리 초격차'도 무너져, 조선일보(2021. 5. 28.)

고성장을 기록할 것으로 전망된다. 자동차 및 산업용 반도체는 10% 이상 고성장세를 보일 것으로 전망하고, 통신용 및 정보처리 분야는 현재의 대규모시장을 계속 유지할 것으로 보인다. 특히, 시스템반도체를 설계하는 팹리스산업의 비중이 전체산업의 20% 이상으로 증가하고 있으며, 설계 IP 시장의 증가율은 매우 높다.

국내산업은 메모리반도체산업 중심으로 성장하고 있으며 2018년 기준 국내 반도체 총생산은 1,091억 달러이며 이 중 메모리는 1,016억 달러로 전체 반도체생산에 93%의 비중을 차지하고 있다. 그런데 한국은 메모리는 선제적인 투자와 앞선 공정기술로 2018년 매출액 기준으로 세계메모리시장의 63.7%를 차지하고 있고, 이 중 DRAM은 72.3%, NAND는 49.5%를 차지하고 있으나, 시스템반도체는 여전히 세계시장 점유율 3.0% 미만으로 취약한 상태이다. 그러나 한국은 세계메모리반도체시장의 과반을 점유하고 있으며 후발국과의 기술격차도 현저하여 경쟁 우위는 당분간 유지될 전망이다.

향후 시장은 인공지능이 생활·산업·경제·사회를 근본적으로 변화시킬 것으로 전망되는데, 특히, 자율주행차·지능형로봇·바이오 헬스케어·사물인터넷 등이 산업전반에 핵심기술로 대두될 것이며, 그에 따라 핵심부품인 반도체의 고성능화, 지능화, 저전력화, 경량화, 소형화를 위한 기술선점경쟁이 치열할 것으로 전망한다. 한국은 4차산업혁명의 중심축이 될 인공지능시대를 지원하기 위하여 인공지능반도체 등 새로운 시장에 맞는 반도체를 개발하고 확산하기 위한 노력을 하고 있다. 삼성전자, 하이닉스는 마이크론 등 주요 업체뿐만 아니라 신생기업 간의 미세화 등 공정 양산 수준 등의 기술력에 있어서 아직 앞서 있다.

한국반도체산업은 제조업 총생산 6.7%('16), 고용 16만5천 명('17), GDP 비중 3.46%('16), 수출 979억 달러('17)를 차지하는 국가핵심산업이다. 최근 국가 주력산업의 경쟁력저하 속에서도 국가경제를 선도하는 산업으로 투자와 고용을 창출하고 있다.

한국은 반도체 제조기술측면에서는 미세화, 3D입체화 등 다양한 방법을 통하여 신기술을 개발하고 있다. 초고속·초저전력소자기술을 구현하기 위하여 물리적인 축소와 신공정, 신소자 설계 및 소자 기술을 개발 중이며, 3-5족 화합물을 적용한 초고속 소자, Low‑K 유전박막기술 등 새로운 공정기술이 등장하고 있다. 또한, 전 공정 미세화와 더불어 후 공정에서도 FoWLP(Fan‑Out Wafer Level Package)방식 패키징기술이 도입됨에 따라 공정·장비·소재의 중요성이 더욱 증가하고 있다. 메모리반도체분야에서 한국기업들은 초첨단기술을 활용한 초미세제조기술개발에 박차를 가하고, 한국은 평택, 용인을 새로운 생산기지로 구축하고 있다. 대규모 생산시설을 구축하여 세계에서 가장 큰 생산시설 집적지로 발전시킨다는 계획이다.

시스템반도체 분야의 경우 향후 인공지능·경량 프로세서 등 지능형 반도체 핵심설계기술을 개발하여 경쟁국과의 기술격차를 극복하고, 글로벌 기업이 개발 중인 지능형 반도체 대비 성능 및 전력 측면에서 초격차 원천기술을 확보하여 CMOS+신소자기반초지능, 초저전력지능형반도체 기술경쟁력 1등 강국을 실현한다는 계획이다. 인공지능·경량 프로세서 등 핵심설계기술을 중심으로 차세대 지능형반도체기술을 개발하고, 자율이동체, 실감미디어, 빅데이터‑모바일, 첨단기계 및 로봇, 스마트 시티, 스마트 가전, 에너지, 바이오헬스케어 분야의 상용화기술 개발을 통하여 국내 팹리스산업경쟁력을 강화한다는 계획이다. 원자레벨의 공정장비 선행기술개발로 해당분야 국내 중소장비기업을 글로벌 1등기업으로 육성하고 선행 특허 확보를 통하여 중국 등 후발 메모리반도체 기업 격차를 확대할 계획이다. 설계·소자·제조 기술 확보와 수요 산업과의 협업체계를 구축하여 차세대 지능형반도체 선순환 생태계를 조성하고, 대학 등 학계 중심으로 미래기술에 대한 선행 연구를 통하여 차세대지능형반도체 원천기술을 확보하고 석·박사급 전문인력도 양성 할 계획이다.[9]

(2) 앞으로 한국반도체산업이 맞이하게 될 도전 및 대응

코로나19의 장기화로 언택트, 비대면으로 대표되는 뉴노멀의 전개는 4차산업혁명, 디지털전환에 대한 논의를 가속화시키고 있다. 그에 맞추어 정부는 디지털뉴딜과 같은 관련 연구·개발(R&D) 정책 수립과 투자 확대를 통하여 이러

---

9) 안기현, 한국반도체협회 상무, 반도체산업의 현황과 미래준비, 산업경제(2019. 3월호) P. 78 이하

한 변화에 발 빠르게 대응하여 가고 있다. 위기 속에서도 기회를 극대화하겠다는 전략이다.

앞으로 한국의 반도체산업은 어떤 도전을 맞이하게 되고, 또 우리는 어떻게 준비하여야 할 것인가? 먼저 인공지능, 빅데이터, 자율주행차, 사물인터넷(IoT) 등 IT범용기술과 이를 활용한 융합산업은 새로운 반도체시장을 폭발적으로 확대할 것으로 예상된다. 따라서 초소형, 초고속, 저전력 기술 등 제품경쟁력을 바탕으로 새로운 시장과 수요에 즉시 대응할 수 있어야 한다. 실제 삼성전자는 반도체비전2030을 통하여 AI반도체투자확대를 선포하였다. 이른바 신경망처리장치(NPU)로 대표되는 새로운 반도체시장을 선점하겠다는 계획이며 이를 위하여 2030년까지 133조 원을 투자하겠다고 밝혔다. 메모리반도체 경쟁력을 바탕으로 새로운 비메모리 시장에도 도전장을 던진 셈이다.

그러나 이제는 반도체산업 생태계의 균형적 발전도 고민하여야 할 때가 왔다. 즉, 새로운 시장과 수요에 대응하기 위하여 글로벌 경쟁력을 가지고 있는 기존기업을 활용함과 동시에 비메모리분야의 팹리스(Fabless)기업 확대와, 관련 고급인재 양성도 서둘러야 한다. 현재 우리나라 팹리스시장은 디스플레이 IC, 전력반도체 등으로 품목이 매우 제한적이며 세계적 경쟁력을 갖는 기업도 손에 꼽을 정도로 극소수이다. 또한 공정기술경쟁력을 기반으로 한 집적중심의 메모리반도체에 비하여, 특히 비메모리반도체는 매우 우수한 창의력을 갖는 고급인재를 요구한다. 그럼에도 우리나라 주요 대학의 반도체 관련학과의 배출 인재는 해외와 비교하면 실질적으로는 정체되어 있다. 새로운 산업수요에 선제적으로 대응하고, 그 시장을 우리의 경쟁력으로 연결시킬 수 있도록 산업생태계와 지식인프라의 점검과 혁신이 필요하다.

다음으로 메모리분야는 우리 기업이 이미 세계적으로 월등한 경쟁력을 가지고 있지만 중국의 추격이 만만치 않은 상황이다. 세계 최대 전자산업 소비시장을 가지고 있는 중국은 2025년까지 반도체 자급률을 70% 이상으로 올리겠다고 한 바 있다. 최근 소식에 따르면 YMTC(양쯔강메모리테크놀로지)의 낸드플래시기술 격차는 이제 우리와 1년 안팎으로 좁혀졌다는 분석이다. 중국은 실질적인 공기업체제를 가진 국가로 천문학적인 투자와 인력을 반도체산업에 쏟아붓고 있다. 여러 전략을 마련하여 두고 시장상황에 따라 이를 달리 적용할 수밖에 없는 우리 기업에게는 더욱 큰 우려가 되고 있다. 그럼에도 메모리산업의 경쟁력을 유지하기 위하여서는 D램, 플래시 중심의 R&D에서 M램 등 차세대메모리로의 패러다임 전환을 선도하여야 한다.

다음으로 소재·장비의 경쟁력 강화도 필요하다. 반도체는 전후 공정에 매우 많은 장비와 약액·재료 등이 투입된다. 그러나 일본·유럽 등 해외 의존도가 매우 높다. 세계 반도체용 웨이퍼 시장의 53%를 일본기업이 차지하고 있고 포토(photo) 장비의 경우 일본 의존도가 90%가 넘는다. 얼마 전 벌어진 한·일 무역 분쟁에서 일본이 이런 상황을 교묘히 이용하려 들기도 하였다. 이렇듯 국제관계의 갈등은 과거 외교·안보와 같은 전통적인 이슈에서 기술패권으로 이동한 지 오래다. 이러한 환경변화에 대응하기 위하여 정부는 반도체, 디스플레이 분야 핵심 품목에 5년간 2,000억 원을 투자하여 소부장산업을 육성하기로 하였다. 반도체 전후 공정의 자급률을 높이겠다는 계획이다. 그러나 실제 그러한 핵심 품목의 원천기술을 확보하기는 쉽지 않다. 원천특허를 피하여 새로운 접근법으로 신기술을 개발하는 것 자체도 어려울 뿐 아니라, 유사한 성능의 품목이 개발되었다 하더라도 실제 양산에 투입되기까지는 매우 신중하여야 한다. 수율(輸率)에 직결될 수 있기 때문이다. 따라서 기초, 원천에 가까운 이러한 기술은 기술주기가 갖는 특성과 실제 활용 관련 한계로 인하여 후발국이 뛰어들기에는 매우 큰 리스크가 존재한다. 따라서 인내심을 가지고 꾸준한 지원이 가능하도록 관련정책을 설계하여야 한다. 그간 대규모 투자가 요구되는 반도체산업 특성상 과감한 결단을 할 수 있는 대기업과 이를 지원하는 공급체인망에 속한 기업들이 중심이 되어 내외부 환경변화에 대한 방어와 혁신을 모두 감당하여 왔다. 그러나 대유행 감염병에 따른 뉴노멀시대의 전개, 줄어드는 기술 격차, 확대되는 기술패권 전쟁 등으로 반도체산업은 새로운 위협과 기회의 시대를 맞이하고 있다. 반도체 기업군의 균형적인 포트폴리오 구축을 통하여 위협 요인에 대한 다양한 대응책을 펼치는 한편 설계·공정·소재 등 연관산업 생태계를 지금보다 더 확대하고 이들을 기존 반도체 공급 체인망에 편입시킬 수 있도록 여러 지원책을 마련하여 새로운 기회 요인을 국가 경쟁력으로 연결시킬 수 있도록 하여야 한다. 또한 반도체 관련 고급 인재들이 대기업뿐 아니라 기업의 특성에 맞게 개별기업의 경쟁력을 높이는 데 기여할 수 있도록 지식인프라 혁신을 위한 지원책 마련에 관련 정책역량을 더욱 결집시켜야 한다.[10]

(3) 메모리반도체 분야, 미국·유럽·중국·일본의 거센 추격

1983년 이병철 회장의 이른바 '도쿄선언' 이후 삼성전자는 반도체 D램 사업에 진출하였다. 현재 삼성전자는 D램과 낸드 등 메모리반도체 분야 세계 1위 업체로 올라섰다. 메모리반도체는 삼성전자와 SK하이닉스 등 '메이드 인 코리아'가 세계시장 점유율 절반 이상을 차지할 만큼 국내기업이 강점을 지닌 분야이다. 시장조사업체 디램익스체인지에 따르면 지난해 기준 삼성전자의 D램 세계시장 점유율은 43.8%, 낸드는 32.6%다. SK하이닉스는 D램 28.7%, 낸드의 경우 11.3%의 점유율을 기록하였다. 하지만 신종 코로나바이러스감염증(코로나19)을 계기로 세계 각국이 반도체산업 패권을 잡기 위하여 잇달아 자립선언에 나서고 있다.

실제 미국 정부는 중국반도체 굴기(몸을 일으킴)를 막기 위하여 중국 최대 반도체 파운드리(수탁생산)기업인 SMIC 등을 블랙리스트에 등재함과 동시에 자국 반도체산업육성을 위하여 2024년까지 투자비 40% 수준을 세액공제하고, 반도체 인프라 및 연구개발(R&D)에 228억 달러(약 26조 원) 규모를 지원하기로 하였다. 파운드리 공장건설 지원을 위하여 주정부와 지방정부도 지원사격에 나섰다. 유럽국가들도 자동차반도체 공급 부족을 계기로 아시아 파운드리업체에 대한 의존도를 줄이기 위하여 최대 500억 유로(약 67조 원)를 투자한다. 독일과 프랑스, 이탈리아, 네덜란드는 보조금지급으로 반도체 투자금액의 20~40%를 지원할 계획이다. 일본은 과거 정부주도하에 르네사스를 만들었다. 르네사스는 세계 2위 차량용반도체 마이크로컨트롤유닛(MCU) 생산기업이다. 지난 2019년 반도체 소재에 대한 수출규제를 단행하였고 향후 자국 업체 보호를 위하여 추가적인 규제 및 수출제한 가능성도 배제할 수 없다는 관측이다. 중국은 미국 제재에 따라 메모리반도체산업, 파운드리, 애플리케이션프로세서(AP)사업 등에서 어려움을 겪고 있다. 하지만 여전히 액정표시장치(LCD) 굴기를 성공한 경험을 바탕으로 많

---

10) 김유빈, 국회미래연구원 연구위원, 코로나장기화와 반도체산업의 미래(세명일보. 2020. 9. 13.)

은 팹리스회사가 경쟁력을 확대하고 있다. 미국 제재로 현재 위축되었지만, 도약을 위하여 '도광양회(韜光養晦)'하고 있는 상태라는 분석이 나온다.

　　(4) 반도체, 기업 간 경쟁 아닌 국가 간 전쟁

　국내 반도체 기업은 메모리반도체 위상은 지키면서 비메모리(시스템)반도체는 선두주자를 쫓아야 하는 상황이다. 엎친 데 덮친 격으로 인텔이 최근 약 20조 원을 투자하여 반도체 파운드리사업 재진출을 선언하였다. 경쟁업체 증가는 기존기업들에 부정적으로 작용할 수밖에 없다. 안기현 한국반도체산업협회 전무이사는 "우리나라는 세계반도체시장 점유율 20%를 기록하며 중요한 역할을 하고 있다."면서도 "분야별로 사정은 다르다."고 했다. D램과 낸드 등 메모리반도체는 1등이 맞지만, 시스템반도체는 시장점유율 4.2%로 취약하다는 게 그의 평가이다. 특히 안 전무는 "중국 리스크가 줄어들기는 하였지만, 경쟁국과 (메모리반도체) 기술 격차가 줄어들고 있어 1등에 대한 리더십 우려를 갖고 있다."며 "국내 업계 종사자들이 해외로 나가게 되면 기술격차는 더 좁혀질 것"이라고 우려하였다. 전문가들은 반도체산업이 더는 기업 간 경쟁이 아닌 국가 간 경쟁으로 확대된 만큼 정부 차원의 전폭적인 지원이 필요하다고 강조한다. 홍대순 글로벌전략정책연구원장은 "삼성전자, SK하이닉스가 잘하겠지 하고 정부가 손을 놓고 있으면 안 된다."며 "반도체 산업을 기업 간 경쟁 구도로 해석하여서는 안 되고 국가 간 전쟁으로 생각하고 외교전으로 인지하여야 한다."고 말하였다. 이어 "지리적 요소와 정치적 요소를 고려하여 고도의 반도체 외교술이 뒷받침되어야 한다."고 덧붙였다. 안 전무도 "국내 반도체산업을 강화하기 위하여서는 신규인력이 많이 필요하다."며 "팹리스들은 중소기업이 대다수지만, 연구개발(R&D) 중심 기업으로 고급인력이 뒷받침되어야 한다."고 강조하였다. 그러면서 그는 "하지만 필요만큼 인력공급이 되지 않고 있다."며 "국가 교육 시스템도 문제지만 고급 인재를 양성할 수 있는 시스템조차 되어 있지 않다."고 덧붙였다.[11)]

---

11) 안기현 등 각계전문가, 新반도체패권전쟁에 위기 빠진 한국 – 정부차원 전폭지원 필요(2021. 3. 30.)

제7절 석유화학공업육성법과 석유화학공업의 육성

Ⅰ. 석유화학공업육성법 해설(시행 1970. 1. 1., 제정 법률 제2182호, 1970. 1. 1.)

1. 개설

석유화학공업은 석유·천연가스나 정유폐가스를 화학적으로 처리하여 저급탄화수소류를 제조하는 공업이다. 저급탄화수소류·방향족탄화수소류·석유·천연가스 또는 정유폐가스를 주원료로 하여 합성수지·합성섬유·합성고무·합성세제·가소제등의 석유화학제품의 원료를 제조하는 공업, 즉 석유화학공업은 막대한 자본과 고도의 기술을 필요로 하는 장치공업으로서 여러 가지 필요불가결한 기초원료 및 중간원료를 생산·공급하는 주요산업인 것이다(법 제2조). 이는 우리나라에 있어서는 처음 개발되는 유치공업으로서 그 수요는 아직도 미개발상태에 있고 더욱 자금의 부족 및 기술수준의 저위, 국내적 제약이 있을 뿐만 아니라 선진공업국에 있어서 석유화학공업의 생산규모의 대단위화, 생산기술 및 품종의 계속적인 개발 및 적극적인 산업보호정책 등 외적 위협으로 인하여 국내 석유화학은 품질이나 가격면에서 극히 불리한 위치에 놓여 있는 형편이다.

이를 합리적으로 육성하여 국내 경쟁력을 배양하기 위하여서는 동 공업의 계열화 및 집단화와 연관공업의 유발을 촉진하고, 유치공업에 대한 적극적인 보호와 집중적인 지원이 필요하므로 이 법률은 정부로 하여금, ① 석유화학공업심의회의 자문을 얻어 수립하는 석유화학공업육성기본계획을 근간으로 하여 연도별로 수립하는 시행계획하에 석유화학공업의 육성에 임하며(법 제3조, 제4조), ② 그 육성지원방법으로서, (개) 석유화학공업과 동 공업에 대한 지원사업을 등록제로 하고(법 제7조), 석유화학공업단지의 조성관리운영은 허가제로 하며(법 제8조), (내) 정부가 지정·공고하는 석유화학공업 단지 예정지역에 석유화학공업을 유치시켜 동 공업의 계열화 및 집단화와 아울러 연관공업의 유발을 축진하고, ⒟ 사업의 합리적인 육성을 위하여 필요한 지시와 조치를 하도록 규정하는 한편(법 제9조), ⒠ 석유화학공업에 의하여 공급되는 나프타유분이나 지원사업자가 공급하는 용역 등의 가격을 승인제로 하며(법 제10조), ⒨ 건실한 계획수립과 합리적인 육성을 위하여 정부에게 조사권 및 보고징수권을 주고(법 제14조), ⒝ 석유화학공업단지를 조성하게 하기 위하여 공고된 예정지역 안에서는 토지수용법에 의한 토지·건물 등의 수용을 인정하며(법 제13조), ⒮ 석유화화공업에 관한 연구와 기술개발사업을 행하는 자에 대하여는 정부의 보조를 하게 하고(법 제15조), ⒪ 석유화학공업자의 기업설비의 신설·증설에는 세법상 특별상각의 혜택을 주도록 하였고(법 제16조), ③ 이상과 같은 지원·육성에도 불구하고 사업이 부실하거나 지원·육성책에 위배되는 사업체에 대하여는 제재규정으로서 등록의 취소규정과 벌칙을 마련하고 있다(법 제17조, 제18조).

이상이 석유화학공업육성법의 대강으로서 전문 19조 부칙 2항인 이 법률은 1970년 1월 1일부터 시행되어 1979년 12월 31일로 그 효력을 상실하는 한시법이며, 1970년 1월 1일 이전에 석유화학공업이나 지원사업을 영위하는 자는 1970년 6월 30일 이전에 등록을 하도록 하여 이 법에 의한 지원·육성의 대상으로 하게 하였다(법 부칙 제2항).

2. 육성대상

⑴ 석유화학공업

기초적인 원료나 중간원료를 생산하는 공업이 아닌 석유정제공업, 윤활유 및 동계제품제조공업, 아스팔트제조공업 및 석유화학공업제품을 가공하는 공업을 제외한 석유화학공업을 이 법률에 의한 지원·육성의 대상으로 한다(법 제2조 제1항). 즉 ㈎ 석유·천연가스 또는 정유폐가스를 화학적으로 처리하여 저급탄화수소류를 제조하는 공업과, ㈏ 저급탄화수소류·방향족탄화수소류·석유·천연가스 또는 정유폐가스를 주원료로 하여 합성수지·합성섬유·합성고무·합성세제·가소제 등 석유화학제품의 원료를 제조하는 공업을 그 대상공업으로 규정하고 있으나, 구체적인 범위는 대통령령으로 정하는 제품을 생산하는 위의 ㈎ 및 ㈏의 공업으로 정하였으므로 법률에서는 기본적인 육성대상공업을 규정함에 그쳤다.

(2) 석유화학공업단지

개발초기의 석유화학공업의 계열화와 집단화 및 연관공업의 유발을 촉진하기 위하여 정부가 행하는 계획에 따라 구획조성하는 단지를 지원대상으로 하였다(법 제2조 제2항).

(3) 지원사업

석유화학공업단지를 조성하여 운영하는 사업과 단지 안에서의 그 단지 내의 석유화학공업자에게 전기·증기·용수·정비공작용역등을 공급하는 사업과 석유화학공업에 공통되는 부대사업을 영위하는 사업을 지원사업으로 규정하고(법 제2조 제3항), 특히 단지를 조성운영하고자 하는 자에 대하여는 토지수용법에 의한 토지·건물 등의 수용·사용을 인정하여 석유화학공업의 집단화를 위한 특혜를 규정하고 있다.

3. 계획

(1) 기본계획

정부는 석유화학공업의 계열화와 집단화에 의한 석유화학공업의 육성을 위하여 다음에 열거하는 사항을 정하는 석유화학공업육성기본계획을 수립하여 공고한다(법 제3조). 이 기본계획은 연도별 시행계획의 근간을 이룰 뿐 아니라, 우리나라의 석유화학공업의 방향을 제시하고 육성의 지침이 될 것이다.

① 석유화학공업제품 및 그 원료, 즉 기초원료와 중간원료 및 그 제품의 국내수요공급에 관한 사항. ② 석유화학공업의 시설 규모에 관한 사항. ③ 석유화학공업의 계열화에 관한 사항. ④ 단지의 조성운영에 관한 사항. ⑤ 석유화학공업의 기술개발에 관한 사항. ⑥ 석유화학공업의 육성에 필요한 제반 중요 사항.

(2) 시행계획

정부는 위의 석유화학공업육성계획의 실시를 위한 매년도의 시행계획을 전년도 11월까지 완성, 확정하여 일반에게 공고함으로써 당해연도의 정부방침을 공개한다(법 제4조).

(3) 계획의 변경

여건의 변동에 따라 계획은 변동이 불가피하게 되므로 석유화학공업의 기술이 변동하거나 생산조건이나 경제적여건의 변동이 있을 때에는 이에 맞추어 필요한 범위의 석유화학공업육성기본계획 또는 시행계획의 변경을 할 수 있으며, 그 시행 30일 전에 공고하여야 한다(법 제5조).

4. 육성과 지원

(1) 사업의 등록

석유화학공업을 집단적으로 육성하되 이를 계열화하지 아니하면 그 육성의 효과를 기대할 수 없으므로 정부는 석유화학공업단지의 조성·관리·운영을 지원하는 한편 그 효율적인 육성을 위하여서 집단화와 계열화에 역행되는 석유화학공업의 난립을 방지하여야 하므로 석유화학공업을 영위하고자 하는 자는 정부에 등록을 하도록 하였고 그 지원을 합리적이며 적극화하기 위하여 지원사업을 영위하고자 하는 자도 정부에 등록하도록 하는 한편, 등록을 하지 아니하고 석유화학공업이나 지원사업을 영위하는 자에 대하여는 벌칙을 둠으로써 등록기준에 미달하는 자가 행하는 석유화학공업 및 지원사업을 금지하는 허가적 등록제를 취하였다. 등록할 수 있는 기준은 집단적인 육성과 합리적인 계열화를 위하여 대통령령으로 규정될 것이나 특히 그 기준에는 특정석유화학공업단지의 규모, 석유화학공업제품 및 그 원료의 국내수급전망, 합리적 계열화에 부응하는 시설규모 등이 고려되어야 할 것이다. 등록사항의 변경도 정부의 육성방향에 조화되어야 하므로 이를 등록하게 하고 있다(법 제7조).

(2) 석유화학공업단지

① 예정지의 지정   석유화학공업단지는 상공부장관의 요청에 따라 건설부장관이 지정하여 고시하는 예정지역에 한하여 조성 운영된다. 상공부장관은 석유화학공업육성기본계획에 비추어 필요한 규모의 예정지역의 지정을 건설부장관에게 요청하는 외에 예정지역의 규모·예정지역에 필요한 제반요건 등을 갖추어 지정요청을 하는 경우 건설부장관은 그 위치와 여건의 타당성을 검

토하여 이를 지정하여 공고한다(법 제6조).

②조성운영　　지원사업의 등록을 한 자 중 단지를 조성·관리·운영하고자 할 때에는 상공부장관의 허가를 받도록 규정하고 있으나 이 허가와 전술한 지원사업의 등록과의 관계는 법률상의 성격이 모호할 뿐 아니라 입법취지가 무엇인지 명확하지 아니하다. 단지를 조성하여 운영하고자 하는 자를 등록하게 하는 한편, 또 다른 허가를 받도록 한 것은 무슨 법률상의 목적이 있었을까. 석유화학공업을 영위하는 자에게 전기·증기·용수·정비공작용역을 공급하는 사업을 영위하고자 하는 자가 지원사업의 등록을 한 경우에 다시 단지를 조성·관리·운영하고자 할 경우에 한하여 허가를 받도록 할 뜻이 있었다 할지라도 위의 사업의 등록규정과는 서로 관계가 분명치 아니하며 단지의 합리적인 조성·관리·운영을 기할 것을 목적으로 하는 것이라 할지라도 동일사업에 대한 등록제와 허가제의 중복 내지는 불분명한 2중규제의 법률적용이 문제될 것으로 생각된다. 단지를 조성하는 지원사업자는 단지를 조성하기 위하여 단지예정지역 안의 토지·건물·물건 기타 권리를 토지수용법을 적용하여 수용·사용할 수 있게 되는 바, 이는 지리적여건과 제반사정이 석유화학공업을 집단적으로 육성하기에 적합한 판단 아래 정부가 지정·공고한 지역에 석유화학공업을 집중적으로 유치할 수 있는 여건을 조성하기 위한 특별규정일 것이다. 조성한 단지를 분양함에 있어서는 허가를 받아야만 하도록 한 것은 특정 목적을 달성하기 위하여 법률상 특별규정을 두어 취득·수용하게 한 토지 등의 타목적유용을 금지 내지는 방지하려는 규정으로 볼 수 있을 것이다(법 제8조).

　(3) 사업합리화를 위한 지시

①석유화학공업자에 대한 지시　　석유화학공업육성기본계획과 그 시행계획을 효과적으로 수행함으로써 석유화학공업의 합리적인 육성을 위하여 석유화학공업자에 대하여 ㉮ 제품의 생산과 수급에 관한 사항, ㉯ 생산시설의 설치·확장 및 개수와 보수에 관한 필요한 지시를 할 수 있다(법 제9조 제1항).

②지원사업자에 대한 지시　　석유화학공업에 대한 효과적인 지원을 행하게 함으로써 석유 화학공업의 육성을 위하여 지원사업자에 대하여, ㉮ 석유화

학공업자에게 공급하는 전기·증기·용수 및 용역 등의 공급량과 그 공급방법에 관한 사항. ㉯ 지원시설의 설치·확장 및 개수와 보수에 관한 사항. ㉰ 단지의 관리·운영과 입주에 관한 필요한 지시를 할 수 있다(법 제9조 제2항).

　③ 관련사업자에 대한 조치　　석유화학공업자 또는 지원사업자에게 지시사항에 관련되는 사업을 영위하는 자에 대하여는 그 지시사항의 원활한 이행을 위하여 필요한 조치를 한다. 필요한 조치는 광범위할 뿐만 아니라 그 사업에 대한 부당 또는 지나친 제약을 가하는 경우가 있을 것이므로 지시사항의 이행을 원활히 하는 범위 내에서 대통령령으로 정하는 조치에 한하여 할 수 있게 함으로써 그 신중을 기하고 있다(법 제9조 제3항).

　　⑷ 가격의 승인

　석유화학공업제품의 기초원료인 타프타유분의 공급가격은 석유화학공업 전체의 운영과 석유화학공업제품의 공급가격에 근원적인 영향을 미칠 뿐만 아니라 그 합리적인 육성을 좌우할 수도 있는 것이므로 그 가격을 승인제로 하는 한편, 지원사업자가 생산 공급하는 전기·증기·용수 및 지원사업자가 생산 공급하는 제품으로서 대통령령으로 정하는 것의 가격은 석유화학공업화의 생산활동에 직접 영향하는 바, 크므로 이를 승인제로 한 것이다(법 제10조).

　　⑸ 특별상각

　석유화학공업자의 합리적인 육성과 지원을 위하여 조제상의 특례를 부여하는 특별상각제도를 적용하도록 한 것인 바, 석유화학공업자가 그 기업의 설비를 신설 또는 증설하는 경우에는 법인세법에 정하는 바에 따라 특별상각을 할 수 있게 하였다. 이는 석유화학공업육성기본계획과 그 실시계획에 근거한 사업합리화를 위한 지시 즉, ① 제품의 생산수급에 관한 지시와, ② 생산시설의 설치·확장 및 개수와 보수에 관한 정당한 사유가 있는 경우를 제외하고는 지시를 위반함이 없어야 적용될 수 있는 것이며 설비의 신설 또는 증설로 그 지시에 부합되는 것이어야 할 것이다. 그것은 위의 지시를 정당한 사유 없이 위반할 경우에는 특별상각 대상으로서의 석유화학공업자의 지위를 상실하는 등록취소의 처분이 행해질 수 있기 때문이다(법 제16조).

(6) 연구 및 기술개발의 지원

석유화학공업의 기술개발을 촉진하기 위하여 석유화학공업에 관한 연구사업이나 기술개발사업을 행하는 자에 대하여는 필요한 보조를 할 수 있게 하였다. 이 보조규정은 석유화학공업자가 자체 내에서 연구사업이나 기술개발사업을 행하는 경우에는 물론이고 석유화학공업에 대한 연구사업이나 기술개발사업을 업무로 하는 기타의 자에게도 적용될 것이다. 보조의 구체적인 내용은 대통령령이나 예산에 의하여 한정지어질 것이다(법 제15조).

(7) 조사 및 보고

이 법에 의한 석유화학공업의 육성은 석유화학공업육성기본계획과 그 시행계획을 근간으로 하는 것이므로 그 기본계획과 시행계획의 적정한 수립 및 합리적인 시행은 이 법의 입법목적 달성의 요체라 할 것이다. 석유화학공업자 및 지원사업자의 경영실태에 관하여 필요한 보고를 받거나 공무원으로 하여금 사업실태를 조사 할 수 있게 한 것은 이러한 이유에 기인하는 것이므로 대통령령으로 정하는 보고사항과 실태조사는, ① 기본계획과 그 시행계획의 수립이나 시행을 위하여 필요한 것이어야 하며, ② 보고사항은 사업의 경영실태에 관한 것에 한하고, ③ 조사사항은 사업실태에 한정되는 것이라야 할 것이다(법 제14조).

5. 제재

(1) 등록의 취소

석유화학공업이나 지원사업을 영위하기 위하여 등록을 한 자라 할지라도 그 등록을 시킨 목적사업을 이 법이 목적하는 바에 역행하도록 영위하거나, 그 목적을 달성할 수 없게 된 때에는 당해등록을 취소할 수 있도록 제재규정을 두었다. 물론 이 규정은 그 제재가 목적인 것은 아니며 기히 등록한 사업을 이 법이 목적한 대로 육성지원하기 위한 보장적 규정인 것이며 따라서 그 해석은 엄격을 기하여야 할 것이며 최소한의 적용과 함께 우선 적절한 행정적 조정

내지는 지도가 요망된다 할 것이다. 그 취소요건은 다음과 같다. (1) 등록을 한 날로부터 상당한 기간 내에 그 사업에 착수하지 아니한 때, 즉 사업을 착수할 수 있는 상당한 준비기간으로서 대통령령으로 정하는 기간이 경과하여도 사업에 착수하지 아니한 사업자를 등록상태로 존속시킬 필요가 없기 때문이다. (2) 사업합리화를 위한 지시에 위반한 때, 즉 정부의 석유화학공업의 합리적 육성을 위한 필요한 지시에 위반한 사업자를 등록업자로 계속 지원 또는 보호할 필요가 없는 것이다. (3) 단지를 조성·관리·운영하는 지원사업자는 토지수용법에 의하여 단지 예정지역 안의 토지·건물·물건·기타 권리를 수용·사용할 수 있는 특별규정에 의한 특례를 받고 있는 자이므로 그 단지를 분양함에는 정부의 승인을 받아야 하는 바, 승인 없이 단지를 분양한 경우에는 등록을 취소할 수 있다. (4) 석유화학공업자가 생산 공급하는 나프타유분과 지원사업자가 생산 공급하는 전기·증기·용수 및 대통령령으로 정하는 제품(석유화학공업의 육성을 위하여 가격의 통제가 필요한 제품)의 공급가격을 정부의 승인을 얻지 아니한 경우에는 그 등록을 취소할 수 있다(법 제12조).

　　(2) 벌칙
　① 석유화학공업이나 지원사업은 이 법에 의한 등록을 한 자만 영위할 수 있게 하기 위하여 등록 없이 사업을 영위하는 자에 대하여는 100만 원 이하의 벌금에 처하도록 하고, ② 석유화학공업자가 생산 공급하는 나프타유분이나 지원사업자가 생산 공급하는 전기·증기·용수 등 공급가격이 승인제로 된 제품을 승인 없이 공급하는 자에 대하여서는 그 등록을 취소하는 한편 100만 원 이하의 벌금에 처하게 하였고, ③ 기본계획과 그 시행계획의 수립과 시행을 위한 필요한 사업실태조사에 불응하거나 경영실태보고를 하지 아니하거나 허위의 보고를 하는 경우에는 30만 원 이하의 벌금에 처하도록 하였고, ④ 근대경제입법의 일반현상에 따라 법인이나 자연인은 그 대표자·대리인·상공인 기타 종업원이 행한 위의 위반행위에 대하여는 책임을 면할 수 없도록 양벌규정을 두어 기업의 책임을 명문화 하였다(법 제17조, 제18조).

6. 시행과 경과조치

(1) 이 법은 1970년 1월 1일에 공포되어 즉일부터 10년간 유효한 限時法으로 제정한 것은 1979년 말까지 10년간의 육성 지원으로써 석유화학공업은 일정한 기반위에 서고 상당한 수준의 국제경재력이 갖추어질 것이 기대되기 때문이며,

(2) 1970년 1월 1일 현재 석유화학공업 또는 지원산업을 영위하고 있는 자는 1970년 6월 30일까지 이법의 규정에 의한 등록을 하도록 규정하고 있으나 7월 현재 법률의 시행령이 마련되어 있지 않지만 등록을 하지 아니하고 사업을 영위하고 있는 자는 전술한 벌칙의 적용을 받게 되므로 법률상 당해사업을 폐지 내지 중지하고, 등록절차를 거친 후에 이 법에 따라 사업을 영위하여야 할 것이다(법 부칙 제2항).[12]

Ⅱ. 석유화학공업의 현황과 전망[13]

1. 석유화학공업의 발전약사 및 현황

(1) 개설

한국석유화학산업은 국가산업정책의 변화에 따라 함께 변화하여 왔으며 장기간 두드러진 성장을 기록하여 왔다. 1980년대 중반까지 한국석유화학산업은 국가주도의 산업정책하에서 기존 원자재의 수입대체 목적에서 벗어나 제품의 수출주도형 산업으로 변모하였다. 1980년대 중반 이후 시장기능을 활성화시킴과 동시에 투자자유화를 도모하며 석유화학산업의 주체가 민간기업으로 변화하였고 석유화학기업은 생산설비 증대 및 사업구조의 다각화를 통하여 점차 고부가가치산업 부문으로의 석유화학산업의 방향성이 전환되었다.

그리하여 세계석유화학산업에서 한국은 주요수출국가로서 지속적으로 성장하여왔으며, 매출액기준 세계석유화학공업에서 중요한 위상을 차지하고 있다.

---

12) 석유화학공업육성법 해설, 법제처 법제관 유정렬(1970. 3.)

13) 2000년대 한국산업의 구조변화와 장기발전전략, (한국산업은행, 1995.). 국내 석유화학공업의 구조분석과 전략제품의 육성방향, (한국산업은행, 1986.). 석유화학공업의 현황과 전망, (구본영, 한국개발연구원, 1980.). 석유화학공업의 수급구조와 국제경쟁력평가, (국제경제연구원, 1979.).

그러나 국내 부가가치 수출측면에서는 상대적으로 낮은수준을 차지하여 기타 주요국가에 비하여 상대적으로 저부가가치 활동을 담당하고 있다. 이는 그동안 상대적으로 가장 부가가치가 낮고 다운스트림에 위치한 정유산업의 수출 비중이 높았기 때문인데, 2012년 이후로 정유산업의 비중이 감소하고 상대적으로 고부가가치인 화학제품 및 의약품제조업과 고무 및 플라스틱제품 제조업의 비중이 상승하면서 국내부가가치 수출을 회복하고 있다.

한국석유화학산업의 규모는 급속도로 성장하였지만, 지역별 편차가 다소 크게 나타난다. 특히 한국석유화학산업이 초기에 정유업을 강조하며, 정부주도의 울산광역시, 전라남도 여수시 국가산업단지와 민간주도의 충청남도 서산시에 뚜렷한 집중이 나타났다. 국내 다수지역이 석유화학산업의 고부가가치를 창출하기 위하여, 석유화학이 전방산업으로의 산업전환을 도모하고 있으나, 지역 간 산업부문의 차이를 나타낸다.

한국석유화학산업이 세계 가치사슬에서 경쟁력 있는 위치를 차지하기 위하여서는 R&D 투자와 같은 업스트림 부문의 투자를 증대시킴으로써 고부가가치 산업으로 도약하여야 한다.

(2) 석유화학공업의 발전약사

우리나라에서 석유화학제품이 생산되기 시작한 것은 1966년 카바이드법에 의하여 폴리염화비닐(PVC)을 생산하여 낸 것을 그 효시로 한다. 그 뒤 울산 등 4개 지역에 4개의 폴리염화비닐공장과 폴리스티렌·카본블랙·무수프탈산 등 몇 개의 석유화학공장이 건설되었으나, 당시의 시설규모는 매우 영세한 수준에 불과하였다.

우리나라에서 본격적으로 석유화학공업이 시작된 것은 제2차경제개발5개년계획의 일환으로 정부가 석유화학공업단지 건설을 추진하기 시작한 이후부터이다. 1964년 대한석유공사의 정유공장 가동으로 원료인 나프타의 국내 공급이 가능하게 되었으며, 제1차경제개발5개년계획 기간 중 섬유·플라스틱·타이어·세제 등 석유화학산업으로부터 원료를 제공받는 산업이 개발됨에 따라 석유화학단지 건설의 필요성이 높아지게 되었던 것이다.

정부는 한일국교정상화와 베트남파병으로 확보한 외자로 1960년대 후반 석유화학단지와 종합제철소를 세웠다. 당시에는 화학섬유공업이 발달하면서 화섬원료를 국산화할 필요도 커졌기 때문에, 박정희 정부는 석유화학공업 건설계획에 착수하였다. 석유화학공업은 원유에서 나오는 나프타로 에틸렌 등 기초유분을 만들고, 그것으로 중간물질을 거쳐, 다시 최종적으로 PVC, 폴리에스터, 아크릴 등을 뽑아 내는 산업으로서, 한마디로 경공업 기초소재를 만드는 산업이다. 석유화학공업은 서로 연관성이 있어, 관련공장이 한곳에 모여 있어야 한다. 그리하여 울산지구에 약 100만 평 규모의 석유화학단지 건설을 계획하였다. 정부는 당장은 별로 많지 않은 국내수요를 감안하여 1966년 11월 생존 최소단위로 에틸렌 연산 10만 톤 규모를 택하고 관련계열공장을 한꺼번에 건설하기로 하였다. 이 소규모 석유화학단지 공장이 살아남으려면 지원이 대폭 필요하였다. 정부는 원료인 나프타를 원가 이하로 공급한다든가 각종 조세를 감면하는 등 지원을 아끼지 않았다. 그리고 나프타분해공장 등 중요한 대규모 사업은 유공과 충주비료 등의 공기업에 맡겼다. 아직 민간기업은 이를 감당할 수 없었기 때문이었다.

이리하여 업스트림부문은 대한석유공사를, 다운스트림부문은 충주비료를 주축으로 하여 1968년 3월 울산석유화학단지 건설이 추진되었다. 1970년에 대한석유공사가 울산정유공장 내에 석유화학의 방향족계 원료인 BTX(벤젠·톨루엔·크실렌)공장을 건설·가동하기 시작하였고, 1972년 10월에는 에틸렌 기준 연간 10만 톤 생산규모의 나프타 분해공장 및 9개 계열공장이 4년 반 동안 내외자 2억 5천만 달러를 들인 울산석유화학단지가 준공되었다. 그 후 기초 소재의 자급화는 크게 진전되었다.

이로써 국내 석유화학공업은 대량생산으로 본격적인 자립의 터전을 마련하게 되었으며, 기초유분에서 최종제품에 이르기까지 일관된 생산체제를 갖추게 되었다.

그 뒤 정부의 산업구조 고도화를 위한 중화학공업육성시책에 부응하여 공장들이 계속 신설 및 증설되었고, 특히 1979년 10월에는 에틸렌 기준 연간 35만 톤 생산규모의 나프타 분해공장을 포함한 5개사 12개공장으로 구성된 여천

석유화학 콤플렉스가 준공되어 시설능력이 크게 확장되었다. 이후에도 수요의 증가로 부분적인 시설능력의 확대가 있었다.

그리하여 불과 10여 년 동안에 우리나라의 석유화학공업은 1986년 기준으로 에틸렌시설능력 연산 50만 5,000톤, 유도품(합성수지·합섬원료·합성고무)의 시설능력 연산 192만 5,000톤으로 1973년에 비하여 각각 5~8배의 급신장세를 나타내었다.

한편, 여천석유화학공업단지의 준공과 함께 제2차석유파동이 발생하여 원료가격이 상승하고 세계경제가 침체됨에 따라, 국내 석유화학공업도 큰 타격을 입어 1979년까지 90% 이상의 높은 수준을 유지하던 가동률이 1980년 이후에는 계속 하락하였고, 1982년까지는 업계가 적자를 면하지 못하였다. 이는 수요증가의 둔화, 저렴한 외국산 석유화학제품의 유입 등에 따른 결과였다.

그러나 1983년 이후 세계경제가 회복됨에 따라 관련산업에서의 수요증가로 석유화학제품의 수요가 크게 증가하였으며, 1980년대 후반기에도 3低현상 등으로 인한 국내경기 호조의 지속으로 우리나라 석유화학공업은 높은 성장세를 지속하였다.

수요증가에 대응하여 석유화학기업들이 꾸준히 신증설을 추진하여 나감에 따라 합성수지, 합섬원료 및 합성고무 등 3대 유도품의 국내 자급도가 1989년에 77.8% 수준으로 높아졌으며, 특히 합성수지의 경우 자급도가 105.5%에 달하여 수입대체 단계를 넘어서게 되었다. 그러나 합섬원료의 자급도는 43.2%에 불과하여 품목별 수급 불균형이 해소되지 못한 가운데, 계열 유도품의 생산증가로 원료인 에틸렌 등 기초 유분의 공급 부족현상이 나타나는 등 국내 석유화학공업은 1980년대 말까지도 전체적으로 공급 부족상태를 해소하지 못하였다.

우리나라 석유화학공업은 1990년대 들어 공급 측면에서 일대 전환기를 맞이하게 되었다. 이전 설비의 증설을 규제하던 '석유화학공업육성법'이 1986년 7월에 공업발전법에 흡수 통합됨에 따라 신규기업의 석유화학공업으로의 진출이 용이하여진 데 이어, 1990년 1월에는 석유화학공업에 대한 투자가 완전 자유화되었다.

이를 계기로 신규기업의 진입과 기존업체의 신규투자가 활발하게 이루어져 우리나라 석유화학공업은 이전에 품목당 1~3개의 독과점적 생산체제에서 수 개의 기업이 동일품목을 생산하는 경쟁적인 생산체제로 전환되었다. 특히 삼성종합화학과 현대석유화학의 신규 진입으로 대산이 제3의 석유화학단지로 신규 조성됨과 아울러 기존 업체에서도 신증설투자를 확대함에 따라 생산능력이 급격히 늘어났다.

에틸렌의 경우 1988년 50만 5,000톤에서 1991년에는 삼성종합화학과 현대석유화학의 대산단지 설비 완공 및 럭키석유화학(현재 LG석유화학)과 대한유화의 신규 진입으로 255만 5,000톤으로 급팽창하였다. 그 뒤 호남석유화학과 한화종합화학이 신규 진입하여 1993년에는 생산능력이 다시 357만 톤으로 확대되어 우리나라는 에틸렌 기준으로 세계 5위의 생산국으로 급부상하였다.

또한 기초 원료의 생산능력 확충과 아울러 주요업체들이 수직계열화를 통한 원가절감을 기하고자 관련 유도품에 대한 투자도 확대함으로써 합성수지의 경우 품목별 생산업체 수가 이전의 2~3개 사에서 5~8개 사로 크게 늘어났다.

이러한 공급능력의 확대에 따라 석유화학산업의 국내 자급도는 1989년 77.8%에서 1993년에는 124%로 높아졌으며, 합섬원료를 제외한 합성수지와 합성고무는 국내 생산물량의 40% 가까이를 수출하게 됨으로써 석유화학제품이 주요 수출산업으로 부상하였다. 그러나 공급능력의 급팽창으로 인하여 공급 과잉이 문제시된 가운데 1992~1994년 사이의 국제석유화학경기 불황으로 인한 가격하락으로 기업채산성은 크게 악화되었다.

1995년을 전후하여 중국을 비롯한 아시아 주요 수입국의 경기호황과 歐美의 석유화학공장 폭발사고 등으로 인하여 세계 석유화학산업은 일시적으로 이상 호황을 맞이하였다. 이 시기에 국내의 주요 석유화학기업들은 향후의 세계석유화학 수출전망을 낙관하는 한편, 수직계열화 투자의 확대를 통하여 경쟁력을 강화하고자 1990년대 들어 두 번째로 대대적인 신증설 붐을 조성하게 되었다.

이 시기에 추진된 신증설사업이 1997년을 기점으로 대부분 완료됨에 따라 1998년 3월에 우리나라 석유화학공업의 생산능력은 에틸렌 492만 톤, 합성수지 886만 2,000톤, 합섬원료 566만 5,000톤, 합성고무 44만 7,000톤으로 대폭 늘어났다.

이와 같이 1990년대 들어서 2차에 걸친 대대적인 신증설이 이루어짐으로써 우리나라는 일본에 이어 아시아 시장에서 주요한 공급자의 역할을 수행하게 되었다. 그러나 공급능력의 급신장과는 달리 국내수요는 1990년대 들어 1980년대 말에 비하여 증가세가 둔화되어 연평균 9% 수준으로 낮아졌다.

반면에 국내공급 과잉을 해소하기 위한 업계의 노력에 힘입어 석유화학제품의 수출은 1992년 이후 1997년까지 급격하게 늘어났으며, 이에 따라 우리나라 석유화학산업의 전반적인 채산성은 수출여건과 성과에 크게 좌우되는 구조로 전환되었다.

1990년대의 대폭적인 신증설과 신규진입으로 인하여 석유화학공업이 산업에서 차지하는 비중도 크게 제고되었다. 제조업에서 차지하는 석유화학공업의 비중을 보면, 생산액의 경우 1985년 3.0%에서 1990년에 2.8%로 낮아졌으나, 1996년에는 3.4%로 높아졌으며, 부가가치의 경우에도 1985년 2.1%에서 1996년에는 2.8%로 크게 향상되었다.

1985년 1.3%에 불과하던 수출 비중은 1990년에 1.9%로 높아진 데 이어 1997년에는 5.0%로 제고되어 석유화학공업이 주요 수출산업으로 부상한 것으로 나타났다. 한편, 화학공업에서 차지하는 석유화학공업의 비중도 상대적으로 커지고 있는데, 생산의 경우 1990년 31.3%에서 1996년에는 37.5%로, 수출의 경우 1990년 50.0%에서 1996년에는 68.1%로 급상승하였다.

2. 석유화학공업의 현재[14] – 석유 소비 중 성장세가 가장 빠르다

석유화학제품(petrochemicals)은 일상생활 어디에나 존재한다. 석유 및 가스를 통하여 플라스틱, 비료, 포장, 섬유, 디지털 기기, 의료장비, 세척제 등 인류가 매일 사용하는 제품들이 생산되기 때문에 석유화학제품은 현대문명사회에 필수적이다. 일상제품 이외에도 태양광 패널·풍력 터빈날개·빌딩 단열재·전기차 부속품처럼 현대 에너지시스템 내 에너지효율 개선에도 이바지한다. 석유화학제품의 중요성은 점점 증대되고 있다. 미국·유럽 등 선진국에서는 인도·인도네시아 등 개발도상국가 대비 1인당 플라스틱 사용량이 최대 20배, 비료

---

14) 손성진, 대한석유협회 미래전략팀과장, 에너지리포트, 석유화학산업의 현재와 미래(2019. 9. 27.)

사용량이 최대 10배 많다. 석유 및 가스로부터 생산된 화학물질은 '원료'로 알려진 원재료의 약 90%를 차지한다(나머지는 석탄 및 바이오매스로부터 원재료 생산).

플라스틱 수요는 여타 원재료보다 빠른 증가세를 보이는 반면 암모니아 수요는 보다 꾸준한 양상을 보이고 있다. 그러나 2000년 이후 경제성장률과 일부 비례하지 않는 경향을 보인다. 석유화학제품은 세계석유소비처 중 가장 성장세가 빠르다. 석유화학제품이 2030년까지 세계석유수요 증가분의 1/3 이상을, 2050년까지는 거의 절반을 차지한다(트럭·항공·해운용 수요 증가를 앞섬). 2019년 현재 석유수요를 지배하는 여객수송수요는 향후 연비개선, 대중교통 발달, 대체연료, 차량의 전동화로 그 중요성이 약화될 것이다. 석유화학 분야는 2030년까지 천연가스를 추가적으로 560억m^3 소비할 예정이다. 이 수치는 현재 캐나다 총 가스소비량의 약 절반수준이다.

포장재는 세계플라스틱 최종수요처 중 가장 큰 부분을 차지하며 물량기준으로 가장 중요한 형태는 폴리에틸렌과 폴리프로필렌이다. 단기적으로 중국·미국 위주의 증설, 장기적으로는 아시아 및 중동의 설비증설이 두드러질 것이다. 미국의 세계 에틸렌(steam cracking) 시장점유율 전망은 (2017년) 20%이고, (2025년) 22%이다. 미국은 중동처럼 천연가스공급이 풍부한 탓에 저렴한 에탄 사용이 가능하다. 미국과 중동에서 에탄기반 화학제품 수출에 따른 이익을 가장 많이 향유한다.

중국의 석탄기반 올레핀 생산능력은 2017년 대비 2025년에 약 두 배로 확대될 전망이다

장기적으로 아시아 및 중동의 고부가가치 화학제품 생산점유율이 최대 10% 상승되는데 반면 미국 및 유럽의 점유율은 하락할 것으로 전망된다. 2050년까지 인도·동남아시아 및 중동이 세계 암모니아 생산의 약 30%를 차지할 것이다.

HVCs(에틸렌, 프로필렌, BTX) 주요 생산비용 중에서 지역적 생산이점을 결정짓는데 '원료'가 가장 중요한 요인이다. 세계경제성장, 인구증가, 기술진보가 석유화학제품 수요를 증가시키고 있다. 특히 유럽·일본·한국에서 플라스

틱 재활용을 선도하고 있기는 하지만 개발도상국에서의 급격한 플라스틱 소비 증대로 이러한 노력에 따른 수요둔화 효과는 상쇄될 것이다. 대체재 모색곤란은 전체 석유화학제품의 수요를 지탱하는 또 하나의 요인이다.

Ⅲ. 석유화학산업의 최근 동향 및 전망 – 성장과 위기

1. 최근동향

우리나라 석유화학산업의 경제적 위치 및 위상은 제조업 생산 6.1%(5위), 수출 8.3%(4위)를 차지하는 주력산업으로 에틸렌 생산능력기준 세계 4위(926만 톤), 생산의 55%를 수출하는 위상을 보유하고 있다.

울산·여수·대산 등 3대 석유화학단지가 산업의 핵심생산거점으로 석유화학단지 형성을 통한 정유 – 나프타분해공장(NCC) – 관련 유도품 공장의 생산 수직계열화, 항만·용수·유틸리티 등 지원시설 공동이용으로 산업의 효율성과 경쟁력을 제고하고 있다.

그러나 최근 미·중 무역분쟁의 장기 지속에 따른 세계수요성장둔화, 경쟁국인 미국과 중국의 신증설로 인한 공급증가로 업황이 둔화되고 있다.

우리나라 석유화학산업은 수출위주로 성장하여 왔으나, 주 수출대상국인 중국의 자급률 진전과 중동·미국의 공급증가 등으로 인하여 경쟁심화로 성장동력이 약화되고 있다. 향후 세계석유화학수급은 미국과 중국의 설비증가로 인하여 2022년까지 공급증가율이 수요증가율을 크게 상회하며, 이에 따라 가동률 하락과 채산성 악화가 불가피할 것으로 전망한다.

또한, 미국 ECC(Ethane Cracking Center, 에탄 크래커) 완공으로 에틸렌계열 제품공급 부담이 확대된 가운데, 해외 각국의 보호무역주의 등으로 수요성장세는 둔화되면서 비우호적인 영업환경이 전개되고 있다.

특히 주요 수출대상국인 중국의 올레핀, 방향족제품 등 기초원료 설비증설로 한국 석유화학산업의 불확실성이 높아지고 있는 가운데 중국 NCC(Naphtha Cracking Center, 에틸렌 등 기초원료 제조설비) 설비증설은 2020~2021년, PX(Para-Xylene, PET병, 폴리에스터 섬유 등 원료) 설비증설은 2019~2020년에 집중되어 있다.

이처럼 대규모 설비증설에 수반하여 중국의 주요제품 자급률은 상승기조를 보일 전망이며 특히 PX의 자급률 상승폭이 커, 가장 리스크가 높은 제품인 것으로 예상된다.

이에 따라 석유화학업체들의 수익성하락이 현실화되고 있다. 2019년 3분기 영업이익률 7.4%로 전년 동기 대비 큰 폭으로 하락, 과거 10년간의 평균 영업이익률인 8.5%를 하회하는 수준이다.

2019년 수출은 신증설설비 정상가동에 따른 수출물량 확대에도 불구하고, 유가하락에 의한 제품단가 하락, 미·중 무역분쟁 영향으로 글로벌 수요가 둔화되어 전년 대비 15.2% 감소한 424억 달러로 예상되며, 2020년 수출은 신증설설비 정상가동으로 전년 대비 2.7% 증가한 436억 달러로 전망된다.

— 2019년 현황 : 품목별로는 합성수지는 미국산 제품유입에 따른 경쟁심화, 합성고무는 자동차 생산감소에 따른 수요감소가 주요 요인으로 작용되었으며, 지역별로는 전체 수출물량은 증가하였으나, 제품 단가하락으로 전 지역 수출이 감소할 것으로 예상된다.

— 2020년 전망 : 품목별로는 전방산업 수요둔화 지속, 중국과 미국 신증설에 의한 공급과잉에도 불구하고, 국내 신증설설비 정상가동으로 수출은 소폭 증가할 전망이며, 지역별로는 미·중 무역분쟁 장기화 우려에 따른 글로벌 경기침체에 따른 수요둔화가 예상되지만, 수출선 다변화 노력으로 아세안 등 주력시장 중심으로 소폭 개선될 전망이다.

2. 2030 메가트렌드 − 위기를 기회로

2010년대를 마무리하고, 2020년대 들어서면서 석유화학산업에 영향을 미치는 주요 메가트렌드로는, ① 미·중 무역분쟁 및 지정학적 리스크 심화, ② 정유·석유화학의 통합 및 COTC(Crude Oil to Chemical) 확대, ③ 플라스틱 환경규제 및 순환경제(Circular Economy), ④ 산업 전문인력의 수급 미스매치 등이 있을 것이다. 이는 업계가 지속적으로 주목하여야 하는 문제이며, 석유화학산업의 새로운 10년을 접어들면서 경제 및 수요성장의 잠재적 둔화를 예상하는 시점에서 위기를 관리하고 기회를 찾을 수 있도록 노력하여야 할 것이다.

첫째, 미·중 무역분쟁 및 지정학적 리스크 심화에 대한 위기관리가 필요하다. 현재 지정학적 분위기 속에서 결과를 예측하기 어려움을 느끼는 모습이다. 특히 미·중 무역분쟁 지속, 중동의 적대감, 각국의 부채수준 상승 등은 경제성장을 위협하는 요인들이겠지만, 세계각국의 경기부양책 및 저금리시행, 아시아·태평양 지역의 인구증가와 도시화 등은 세계성장에 기여할 전망이다.

그럼에도 불구하고, 미·중 무역분쟁이 장기화되고 호전적인 방향으로 상황전개가 이루어지지 않는다면, 다운스트림 수요 침체상황이 앞으로도 계속 이어질 것으로 예상되기에 이에 대한 위기관리가 필요하다.

둘째, 정유·석유화학의 통합 및 COTC(Crude Oil to Chemical)의 확대에 대한 공급과잉에 대비하여야 한다. 글로벌 석유화학 크래커별 원가경쟁력의 변화는 중국 CTO/MTO 등장(2012~2014) → 동북아 NCC 경쟁력 회복(2015~2017) → 북미 ECC 저가원재료기반 경쟁력(2018~) → 중국·중동의 COTC(2020~) 순으로 변화하고 있다.

정유기업들이 석유화학에 투자를 확대하는 근본 원인은 전기차 비중 확대뿐만 아니라 석유시장의 패러다임이 변화하고 있다는 것이다. 중장기적으로 석유사업에 대한 장기전망이 불투명하여지고 있고 석유화학사업은 안정적이면서 양호한 수익성을 기록한 것도 중요한 원인이기 때문이다.

COTC는 석유정제품 비중을 최소화하고 석유화학제품의 생산 비중을 최대화하는 설비이며 정유시설 기반 COTC의 원유 배럴당 석유화학제품 전환율은 40% 이상이 되며, 생산규모가 크기 때문에 COTC 설비는 글로벌 석유화학 및 정유산업에 큰 영향을 미치게 될 것으로 예상된다.

최근 SK종합화학과 중국 최대 국영석유화학회사인 SINOPEC이 합작하여 정유·화학기업으로 중·한석화 설립, 2020년 완공을 목표로 고도화 공정인 FCC(Fluidized Catalytic Cracker, 중질유 촉매분해공정) 증설 및 설비현대화 작업을 진행 중이다(2019. 4. 29.). Aramco는 S－Oil에 60억 달러를 투자하여

2024년까지 완료될 스팀크래커 및 다운스트림 프로젝트(SC &D)를 마련하고 TC2CTM 기술을 구현하여 에틸렌 150만 톤과 기타 석유화학제품을 생산하기 위한 MOU를 체결(2019. 6. 26)할 뿐만 아니라, 정유기업에서의 석유화학사업은 일차적으로 범용제품 중심이기에 석유화학사들은 기능성제품, 정밀화학 및 고기능성 소재 등 고부가가치 사업에서 시장지위를 더욱 강화하는 차별화 전략 등으로 대응하여야 할 것이다.

셋째, 플라스틱 환경규제 및 순환경제(Circular Economy)에 대하여 업계는 관심과 세계적인 움직임에 동참하여야 할 것이다. 최근 플라스틱의 환경오염 유발로 인한 글로벌 활동의 주요 계기는 주요 매체를 통하여서 이루어졌으며, 산업계는 이런 문제를 인식하고 해결하려는 행동을 취하여야 한다.

제4차 UN환경총회(2019년 4월), 바젤협약 당사국 총회(2019년 5월) 등에서는 플라스틱 쓰레기를 포함하는 환경정책결의문 및 협약개정안을 채택하였으며, 글로벌화학기업을 중심으로 해양플라스틱 폐기물제거를 위한 해결책 마련으로 AEPW(Alliance to End Plastic Waste)라는 비영리단체를 출범시킨 바 있다. 이를 통하여 플라스틱 폐기물을 최소화하고 폐플라스틱 활용-재고를 위한 해결책 마련의 기반을 갖추게 된 것이다.

EU는 순환경제를 위한 행동계획(EU Action Plan for a Circular Economy)의 핵심전략 중 하나로 플라스틱 문제해결전략을 채택하였으며, 그 후속 조치로서 '플라스틱 순환경제를 위한 새로운 비전'에 대한 보고서를 발표하였다. 국내에서도 플라스틱 관련 업종단체에서 자발적으로 '플라스틱지속가능발전협의회'를 발족하여 친환경 소재제품 개발을 위한 정부사업 과제 제안, 플라스틱 통계자료 조사 확보를 통한 조사 및 연구, 재활용 시스템·제도·기술개발 등 조사·연구 및 국제교류, 대국민 홍보 교육강화 등의 사업을 추진 중에 있다. 또한, 화학기업들의 자발적으로 일회용품 사용억제를 비롯하여 생분해플라스틱 등 R&D에 박차를 가하고 있다.

넷째, 화학분야산업 전문인력의 미스매치를 해결하기 위하여 노력하여야 할 것이다. 최근 일본의 수출규제에 따라 경쟁력강화를 위한 소재 – 부품 분야 R&D 인력양성 필요성이 대두되고 있고, 특히 화학분야에서의 인력양성은 그 어느 때보다 중요한 시점이 되었다. 정부에서는 주력산업의 고도화 및 4차산업혁명을 견인하는 '기능성 코팅 융복합 소재부품 전문인력양성' 사업이 추진되고 있으며, 또한 국가 및 산업의 직무역량 체계마련을 위한 '화학산업 인적자원개발위원회(화학ISC)'를 운영 지원 중이다.

이런 지원에도 불구하고 대일 수입규제와 고부가치 산업구조전환을 위하여 첨단화학소재 개발을 뒷받침할 석·박사급 인재 등 산업기술인력이 부족한 상태에 있으며, 설비투자 및 신사업확대로 고용이 지속 증가함에도 산업기술인력 부족률은 여전히 심화되고 있다.

또한, 2011년 발생한 가습기살균제 사건의 발단으로 제조·수입되는 화학물질에 대한 사전 유해성자료 등록 및 평가제도('화평법')가 도입되었으나, 다수 중소기업은 등록비용 부담과 함께 업무를 담당할 전문인력이 크게 부족하여 기업경영 및 산업활동에 애로가 가중되고 있다.

3. 화학제품 생산·소비·처리가 수반하는 환경적 영향

석유화학제품은 다양한 기후, 대기 질, 수질오염 문제에 직면하고 있다. 석유화학제품은 우리 사회에 막대한 혜택을 제공하며 지속가능한 에너지시스템에 필수적인 최첨단의 청정기술이 다양한 형태로 적용된다. 따라서 석유화학제품을 생산 – 소비 – 처리하는 과정은 지속가능성 측면에서 해결되어야 할 도전과제들이 상존한다. 화학부문이 대략 '철강 및 시멘트 부문'에서의 에너지 소비량만큼 에너지를 소비하지만, 이 두 부문의 CO_2 배출량보다 CO_2 배출이 적다. 화학 부문에서 배출되는 CO_2는 약 15억 톤인데 이는 전체 산업부문 CO_2 배출량의 18% 또는 전체 연소관련 CO_2 배출량의 5%를 차지한다.

이는 다른 중공업에서는 석탄에 보다 많이 의지하는 반면, 화학산업은 석유 및 가스에 대한 의존도가 더 크기 때문이다.

또 다른 요인은 화학원료에 포함된 탄소는 대개 플라스틱과 같은 '최종제품'에 갇히게(locked) 되어, 제품이 연소되거나 분해될 때에만 외부로 배출되기 때문이다.

화학부문은 산업부문 에너지의 최대 수요처이지만, 산업부문 CO_2 배출량에는 세 번째이다.

2050년까지 플라스틱소비 관련 석유수요(석유화학용)가 도로여객 수송용 석유수요를 앞지를 것이다. 이는 현재 공정이 heavy, light한 제품을 모두 생산하는 데 셋업된 정유사들에게 중요한 의미를 갖는다.

단기적으로 미국의 셰일오일(LTO : light tight oil) 생산증대는 이러한 도전과제를 해결하는 데 도움이 될 것이다(셰일오일은 보다 light한 석유제품 생산을 용이하게 함).

4. 석유화학산업의 전망

우리나라 석유화학공업은 1990년대의 공급능력 급신장에 힘입어 물량면에서 높은 성장세를 나타냈으나, 내수는 1980년대에 비하여 신장세가 둔화된 가운데 세계석유화학경기도 불규칙한 사이클을 보이고 있어 앞으로는 대내외적으로 상당한 어려움을 맞게 될 것으로 예상되고 있다.

특히 1998년부터 우리나라가 IMF(국제통화기금) 관리체제에 편입되면서 국내 경기가 수축되고 있는 가운데 우리의 주요수출시장인 동남아에서도 금융위기에 따른 경제사정의 악화가 지속될 것으로 보여 향후 동남아시아의 석유화학 경기 회복여부도 매우 불투명한 것으로 평가되고 있다.

이러한 여건 변화에 대응하여 우리나라 석유화학산업이 지속적인 성장을 유지하여 나가기 위하여서는 우선 그동안의 설비 신증설을 통한 양적인 성장에서 벗어나 적정설비를 유지하고 기업경영의 효율성을 제고하는 데 중점을 두어야 할 것이다.

신증설투자는 개별기업의 독자적인 국내외 수요예측뿐만 아니라 업계전체의 자율적인 조정을 거쳐 공급부족 예상품목과 고급제품을 중심으로 이루어져야 할 것이며, 수출비중이 높은 품목의 경우에는 중국과 동남아 등 주요수입국의 설비투자 동향과 중장기 수요전망 등에 대한 면밀한 검토가 있어야 할 것이다.

또한 세계적인 추세에 맞추어 규모의 경쟁력을 높이기 위하여서는 그동안의 개별기업의 독자적인 설비확충을 지양하고 업체 간의 전략적인 제휴를 통한 수평적인 연대를 강화하는 방안도 적극 모색되어야 할 것이다. 우리나라의 경우 산유국이 아니므로 원료면에서의 경쟁력은 취약하므로 이를 보완하기 위하여 수직계열화 생산체제를 강화하여 나가는 한편, 공정운영의 개선과 에너지 사용의 합리화 등을 통하여서도 원가절감을 추구하여야 할 것이다.

또 물류의 개선을 위하여서는 나프타 등 원료의 공동저장시설을 확충하고 업체 간 물류분야의 협력을 확대하는 방안도 모색되어야 할 것이다.

기술분야의 경우 지금까지 국내업계의 연구개발은 다운스트림분야의 물성 개선이나 컴파운딩과 같은 위험률이 적은 분야에서 주로 모방기술을 개발하는 데 치중하였으나, 장기적인 화학산업의 경쟁력 향상을 위하여서는 핵심기술인 공정개발과 촉매제조기술의 확보가 필수적이므로 이러한 기술을 확보하기 위한 노력이 강화되어야 할 것이다.

그런데 국내업계의 경우 기술축적이 미약한 데다 선진국의 다국적 화학기업들에 비하여 투자여력이 부족한 실정이므로 업체 간 공동연구 또는 산·학·연 협동연구체제를 활성화할 필요성이 크다고 할 수 있다. 또한 제품의 고부가가치화를 위하여서는 국내기업들이 원천기술의 개발노력과 아울러 범용제품의 신규용도개발과 특수제품의 개발에 주력하되, 각기업별로 특정한 분야의 고급제품 개발에 특화하여 나가는 것이 바람직할 것이다.

한편, 국내의 공급여유를 해소하고 적정가동률을 유지하기 위하여서는 당분간 수출물량을 꾸준히 확대하여 나가야 하는 바, 이를 위하여서는 중국 등지로 편중된 수출시장을 다변화하여 나가야 할 것이다. 또한 장기적으로는 수출 확대의 한계를 극복하기 위하여 수출에 감소되는 부문을 포함한 해외 직접투자를 적극 추진함으로써 국제분업체계에서 능동적인 공급자로서의 역할을 수행하여 나가야 할 것이다.[15]

---

15) 기업과 인물, 정책과 동향 기획특집(2020. 2. 1.) 석유화학산업의 최근동향과 전망 그리고 2030 메가트랜드.

제8절 철강공업육성법과 철강공업육성

Ⅰ. 철강공업육성법 해설(시행 1970. 4. 2., 제정 법률제2181호, 1970. 1. 1.)

1. 철강공업육성법의 요지

중화학공업과 방위산업 육성시책에 따라 6대 기간산업으로 선정된 철강공업진흥을 위한 법률적 근거를 마련함으로써 주요 기초자재의 공급역할을 담당하는 기초산업인 철강공업을 합리적으로 육성·지원하기 위하여 1970년 1월 1일 법률 제2181호로 '철강공업육성법'이 제정되었다.

철강공업육성법은 ① 제철·제강·압연·철강재·주단강을 제조하는 철강공업을 합리적으로 육성하여 국민경제의 발전에 기여함을 목적(법 제1조)으로 제정되었으며, ② 철강공업의 시설기준을 설정(법 제3조)하고, ③ 상공부장관이 철강공업자의 지정기준을 정하여 공고(법 제4조, 제16조)하도록 하며, ④ 조강기준 연간 100만 톤 규모 이상의 일관공정시설을 갖춘 철강공업자로서 그 자본금의 2분의 1 이상을 정부 또는 정부가 지정하는 자가 출자한 경우에 정부가 행정 및 재정지원(법 제7조)을 할 수 있도록 하고, ⑤ 상공부장관이 지정하는 가격으로 철광석을 철강공업자에게 공급하는 자에게는 수출을 한 자에 준하여 우대조치(법 제10조)를 하도록 하며, ⑥ 철광석을 수입할 때에 사전승인(법 제11조)을 얻도록 하며, ⑦ 산업부흥국채권법을 준용하여 재정자금으로 철강공업육성자금을 조성(법 제12조)하도록 하고, ⑧ 정부의 중점지원을 받는 철강공업자는 연구 및 기술훈련기관을 설치하도록 의무화(법 제14조)하며, ⑨ 철강공업에 대한 자문기구인 철강공업심의회를 설치(법 제17조)하고, ⑩ 이 법의 효력기간을 10년(법 부칙)으로 하는 한시법으로 규정하였다.

2. 철강공업육성법의 실효, 공업발전법으로 대체, 공업발전법의 폐지 및 산업발전법으로 대체

철강공업육성법은 효력기간 10년의 한시법으로 10여 년 후 실효되었다. 그리하여 철강공업의 육성에 관한 사항은 철강공업육성법의 제정시기에 비슷한 취지로 만들어져 시행되었던 기계·전자·조선·화학·섬유·에너지 등 다른 6개 분야 진흥법과 함께 1986년 7월 '공업발전법'으로 흡수 통합되었으며 1999년 2월 공업발전법이 폐지되고 새로이 '산업발전법'이 제정되어 현재에 이르고 있다.

Ⅱ. 철강공업의 발전약사

1. 개설

한국철강산업의 발전은 한국경제발전과정과 그 궤를 같이한다. 한국정부는 1950년대 전후 경제재건사업을 추진하면서 경제기반 구축의 일환으로 철강산업을 포함한 기간산업의 전략적 육성을 추진하였다. 그 이후 1960년대 한국의 공업화가 진전됨에 따라 점차적으로 철강수요가 증가하였지만, 국내철강업체의 규모는 영세하였고 그 설비도 낙후되어 있었다. 이에 한국정부는 유기적인 형태의 일관제철소건설을 계획하여 생산효율성 증대 및 원자재비용절감효과를 도모하고 철강에 대한 국내자급률을 확대하고자 하였다. 경제개발5개년계획에 따라 1970년 포항제철을 착공하였고, 그해에 철강공업육성법을 제정하여 종합제철소 건설 및 그 안정적 추진을 지원하였다. 1983년 포항제철소가 완공되고 우리나라 철강산업의 위상이 강화되자 정부는 철강공업육성법을 폐지하고, 공업발전법을 제정하여 그동안 추진하여온 개별사업에 대한 직접지원 방식을 기술개발을 통한 간접지원 방법으로 선회하였다. 정부의 보호에서 벗어난 철강산업은 새로운 도전과 성장의 계기를 마련하였다.

우리나라 철강산업의 발전은 과정은 ① 우리나라 철강산업이 도입되고 나서 1968년 포항종합제철이 출범하기 전까지의 도입기, ② 포항종합제철 출범이후 포항제철소 1기준공이 이루어지기까지의 태동기, ③ 1973년부터 철강공업육성법이 폐지되기까지의 도약기, ④ 공업발전법이 제정되고 나서 2007년 글로벌 금융위기 이전까지의 성장기, ⑤ 그리고 글로벌금융위기 이후를 성수기로 분류할 수 있겠다.

2. 도입기(포스코 가동 전)

한국정부는 1948년 정부수립 후 경제재건에 착수했지만 1950년 한국전쟁이 발발함에 따라 본격적인 경제재건은 1953년부터 시작되었다. 경제재건은 자립경제건설을 목표로 사회간접자본확장, 기간산업건설, 2차산업생산능력확대를 골자로 한 5차례의 경제부흥계획에 따라 진행되었다. 경제재건에 필요한 재원은 대부분 미국정부의 구호정책에 따른 대외원조자금에 의하여 조달되었고 1953～1961년간 제공된 원조액은 23억 달러에 이르렀다. 하지만 대외원조자금의 형태가 한국정부가 계획한 경제부흥을 목적으로 한 투자의 형태라기보다 잉여농산물이나 물자원조 등 민간기업에의 판매를 목적으로 한 소비재위주로 제공되어 한국의 산업·경제 재건에는 그다지 기여하지 못하였다. 그리하여 당시는 면방업·제당업·제분업 등 이른바 3백산업이라고 불리는 경공업 중심이었다.

당시 우리나라 철강사업은 백지상태나 다름이 없었다. 국토가 남북으로 분단되면서 일제강점기에 설립된 철강제조설비의 90%가 북한지역에 남게 되고, 10%만이 한국에 편입되었으나, 그마저도 전쟁 중 크게 파손된 상황으로 당시 우리나라 철강업은 군소철강업자들이 전쟁고철을 수집하여 재생하거나 주물을 생산하는 수준이었다. 이에 정부는 1952년 철강재건계획을 수립하고 전쟁기간에 파손된 기존설비의 재건 및 새로운 설비의 확충을 도모하였다. 그 계획에 따라 삼화제철소 제선공장이 복구되었고, 대한중공업공사를 설립하여 제강 및 압연공장을 구축하게 되었다. 그 외에도 신생공업사·동국제강·고려제강 등 소규모 철강업체가 설립되었다.

그리고 정부는 戰後부터 1950년대 후반에 이르기까지 기간산업으로서 철강산업육성을 위하여 노력을 경주하였지만 대외원조에 의존하였던 당시의 경제상황에서 대규모자원이 필요한 철강산업육성을 위한 자금조달능력이 부족하고 선진국의 부정적인 의견으로 해외원조자금 조달마저 어려운 상황에 처하여 결실을 보지 못하였다.

  1962년을 기점으로 제1, 2차경제개발5개년계획이 수립되어 수출주도형 공업화전략이 성공적으로 추진되고 경제는 순조롭게 성장하기 시작하였다. 특히 정부는 제2차경제개발5개년계획을 통하여 중화학공업과 방위산업육성시책을 발표하고 관련 법적 근거를 마련하였다. 6대 전략사업은 중화학공업달성을 위하여 전후방관련효과, 성장기여도와 부가가치창출효과, 외화획득률 및 절약효과, 국내자원활용도, 외자유치 가능성 등을 기준으로 기계·조선·전자·석유화학·철강·비철금속 및 섬유산업을 선정하였다. 공업화가 촉진되고 철강의 수요가 확대되면서 철강업체의 신증설이 활발하게 이루어졌다. 그러나 당시 철강제의 수요는 소규모 기업들로 충당할 수 있는 수준이 아니었다. 또한 절대적 규모의 문제 외에도 제선·제강·압연으로 이루어지는 생산공정 간 불균형이 심각하여 생산효율성이 저조한 실정이었다. 이에 생산공정 간 불균형을 해소하고 국내철강수요의 충족을 위하여 일관제철소를 건설해야 한다는 주장이 끊임없이 제기되었다. 이러한 주장과 함께 정부에서는 경제발전에 철강제의 안정공급이 필수적이라는 인식을 확고히 하면서 국내외 반대여론에도 불구하고 1968년 포항종합제철회사를 창립하고 제철소건설을 추진하게 되었다.

  그러나 제철소건설을 위한 자본·기술·인력이 절대 부족한 정부로서는 해외에 의존할 수밖에 없었다. 1965년 4월 정부는 종합제철건설을 위한 기술도입과 외자조달을 위하여 박정희 대통령이 미국방문 시 면담한 바 있는 미국의 코퍼스사 포이 회장에게 국제차관단 구성을 요청하였으며, 포이 회장의 주도로 歐美업체들로 구성된 대한제철국제차관단(KISA: Korea International Steel Associates)이 구성되었다. 장기영 부총리의 경제기획원이 종합제철소 건설 프로젝트를 맡았다. 경제기획원은 KISA와 1967년 10월 연산 60만 톤 규모의 종합제철공장 건설 기본합의서를 체결하였다. 그리고 1968년 4월에는 포항종합제철㈜이 설립되었다. 하지만, KISA는 제철사업을 제대로 추진하지 못하였다. 세계은행 및 미국 수출입은행과의 차관교섭을 진척시키지 못하였으며 1969년 봄까지도 세계은행은 한국의 종합제철소사업에 대한 부정적 보고서를 냈다. 그들은 후진국에 종합제철소를 짓는 것은 영어로 말하면 white elephant,

백색코끼리를 갖다 주는 것이다. 왜냐하면 공장 유지가 안 된다는 것이었다.

결국 1969년 4월 파리에서 열린 대한국제경제협의체 회의에서 KISA의 종합제철소 계획안은 부결되었다.

새 방안을 찾아야 했다. 박정희 대통령은 김학렬을 새 경제부총리로 임명하여 종합제철소의 해결사로 투입하였다. 그런데 일본이 한국의 제철소사업에 협력하였다. 한국의 의지와 능력을 볼 때 종합제철소 건설은 필연적이라 보고, 한국의 제철소사업에서 주도권을 행사하며 명분과 실리를 얻고자 하였다. 그때 일본도 수출을 하려고 굉장히 노력을 하고 있었는데 몇십억 달러짜리 종합제철소는 매우 바람직한 큰 수출이었다. 우리가 사주겠다고 하니 양국 간에 거래가 성사된 것이다.

이에 정부는 대일청구권 자금을 활용하기로 결정하고 차관선을 일본으로 바꾸어 상업차관을 성공적으로 유치함으로써 1969년 12월 한국과 일본은 종합제철소 사업에 협력한다는 기본협약을 체결하였다. 그리고 1970년 4월 숙원이던 종합제철건설에 착공하게 되었다. 정부는 종합제철소사업이 경제적 타당성을 갖도록 거액의 출자와 기반시설 제공, 각종 세제혜택 등 지원을 아끼지 않았다. 또 규모도 연산 100만 톤으로 확대하였다. 포철에 기술을 지원할 일본의 철강회사들은 Japan Group 컨소시엄을 구성하였다. 포철에는 외자 1억 7,800만 달러, 내자 493억 원 등 총 1,204억 원을 투자하였다. 428억 원이 소요된 경부고속도로 건설사업의 3배나 되는, 건국 이래 최대규모 사업이었다. 그렇게 하여, 1973년 6월 9일, 일관제철소의 꿈은 현실이 되었다. 포항종합제철의 탄생은 난산 중의 난산이었다. 자칫 태어나지 못할 수도 있었던 종합제철소가 세상의 빛을 본 것은 기본적으로 박정희 대통령의 의지 덕분이었다. 그리고, 그의 지휘 아래 몸을 던진 장기영, 김학렬, 박태준의 노고도 컸다.[1]

이와 동시에 정부는 철강산업을 국가전략산업으로 육성·발전시키기 위하여 철강공업육성법을 1970년 1월 제정·공포하였다. 동법은 당시 자본·기술·인력·

---

[1] 황병태, 1960년대 경제기획원 공공차관과장, 경제협력국장. "종합제철은요, 박 대통령의 베이비(baby)입니다. 그 분이 말하면 잉태했고 그 분이 키웠고 그 분이 만든 것입니다. 그러니까 종합제철은 박 대통령 때문에 살아났던 것입니다."

수요 등 전반적인 사업환경이 열악하였던 우리나라 철강산업을 철강선진국으로 발돋움하게 하고, 포항종합제철이 세계최고의 철강업체로 발전하는 데 지대한 공헌을 하였다.

3. 도약기(1973 ~ 1985, 포항제철소 1기 가동에서 4기 완료까지)

1973년 포항종합제철이 연산 103만 톤의 '고로 1기[2]'를 준공함에 따라 우리나라 철강산업은 새로운 발전의 전기를 맞이하게 되었다. 포항종합제철 준공을 시작으로 한국은 본격적으로 철강을 생산하게 되었는데 1973년 45만 톤 생산에 이어 1974년에는 102만 톤 생산량을 기록하였다.[3]

---

2) 포항제철 제1고로에서 1973년 6월 9일 이 땅에 첫 쇳물을 쏟아내기 시작한 지 48년 만인 2021년 12월 31일에 '민족고로'라고 새겨진 제1고로는 은퇴하였다. 혁신을 거듭하여 온 한국철강의 중흥기를 이끈 제1고로도 '탄소중립'이라는 새로운 흐름을 이겨 낼 수 없었다. 제철은 전 산업을 통틀어 온실가스인 이산화탄소배출량이 가장 많아 2050년까지 탄소배출량을 제로(0)로 줄이는 포스코의 넷제로 정책에 따라 은퇴를 결정하였다. 1973년 6월 9일 제1고로에서 쇳물이 나오기까지 여러 우여곡절을 겪었다. 제1고로에서 쇳물이 나오던 당시 박태준 회장이 태양열로 채화된 불로 처음 용광로에 점화하였다. 하지만 예정시각이 한참 지나도록 쇳물이 나오지 않자 박 회장을 비롯한 임직원은 가슴을 졸인 채 기다려야 하였다. 오전 7시 30분 첫 쇳물이 쏟아지자 현장에 있던 직원들은 부둥켜안고 눈물을 흘리며 만세를 외쳤다. 제1고로는 50년 가까이 한국제철산업과 중공업의 젖줄역할을 하여 왔다. 제1고로는 사람으로 치면 평균수명 3배 이상의 세월을 살아왔다. 총 5,500만 톤의 쇳물을 생산하였는데, 그것은 중형자동차 5,500만 대, 냉장고 11억 300만 대를 생산할 수 있는 양이다. 포스코는 그 기간에 연간 조강생산량 3,594만 톤을 자랑하는 세계 6위의 철강사로 성장하였다. 정기준 박태준미래전략연구소 교수는 "대한민국은 중공업을 시작으로 주요제조분야를 석권하며 50년 만에 국민소득 3만 달러를 달성하였다."며 "포항 제1고로가 바로 그 기적 같은 변화를 이끈 시작점"이라고 하였다. 철강업계 관계자는 포스코 제1호고로에서 첫 쇳물이 나온 6월 9일을 '철의 날'로 지정하여 매년 기념식을 여는데 이 날 받는 각종 산업훈장은 모든 철강종사자에게 최고의 영예로 받아들여진다.

3) 박태준 회장은 1970년대 박정희 대통령의 전폭적인 신뢰아래 자금조달부터 제1고로 착·준공, 쇳물생산에 이르는 전 과정을 진두지휘하였다. 1965년 한일국교정상화로 받은 대일청구권자금을 포항제철소건립에 사용한다는 계획을 처음 세운 분이 박태준 회장이었다. "한국이 무슨 돈이 있어 제철소를 만드느냐."는 해외 기업들의 비아냥과 국내의 따가운 여론 속에서도 당시 대일청구권자금 8,000억 원 중 1,200억 원을 제철소 조성과 제1고로 건립에 사용하였다. 경부고속도로 건설비용의 3배 규모이다. 1969년에 포항시 대잠동에 영빈관(현 영일대호텔)을 짓고 이곳에서 숙식하면서 제철보국의 꿈을 키웠다. 공장건설에 앞서 직원용 아파트를 먼저 짓고, 각종 처우개선에 마음을 쓸 정도로 직원복지를 중요시하였지만 생산현장에서는 누구보다 엄격하

1970년대 한국경제는 글로벌경기침체의 영향으로 성장이 둔화되고 있었다. 선진국은 개발도상국의 노동집약적 상품에 대해 무역장벽을 높여 가고 후발개도국들은 저렴한 임금을 바탕으로 경공업분야의 수출능력을 확대하고 있었다. 한국은 경공업수출 성장전략이 한계에 다다르자 중화학공업육성정책을 추진하게 되었다. 박정희 대통령은 1973년 연두기자회견을 통해 중화학공업육성을 공표하며 100억 달러 수출과 전체수출상품 중 중화학공업제품의 수출비중 확대를 천명하였다. 이어 중화학공업추진위원회를 구성하여 기계·조선·전자·화학·철강·비철금속 등 6대 전략산업을 선정하고 육성계획을 발표하였다.

포항제철은 정부의 중화학공업중점육성정책, 철강산업의 설비구조개선 및 국제경쟁력강화정책, 철강제 공급확대의 필요에 따라 조강연산 157만 톤에 해당하는 제2기사업을 계획하였고, 제2기사업을 추진하기 위하여 포항제철은 일본의 조언을 받아 '종합설비계획'을 수립하였고 이를 1973년 7월에 확정하였다. 포항제철 제2기사업이 진행되는 동안 제1차석유파동이 발생하여 세계경제가 급속히 둔화되었고, 이에 따른 수출부진과 투자 및 소비침체 등 내수침체가 가속화되었다. 특히 그 기간에 세계철강산업은 생산이 둔화되고 석유파동을 계기로 세계철강산업의 주도권이 선진국에서 점차 개발도상국으로 넘어오게 되었다. 미국과 유럽은 감산체제를 통하여 불경기에 대처하였고, 합병 또는 국유화를 추진하며 규모의 대형화를 도모하였다. 이러한 세계경제 및 철강산업의 변화가 한국에게는 성장의 기회로 작용하였다. 에너지가격이 폭등하며 철강업계에도 에너지절약움직임이 강화되고 이는 신강종이나 새로운 용도개발 촉구의 원동력으로 작용하였다. 또한 선진철강업체들의 감산체제로의 이행은 한국의 설비도입에 유리하게 작용하였다. 선진국의 설비업체들은 개도국의 관련설비수요확대에 적극적으로 대응하며 선진설비업체 간 경쟁을 통하여 우리는 우수한 설비를 저렴한 가격으로 도입할 수 있었다. 석유파동종료 후 중

였다. 직원들이 박 회장이 공장에 나타나면 사이렌을 울리고 긴장하여야 하였다. 박 회장은 제철소 건립 당시 직원들에게 "조상의 혈세로 짓는 제철소건립 실패는 죄 짓는 일"이라며 "만약 건설에 실패하면 '우향 우'하여 영일만 바다에 빠져 죽자."고 하였다고 한다.

동의 건설수요가 확대되며 철강제품수출이 확대되고 수요에의 대응을 위하여 생산제품의 다각화를 모색하며 한국의 철강업계가 한 단계 발전하는 계기가 되었다.

포항제철 3기는 1973년 KIST 와 KDI의 철강 장기수요 예측자료에 기초하여 추진되었다. 1980년대 초반 철강수요가 1,000만 톤을 넘어설 것이라는 전망에 따라 포항제철은 1978년 12월 조강생산 550만 톤, 1981년 6월 조강생산 850만 톤의 제3기사업을 설계하였다. 그 계획은 1975년에 정부의 승인을 받았으나, 1970년대 후반 제2차석유파동 및 세계경제의 불황이 이어지며 550만 톤 규모의 설비를 3기로, 850만 톤 설비를 4기로 수정하여 재승인을 받게 되었다. 이렇게 하여 시작한 제3기사업은 기존설비들과의 상호보완성유지, 에너지 및 인력절감, 관리능력향상을 위한 설비자동화를 기본방향으로 1976년 8월에 착공하였다. 제3기사업을 위한 재원은 외자의 경우 전액 민간상업차관을 활용하고 내자의 경우 자체이익금 및 정부지원을 통하여 6,712억 원을 투입하였다.

그리고 제3기사업에서 분리된 제4기사업은 1979년 1월에 착공하였다. 제4기사업의 목표는 일관제철소의 능력확충, 양적자립도 향상, 규모경제실현, 설비의 고도화에 두었다. 제4기사업은 제1기에서 제3기까지의 설비건설에서 축적된 경험 및 지식을 바탕으로 300만 톤 규모의 설비건설에 대한 계획을 자체적으로 수행하였다. 특히 중간제품 및 고급강의 생산능력을 확대하고, 철강제품 생산의 전체적 균형을 도모하였고, 자원절약형 설비도입을 목표로 하였으며, 삼성중공업·현대중공업 등 국내 중공업계가 적극 참여하였다. 제4기사업의 재원은 국외차관조달 및 내자자체조달을 이용하여 8,350억 원이 투입되었다.

포항제철은 1983년까지 총4기의 고로를 갖추게 되었고 조강생산능력은 910만 톤에 이르게 되었다. 이 시기에 우리나라에서는 늘어나는 건자재의 수요를 충당하기 위하여 전기로설비도 대폭 신증설되어 1972년 9개업체 43만 톤에서 1985년에는 14개업체 650만 톤으로 늘어났다. 1973년에 동국제강·강원산업·한보철강 등이 30~40만 톤 규모의 전기로를 준공하였다. 특히 1975년에는 강원산업이 당시로서는 획기적인 규모의 60만 톤 전기로를 준공함으로써 본격적인 전기로 대용량화시대를 선도하기도 하였다.

1985년에 우리나라의 제선능력은 4기의 고로합계 910만 톤, 제강능력은 전로 910만 톤, 전기로 650만 톤으로 총1,560만 톤에 이르게 되었다. 제선 및 제강설비의 집중적인 신증설로 우리나라 철강산업은 설비 간의 불규형이 점차 해소되면서 안정적인 성장기반을 구축하게 되었다.

위에서 본 바와 같이 한국의 철강산업은 포항제철의 건설과 함께 급속도로 발전하였고, 이러한 철강산업의 발전은 정부의 적극적인 지원이 바탕이 되었다. 정부는 포항제철건설에 2,246억 원을 투입하였고, 공장기반조성을 위한 사회간접자본 구축을 주도하였으며, 실질적으로 포항제철지원법이었던 철강공업육성법을 통하여 조세 및 관세감면의 지원을 제공하였다. 철강산업에 대한 정부차원의 지원은 1970년대 후반 제2차석유파동과 함께 세계적인 경기침체기로 들어서며 무역마찰이 심화된 상황에서도 지속되었다. 정부는 경기침체 및 선진국의 수입규제조치에 대응하여 경쟁력강화의 방안으로 설비의 합리화 및 신예화를 추진하였고, 1981년 제2종합제철소인 광양제철소 건설계획을 확정하였다.

4. 성장기(1985 ~ 2007, 철강공업육성법폐지에서 글로벌금융위기까지)

1980년대 들어 자동차·조선·가전 등 철강수요산업이 가속되면서 수요가 빠르게 늘어났다. 이에 정부는 광양만에 제2일관제철소 건설을 추진하게 되었다. 1985년 제1고로건설에 착공한 뒤 7년에 걸쳐 4기의 고로를 건설하여 1,170만 톤의 조강능력을 갖추게 되었다. 광양제철소는 포항제철이 그동안의 경험을 살려서 건설한 최신예 제철소로서 단위공장으로는 세계 최대규모이다. 광양제철소는 1자형공장설계, 최신예 설비의 도입, 생산공정의 전산화 등 당시의 최고의 기술이 집약되어 높은 생산성과 효율성을 갖추었다. 이전에는 고로에서 출선하여 열연제품이 출하되기까지의 기간이 4~5일이 걸렸으나, 신설된 광양제철소에서는 이 기간을 불과 4시간 30분으로 단축하였다. 광양제철소의 건설공기의 획기적 단축과 효율적인 최신예 설비는 포스코의 경쟁력을 세계 최고수준으로 끌어올리게 되었다.

포스코는 광양제철소 건설로 1사 2제철소체제를 갖추면서 철강의 생산성과 효율성을 극대화하기 위하여 양대제철소의 생산체제를 차별화하는 전략을 추진하였다. 포항제철소는 고급강 및 고부가가치강을 중심으로 수요자의 요구에 부응할 수 있는 다품종 소량생산체제로 전환하고, 광양제철소는 효율성 높은 설비를 활용하여 자동차강판소재 등 소품종 대량생산체제를 구축하였다.

한편 전기로 부문에서는 1980년대 후반부터 경기회복과 건설경기활성화로 조강류수요가 급증하면서 설비의 신증설과 신기술도입이 활발하게 진행되었다. 1990년대 들어서는 100~120톤 규모의 대형전기로도입이 이루어졌다.

이와 같은 활발한 설비신증설에 힘입어 2000년 우리나라 조강생산능력은 4,966만 톤에 이르렀으며, 조강생산은 4,311만 톤으로 세계 6위의 철강생산국 지위를 굳건히 지키게 되었다. 포스코는 2,770만 톤을 생산하여 신일본제철에 이어 두 번째로 많은 철강을 생산하였다. 포스코는 1988년 이후 신일본제철과 생산규모에서 세계 1,2위를 다투는 최대철강업체로 부상하였다.

우리나라 철강산업은 철강산업 진입 초기부터 정부의 강력한 정책지원과 제도적 뒷받침의 도움, 관련업체들의 적극적인 투자 등에 힘입어 국제경쟁력 확보와 규모의 경제달성을 목표로 꾸준히 생산능력을 확장하여 왔다. 그러나 1980년대에 접어들자 선진국들은 자국철강산업의 경쟁력상실을 우려하여 후발국 철강업체들에 대한 무역규제를 강화하기 시작하였다. 이러한 움직임과 별도로 대내적으로는 그동안 국내철강업이 추구하여온 양적 성장이 수요산업의 성숙으로 점차 한계에 이를 것으로 전망됨에 따라 철강업의 구조를 보다 고도화하려는 움직임이 대두되었다.

이러한 환경변화에 따라 정부는 그동안 추진하여 온 개별산업에 대한 직접지원방식이 산업발전에 더 이상 유효하지 않다는 인식에서 간접지원방식으로 정책을 전환하기로 하였다. 1986년 지난 16년간 철강산업을 보호하고 육성하는데 기여해 온 철강공업육성법을 포함하여 개별산업육성법을 폐지하고 '공업발전법'을 제정함으로써 산업별지원에서 기능별지원으로 정책의 일대 전환을 가져오게 되었다. 이로써 그동안 선진국들이 제기하여 온 철강산업에 대한 정부지원 논란을 어느 정도 잠재울 수 있게 되었다.

이러한 국내의 환경변화로 인하여 그동안 포스코에 대한 민영화 논의가 일각에서 줄곧 제기되어 왔고 1998년 IMF 외환위기를 맞으면서 와화유치차원에서 민영화가 매우 신속하게 추진되었다. 1998년 7월 3일에 정부는 기업성이 강한 포스코를 1차민영화대상 공기업으로 선정하고 정부 및 산업은행보유 지분 26.7%를 1인당 3% 한도로 내외국인에게 분산매각하는 방안을 발표하였다. 이후 정부 및 산업은행보유지분이 여러 차례 분할·매각되고, 2000년 9월에 산업은행이 보유하고 있던 지분 4.6%를 매각함으로써 포스코는 완전히 민영화되었다.

포스코의 민영화로 그동안 포스코에 대한 정부지원에 대하여 외국으로부터 받아오던 의혹을 완전히 해소할 수 있게 되었다. 여하튼 포스코는 민영화로 명실상부한 민간기업으로 거듭나게 되었으며 교역국의 무역규제 시 정부지원에 의한 상계관세부과에 대한 부담에서 벗어나게 되었다.

2000년대 들어서는 민영화로 철강업체의 경영자율성이 한층 강화되고, 중국의 철강수요 급증의 영향으로 IMF 외환위기로 인한 부진을 조속히 극복하고, 그 후 국내의 철강수요도 빠르게 증가하였다.

5. 성숙기(2008 ~ 현재, 글로벌 금융위기 이후)

2008년 금융위기 이후 우리나라 철강산업은 마이너스 성장세를 나타내고 있었다. 철강다소비산업인 자동차·조선·건설산업의 성장이 현격히 둔화되고 있었기 때문이었다.

한편 우리나라의 조강생산은 내수정체에도 불구하고 지속적인 증가세를 보여 왔다. 2005년 글로벌 금융위기 이전 일관제철업에 새롭게 진입한 현대제철은 2009년부터 2013년까지 불과 4년 만에 400만 톤 규모의 용광로 3기를 잇달아 준공함으로써 조강생산량이 일거에 1,200만 톤 증가하게 되었다. 여기에다 포스코 역시 설비합리화와 파이넥스 설비신설로 생산능력을 대폭 확대하였다. 그러나 같은 기간 우리나라 철강소비는 오히려 12% 줄어들었다. 결국 수출을 확대할 수밖에 없는 구조가 되었다. 다행히 2000년대 들어 WTO체제가 자리를 잡으면서 글로벌화가 본격적으로 진전됨에 따라 우리나라 철강산업 역시 대외교역과 관련하여 새로운 환경변화를 맞이하게 되었다. 여기에 FTA를 통하여 우리나라 철강산업의 대외교역이 한층 증가할 수 있는 계기가 되었다.

또한 2005년부터 철강수입에 대한 관세구조도 대폭 바뀌면서 수입관세가 무관세로 전환되었다. 우리나라는 1995년 WTO출범과 함께 마라케시협정 의정서에 10년간의 유예기간을 거쳐 철강제에 대한 수입관세를 무관세로 하기로 서명하였다. 이렇게 도입된 수입무관세정책은 우리나라 철강산업발전에 크게 기여하여 왔지만 대외환경이 급변하면서 다른 한편으로는 부정적인 요인으로 작용하고 있기도 하다. 중국 철강산업의 부상과 경쟁력향상은 우리나라 철강산업에 매우 위협적인 존재로 대두되고 있는데 중국경제가 경기부진으로 어려움을 겪자 철강제수출을 확대하고 있어 무관세정책으로 억지력을 상실한 국내시장에서는 밀려드는 중국수입철강제를 제어할 뚜렷한 방법을 찾지 못하고 있는 실정이다.

그리하여 국내철강업체들은 내수가 부진하면서 수출확대를 통하여 활로를 찾고 있으나 보호무역주의 기조가 강해지면서 이마저도 여의치 않은 상황이다.

전 세계의 철강산업 사정을 살펴보면 눈부신 성장을 거듭하던 철강사업은 10년 이상 긴 어둠의 터널을 통과하는 중이다. 2008년 글로벌 금융위기와 유럽재정위기 등으로 철강수요가 침체되기 시작하여 2009년 하반기부터는 전 세계 철강수요가 본격적으로 정체기에 진입하였다. 수요보다 생산능력이 많은 공급과잉상태와 함께 전후방 산업침체로 인한 수요둔화, 각국의 보호주의강화, 환경규제 등도 철강산업의 쇠락을 부채질하였다.

특히 공급과잉은 철강산업의 고질적인 문제였다. 글로벌 금융위기 전후로 세계철강소비는 둔화되고 있지만 설비능력은 계속 증가하고 있었다. 포스코 경영연구원에 따르면 2019년부터 2021년까지 세계철강생산능력은 아시아 5,300만 톤, 중동 및 아프리카 2,800만 톤 등을 중심으로 꾸준히 확대될 전망이었다. 개발도상국들이 경쟁적으로 설비를 확장할 것으로 예상되었기 때문이다.

넘치는 공급과 달리 철강제 수요는 자동차·조선·건설 등 연관 산업의 불황 탓에 정체상태를 이어 가고 있었다. 환경강화 움직임도 철강업계는 또 다른 부담이다. 전 세계적으로 환경보호에 대한 중요성이 커지고 있는 데다 국내의 경우 특히 미세먼지가 사회문제로까지 번지며 강도 높은 환경투자에 대한 사회적 요구가 형성된 상태였다. 온실가스 배출거래제, 미세먼지규제강화, 고로부리더개방에 따른 비용부담증가 등은 철강업계의 추가적 비용부담을 감수하게 만들고 있었다.

설상가상으로 최근에는 코로나19의 전 세계적 확산으로 글로벌 수요가 둔화되면서 철강업계의 위기감은 더욱 커지고 있다. 최대철강수요처인 자동차 생산기지는 셧다운 상태이고 코로나19가 경기침체로 이어지면서 선박·건설 등 다른 산업의 수요도 장담할 수 없는 상황이다.

상황이 이렇게 되면서 글로벌 철강사들도 앞다투어 감산에 들어갔다. 세계 최대의 철강업체인 아르셀로미탈은 이탈리아 타란토제철소에서 25% 감산을 결정하였으며, 프랑스와 스페인에서는 고로 4기의 일시 가동중단을 결정하였다. 미국철강사 US스틸도 또한 고로 2기의 가동중단을 결정하였으며, 일본제철도 고로 2기를 중단시켜 연간 600만 톤가량 감산할 예정이라고 한다.

철강업계관계자는 "코로나19로 인한 전방산업 수요감소에 중국철강업계의 생산량확대, 마이너스 유가에 따른 미국셰일가스업체들의 강관제품 수요감소 등이 이어지고 있어 2020년 최고의 보릿고개가 예상되는 상황"이라고 우려를 표하고 있다. 이어 "이 같은 상황이 장기화될 경우 철강업전반의 구조조정이 본격화될 가능성도 배제할 수 없다."고 보고 있다.[4)]

6. 포스코 2021년 매출 70조 원, 영업이익 9조 원 돌파 신기록

포스코는 철강시장의 호황에 힙입어 2021년 창사 이래 최대매출과 영업이익을 지난 1월 12일 "지난해 매출(연결기준) 76조 4,000억 원, 영업이익 9조 2,000억 원을 기록하였다."고 잠정실적을 발표하였다.

포스코가 연간 70조 원을 넘는 매출을 기록한 것은 이번이 처음이고, 영업이익 9조 원 돌파도 처음이다. 매출은 전년대비 32.1%, 영업이익은 283.8% 급증하였다. 종전 최대매출은 2011년 기록한 68조 9,000억 원이었고, 영업이익은 2008년 7조 2,000억 원이 가장 많았다.

---

4) 김주한, 윤정현, 강지현, 한국철강산업의 발전역사, ODA 산업분석연구, 발전경험시리즈 철강산업

포스코가 사상최대실적을 기록한 것은 코로나 이후 경기회복과 함께 철강수요가 폭발하였기 때문이다. 자동차·조선·건설 등 주요 전방산업회복은 철강수요증대로 이어졌다. 코로나로 인한 급격한 생산위축으로 재고수준이 낮아진데다 세계 1위 생산국인 중국업체들이 자국 환경정책강화에 따라 생산량을 감축하면서 공급이 수요를 따라잡지 못하는 상황까지 발생하였다. 포스코는 또 석탄이나 철광석 같은 원자재 가격상승을 철강제품가격에 적극적으로 반영하여 수익성을 끌어올렸다. 포스코는 지난해 하반기 조선용 후판가격을 t당 40만 원가량 인상하였다. 실제 주력사업인 철강부문 매출은 전년대비 50.6% 증가한 39조9,000억 원, 영업이익은 484.6%증가한 6조6,000억 원을 기록하였다. 포스코에서 철강부문은 전체매출가운데 절반이상을 차지하였다.

올해도 포스코실적은 좋을 것으로 예상된다. 이달 초 세계철강협회는 2022년 경기회복세가 유지되면서 글로벌 철강수요가 전년대비 2.2% 증가한 18억9,600만 톤이 될 것이라고 전망하였다.[5]

Ⅲ. 철강공업의 전망

1. 정부의 정책방향

위기 때 진정한 실력이 드러나듯이 해외 주요 철강업체들의 가동중단 상황에서도 우리 철강기업들은 조업중단 없이 생산을 지속할 수 있었다. 이러한 사실이 바로 우리 철강산업이 세계 최고의 경쟁력을 보유하였다는 사실을 반증하는 것이라고 본다. 하지만 철강산업을 둘러싼 근본적인 환경변화는 우리가 가진 경쟁력의 유효성을 약화시키고 있다. 우선 무역환경의 어려움이 높아지고 있다. 미국의 철강 232조로 대표되는 보호무역조치가 전 세계 철강산업에 연쇄적 효과를 일으켜 각국이 자국 철강산업 보호를 위한 장벽을 강화하고 있다. 이러한 상황에서 EU에서 출발한 탄소국경조정 논의가 바이든 정부 출범 이후 미국에서도 본격적으로 논의되는 중이다. 수요산업도 변화하고 있다. 자동차·조선·

---

5) 조선일보, 포스코 신기록, 매출 70조 영업이익 9조 돌파(2022. 1. 13.)

건설 등 대표적인 수요산업에서 더 가볍지만 더 강인한 제품을 요청하고 있다. 수요산업의 고도화에 따라 철강제품의 고도화도 함께 요구되는 것이다. 이러한 상황에서 국내적으로는 사업장 안전, 환경보호에 대한 사회적 요구가 더욱 높아지고 있다. 보호무역주의, 탄소국경조정, 수요산업의 변화, 안전과 환경에 대한 요구 등 우리 철강산업은 이러한 변화에 대응역량을 갖춰야 한다. 그리고 그 대응전략은 바로 '연대와 협력'이라고 할 수 있다. 선도 기업만이 대응할 수 있다고 하여 해결되는 문제가 아니다. 철강산업 생태계를 이루고 있는 모든 주체가 함께 머리를 맞대고 서로 협력하며 해결방안을 모색하고 역량을 공유하여야만 넘어 설 수 있는 과제들이다.

우리 정부의 철강산업의 중장기비전과 전략은 급변하는 국내외 환경에 효과적으로 대응하기 위하여서는 우리 철강산업의 체질개선이 필요하며, 이를 위해 정부는 다음 네 가지를 하겠다고 한다.

첫째는, 친환경전환이다. 미국·EU 등 선진시장의 탄소국경조정이 눈앞으로 다가왔다. 아울러 지난해 우리 정부는 '2050년 탄소중립비전'을 발표하였다. 우리 철강산업의 에너지 효율은 세계 최고 수준이지만 근본적으로 탄소배출을 줄이지 못한다면 세계시장에서 경쟁력을 유지하는 것이 어려울 수 있다. 정부는 철강산업이 탄소중립을 달성할 수 있도록 필요한 모든 지원을 다 할 계획이다.

둘째, 철강산업의 디지털전환도 함께 지원할 것이다. 지난 1월 '철강디지털전환연대'가 출범하였다. 전기로 AI, 철강제조 빅데이터 플랫폼, AI를 활용한 안전, 환경문제 해결 등 본원적 경쟁력 강화를 목표로 디지털전환을 가속하여 나갈 예정이다.

셋째는, 고부가가치 혁신기술개발이다. 우리 철강 생태계에서 다품종 소량 생산을 담당하는 중소·중견 철강사들의 고난도 고부가가치 기술개발을 지원하고, 미래차·신에너지용 소재 등 미래 유망산업 철강·금속 소재 개발에 25년까지 3,000억 원 이상을 집중투자할 계획이다.

마지막으로, 유리한 통상환경 조성이다. EU 세이프가드, 미국 232조 조치 등 세계 각국의 수입규제 조치에 대하여 꾸준히 대응할 것이다. 특히 올해는 해외의 탄소국경조정 도입의 영향을 신속하게 분석하기 위하여 정책용역을 추진할 예정이고, 철강글로벌포럼, OECD 철강위원회 등 다자간 채널을 통하여 우리에게 유리한 통상환경이 만들어질 수 있도록 할 것이다. 높아지고 있는 글로벌 무역장벽은 수출비중이 높은 국내철강업계에 적지 않은 부담이다.

2021년 현재 한국산 철강재는 19개국으로부터 78건의 수입규제가 시행 중으로 각국의 보호무역조치에 집중적으로 노출되고 있다. 이에 대하여 정부에서는 코로나19로 인한 수요감소로 글로벌 통상환경이 더욱 엄중하여졌음을 인식하고 있으며, 앞으로도 불합리한 수입규제에 대하여 적극적이고 선제적인 대응을 지속할 예정이다. 이미 통상교섭본부 내에 '신통상질서전략실'을 신설하여 수입규제대응 역량을 대폭 강화하여 기업의 수입규제 대응을 적극 지원하고 있다. 또한 수입규제국과의 고위급 면담, FTA이행위원회 등 활용가능한 모든 채널을 통하여 아웃리치를 진행하고 있으며, 상대국 무역구제기관과 양자협의체를 구성하여 정부 간 협력을 강화하는 한편, WTO 등 다자채널을 통하여 우리 기업의 이익을 보호하기 위하여 적극 대응하고 있다. 최근 들어 주춤해졌다고는 하나 수입철강재에 대한 업계의 모니터링과 이에 대한 우려가 여전히 높은 상황이다. 그러나 우리 철강산업이 수출을 통하여 지속적인 성장을 유지하고 있다는 점을 고려할 때 수입재에 대한 차별과 배제는 바람직한 정책방향이 아니라고 본다. 다만 시장질서를 교란하는 부적합한 수입철강재에 대하여는 모니터링을 강화하여 나갈 예정이며, 반덤핑·상계관세 등 무역구제 조치는 업계의 신청이 들어오면 법령에 따라 엄중히 처리할 것이다. 국내 철강업계를 보호하기 위하여 국산철강재의 사용 의무화에 집중하는 것보다는 철강업계의 근본적인 경쟁력제고를 지원하는 한편, 철강재의 안전성을 강화하여 국산철강제품이 세계시장에서 경쟁력을 확보할 수 있도록 노력해야 한다.

조선업계와 건설업계 등 수요산업과 철강산업 간 수급과 가격을 둘러싼 갈등이 여전하다. 그러나 기업 간 거래에 정부가 개입하는 것은 바람직하지 않다고 본다. 시장의 자율성을 최대한 보장하는 것이 정부의 일관된 입장이다. 최근 정부의 '2050년 탄소중립 비전'에 호응코자 국내철강업계가 '그린철강위원회'를 출범시켰다. 우리 철강업계는 2021년 2월 2일 그린철강위원회를 통하여 국내 산업계 최초이자 아시아 철강업계 최초로 2050 탄소중립 달성 목표를 공식적으로 선언하였다. 향후 산업부는 그린철강위원회 및 산하 정책·기술분과 회의에 지속적으로 참여하여 정부 – 업계 간 탄소중립정책 추진방향과 글로벌 동향을 공유하고, 업계의 애로 및 건의사항을 지속적으로 청취할 계획이다. 아울러, 업계와 함께 철강산업의 친환경 저탄소산업 전환을 위한 대규모 R&D 사업을 기획하여 수소환원제철, 연원료 효율 개선, CCUS, 수소 이송용 강재 개발 등 철강산업 탄소중립을 위하여 필수적인 기술적 기반 구축에도 힘쓸 예정이다. 산업부는 '탄소중립 산업전환 추진위원회'를 출범시키고 2021년 말까지 전 산업분야를 아우르는 탄소중립전환 전략을 담은 '2050 탄소중립 산업대전환 비전과 전략(제조업 르네상스 2.0)'을 발표할 계획을 하였다. 온실가스의 획기적 감축을 위하여서는 산업계의 자발적 노력뿐만 아니라 정부의 지원도 뒷받침되어야 하는 만큼, R&D·세제지원·규제혁신·법적 기반 마련 등 산업현장에서 필요로 하는 지원방안을 발굴하고 그 내용을 '비전과 전략'에 담을 예정이다. 이를 위하여 그린철강위원회는 물론 탄소중립 산업전환 추진위원회, 탄소중립표준화위원회 등 민·관 거버넌스를 계속하여 가동하여 더욱 가깝게 업계와 소통하여 나가도록 할 것이다. 일각에서는 정부의 탄소중립비전 등 최근 진행되고 있는 변화의 속도가 국내 철강업계 현실상 너무 빠르다는 의견도 있다. 철강업종은 국가 전체 탄소배출량의 16.7%, 산업분야 탄소배출량 30%를 차지하는 탄소 최다배출 업종으로 철강산업의 탄소중립은 쉽지 않은 도전이라는 것을 정부에서도 충분히 인식하고 있다. 그러나 저탄소경제가 거역할 수 없는 새로운 글로벌경제질서로 대두됨에 따라 탄소중립은 더 이상 선택이 아닌 미래 생존의 문제가 되었으며, 얼마나 기민하게 친환경 신산업으로 변화할 수 있는지 여부가 앞으로의 수출경쟁력 및 신성장동력 확보 여부와 직결될 것이다.

국내 철강업계가 어려운 상황에 처한 것은 분명하나 정부의 탄소중립 비전은 철강산업의 글로벌 경쟁력을 유지한다는 전제하에서 탄소중립의 속도와 강도를 조절한다는 것이 기본 원칙이다. 정부는 철강업계가 지속가능한 경제 목표를 향하여 자발적으로 나아갈 수 있도록 혁신기술 R&D를 지원하고 업계의 참여유인을 높일 수 있도록 인센티브체계 설계, 투자환경을 정비하는 등 법·제도적으로도 지원을 아끼지 않을 예정이다. 기초가 튼튼할 때만 더 높은 건물을 올릴 수 있는 것처럼 튼튼한 철강산업은 대한민국 모든 산업발전의 기초이다. 또한 우리 산업의 경쟁력을 유지시키는 것이 산업통상자원부의 존재 이유다.[6]

2. 한국철강 위기넘어 기회로

한국 철강업은 50여 년 만에 세계 6위의 철강 강국으로 부상함으로써 세계에서 유례를 찾아 볼 수 없을 정도로 급속하게 발전하여 왔다. 하지만 미래에도 지금과 같은 위상을 유지하며 생존·번영할 수 있을지는 미지수이다. 글로벌 공급 과잉, 보호무역주의 강화 등 대내외적 여건으로 성장한계에 직면해 있기 때문이다. 하지만 위기는 또 다른 기회가 될 수 있다. 국내 철강업은 한국전쟁과 제1, 2차 석유파동, IMF외환위기와 글로벌 금융위기까지 수 차례 난관을 도약의 발판으로 삼았다. 철이 과거 신화를 넘어 향후 미래 100년의 성장엔진으로 가기 위한 숙제는 무엇일까. 전문가들은 한국 철강산업의 지속발전 여부는 스마트화와 기술력 확보에 달려있다고 입을 모은다.

(1) 진화하는 철강업, AI·빅데이터로 생산성 제고

철강업계는 위기 타파의 수단 가운데 하나로 스마트팩토리에 주목하고 있다. 인공지능(AI), 딥러닝, 빅데이터 등 4차산업혁명 기술을 통하여 노후설비의 가치를 높이고 생산성을 향상시킬 수 있다는 판단에서다. 인건비 절감으로 인한 가격경쟁력 향상, 불량률 감소로 인한 품질제고, 개발주기 단축 등이 기대되는 효과다. 철강업은 가장 전통적인 자본집약산업으로, 기계장치로 대부분 기술이 구현된다. 이에 따라 최신설비를 얼마나 많이 갖췄느냐가 생산성을 결정하는 핵심요소다. 설비투자 시기를 놓치거나 갱신투자를 소홀히 할 경우 빠른 속도로 경쟁력을 잃을 수 있어 스마트팩토리 도입이 속도를 내고 있다. 특히 2019년 다보스포럼으로부터 국내 유일의 등대공장으로 선정된 포스코는 인공지능(AI)을 통하여 전통 제조기업에서 4차산업혁명 선도기업으로 변화를 꾀하고 있다. 포스코는 AI를 도입한 도금공정과 빅데이터를 활용한 스마트 고로를 운영 중이다. 이에 따라 용융아연도금공정(CGL)에 AI를 도입, 수동

---

6) 산업통상자원부 철강세라믹과 김현철 과장, 스틸데일리 유재혁 기자 인터뷰(2021. 3. 11.)

으로 조업할 때 최대 7g에 이르렀던 ㎡당 도금량 편차를 0.5g까지 줄이는 효과를 얻었다. 또한 기존에는 숙련공이 2시간마다 고로 하부에서 수동으로 노열을 점검하고 육안으로 색을 식별하여 내부온도를 예측했지만, 스마트고로 도입 이후 센서가 쇳물 온도를 실시간으로 측정하고 1시간 뒤의 온도를 예측하여 자동제어가 가능하여졌다. 스마트고로를 통하여 용선 1t당 연료투입량이 4kg 감소하였고 고로 일일생산량도 240t 늘었다. 연간 중형승용차 85,000대를 생산하는 데 사용할 수 있는 양이다. 포스코는 2016년부터 지난해까지 스마트팩토리 구축으로 2500억 원이 넘는 원가를 절감하였다. 포스코는 약 3년에 걸쳐 딥러닝을 활용한 고로 부위별 자동제어시스템 개발을 마치고, 이를 한 단계 업그레이드한 통합시스템을 개발 중에 있다. 향후 사이즈가 큰 3·4고로(각 5,600㎡)에도 적용시켜 성과 창출을 가속화한다는 계획이다. 현대제철 또한 IT 융합제철소 구현을 추진 중이다. 특히 자동차용 강재에 특화된 제철소를 표방하고 있는 자동차강판 개발 및 생산에 AI기술을 적극 접목하고 있다. 현대제철에 따르면 딥러닝 방식으로 최적의 금속배합 비율을 찾아낸 다상복합조직(AMP)강재는 강판의 강도 및 가공성이 이전 대비 약 40% 향상되었다. 불량 강판을 식별하는 '자동 판독시스템'도 설계부터 생산에 이르기까지 AI기술을 통해 '시험－오류－수정' 반복을 최소화하고 99%의 정확도를 보이고 있다. 최근에는 기존 스마트팩토리에서 더 나아가 제조부문을 비롯하여 시스템 등 전 부문에 걸친 매니지먼트 구현이 가능한 '스마트 엔터프라이즈'를 구축하고 있다. 이를 위하여 올해 초 프로세스와 시스템, 인프라부문의 스마트 매니지먼트를 실행하는 프로세스혁신 태스크포스팀(TFT)을 사장 직속 조직으로 전진 배치하기도 했다. 현대제철은 향후 2025년까지 스마트팩토리 고도화와 스마트매니지먼트 융합을 통하여 스마트엔터프라이즈 시스템을 완성한다는 방침이다.

(2) R&D투자로 초격차 － 공해산업 인식 제고도 숙제

업계에서는 스마트팩토리와 함께 고부가가치 제품과 기술확보를 위한 연구개발(R&D) 투자를 획기적으로 늘려야 한다는 데에도 공감대를 형성하고 있다. 그래야만 우위를 점하고 있는 일본과 턱끝까지 쫓아온 중국 사이에서 살아남을 수 있다는 판단에 따른 것이다. 그러나 국내철강사들의 연구개발비

비중은 포스코를 제외하면 매출의 1%에도 미치지 못하는 실정이다. 금융감독원 전자공시시스템의 최근 3년(2017~2019년)간 철강 빅4의 R&D 비용 추이를 보면 포스코의 R&D 비용이 압도적 1위이다. 2017년 4,783억 원(1.58%)에서 2018년 5,458억 원(1.69%), 2019년 4,988억 원(1.54%)을 기록하였다. 같은 기간 업계 2위인 현대제철은 1491억 원(0.8%)에서 1191억 원(0.6%), 2019년 1,362억 원(0.7%)을 기록하였다. 이 밖에 동국제강은 111억 원(0.2%)→107억 원(0.2%)→102억 원(0.2%), 세아베스틸은 72억 원(0.4%)→72억 원(0.4%)→58억 원(0.3%)에 그쳤다. 반면 중국최대철강사인 바오산철강은 매출의 2% 이상을 연구개발비로 지출하는 것으로 알려져 있다. 일본최대 고로사인 신일본제철도 매출 대비 투자비율이 1%를 웃돈다. 이에 국내철강업계도 위기상황에서도 혁신의 속도를 높여야 한다는 주문이 나온다.

2020년 현재 한국의 경제구조가 고도화함에 따라 전체적인 철강수요는 둔화되는 경향을 보이고 있다. 하지만 고부가가치 제품에 대한 수요는 점점 늘어날 것으로 전망된다. 이는 국내뿐 아니라 해외시장에서도 마찬가지일 것으로 예상된다. 따라서 단순한 생산규모 확대보다는 고부가가치 제품의 생산비중을 획기적으로 끌어올려 제품 이익률을 극대화하여야 할 필요가 있다. 프리미엄제품은 기술혁신과 불가분의 관계를 가지고 있는 만큼 R&D 투자가 반드시 전제되어야 한다. 이를 위하여서는 인수합병(M&A)이나 글로벌 철강사와의 전략적 제휴 등도 적극 검토하여볼 만하다. 아울러 거세지는 환경규제에 맞서 친환경산업으로 거듭나는 노력도 필요하다는 목소리도 나온다.

2019년 포스코와 현대제철은 블리더 개방 이슈와 관련 미세먼지의 최대 원인 제공자라는 오명을 쓰며 조업중지 위기에 놓이기도 하였다. 이에 미세먼지 저감기술 개발은 물론이고 철강부산물에 대한 재활용 확대방안을 마련하는 등 노력이 필요하다는 주장이다. 특히 공해산업이라는 인식을 개선하는 것이 시급하다. 철강재는 다른 소재에 비하여 재활용률이 높고, 태양광·풍력·조력 발전 등 신재생에너지산업을 위한 소재로도 사용될 수 있다. 또한 제철공정에서 발생하는 부산물의 97% 정도를 재활용하고 있고 강재생산 톤당 에너지 사용량도 지속 감소하고 있다. 게다가 국내 철강업계는 지속적인 환경투자와 더불어 친환경 공장을 구축하는 데 많은 노력을 기울여 오고 있다. 이 밖에도 수입철강재의 과도한 국내시장 진입을 제한할 수 있도록 국산 우선구매제도나 품질인증제도 강화 등을 통하여 수입재의 투명성을 강화할 필요가 있다. 보호무역주의와 관련하여서는 통상마찰을 줄이고 교역을 확대할 수 있도록 정부와 민간의 기민한 협력체계가 마련되어야 할 것이다.[7]

제9절 비철금속제련사업법과 비철금속제련사업의 육성

Ⅰ. 비철금속제련사업법 해설

1. 개 설

비철금속제련사업법은 비철금속의 제련사업을 육성하여 제조업의 원재료인 금속의 수요를 충족시킴과 동시에 제련사업의 원료가 되는 광물수요의 원활을 기하여 국민경제의 건전한 발전에 기여하고자 1970년 5월 26일 제40회 국무회의의 의결을 거쳐 정부안으로 국회에 제안되었으나 동년 12월 24일 제22차 국회본회의에서 폐기되고 그 대안으로 국회안이 의결되어 1971년 1월 22일 공포·시행되었다. 이 법은 위에 언급한 바와 같이 두 가지 목적으로 제정되었다. 첫째, 현재 유사독점상태로 되어 침체에 빠져 있는 제련사업을 조정하고 육성하여 공업원료의 주축을 이루고 있는 비철금속의 공급을 수요에 충족시키도록 하고, 둘째, 비철금속제련사업을 육성함으로써 간접적으로 국내비철금속광업의 개발을 촉진하고자 하고 있다. 따라서 이것은 거의 대부분을 수입에 의존하던 비철금속을 국내에서 생산함으로써 외화를 절약하는 등 자립경제체제의 터전을 마련하는 국가정책의 일환이기도 하다.

---

7) 이기영, 이코노믹리뷰 기자, 한국철강, 위기넘어 기회로, 철강강국, 위기의 시대(2020. 5. 3.)

2. 적용범위

비철금속제련사업법은 제2조와 제3조에 걸쳐서 이 법의 적용을 받는 제련사업의 범위를 한정하였다. 이 법의 적용대상이 되는 제련사업의 요건은,

(1) 동광·연광·아연광 기타 대통령령이 정하는 비철금속광물과 이에 부수되는 광물이거나 동·연·아연의 설(屑) 기타 대통령령으로 정하는 설과 이에 부수되는 설을 제련하는 사업일 것. 동·연·아연에 부수되는 광물 또는 설은 그것이 무엇이든 나아가서는 철이라도 그것을 제련하는 경우에는 비철금속제련사업에 해당한다(법 제2조).

(2) 대통령령이 정하는 시설용량 이상의 광물 또는 금속설(金屬屑)의 제련시설을 갖춘 자 또는 갖추고자 하는 자일 것. 이것은 비철금속의 수요충족 및 비철금속광업의 개발촉진에 별로 영향을 미치지 못하는 규모의 것은 조정 또는 육성의 필요성이 거의 없으므로 이법의 적용범위에서 제외하였다(법 제3조).

(3) 제련사업의 주원료인 광물 또는 금속설의 전량 또는 일부를 매수하여 제련하는 자 또는 제련하고자 하는 자일 것. 따라서 주원료인 광물 또는 금속설의 매수과정을 거치지 아니하고 제련하는 경우에는 이 법의 적용을 받지 아니한다.

3. 제련사업육성계획

제련사업의 육성을 위하여 상공부장관은 제련사업육성기본계획을 수립하여 그 요지를 공고하여야 하고, 이 기본계획을 실시하기 위하여 매년 시행계획을 작성하고 3월말까지 이를 공고하여야 하며, 또한 금속의 가격·수급사정 기타 경제사정에 현저한 변동이 있는 때에는 기본계획 또는 시행계획을 변경하고 이를 지체없이 공고하게 하였다. 이 기본계획을 수립함에 정하여야 할 사항은, ① 제조업의 원재료인 금속의 수요에 관한 사항. ② 제련사업의 시설의 신설·확충 또는 노후시설의 근대화에 관한 사항, ③ 제조업의 원재료인 금속의 국산화에 관한 사항, ④ 기술도입과 기술자 및 기능자 양성에 관한 사항, ⑤ 제련사업에 소요되는 광물 및 금속설의 수급에 관한 사항, ⑥ 기타 제련사업육성을 위하여 필요한 사항 등, 제련사업의 조정육성을 위하여 필요한 모든 내용을 제련사업육성기본계획에 포함하도록 하였다(법 제4조 내지 제6조). 다만, 이 제련

사업육성계획은 정부가 이를 잘 실천할 의무가 있기는 하지만 이의 실천을 위하여 제련사업자에게 직접강제를 가할 수는 없고, 자금지원 등 간접적인 방법으로 이 계획의 실천을 위한 방향을 유도하는 수밖에 없으며, 제련사업자도 이 계획에 직접적으로 구속을 받지는 아니한다.

4. 제련사업의 등록제도

당초 국회에 제안된 정부안은 제련사업을 허가제로 하고, 사업을 휴지 또는 폐지한 경우에도 신고를 하도록 하였던 것이나, 국회에서 가능한 한 제련사업이 자유기업의 형태를 유지하도록 "제련사업을 영위하는 자는 대통령령이 정하는 바에 따라 등록을 하여야 하고, 등록사항의 일부를 변경하였을 때에도 등록"하도록 하였다(법 제7조). 참고로 대통령령에서 정하여진 등록사항을 보면 제련시설 및 그 주요부속시설의 명세와 능력설명서, 원료의 사용계획 및 조달계획서, 제품의 종류와 생산 및 판매계획서, 정관 및 법원등기부등본 등을 등록사항으로 규정하고 있다. 따라서 제련사업을 휴지 또는 폐지한 경우에는 등록의 말소나 신고를 할 필요는 없다.

5. 제련사업자의 광물매수

이 법의 적용대상이 되는 제련사업자는 그 주원료인 광물 또는 금속설의 전량 또는 일부를 매수하여 제련하는 자에 한하는 바, 이들 제련사업자가 사실상 유사독점상태에 있다는 점, 제련사업 및 비철금속광업의 육성이 절실히 필요하다는 점 등을 고려하여 제련사업자가 광업자로부터 광물을 매수하는 경우에 일정한 제한을 가하였다. 즉 제련사업자가 광물을 매수하여 제련하고자 할 때에는 제련사업자가 매수하는 광물의 종류, 광물의 매수가격의 산출방식과 대금지불에 관한 사항, 광물별 제련비와 채취율에 관한 사항, 광물의 인수도에 관한 사항, 저광장 사용료에 관한 사항, 광물의 위탁제련에 관한 사항, 기타 광물의 매매에 관하여 필요한 사항을 정한 매광약관을 작성하여 상공부장관의 인가를 받도록 하고, 제련사업자는 광업자로 부터 광물매수의 요청이 있을 때에는 이 매광약관에 의하여 광물을 분석매수 또는 제련하여야 하는 것이다(법 제8조, 제9조). 이 매광약관은 비철금속광업자가 광물을 매광약관에 따라 매도하느냐 아니면 제련사업자에게 광물을 매도하지 않느냐의 택일을 해야 할 수밖에 없으며 비철금속제련사업자는 이 매광약관에 따라 주원료인 광물을 매수한다는 점에서 상법상의 보통계약조관과 유사하지만 제련사업자와 광업권자간의 광물매매는 매광약관에 의하여 절대적으로 제약을 받아서 이 매광약관에 위반하여 비철금속제련사업자가 광물을 매수한 때에는 제련사업정지사유가 된다는 점에서 보통계약조관과 차이가 있다.

6. 제련사업의 육성

이 법은 비철금속제련사업을 육성하기 위하여 자금조성·재정자금융자 및 원료공급자에 대한 지원 등의 제도를 규정하고 있다.

(1) 자금조성   정부는 제련사업의 육성을 위한 장기저리의 자금지원을 하기 위하여 재정자금에 의한 제련사업육성자금을 조성한다고 규정하고 있다(법 제10조 제1항). 여기에서 재정자금이라 함은 재정자금운용법에 따라 정부 각 회계의 융자금·적립금 기타 국고자금으로서 동법의 규정에 의하여 예탁하는 자금을 말하며 그 운용에 관하여는 이법에 특별한 규정이 없는 것은 재정자금 운용법의 규정에 따라 운용되어야 할 것이다.

(2) 재정자금의 융자   제련사업을 육성하기 위하여 정부는 제련사업을 영위하는 자 또는 영위하고자 하는 자가 상공부장관이 작성한 제련사업육성기본계획의 범위 안에서 제련시설을 신설하고자 할 때, 제련시설의 확충 또는 노후시설을 개체하고자 할 때, 기타 자금지원이 필요한 경우로서 대통령령으로 정한 경우의 자금의 지원이 필요하다고 인정할 때에는 장기저리에 의하여 재정자금을 융자하게 할 수 있다고 규정하였다(법 제10조 제2항). 참고로 대통령령에 의하여 재정자금을 융자받을 수 있는 경우를 보면 이 법의 적용대상이 되는 제련시설을 갖추고 그에 소요되는 광물을 조달할 자금이 부족한 때를 들고 있다.

(3) 원료공급자에 대한 지원   정부는 제련사업자에게 광물을 매도하였거나 위탁제련을 시킨 자에 대하여는 무역거래법에 의한 수출을 한 자에 준하여

우대조치를 할 수 있다(법 제11조). 이는 제련사업자가 제련을 위한 주원료가 되는 광물의 수요를 충족하기 위한 것이지만, 나아가서 간접적으로 비철금속 광업의 개발촉진을 부수적으로 지향하고 있는 것이다. 다만, 제련을 위한 광물의 수요를 충족하게 하는 것이 주목적이므로 이 우대조치의 대상은 광업자에 제한되지 않고 제련사업자에게 광물을 매도하였거나 위탁제련을 시킨 자라면 누구든지 가능하게 하였다.

무역거래법에 의한 수출을 한 자에 준한 우대조치라 함은 무역거래법에 의하여 수출을 한 자가 받을 수 있는 모든 우대조치로서 각종 세법상의 조세 감면 기타 타법의 규정에 의한 자금지원 등이 그것이다. 그러나 주의하여야 할 것은 무역거래법에 의하여 수출을 한 자가 받는 모든 혜택을 제련사업자에게 광물을 매도하였거나 위탁제련을 시킨 자가 받을 수 있는 것은 아니고 성질상 원료공급자가 받을 수 없는 혜택은 제외되어야 할 것이다.

7. 사업의 정지

상공부장관은 제조업의 원재료인 금속의 수요를 충족시키고 제련사업의 원료가 되는 광물수요의 원활을 위하여 제련사업자가 매광약관에 위반하여 광물을 매수한 때와 광업자로 부터 매광약관에 따른 광물매수 요청이 있음에도 불구하고 광물의 매수를 거절한 때에는 1년 이내의 기한을 정하여 제련사업의 정지를 명할 수 있다(법 제12조). 따라서 제련사업자가 광물의 매수를 원하지만 광업자가 광물의 매도를 원치않은 경우에 제11조의 원료공급자에 대한 지원제도가 광업자의 광물매도를 위한 촉진제적 역활을 하겠지만 궁극적으로는 매광약관을 광물매수에 용이한 형태로 변경시킨후 이에 따라 필요한 광물을 매수하는 수밖에 없다. 이는 일견 불합리한 것 같으나 제조업의 원재료인 금속의 수요를 충족시키고 제련사업의 원료가 되는 광물 수요의 원활을 위하여 시인하여야 할 것이다.

8. 제련사업자에 대한 업무감독

이 법의 목적을 달성하기 위하여 제련사업자에 대한 상공부장관의 감독제도를 두었다. 즉 상공부장관은 필요하다고 인정할 때에는 제련사업자에게 그 업무상황에 관하여 보고할 것을 명할 수 있고, 제련사업자가 매광약관에 의하여 광물의 매수·제련·분석을 공정하게 처리하고 있는지를 소속공무원으로 하여금 조사하게 할 수 있다는 것이다. 그러나 당해관계공무원이 검사를 함에는 그 권한을 증명하는 증표를 휴대하고 이를 관계인에게 제시하여야 한다(법 제13조).

9. 제련사업심의회

제련사업에 관하여 상공부장관의 자문에 응하기 위하여 상공부장관소속 하에 제련사업심의회를 두었다. 심의회는 제련사업육성기본계획과 시행계획 작성 및 변경에 관한 사항, 자금조성과 그 운용에 관한 사항, 매광약관에 관한 사항, 제련시설의 신설·확충 및 노후시설의 개체에 관한 사항 및 기타 필요한 사항을 조사·심의하며 그 구성은 위원장 1인과 위원 8인으로 되어 있다(법 제14조). 심의회의 조직과 운영에 관하여 필요한 사항은 대통령령에 위임되었는 바, 이에 따라 대통령령에서 정하여진 내용을 보면 심의회의 위원장은 상공부광공차관보가 되고, 위원은 상공부광무국장·동 공업제2국장·경제기획원예산국장·국립광업연구소장·과학기술처연구조정관·대한광업진흥공사사장 및 광업 또는 제련사업에 관하여 학식과 경험이 풍부한 자 중에서 상공부장관이 위촉한 자가 되고, 심의회의 의사는 위원장을 포함한 재적위원 과반수의 출석과 출석위원 과반수의 찬성으로 의결토록 하였다(동법 시행령 제7조).

10. 금에 관한 임시조치법과의 관계

이 법은 금 생산을 장려하기 위하여 금의 유통에 많은 제한을 가하고 있는 '금에 관한 임시조치법'과 서로 저촉되는 경우가 많다. 이 경우에는 제조업의 원재료인 금속의 수요를 충족하고, 제련사업의 원료가 되는 광물의 수요의 원활을 기하기 위하여 금에 관한 임시조치법의 적용을 배제하고 이 법을 적용토록 하였다(법 제15조).

11. 실효성보장

이 법의 실효성을 보장하기 위하여 이 법의 규정에 위반한 일정한 경우에 벌금 또는 과태료에 처할 수 있는 근거를 마련하였다.

(1) 제련사업자가 매광약관의 인가를 받지 아니하고 제련사업을 한 때와 인가를 받은 제련사업자가 인가를 받은 매광약관에 위반하여 광물을 매수·분석·제련을 한 때 및 광업자로 부터 매광약관에 따른 광물매수의 요청이 있음에도 불구하고 광물의 매수를 거절한 때에는 200만 원 이하의 벌금에 처하고(법 제17조),

(2) 제련사업자가 제13조 제1항의 규정에 의한 보고를 허위로 한 때와 제13조 제2항의 규정에 의한 조사를 거부·방해 또는 기피한 경우에는 50만 원 이하의 벌금에 처하게 하였다(법 제18조).

(3) 이 법의 적용대상이 되는 제련사업자로서 등록을 하지 아니한 자 및 제13조 제1항의 규정에 의한 보고를 하지 아니한 자는 30만 원 이하의 과태료에 처하게 하였다(법 제19조).

12. 경과조치

이 법시행 당시 제련사업을 영위하는 자에 대하여 이 법을 그대로 적용한다면 너무나 가혹하므로 시행일로 부터 30일 안에 매광약관을 인가받도록 하되, 그때까지는 종전의 예에 의하여 매수할 수 있게 하였고, 제련사업의 등록은 대통령령이 정하는 때까지 유예하였다(법 부칙 제2항 제3항).[1]

Ⅱ. 비철금속제련사업의 현재와 전망

1. 동북아 3국의 비철금속산업의 현황

비철금속은 철강 이외의 금속소재의 총칭으로, 알루미늄·동·아연·연 외에도 니켈·주석·코발트·희토류 등 다양한 금속소재가 있다. 여기에서는 그중 생산과 소비량이 많은 동·알루미늄·아연·연 등 이른바 4대비철금속에 대하여

---

1) 장홍덕, 법제처 사무관, 비철금속제련사업법 해설

동북아 3국, 즉 한국·중국·일본의 현황을 살펴본다.

비철금속은 자동차·가전·기계·철강·화학·조선 등의 기간산업과 건설, 철도, 전기·통신 등의 사회인프라 구축의 원·부자재로 주로 사용되고 있으며, 최근에는 첨단 전자·IT산업에 이르기까지 그 용도가 확대되고 있다. 따라서 비철금속은 경제성장률이 높고 산업생산 및 사회인프라 구축이 활발한 개발도상국가에서의 소비가 큰 폭으로 늘어나는 특징을 지니고 있다. 우리나라·일본·중국을 포함한 동북아 3국은 세계 비철금속 생산 및 소비의 비중이 높은 지역인 동시에 수입의존도 또한 큰 지역으로 자원보유국 및 비철금속 생산국으로부터 지대한 관심을 모으고 있다. 동북아 3국 가운데 중국은 90년대부터 개혁개방정책을 펴면서 본격적인 경제성장과 산업활동, 인프라 구축 등이 이루어져 비철금속 생산 및 소비가 급증하여, 세계 최대 생산국이자 소비국으로 부상하고 있다. 반면 일본은 경제성장의 둔화, 인프라에 대한 수요의 저조로 비철금속의 절대소비량이 감소하는 추세를 보이고 있다. 꾸준한 경제성장과 인프라 수요로 인하여 비철금속의 생산 및 소비가 안정적인 성장세를 유지하고 있는 우리나라는 중국과 일본의 중간단계에 있다. 동북아 3국의 비철금속 생산 및 소비는 매우 대조적인 모습을 보이고 있지만, 전반적으로는 큰 폭으로 증가하고 있다. 특히 중국이 동북아 비철금속산업의 성장세를 견인하고 있어서, 그 행방에 세계의 이목이 집중되고 있다.

2. 한국의 비철금속산업의 현황

우리나라 비철금속산업 동향을 보면 비철금속 자급도는 50% 수준이며 우리나라는 비철금속자원이 부족할 뿐만 아니라 에너지 또한 풍부하지 못한 관계로, 비철금속산업환경이 전반적으로 열악하고 경쟁력이 취약한 편이다. 그렇지만 비철금속은 경제개발단계에서 필수 원자재일 뿐만 아니라 전략물자로서 중요성을 지니고 있기 때문에 국내수요의 전량을 수입에만 의존할 수도 없는 실정이어서, 정부는 1971년에 비철금속제련사업법을 제정하여 70년대와 80년대에 걸쳐 중화학공업화의 일환으로 기초원자재의 일정 부분을 국내에서 공급하는 정책을 펴 왔다. 그러나 90년대 들어 세계화·국제화 바람이 거세게 불어닥치면서 비철금속산업 정책이 정부주도에서 민간주도로 변화하고 시장개방을 통하여 수급의 안정을 도모하는 전략으로 전환하게 되었다. 우리나라 비철금속생산은 1982년 23만 9,000톤에서 1992년 52만 4,000톤, 그리고 2002년에는 132만 3,000톤으로 늘어나 연평균 8.9%의 증가율을 기록하였다. 2002년 품목별 생산을 보면, 동 49만 5,000톤, 아연 60만 톤, 연 22만 9,000톤을 각각 기록하였다. 비철금속의 국내생산능력은 동 51만 3,000톤(LG-Nikko 51만 톤, 고려아연 3,000톤), 아연 60만 톤(고려아연 40만 톤, 영풍 20만 톤), 연 27만 3,000톤(고려아연 18만 톤, 기타 재생연 9만 3,000톤)인 점을 고려하여 볼 때, 비철금속제련업계는 재생연 설비를 제외하면 거의 완전 가동상태에 있는 것으로 추정된다.

그렇지만 우리나라 비철금속 제련업계는 원료인 정광의 대부분을 수입에 의존하고 있는 데다 높은 에너지비용, 환경규제의 강화, 내수둔화 등으로 사업환경이 점차 어려워지고 있는 실정이다. 비철금속의 내수에 대한 생산비율, 즉 자급도는 약 50% 수준에 머물러 있고, 내수에 대한 수입비중 즉 수입의존도는 64%에 이르나, 비철금속산업의 대내외 환경을 고려할 때 현재의 자급도 및 수입의존도가 개선될 가능성은 크지 않다.

3. 한국의 1인당 비철금속 소비량

1인당 비철금속 소비량은 세계최고 수준이다. 우리나라 비철금속 소비는 1982년 40만 1,491톤에서 1992년 120만 7,000톤, 그리고 2002년 261만 6,000톤으로 6.5배나 늘어났으며, 지난 20년간 연평균 9.8%의 높은 성장률을 기록하였다. 비철금속 품목별로는 같은 기간 연이 8.6배, 알루미늄이 7.3배, 동이 6.3배 그리고 아연이 4.9배씩 증가하고 있다. 전반적인 소비증가율은 80년대에 비하여 90년대에 크게 하락하고 있지만, 건설·자동차·조선·기계 등 산업의 성장에 힘입어 여전히 높은 증가율을 기록하고 있다. 그 결과 2001년 우리나라 국민 1인당 비철금속 소비량은 세계최고 수준에 이르러, 동 17.9kg, 알루미늄 18.0kg, 아연 8.3kg, 그리고 연 6.6kg을 기록하였다. 현재 우리나라의 1인당 비철금속 소비량은 일본의 최고치인 1991년의 실적치(동13.0kg, 알루미늄

19.6kg, 아연 6.8kg, 연 3.4kg)보다 전반적으로 높은 수준이다. 1인당 4대비철금속 소비량 추이를 보면, 우리나라는 90년대 중반 일본수준을 넘어섰다. 2001년 우리나라의 1인당 4대비철금속 소비량은 50.8kg으로 일본의 32.3kg, 중국의 6.1kg보다 훨씬 높은 수준이다. 일본의 1인당 소비량이 가장 높았던 1991년의 42.9kg보다도 약 20% 높은 수준이다. 특히 동 소비를 보면 1인당 소비량이 17.9kg으로 전 세계 평균 2.3kg보다 월등히 높고, 독일의 13.4kg, 미국의 9.1kg, 일본의 9.1kg보다도 훨씬 높은 수준이다. 관련업계에 의하면, 우리나라의 동 소비가 이와 같이 높은 요인으로는 내수보다는 수출 수요에 크게 기인하고 있다고 한다. 전체 소비량의 1/4 정도가 순수한 내수이고, 나머지 3/4이 수출용 원자재 또는 부품의 소재로 사용되고 있는 것으로 분석하고 있다. 동은 에어컨·전자제품·와이어로드·합금소재 등 다양한 분야의 소재 또는 부품으로 사용되어 수출되고 있다.

수입은 지속적으로 증가하여 2002년 167만 톤 수준이다. 비철금속의 수입은 1982년 17만 5,000톤에서 1992년 76만 7,000톤으로, 그리고 2002년에는 167만 5,000톤으로 지난 20년 사이 10배 가량 증가하였다. 알루미늄은 높은 전력비용과 환경문제 등 경쟁력 열위로 1991년 국내생산시설을 폐쇄한 후 전량을 수입에 의존하고 있으며, 수입량 또한 매년 증가하여 2002년에는 약 100만 톤에 달하였다. 동은 90년대 중후반 수입의존도가 60%를 상회하기도 하였으나, 국내 생산설비증설로 인하여 40%대에 머물고 있으며, 연간 수입량은 40만 톤을 웃돌고 있다. 연의 경우도 연간 14만 톤 이상을 수입하고 있고, 수입의존도 또한 40% 수준에 이르고 있다. 우리나라는 대부분의 비철금속이 생산능력 부족으로 많은 양을 수입에 의존하고 있는 데 반해 아연은 자급도가 100%가 넘는 유일한 품목으로, 생산량의 40% 이상을 대만·방글라데시, 필리핀을 포함한 동남아 등지로 수출하고 있다. 아연이 생산기반을 확보하고 수출까지 하게 된 것은, 애초부터 국내 자원을 바탕으로 생산시설을 구축하여 왔고, 이를 기반으로 성장하는 과정에서 인력·기술·노하우등을 확보하면서 경쟁력을 키워 온 결과로 분석된다.

4. 비철금속산업의 전망

동북아 3국은 세계비철금속 소비의 약 30%를 차지하는 지역이며, 세계 5대 소비국 중 2위의 중국, 3위의 일본, 그리고 5위의 한국이 공존하고 있는 곳이다. 이 지역은 세계비철금속 소비증가의 절반 이상을 담당함으로써 정체상태에 있던 세계비철금속소비 증가를 주도하는 역할을 하고 있다. 특히 '세계의 공장'으로 부상하고 있는 중국의 비철금속 소비 증가세는 어느 수준에 언제까지 이어질지 세계비철금속업계의 비상한 관심을 모으고 있다. 아직 중국은 1인당 비철금속 소비수준이 세계 평균치에도 미치지 못하고 있는 데다, 관련 수요산업의 성장과 사회 인프라의 구축이 꾸준히 이어질 것으로 예상되어 비철금속 소비 증가세가 상당 수준에 이를 것으로 보인다. 우리나라 역시 그동안 비철금속이 매우 높은 소비 성장세를 이어 왔으며, 세계비철금속 소비증가에 일조하여 왔다. 현재 1인당 비철금속 소비는 일본보다도 훨씬 높은 세계 최고의 수준에 이르고 있어, 그 요인이 무엇인지 그리고 향후에도 이러한 수준을 유지할 수 있을지에 대한 의문이 제기되고 있다. 다행히 동북아지역에는, 우리나라는 우리보다 10년 내지 20년 앞서 가고 있는 일본이 있고, 중국은 우리나라가 있으므로 이들 국가를 본보기로 삼아 분석함으로써 미래의 비철금속산업을 내다볼 수 있는 혜안을 얻을 수 있을 것으로 생각된다.

비철금속산업을 전망하여보면 부정적 요인으로는 원자재 생산국의 공급 불안정으로 원자재 가격이 상승하고 있는 반면, 경쟁의 격화로 제품가격 상승에 제한이 있어 이에 따른 채산성 악화 가능성이 있으며, 중국의 철강산업 구조조정에 따라 비철금속 제품의 수요증가율도 둔화될 것이라는 전망이 있다(단, 절대적 수요량은 여전히 높음). 그리고 중국으로부터 저가의 비철금속 제품이 국내로 유입되고 있어 향후 이로 인한 경쟁강도가 보다 치열하여질 것으로 전망된다. 또한 채산성 악화와 경쟁의 가속화 등으로 비철금속 제품의 기술·가격 경쟁력에 따라 양극화가 심화될 것으로 보인다.

긍정적 요인으로는 비철금속제품의 종류에 따라 수요의 변동이 예측되기도 하지만 주요 기간산업의 기초소재로서 기본적인 수요는 비교적 안정적일 것으로 보이며, 2006년 이후 세계경기회복이 기대됨에 따라 비철금속제품의 수요도 증가할 가능성이 있고, 기초소재로서의 대체 가능성이 비교적 낮아 수요의 안정성을 기대할 수 있으며, 원자재 가격상승이 어느 정도 제품가격의 상승을 지지할 것으로 예측되었다. 따라서 원자재 수급의 안정성 확보와 원자재 및 제품가격의 동반상승에 기인한 수익성의 관리가 중요하다 할 것이다.[2]

제10절 자동차공업의 육성(1973년부터 중화학공업육성책에 포함하여 추진)

Ⅰ. 개설

1. 추진근거

1973. 9. 6. '자동차공업 육성에 대한 대통령 지시'(중화학공업과 방위산업 육성책에 포함 추진).

2. 추진배경

우리나라는 '중화학공업화육성정책'에 따라 연 3만 대 수준의 내수중심 자동차 생산시스템을 정리하기 시작하였다. 1972년 '군소 조립공장 차량조립불허 및 폐쇄조치'로 자동차조립업체를 정비하고, 1973년 1월 18일 국산화율 제고를 위하여 '자동차공업육성계획'을 수립하였다. 이 계획의 핵심은 1973년 말까지 자동차국산화율 목표를 72%까지 달성한다는 것이다. 이어 1973년 9월 6일 '자동차공업 육성에 대한 대통령 지시', 1974년 5월 7일 '장기 자동차공업진흥계획' 등 일련의 조치를 하여 자동차산업을 수출산업으로 육성하기 시작하였다.

---

2) 김주환, 산업연구원 주력기간산업실 선임연구원, 동북아 비철금속산업의 현재와 미래(2003. 10. 27.)

3. 추진경과

자동차산업의 시작은 1944년 기아자동차의 전신인 경성정공의 설립을 기원으로 한다. 이후 1946년 현대자동차의 전신인 현대자동차공업사, 1957년 대우자동차의 전신인 신진공업, 1962년 쌍용자동차의 전신인 하동환자동차공업이 설립되면서 우리나라 자동차산업의 구도가 갖춰졌다. 국내자동차산업육성을 제도적으로 지원하기 위한 1962년 '자동차공업 보호법'이 제정·공포되었다. 이법의 주요골자는 ① 자동차공업에 대한 허가를 상공부장관이 관장하고, ② 국내공업의 보호, 육성을 위하여 외국산 자동차와 그 부품의 수입을 제한하며, ③ 자동차제조에 필요한 시설재와 부품은 국내에서 생산될 때까지 각령이 정하는 바에 따라 면세하도록 규정하였다. 그리고 이 법은 1967년까지만 시행하는 한시법으로 제정하였다. 이 법이 시행됨에 따라 ① 당시 전국에 나립 산재하여 있던 중고차의 조립·생산공장을 규제할 수 있게 되었고, ② 완제품 외국자동차의 수입을 규제할 수 있게 되었으며, ③ 자동차공업을 하나의 제도 속에서 정비할 수 있게 되었다. 그리고 1964년에 '자동차공업종합육성계획'과 1969년 '자동차공업육성기본계획'이 발표되었고 이로써 자동차 및 주요부품의 국산화를 위한 노력이 시작되었다. 자동차공업의 국산화율을 높이는 노력은 계속되어 현재의 자동차생산 강국의 모습을 이루게 되었다.

4. 추진내용

(1) 1963년 자동차공업 일원화

1963년 자동차공업 일원화가 추진되었다. 이는 자동차생산의 비용절감을 우선으로 하여 자동차의 생산표준을 제시하여 동일한 자동차를 생산한다는 내용이다. 그 내용을 정리하면, 우선 승용차는 영업용·자가용을 불문하고 한 종류만 생산하되 외화를 절약하기 위하여 비용이 적게 드는 소형차로 한다는 것이다. 국가적으로 표준차를 정하여 모델의 부분적 개량은 허용하되 모양 전체는 변경하지 않도록 하였다. 또, 중대형차는 유류(油類)를 절약하기 위하여 경유 엔진을 탑재하고 차형은 규모별로 규격화하되 될수록 모델의 수를 적게 하고 모델은 자주 바꾸지 않도록 하였다. 부속품은 표준화하여 공용(共用)부품의 수를 많게 하며, 자동차 제조공장은 한 공장만 허가하여 일정한 규모가 될 때까지 보호 육성한다는 것이다.

(2) 1964년 자동차공업종합육성계획

자동차공업의 일원화에 대한 기본방침이 수립된 다음 해인 1964년 '자동차공업육성계획'이 발표되었다. 이는 국산화율을 높이기 위하여 연도별 국산화율의 목표치를 정하고, 그 달성도를 공개한다는 내용이다. 정부는 국산화 목표를 달성하기 위하여 국내자동차부품공업을 육성하고, 이를 위하여 우선적으로 75개 부품업체를 지정하여 금융지원 등의 지원정책을 펼쳤다. 이에 자동차 조립업자는 정부가 제시한 국산화목표달성을 위하여 진력하게 되었다.

(3) 1969년 자동차공업육성기본계획(자동차 및 주요부품의 국산화계획)

정부는 자동차(승용차) 국산화를 위하여 1972년까지 국산화율 100%달성을 목표로 품질의 국제화, 생산성 향상 및 가격의 국제화를 위하여 자동차 부품공업을 일원화한다는 기본계획을 발표하였다. 동시에 자동차조립공장과 부품공장을 완전 분리하여 육성한다는 방침이 정하여졌다. 조립공장은 엔진가공공장과 보디조립공장만 설립하고 엔진부품, 변속기(變速機), 차축(車軸), 조향장치(操向裝置), 전장품(電裝品), 제동장치(制動裝置), 보디부품 등의 부품은 전문부품공장에서 구입하여서 사용하도록 하였다.

(4) 1973년 자동차공업 육성에 대한 대통령 지시

자동차공업에 대한 박정희 대통령의 관심은 지대하였다. 이에 자동차공업 육성에 대한 대통령의 특별지시가 있었는데 그 내용을 요약하면 다음과 같다. 우선 자동차공업은 정부가 추진하고 있는 중화학공업화의 선도적 역할을 수행할 수 있는 공업이므로 1980년대 고도성장의 주역을 담당하여야 한다고 그 중요성을 강조하였다. 다음으로 시설의 중복투자를 피하고 개개공장의 근대적이며 경제적 생산체제를 확립하여 국제경쟁력을 갖춘 자동차공업을 육성하여야 함을 언급하였다. 이는 자동차공업의 발전방안에 대한 중요한 제시였다. 이를 위하여 구체적인 현실화 방안도 지시하였다. 첫째, 1975년까지 완전 국산화를 목표로 구체적 육성계획을 작성하여 추진할 것, 둘째, 차종 및 차형을 단순화할 것과 유류소비의 절약을 도모할 것, 셋째, 부품생산과 조립생산부분은 분리하여 육성하되 기존공장을 활용할 것, 넷째, 부품공장은 외국과의 합작 등을 통하여 국제규격의 공장을 건설하여 수출할 수 있는 우수부품을 생산할 것과 공장입지는 창원기계공업기지 내로 할 것 등이다.

(5) 1974년 장기자동차공업 진흥계획

1973년 대통령 지시에 의하여 '장기자동차공업진흥계획'이 확정되었고, 1973년부터 시작한 '중화학공업육성책'에 포함되어 국가사업으로 추진하게 되었다. 주요 내용은 첫째, 1975년까지 승용차 국산화율 95% 이상 완전국산화, 둘째, 1981년 말 75,000대 수출을 목표로 1,500cc 이하 소형차 고유모델 개발, 셋째, 승용차 생산가는 2천 달러 내외로 하고 생산대수는 연간 5만 대 이상, 넷째, 부품공업육성을 위하여 조립공장과 부품업체를 분리하고 엔진 및 차체 이외의 부품에 대하여서는 1부품 1공장의 수평분업체제를 유지한다는 것이다.

Ⅱ. 자동차산업의 발전약사

1. 개설

자동차산업의 국민경제적 위치는 자동차산업은 제조업의 생산 및 고용 등에서 차지하는 비중이 높고 향후 우리 경제를 이끌어 갈 수출주력산업이며 미래 성장산업이다.

자동차산업은 생산과정에서 철강·전자 등 후방산업에 미치는 영향이 큰 데다. 자동차판매·차량연료소매·운수·금융 등 전방산업과도 밀접한 연관이 있어 국민경제에 미치는 파급효과가 매우 크다.

최근 국내 자동차산업은 대내외적으로 어려운 상황에 직면하고 있다. 대외적으로는 철강 등 각종 원자재가격의 급등, 환경안전규제강화에 따른 비용 증가,

하이브리드 연료전지차 등 미래형 친환경자동차의 개발 상용화, BRICs 등 신흥시장국의 부상에 따른 세계시장에서의 경쟁이 심화되고 있으며, 대내적으로는 수입차비중 확대되고 일본중저가 브랜드 자동차의 수입이 본격화되고 있다.

이러한 상황에서 정부는 우리경제의 성장동력을 확충하기 위하여 자동차 등 기존 산업의 고부가가치화, 차세대 신산업의 발굴 육성, IT 융합 및 기술 통합 등을 추진할 계획이며, 하이브리드 연료전지차 등 미래형자동차를 개발함으로써 국내 자동차산업의 고부가가치화를 도모하는 한편 자동차 등 주력산업을 중심으로 IT융합기술 개발, 첨단 부품소재 육성 등에 주력하고 있다

이와 같은 대내외 환경변화와 정부의 정책방향을 종합적으로 감안하여 여기에서는 국내 자동차산업의 현황 및 특징을 살펴본 후 자동차산업의 경쟁력측면에서 주요 현안 및 문제점을 진단하고 향후 과제를 제시하고자 한다.

2. 자동차산업의 발전약사

대한민국의 자동차 산업은 2015년 현재 세계자동차생산량에서 다섯 번째로 크다. 초기에는 거의 외국에서 수입한 부품의 조립으로 운영되었으나, 대한민국은 세계에서 가장 발전된 자동차생산국 중의 하나가 되었다. 1988년 연간 국내생산량이 100만 대를 초과하였으며, 1990년대에는 디자인, 퍼포먼스, 기술측면에서 그 능력을 입증하였을 뿐만 아니라, 그 완숙함을 나타내는 모델을 생산하였다.

(1) 1950~1960년대

대한민국 자동차 산업의 역사는 1955년 8월에 최무성과 그의 두 동생이 드럼통과 폐기된 지프의 부분을 이용하여 만든 미군의 지프 스타일의 차체에 지역화된 지프 엔진을 탑재한 '시발자동차'를 출시하면서 시작되었다.

자동차공업을 발전시키 위하여 대한민국 정부는 1962년에 '자동차진흥정책'을 발표하였고, 자동차공업보호법을 시행하였다. 외국의 자동차 제조업체는 지역 업체와의 조인트벤처 형태를 제외하고는 대한민국 국내에서 사업을 하는 것이 금지되었다. 정부의 이러한 정책은 다른 산업분야에서 창립된 기업

이 자동차산업에 진출하여, 신생업체를 창립하는 상황을 야기하였다. 경성정
공(이후 기아자동차로 명칭 변경)은 마쓰다와 기술 제휴를 맺고 1962년 자동차
조립을 시작하였다. 새나라자동차가 1962년 닛산자동차와 기술 제휴로 설립
되었다가 폐업 후 1965년 신진공업에 인수되어 1966년 신진자동차공업이 되
었다. 1962년 설립된 동방자동차공업은 하동환자동차제작소와 합병하여 1963
년 하동환자동차공업(이후 쌍용자동차로 명칭 변경)이 되었다. 아시아자동차공
업(이후 기아그룹에 인수)이 1965년에 창립되었고, 현대자동차가 1968년 포드
모터컴퍼니와의 기술제휴로 설립되었다. 그러나 이들 자동차회사는 해외에서
부품을 수입하여 조립하는 업체일 뿐이었다.

(2) 1970 ~ 1990년대

1970년 토요타자동차는 신진자동차와의 관계를 지속하는 것을 주저하기 시
작하였고, 1972년에 토요타와의 관계가 청산된 이후에, 신진자동차는 제너럴
모터스(GM)와의 조인트벤처를 체결하여, 1976년에 새한자동차로 이름을 바꾸
는 제너럴모터스코리아를 설립하여 인천시에 부평공장을 설립하는 한편 기아
산업(현 기아자동차)은 광명시에 소하리공장을 설립하였다.

정부는 1970년대 초 자동차 및 주요부품의 국산화를 강력히 추진하였다. 완
성차 조립회사는 엔진가공공장과 차체공장을 의무적으로 갖추도록 하였으
며, 업체의 국산화 실적에 따라 허가 생산량에 차등을 두었다. 그리고, 1973
년에는 각사에 고유모델 승용차를 개발하도록 독려하였다. 가장 먼저 성과를
낸 것은 기아산업으로 1974년 기아는 국산엔진을 장착한 1,000cc 승용차 '브
리사'를 생산하였다. 현대도 고유모델 개발에 착수하였다. 대한민국에서 최초
로 자체개발된 자동차인 '현대포니'가 1975년 생산되었으며, 현대자동차는 이
를 위하여 조지 턴불(George Turnbull)을 부사장으로 영입하였다. 현대포니는
당시 이탈리아 디자인의 차체 디자인, 마쓰다그룹의 변속기와 엔진, 퍼킨슨의
기술이전, 오기하라금형회사의 차체 모델링, 프랑스의 프레스기계, 바클리스
와 프랑스 Suez에서의 자금 등을 지원받는 협력적 작업의 결과였다. 우리나라
가 자동차 고유모델국이 된 것은 세계 16번째, 아시아에선 두 번째였다. 현대

는 1975년 종합자동차공장을 완공하고, 1976년 포니차를 본격 생산하면서부터 국내승용차시장을 석권하였다. 현대는 또한 1976년부터 1982년 사이에 콜롬비아·베네수엘라·에콰도르 등 남미 국가에 포니를 수출하여, 대한민국 자체개발 자동차를 최초로 수출하였다. 1977년 현대포니픽업이 팔리던 코스타리카의 모터스테크노는 중앙아메리카에서 최초의 현대자동차 배급업체가 되었고, '봉고신화'를 이룩한 기아산업(현 기아자동차)은 일본 마쓰다의 '봉고'를 국산화하여 시장점유율 1위를 기록한 흑자기업으로 군림하였다.

1982년 대우그룹은 새한자동차의 경영권을 인수하여, 1983년 대우자동차로 이름을 변경하였다. 그러나 대한민국 자동차산업은 2차오일쇼크와 그로 인한 경기침체로 타격을 입었다. 정부는 1982년 네 개의 주요 자동차업체의 과도한 경쟁을 방지하기 위한 '자동차산업합리화조치'를 시행하여 이 상황을 타개하려고 하였다. 또한 정부는 자동차수입의 자유화를 유보하였다.

1970년대에는 자동차부품의 지역화가 주요과제였다면, 1980년대에는 수출지향의 산업을 위한 대량생산체제를 개발하는 것이 주요과제가 되었다.

1980년대 초 정부의 투자조정에 따라 승용차 2개회사체제가 만들어졌지만, 자동차산업의 존립이 의문시되었다. 위기의 극복방향은 단일모델의 소형차에 집중투자하여 수출을 위한 양산체제를 갖추는 것이었다. 현대차는 1981년 10월 연 30만 대 생산을 계획, 일명 'X카 프로젝트'에 착수하였다. 이는 당시 국내에 등록된 전체 승용차 26만 7천 대보다도 많은 수의 자동차를 수출하겠다는 대담한 전략이었다. 세계은행은 이에 대하여 비관적 전망을 내렸다. 하지만, 이 강수가 적중하였다. 1980년대 미국 – 일본 간 무역역조가 커지자 엔화가 크게 절상되었고 일본자동차업계는 소형차를 중심으로 대미수출을 스스로 줄였다. 미국의 소형자동차시장이 예기치 않게 열린 것이다. 이는 한국자동차산업에 일대 기회가 되었다. 현대차 엑셀 수출이 급증하였다. 1983년 1만 6천 대이던 것이 5년 만에 56만 4천 대가 되었다. 엑셀은 미국의 10대 히트상품에 들 정도로 인기를 끌었다. 포춘은 엑셀을 그 저렴한 가격을 이유로 '베스트 제품 10'의 후보에 올렸다.

이어 대우차 르망과 기아차 프라이드도 수출대열에 동참하였다. 1986년에 출시한 대우자동차(현 한국지엠)의 '르망'의 경우, 미국 제네럴모터스가 주도한 월드카프로젝트의 일환으로, 경쟁사보다 북미자동차 안전기준에 대응하기 위하여 고성능브레이크시스템을 비롯한 높이조절이 가능한 하이브리드식 안전벨트와 충돌 시 도어가 차체 바깥쪽으로 나가며 뒷자석 도어의 잠김을 방지하는 설계까지 적용하는 등 탁월한 안전성이 높은 소형차로서, 누적 판매율 1위를 탈환하여, 차종의 다변화 차원에서 3도어 레이서와 5도어 펜타파이브 등 파생형 해치백모델을 출시한 바 있다.

그 후 한국 자동차산업은 꾸준한 품질개선과 적극적 마케팅으로 세계 5위로 성장하였다.

(3) 1990년대 ~ 현재

현대자동차의 미국에 대한 누적수출량은 1990년대 100만 대를 초과하였다. 1992년 스쿠페터보는 파이크스 피크 힐 클라임 랠리(Pikes Peak Hill Climb Rally)에서 우승하였고, 1993년 엘란트라는 오스트레일리아에서 '1993년 베스트 카'에 선정되었다. 엑센트는 캐나다 '베스트 바이 어워드(Best Buy Award)'를 수상하였고 아반떼는 또한 그해 아시아 퍼시픽랠리에서 우승하였다.

그러나 엑셀의 낮은 품질은 미국 시장에서 현대에 대한 부정적인 이미지를 심어 주었고, 시간이 지나자 분명하게 나타났다. 또한 비용을 줄이려는 노력으로 인하여 품질과 신뢰성은 타격을 입었다. 현대에 대한 미국에서의 좋지 않은 평판으로 인하여 판매는 급격하게 떨어졌으며, 자동차판매업자들은 현대차의 판매를 거부하였다. 세계에서 가장 큰 시장에서의 실적하락 속에서 현대는 품질과 디자인, 제조, 장기간의 연구에 과감히 투자하였고, 미국에서 10년 또는 10만 마일 보장을 추가하였다. 이러한 투자는 결실을 맺어 2004년에 JD파워에서 실시한 조사에서 브랜드품질에서는 도요타의 뒤를 이어 혼다와 함께 2위를 기록하였다.

기아자동차는 1997년 재무적 어려움을 겪어, 대한민국이 아시아금융위기에 편입되는 것에 일조하였으며, 부실기업회생을 위한 자구노력의 일환으로, 전륜구동방식의 다목적 미니밴인 '카니발'을 출시하면서, 누적판매율 1위를 달성하여, 1999년 현대자동차에 인수되었다.

한편 1995년 삼성그룹은 자동차산업에 진출하여 삼성자동차(현 르노삼성자동차)를 설립하였다. 1998년 자동차를 판매하기 시작하였으나, 그 해는 아시아 금융위기가 대한민국을 강타한 때였다. 재무적인 어려움에 봉착하자 삼성은 2000년 자동차사업부문을 르노에 매각하였고, 삼성자동차는 청산되었다. 삼성은 또한 1996년에 삼성상용차를 설립하여 대형자동차시장에도 진출하였으나, 삼성상용차는 2000년에 파산하여 2002년에 청산되었다.

미국 최대의 자동차재벌기업인 제너럴모터스가 기존 대우자동차를 인수한 외국계 합작기업인 GM대우(현 한국지엠)로 2002년 10월 28일에 공식 출범하였고, 2005년에 현대자동차는 앨라배마에 조립공장을 설립하였다. 이 두 사건으로 대한민국의 자동차산업은 더욱 북미시장에 집중하게 되었다.[1]

Ⅲ. 한국자동차산업의 과제(2007년 현재)

1. 자동차산업의 향후 과제

(1) 세계자동차시장에 대한 전략 차별화

세계자동차시장의 다변화에 대응한 차별화된 전략수립이 긴요하다. 북미, 서유럽 등 고급차시장에 대하여서는 가격경쟁력을 유지하는 가운데 고급브랜드 이미지 구축, 딜러망 및 A/S확대 등을 통하여 시장점유율을 확대하여야 한다. 한편 BRICs등 신흥시장국에서는 주요자동차업체들의 저가전략차 계획이 마무리단계에 접어들면서 경쟁이 더욱 치열하여질 전망이므로 현지공장 생산 확대 등 원가경쟁력을 강화함과 아울러 저가차를 중심으로 판매증대를 도모하여야 한다.

(2) 국산자동차의 경쟁력 강화

수입차의 국내시장 점유율이 고급차뿐만 아니라 대중차에서도 점차 확대되고 있어 생산성향상을 통한 국내판매가격 인하 등으로 수입차에 대한 국산차

---

[1] 대한민국자동차산업의 역사, 산업통산자원부 블로그(2016. 10. 19.)

의 가격경쟁력을 확보할 필요가 있다.

철강 등 원재료가격의 급등에 대응하여 자동차업체의 원가절감노력이 긴요하다. 원자재가격 상승을 원자재 활용률 제고를 통하여 극복하여야 하며, 동일한 플랫폼으로 다양한 차종(소형차~중대형차)을 생산할 수 있도록 파생모델을 개발하여 유연성 제고와 비용절감을 도모하여야 한다.

(3) 자동차부품산업의 경쟁력 강화

산·학·연 기술개발 협력 등을 통하여 자동차부품업체를 강소기업으로 육성하는 한편 핵심기술을 보유한 국내외 부품업체를 적극적으로 유치하여야 하며, 부품업체의 기술경쟁력 제고를 위하여 완성차업체의 기술경영·관리기법을 지원하고 개발관련 정보를 제공하여야 한다.

특히 IT 기술 등을 응용한 전장화(電裝化) 가속화에 대비할 필요가 있으며, 완성차업체와 전장부품업체 간 유기적 협력관계를 구축함으로써 연구개발 역량을 결집하여 자동차부품산업의 경쟁력을 강화하여야 하며, 우리나라가 자동차와 IT 융합을 통한 '휴먼친화형 자동차'의 '글로벌 테스트베드'로 발돋움하여야 한다.

완성차업체와 부품업체의 해외동반진출을 확대하여 부품업체의 글로벌역량을 제고하고, 생산의 유연성 확보, 부품의 글로벌소싱 확대, 신흥자동차시장의 수요 및 소비자 선호에 탄력적으로 대응하여야 한다.

또한 완성차업체와 부품업체 간에 품질·원가 경쟁력 등 공동의 목표를 달성하기 위하여 강력한 협력체제를 구축함으로써 장기적 거래관계를 강화하여야 한다. 전속 부품업체의 타 완성차업체와의 거래 및 A/S 부품의 유통을 허용하여 부품업체의 수익구조를 개선하고 개발의욕을 고취하여야 한다.

(4) 미래형 친환경자동차 개발

우리나라의 미래형 친환경자동차 기술수준은 주요 자동차 선진국에 비하여 상당히 낮은 실정이다.

하이브리드 자동차 기술은 일본의 65%, 연료전지 자동차 기술은 일본·미국의 70%, 지능형 자동차 기술은 독일·일본의 60% 수준에 불과(산업연구원,

2006년 12월) 하며, 특히 원천기술수준이 크게 낮아 향후 친환경자동차시장이 성장할 경우 상당수준의 로열티지급이 불가피할 것으로 예상된다.

고유가 지속, 주요국의 환경과 안전에 대한 규제강화 등으로 향후, 친환경자동차의 비중이 계속 높아질 것으로 보여 하이브리드 연료전지자동차의 개발 및 상용화를 서두를 필요가 있다. 원천기술 등 핵심기술력 확보가 긴요하다.

친환경자동차의 고비용 고위험 R&D투자를 지원하고 관련 부품산업을 육성하며 수요기반 확충을 위한 조세금융지원을 강화하여야 한다.

2009년 이후 친환경자동차의 상용화를 위하여 구매 및 소유자에 대한 경차수준 또는 그 이상의 각종 세제지원이 필요하다.

최근 세계 주요완성차업체들토요타의 뒤를 이어 간의 다양한 지분출자, 생산 및 기술 제휴 등이 활발히 이루어지고 있으나 국내업체들 간의 전략적 제휴는 미미한 수준이다. 특히 미래형친환경자동차 개발비용의 절감 및 투자리스크 축소 차원의 전략적제휴 확대에 국내업체들의 대응이 필요하다.

(5) 노사관계의 선진화

생산성에 근거한 임금교섭체계로 전환하고 전문인력 양성을 위한 교육 및 지원체계를 개선하는 등 생산적 협력적 노사관계를 구축하여야 한다.

노조는 강경투쟁의 악순환 고리를 단절하고 단기적 이익추구보다 대승적으로 접근하는 지혜와 결단이 필요하며, 회사는 성과와 연계한 보상체제를 확립하여야 한다. 그리하여 생산중단을 우려하여 노조의 무리한 요구를 수용하고 파업에 따른 임금손실을 보전하여주는 잘못된 관행을 타파하여야 한다. 정부는 법과 원칙에 입각한 노사관계의 질서를 확립하여야 한다. 또한 노사분규의 사전예방에 주력하고 불법행위에 대하여서는 법과 원칙에 따라 엄격히 대응하여야 한다. 일본자동차업체가 생산적 협력적 노사관계를 기반으로 경쟁력을 꾸준히 높여 왔고 유럽·미국업체들도 위기에 직면하여 생산적 협력적 노사관계를 구축하기 위하여 노력하였다.[2]

---

2) 자동차산업의 현황과 과제, 이병희 한국은행 조사국 산업분석팀 과장. 강기우 한국은행 조사국 산업분석팀 조사역(2008. 5.)

Ⅳ. 한국자동차산업의 미래(미래자동차)

1. 미래자동차란

친환경전기차와 수소차, 정보통신기술(ICT)과 인공지능(AI)에 기반한 자율주행차를 포괄하는 자동차개념이다. 산업적으로는 우버·디디추싱·그랩 등 스마트폰·O2O(Online to Offline) 플랫폼기반의 공유이동수단 서비스산업까지 확장되고 있다. 2030년 미래자동차시장은 전기·수소차, 자율주행차, 이동서비스산업이 주도할 것으로 전망되고 있다. 정부는 미래자동차산업을 8대 혁신성장선도과제의 하나로 삼고 있다.

2. 세계자동차산업 동향과 국내 현황

(1) 세계자동차산업 동향

세계자동차산업은 경계가 무한 확장되는 대변혁 중이다. 내연기관 자동차시장의 부진으로 구조조정이 진행되고 있고 미래차와 서비스에 대한 대규모투자가 이루어지고 있다. 혁신의 속도를 높이고 위험을 줄이기 위하여 자동차 이외의 업종과 합종연횡도 활발하다.

미국GM은 과잉시설 축소를 발표하고(2018), 2023년까지 전기차 총 20종을 출시하며, Cruise(자율차스타트업)을 인수하였다. 독일폭스바겐은 글로벌 3만명을 구조조정하고, 전기차 30여 종을 2025년까지 출시하며, 독일내 공유서비스를 2016년 출시하였다. 일본도요타는 2030년 전기차 550만 대를 생산하고 소프트뱅크와 자율합작회사(JV)를 설립하였다.

세계 각국 정부도 미래차시장을 선점하기 위하여 경쟁하고 있다. 민간의 차량개발과 도로운행을 위한 기반구축(통신·충전소), 대규모실증단지 마련, 법·제도 개혁을 추진 중이다.

미국은 실제도시와 같은 M-City를 운영(4만 평 - 약 13만㎡)하고 세계최초 자율주행가이드라인을 발표하였다. 독일은 2022년까지 98%가구에 5G를 연결하고 2030년 완전자율주행상용화를 목표로 설정하였다. 일본은 자율주행대비도로교통법개정을 하고(2019), 2020년 도쿄올림픽자율주행서비스를 행한다고 발표하였다. 하지만 2021년 1년 늦게 열린 도쿄올림픽에서 자율주행서비스를 선보이지는 못했다. 중국은 30개 도시에 5G테스트베드를 구축 중이며, 2030년 레벨4(완전자율주행)10%를 달성한다고 발표하였다.

(2) 국내자동차산업 현황

정부는 2015년 이후 급감한 국내자동차생산과 부품기업의 경영위기에 적극 대응하여 왔다(2018년 12월, 자동차 부품산업 활력제고 방안 등). 국내자동차생산은 반등하고 있고(전년 동기 대비 2019년 1~8월, 생산 1.1%, 수출 1.9% 각각 상승), 부품기업의 경영실적도 개선되고 있다.

친환경차는 국회 수소충전소 준공(2019. 9.) 등 민관협력으로 성과를 내고 있다. 전기차 보급은 2016년 대비(10,855대) 2019년 8월(80,902대)에 약 7배 증가(누적 기준)하였다. 수소차 보급은 같은 기간 약 34배 증가(87대에서 3436대, 누적 기준)하였다.

자율주행차는 고속도로 자율주행시범운행(2018. 2.) 등을 통한 기술축적과 대규모실증단지(K-City) 완공(2018. 12.)을 통하여 기반을 구축하여 왔다.

우리나라의 미래차경쟁력은 통신기반과 친환경차 성능면에서 우수하다. 통신은 자율주행과 연결서비스지원이 가능한 세계 최고수준의 기반을 갖추고 있다. 인공지능기반의 부품과 소프트웨어의 핵심기술력은 선진국에 비하여 미흡(77%수준)하다. 자동차서비스 분야도 이해관계가 엇갈리고 제도가 미비하여 다양한 서비스지원이 지연되고 있다.

전기·수소차는 국산화를 기반으로 효율성과 주행거리 면에서 성능이 우수하다. 전기차는 세계 최고 전비(아이오닉 6.4km/kWh) 기술을 보유하였고, 수소차도 세계 최장거리(609km)를 구현하였다.

3. 미래자동차산업 발전전략

미래차산업 신속전환을 위한 3대 전략 – '미래자동차산업 발전전략' 발표 (2019.10.15. 관계부처 합동)

(1) 미래자동차산업 발전전략 (주요내용)

2030년 미래차(자율주행차, 수소차·전기차, 서비스) 경쟁력 1등국가로 도약하기 위한 전략이다. 친환경 기술력과 국내보급을 가속화하여 세계시장을 적극 선점하고, 2024년까지 완전자율주행제도와 기반을 세계최초로 완비하는 것이 목표이다. 60조 원 규모의 민간투자를 기반으로 국내자동차산업을 개방형 미래차생태계로 신속하게 전환하는 전략을 담았다.

① 친환경차 세계시장 선도 : 2030년 국내 신차비중 33%, 세계시장 점유율 10%를 달성한다.

[차종·성능] 2030년 전 차종의 친환경차 출시, 세계최고성능의 유지·확대, 전비·주행거리 등 성능중심으로 보조금제도를 개편한다.

＊2020~26년 3,856억 원 기술개발사업 예비타당성조사를 통과하였다.

[충전소] 수소충전소 2030년 660기, 전기충전기 2025년 15,000기 구축한다.

＊2030년 수소충전소는 주요도시에서 20분 이내, 고속도로에서 75km 이내 도달 가능하도록 한다.

[수요창출] 규모의 경제도달 시까지 보조금을 유지한다.

＊버스·택시·트럭·자율주행차 등으로 수요를 확대한다.

＊2022년 이후 생산규모·미래차 경쟁력 등을 고려하여 보조금의 지급여부·수준을 검토한다.

② 자율주행차 미래시장 선점 : 2027년 주요도로 완전자율 주행하도록 세계최초 상용화한다.

[제도·인프라] 2024년까지 완전자율주행을 위한 제도도입(성능검증·보험·운전자의무 등)

정비시기 단축하여 세계최초로 제도·인프라(주요 도로) 완비한다.

4대인프라 : 통신시설 인프라, 정밀지도, 교통관제, 도로 등

[기술] 핵심부품(시스템·부품·통신) 투자하여, 2027년 자율차기술강국으로 도약한다.

2021~27년 자율주행 레벨4, 1조 7,000억 원 예비타당성조사 진행중이다.

③ 미래차 서비스시대 준비 : 자율주행 서비스 확산, 2025년 플라잉카(Flying

car, 하늘을 나는 자동차) 실용화한다.

[이동서비스] 민간주도 3대서비스, 공공수요기반 9대서비스를 확산한다. 민간 - 자율서틀·자율택시·화물차 군집주행, 공공 - 자율주행 무인순찰 등

[신 교통서비스] 2025년 플라잉카 실용화 단계적 확산

기술개발 및 법 제도 정비 등을 통하여 실증·시범사업이 가능한 단계로 나아간다.

④ 미래차 생태계 조기전환 : 2030년 부품기업 중 전장부품 기업 비중 20%

[부품기업 전환] ㉮ 2조 원 이상 자금(설비투자, 유동성 추가지원) 공급, ㉯ 연구·현장인력 2,000명 양성, ㉰ 해외 완성차와 공동기술개발

[개방형 협력생태계] ㉮ 대기업 - 중소기업 간 협력모델(차량용반도체, 수소버스, 자율서틀) 확산, ㉯ 스타트업의 미래차창업활성화 지원

[소재·부품] 미래차 핵심소재·부품자립도 50%에서 80%로 제고한다.

4. 미래차 경쟁력 세계 1위 가능한가?

글로벌 시장의 경쟁구도가 끊임없이 변하고 있어, 주요국·글로벌기업이 '같은 출발선상에 위치'하고 있다. 우리나라의 강점을 활용하고 빠르게 대응하면 달성 가능한 목표로 본다.

수소·전기차의 핵심요소는 ① 제조역량과 성능, ② 충전인프라이다.

제조역량과 성능은 우리나라 차량플랫폼, 전기배터리, 수소연료전지 등 핵심영역을 모두 국산화하여 수출 중이며, 차량성능도 세계최고 수준이다. ㉮ 완성차 국산화 99% 달성, ㉯ 모터·전력변환·공조 등 전기차의 핵심부품을 글로벌 완성차 회사에 공급 중, ㉰ 수소차 최초로 유럽안전기준 최고수준 획득하였다.

[충전인프라] 계획된 충전소 구축계획 등을 차질없이 이행하여 나간다면 전 세계에서 가장 빠른 보급이 가능하다.

전기충전 : 대수당 세계최고수준으로 구축 중, 수소 : 2030년 660기, 2040년 1,200기를 목표한다.

자율주행차 발전을 위하여서는 ① 전동화기반, ② 자율주행기능, ③ 통신 등

인프라 ④ 제도적 뒷받침이 필요하다.

우리나라는 수소차·전기차 등 탄탄한 차량전동화기반을 보유하였으며, 자율주행기능 중 우리나라의 강점인 반도체기술기반을 활용 시 핵심부품(주위환경 인지센서 등) 국산화 가능하다. 빠른 기술력제고가 필요한 인공지능(AI)·소프트웨어(SW)는 국제협력으로 기술확보.

지리적 여건·통신인프라 강점을 활용하여 센서중심 독립형뿐만 아니라 통신을 함께 활용하는 커넥티드형의 동시추진이 가능하다. 5G인프라 세계선도국, 전국고속도로 광통신 교통정보 수집체계 완비, 미국 등 영토가 큰 나라는 독립형(센서중심) 중심 추진하는데, 센서·인공지능 강화로 인하여 차량시스템의 고기능을 요구하는 바, 전면 상용화 및 전국운행에 시간 필요, 교통상황 정보수집으로 안전성 보완, 車 – 클라우드시스템 간 역할분담으로 경제성 제고한다.

자율주행 인프라·법제도를 세계에서 가장 빨리 완비 추진한다.

자율주행 레벨3 수준의 제작기준 세계 최초 마련을 추진한다.

5. 미래자동차의 기술인력 현황과 전망

미래형자동차 산업에 종사하고 있는 산업기술인력이 2018년 말 기준 5만 명을 넘어 2015년 말 대비 5배 이상 늘어났다. 연평균 74.4% 증가한 수치이다.

분야별로 보면 친환경차 종사자가 42,443명으로 전체의 84%를 차지하였다. 자율주행차 종사자는 5,021명으로 9.9%를 점하였다. 기반분야는 전체의 6.1%인 3,068명이었다.

직무별로 보면 생산기술인력은 23,438명, 연구개발인력은 17,186명이었다. 이 가운데 연구개발인력은 2015년 말(2,114명)에 비하여 8배 이상 늘었다. 2028년까지 필요한 미래형자동차 사업기술인력 수요는 89,069명으로 예상된다.[3]

---

3) 출처 : 산업통상자원부 누리집, 미래차 강국도약을 위한 범정부전략마련(2018. 2. 5.), 미래차 산업 신속전환을 위한 3대 전략, '미래자동차 산업 발전전략' 발표(2019. 10. 15. 관계부처 합동).

제3장

그 밖의 나라발전에 기여한 법률(예시)

제3장 그 밖의 나라발전에 기여한 법률(예시)

제1절 농지개혁법 −농지개혁−
−국민주권국가의 요건인 국민형성의 초석을 만들었다

I. 개설

농지개혁은 1949년 6월 21일에 제정, 공포되고 1950년 3월 10일 개정된 '농지개혁법'에 의거 1950년에 실시한 것이다. 당시 농지개혁을 하지 않을 수 없었던 불가피한 이유는 첫째, 8·15광복 직후의 정치적 불안을 해소하고 민주국가 건설의 토대를 마련하려는 데 있었다. 1945년 8월 15일 광복 당시 우리나라 농지의 소작비율은 전농지 222만 6,000정보(町步)의 65%인 144만 7,000정보가 소작지였다. 그와 같은 많은 소작지에서 가혹한 소작료를 지불하고 있던 농촌경제는 매년 빈곤의 악순환이 계속되었다. 광복과 더불어 민주의식과 평등의식이 고조되면서 사회적 혼란이 적지 않던 때에 일본인 소유농지였던 29만 1,000정보의 귀속농지(歸屬農地) 처리 등 농지제도의 개혁이 요청되었다. 농지개혁을 더욱 서두르게 된 것은 우리보다 앞서 1946년 3월 5일 농지개혁을 단행한 북한이 농지개혁을 공산주의 우월의 선전수단으로 활용하여 사상적·정치적 불안을 가중시키고 있었으므로, 하루빨리 농민의 숙원인 농지개혁을 전면적으로 단행하여 정치적 불안정을 완전히 해소하여야 할 필요성이 진지하게 요구되었기 때문이었다.

둘째, 사회적 이유로 농촌의 봉건적(封建的) 사회구조의 개선을 통하여 농촌사회를 근대화할 필요성이 있었다. 전통적인 지주와 소작인 사이에는 경제외적인 신분적 예속관계가 계속되고 있었으며, 광복과 더불어 월남동포와 해외동포의 귀환으로 좁은 농지의 소작권을 둘러싼 소작료율이나 경작권분쟁 등은 사회적 혼란을 가중시켰다. 따라서 소작료의 인하나 소작쟁의 조정 등 미온적 조처로서는 지주와 소작인 간에 발생하는 사회적 갈등을 해소하기 어려웠다. 이에 사회적 불안을 근본적으로 해소하기 위해서는 농지개혁이 절실히 요청되었다.

셋째, 농업생산성의 효율화를 기하자는 경제적 이유에서였다. 소작제하에서는 농민의 생산의욕을 감퇴시키고 더구나 전통적 고율소작료로 재투자의 길이 막힌 소작농은 농지개혁의 실행없이는 빈곤에서 벗어날 길이 없었다.

그리하여 소작농에게 농지의 소유권을 주어 자작농화하여 농업생산 의욕을 고취시키고 부족한 식량을 증산하게 하는 한편, 지주의 경제적 수탈과 경제외적 강제를 해소하여 농가경제의 향상을 도모하여야 하였다. 뿐만 아니라 농촌 내의 유효수효를 확대하여 공업생산의 발전을 자극할 필요성이 요청되었기 때문이었다.

Ⅱ. 농지개혁의 시행

1. 미군정에 의한 소작료인하조치 및 귀속농지에 대한 잠정적 농지개혁

1945년 8월 15일 광복 직후 미군정하에 있던 남한은 제2차세계대전 후 세계적인 민주경제건설의 기초과업이며, 미국무성의 정책이기도 하였던 고율소작료의 완화와 농지개혁을 적극 권유받게 되었다.

따라서 1945년 10월 5일 미군정법령(美軍政法令)에 의거, 우선 종래의 고율소작료를 수확량의 3분의 1 이하로 제한하였다. 그리고 같은 해 12월 19일 미군정법령으로 일본인 소유토지와 재산을 군정청 관리하에 두도록 하였다.

또한 1946년 2월 21일 미군정법령으로 이 재산을 신한공사(新韓公社)에 귀속시켜 귀속농지라 규정하면서 농지개혁의 기본정책 수립에 착수하였다.

그러나 그때 입법의원(立法議院) 내의 다수의석을 차지하였던 지주계급 출신의 한국민주당의원(韓國民主黨議員)들이 정부수립 후에 농지개혁을 실시하자면서 계속 이를 반대하였다.

그러자 미군정 당국은 1948년 3월 11일 과도정부법령을 공포하여 신한공사가 관리하고 있던 일본인 소유농지, 즉 귀속농지에 한하여 우선 잠정적으로 농지개혁을 단행하였다.

그 개혁의 골자는, 유상매수(有償買收)와 유상분배(有償分配)를 원칙으로 하되, 농가 호당 2정보(논·밭 포함)를 소유상한(所有上限)으로 한다는 것이었다. 농지가격은 해당 농지에서 생산되는 연간생산량의 3배를 현물로 하되, 지급방법은 연간생산량의 20%씩을 15년간에 상환하도록 하였다. 그리고 불가항력적인 어려움이 있을 때에는 연부(年賦) 상환기간을 연장할 수 있도록 하였다.

위와 같은 방법으로 일본인 소유농지였던 귀속농지 29만 1,000정보가 미군정의 관리하에 해당농지를 경작하였던 농민에게 분배되었다. 또 그 업무를 맡았던 중앙토지행정처는 1948년 8월 15일 대한민국정부가 수립되면서 농림부에 이관, 접수되었다. 이러한 농지는 우리 정부수립 후 농지개혁법에 맞추어 다시 조정되었다.

2. 농지개혁법의 제정

이승만 대통령은 농지개혁을 강하게 추진하였다. 이승만은 정부수립 이전부터 농지개혁을 해야 한다고 생각하고 있었으며 그가 1946년 2월에 발표한 '과도정부 당면정책 33항'에 이미 관련내용이 담겨 있었다. 이승만은 제헌국회에서 한국민주당의 협력을 받아 대통령으로 당선되었으나 국무총리와 초대 내각 임명과정에서 한국민주당 인사를 완전히 배제하였다. 그리고 이승만은 농지개혁을 추진하기 위하여 자신과 정치적 노선이 정반대였음에도 조봉암을 농림부장관으로 앉혀 한민당의 반대를 뿌리치고 농지개혁을 밀어붙인 것이다.

그 당시 80%에 가까운 국민이 농민이었고, 농민의 대다수가 소작농이거나 자작 겸 소작농인 현실에서 신생대한민국 정부는 농지를 농민에 분배하는 농지개혁부터 시작한 것이다. 그리하여 제헌헌법 제86조에서 "농지는 농민에게 분배하며 그 분배의 방법, 소유한도, 소유권의 내용과 한계는 법률로 정한다."고 규정하였고, 이에 근거하여 농지개혁법이 1949년 6월 21일에 제정·공포되고, 1950년 3월 10일에 개정되었다.

정부수립 후 농지개혁은 국내의 모든 한국인 지주가 소유하고 있던 115만

6천 정보를 개혁대상으로 하였다. 농림부의 농지개혁법안은 정부수립 후인 1949년 1월에 국회에 제출되었다. 그러나 국회의 산업노동위원회의 농지개혁 법안이 국회본회의에 상정되어 정부안과의 절충 및 광범한 수정이 가해졌다. 그 뒤, 드디어 전문 6장 29조로 된 '농지개혁법'이 그 해 4월 28일에 통과되고 6월 21일에 공포되어 농지개혁은 비로소 그 법적 근거를 마련하였다.

농림부는 공포된 법률에 따라 농지개혁을 연내에 실시하려고 소요경비의 재 원조달을 강구하는 한편, 농지개혁을 실시하기 위한 전국적인 농지실태조사 에 착수하였다. 그러나 예산조치가 원활한 해결을 보지 못하여 그 실시가 1년 간 연장되었다. 그러자 정부에서는 그 사이 이 법의 불합리한 점을 개정하고 자 국회산업노동위원회의 검토를 거쳐 1949년 10월 25일 개정안을 본회의에 상정하였다. 이 개정안의 주요 골자는 지가보상(地價補償)과 상환액(償還額)을 평균 수확고의 2.4배로 인상하여 통일하자는 것이었다. 그러나 국회 본회의는 정부측의 의도에 따라 1.5배로 낮추어 결정하는 한편, 지주에게는 지가증권(地 價證券)을 발급하여 이를 기업에 투자하도록 하여, 지주들도 일반산업에 참여 할 수 있게 하고, 동시에 농공병진(農工倂進)의 실을 거두도록 하자는 내용이 었다. 이 개정법률안은 국회를 통과하여 1950년 3월 10일 공포되면서, 농지개 혁실시를 위한 입법조치가 완전하게 갖추어지게 되었다.

3. 농지개혁법의 내용

'농지개혁법'의 개요를 보면, 전문 6장 29조로 되어 있는데, 그 주요내용은 다음과 같다.

(1) 매수대상농지   정부가 지주로부터 취득하는 대상농지는 농가 아닌 자 의 농지, 자경(自耕)하지 않는 자의 농지, 호당 3정보(町步) 이상을 초과하는 부 분의 농지, 다년생식물(多年生植物) 3정보 이상을 자영하는 자가 소유하고 있는 다년생식물 재배 이외의 농지 등을 정부의 매수대상농지로 하였다(법 제5조). 여기에서 호당 3정보를 초과하는 농지를 매수대상으로 한 것은 3정보를 경작 상한선으로 본 것이고, 이는 농우(農牛)를 포함한 5인 가족의 노동력을 참작하

여 3정보를 가경한계(可耕限界)로 본 것이다.

(2) 매수대상에서 제외되는 농지   농가 호당(戶當) 3정보 이내의 자경 또는 자영농지, 다년생식물 재배의 자영농지, 비농가가 가정원예용농지로 경작하는 500평 이내의 농지, 정부 및 공공단체의 소유농지, 공인된 학교와 종교단체 및 후생기관의 자경농지, 학술연구 등 특수목적을 위하여 사용되는 농지, 분묘 1기당 600평 이내의 농지, 미완성된 개간 및 간척농지, 이 법 시행 이후의 개간 또는 간척농지들이었다(법 제6조).

(3) 매수농지의 보상금액 평가기준   농지개혁은 유상매수(有償買收)와 유상분배(有償分配) 방법을 채택하였다. 그것은 제헌헌법 제15조 제1항 "재산권은 보장된다."는 사유재산제와 동조 제3항 "공공필요에 의하여 국민의 재산권을 수용·사용 또는 제한함은 법률이 정하는 바에 의하여 상당한 보상을 행함으로써 행한다."는 규정에 따라 유상취득(有償取得), 유상분배(有償分配)의 방법을 채택한 것이며, 그것은 자유민주주의 체제를 취하고 있는 제헌헌법원칙상 당연한 것이라고 하겠다. 정부가 농가로부터 매수·취득한 농지의 지가이면서 동시에 농민이 상환하여야 할 보상액의 평가는 해당 농지의 주생산물(主生産物)의 평년작의 1.5배로 정하되, 다년생식물을 재배하는 농지는 시가에 따라 별도로 사정하고, 개간·간척 및 특수사용지는 특별보상액을 첨가하는 것으로 되어 있다(법 제7조).   정부가 농가로부터 매수·취득한 농지의 지가이면서 동시에 농민이 상환하여야 할 보상액의 평가를 해당농지의 주생산물(主生産物)의 평년작의 1.5배로 아주 낮게 정한 것은 농지를 분배받은 소작인들의 부담을 고려한 특단의 조치였다.

(4) 농지의 분배대상농가   현재 당해 농지를 경작하는 농가, 경작능력에 비하여 과소한 농지를 경작하는 농가, 농업경영에 경험을 가진 순국열사의 유가족, 영농능력을 가진 피고용농가, 국외에서 귀환한 농가 등으로 되어 있다(법 제11조). 농지의 분배는 1가구당 3정보를 초과하지 못한다(법 제12조).

(5) 매수농지의 지가보상   매수토지에 대한 보상은 지가증권을 발급하여 지급하며, 증권액면은 결정된 보상액을 환산한 당해연도 당해농지 주산물수량으로 표시한다. 증권의 보상은 5년 균분연부(均分年賦)로 하여 매년 액면농산물의 결정가격으로 산출한 원화를 지급한다. 지가증권을 기업자금에 사용할 때에는 정부는 융자의 보증을 한다(법 제8조). 농지를 매수당한 지주에게는 그 희망과 능력 기타에 의하여 정부는 국가경제발전에 도움이 되는 사업에 우선 참여할 수 있도록 알선할 수 있게 하였다(법 제10조).

(6) 분배농지의 지가상환   분배받은 농지에 대한 상환액은 당해농지의 보상액과 같게 하되, 원칙적으로 5년간 균분연부(均分年賦)로 하였으나, 일시불이나 상환기간 연장이 가능하도록 하였다. 상환금은 매년 정부에 납입하여야 한다(법 제13조).

(7) 분배농지의 보존 및 관리   분배받은 농지는 분배받은 농가의 대표자의 명의로 등록하고 가산으로 상속한다(법 제15조). 분배농지에 대하여서는 상환이 완료될 때까지 매매·증여 기타 소유권의 처분, 저당권·지상권·선취특권·담보권의 설정 등을 금하였다(법 제16조).
그리고 상환을 완료하지 않은 분배받은 농가가 폐농·전업·이농함에 따라 농지의 전부 혹은 일부를 반환할 때에는 기상환액의 전액 또는 일부를 농가에 반환하며, 수배농가가 농지개량시설을 직접 하였을 경우에는 그 금액도 정부가 보상하여 분배받은 농민을 보호하도록 하였다(법 제19조).

(8) 농지개혁대상농지의 총 면적   '농지개혁법시행령' 및 이 시행규칙이 공포될 무렵인 1949년 6월 21일에 집계된 총 매수대상면적은 60만 1,000정보로, 총 경지면적의 27%에 달하였으며, 귀속농지 29만 1,000정보를 포함한 총 분배예정면적은 89만 2,000정보에 이르러, 총 경지면적 222만 6,000정보의 40%에 달하였다.
한편 '농지개혁법'의 실시와 더불어 미군정에 의하여 잠정적으로 농민에게 분배된 귀속농지도 예외 없이 이 법의 테두리 안에 포함되어 지가 등 기타 조건이 변경되었다. 즉, 귀속농지의 지가는 연간생산량의 3배이던 것이 1.5배로, 상환기간 15년이 5년으로 줄어들었다.

4. 농지개혁의 실행

농지개혁법은 1949년 6월 21일에 제정, 공포되고, 1950년 3월 10일에 개정되었다. 이 법에 따라 신속하게 농지개혁이 실시되어 1950년 3월부터 5월 사이에 약 70~80%가 분배받을 소작농에게 분배통지(분배예정통지)가 되어 소작농들은 자신이 분배받게 되는 농지를 알게 되었다. 그러나 농지개혁이 구체적인 실시단계에 들어갈 무렵 불행하게도 6.25전쟁이 일어나 전쟁의 화를 모면한 경상남도 일대를 제외한 전국이 농지개혁실시를 부득이 중단하지 않을 수 없었다.

9.28서울수복과 더불어 농지개혁 관계서류의 소실 및 분실 등의 애로가 중첩되었음에도 농민의 오랜 숙원이던 농지개혁사업은 다시 착수하게 되었다. 어려움을 무릅쓰고 농지개혁을 신속하게 다시 단행하게 된 이유는, ① 전란으로 가중된 재정상의 핍박을 덜기 위하여 귀속기업체(일본인 소유의 기업체)와 귀속농지를 매각(분배)하여 국고수입을 늘리는 한편, 종래의 지주들에게는 지가증권으로 불하되는 기업에 참여할 수 있도록 하자는 것이었다(地主轉業).

② 환수되는 지가상환미(地價償還米)를 부족되는 군량미로 활용하고자 함이었다. 그리하여 1950년 가을부터 분배농지의 상환곡은 전국에 걸쳐 수납되기 시작하였다.

그러나 당시의 지주들은 농지개혁시기를 전후한 때의 혼란과 입법시작부터 개혁착수까지의 경과된 기간 및 관계법규 등의 허점을 교묘히 악용하거나 위반하여 분배농지를 임의처분 또는 은닉하는 사례가 적지 않았다.

그리하여 농지개혁의 결과 한국인 지주 소유농지 32만 2,000정보만이(수복지구 포함) 91만 8,548호에 분배되었고, 지가보상은 정조(正租) 1,158만 7,959석이었다.

따라서 분배농지의 합계는 귀속농지 29만 1,000정보와 한국인 소유농지 32

만2,000정보를 합하여 모두 61만3,000정보에 이르렀다. 1945년 8월 15일 광복 당시 소작지 144만7,000정보의 42.4%에 해당하는 61만3,000정보만이 '농지개혁법'에 따라서 분배된 셈이며, 나머지 57.6%인 83만4,000정보는 지주들이 자경(自耕)·임의처분·은닉 등을 통하여 개혁대상에서 제외된 셈이다.

5. 수복지구농지에 대한 농지개혁

수복지구의 농지개혁은 1953년 7월 휴전이 되면서 남한에 귀속된 38선 이북지역의 수복지구에 대한 농지처리문제로 대두되었다. 이를 위하여 정부는 1958년 4월 10일 '수복지구에 대한 농지개혁법시행에 관한 특례'에 바탕을 두고 농림수산부가 '수복지구농지개혁사무처리요강'을 작성하고 4월 20일부터는 이 지역의 농지개혁에 착수하였다.

수복지구에 대한 농지개혁의 골자를 보면, ① 1956년 12월 1일 현재의 지주와 농가를 상대로 농지를 매수, 분배하고, ② 보상과 상환은 1958년 하곡부터 실시하며, ③ 지가와 상환기간 및 기타사항은 1950년의 '농지개혁법'에 준하도록 되어 있다.

이리하여 수복지구 농지개혁에 의하여 분배된 농지면적은 일반농지 2,880정보(전답) 귀속농지 903정보(전답) 합계 3,783정보에 달하였으며, 이를 8,254호의 농가에 분배하였다.

6. 농지개혁에 대한 평가

농지개혁 자체는 당초 목적한대로의 성과는 올리지 못하였다. 귀속농지를 포함하여 8.15광복 당시의 소작면적 144만7,000정보의 42.4%(61만3,000정보)만 '농지개혁법'의 정하는 바에 따라 개혁이 되었고, 나머지 83만4,000정보(은폐소작지 15만8,000정보)는 '농지개혁법'의 테두리를 벗어났다. 범위를 더욱 축소하여 1949년 6월, 농지개혁의 실시 직전에 조사된 한국인 지주 소유농지 60만1,000정보(개혁대상)마저도 실제 '농지개혁법'에 따라 54%인 32만2,000정보만이 분배되었다. 그나마 이 수치는 수복지구의 3,783정보가 포함된 수치이다. 이렇게 볼 때 당초 목적하였던 것의 약 절반가량의 실적밖에 올리지 못한 농지개혁은 결코 성공작이라고 말할 수 없겠다.

그러나 농지개혁에서 벗어난 소작농지의 궁극적 귀속을 고찰할 때 농지개혁이 실패라고만 말할 수는 없다. 한국농촌경제연구원의 조사에 따르면 농지개혁 직후 은폐소작지로 남아 있던 면적은 15만8,000정보로 8.15광복 당시 전체 소작지면적 144만7,000정보의 11%에 불과하고, 전체농지의 8%에 불과하다. 그렇다면 농지개혁으로 분배되지도 않고 은폐소작지로 남아있지도 않았던 67만7,000정보의 행방이 문제가 되었다. 그러나 그 면적은 결국 농민소유로 돌아가 자작지화(自作地化)되었다. 그것은 농지개혁의 절차에 따라 분배되지는 않았지만, 지주와 소작인 간의 합의에 따라 농지개혁에서 정한 지가수준(地價水準)이나 상환조건에 준하여 직접양도가 되었기 때문이다. 이 경우 소작인은 농지개혁에 의하여 분배받거나 지주와의 직접거래에서 양도받거나 큰 이해득실이 없었으나, 지주들에게는 매우 유리하였기 때문이다. 즉, 불확실한 지가증권보다는 오랜 거래로 믿을 수 있는 소작인으로부터 비록 연부상환이기는 하나 확실한 현물을 지가로 받을 수 있었기 때문이다. 그리고 법에 따라 분배농지로 상환되는 지가는 현물로 상환받은 것이 아니고 현물을 환가(換價)한 현금으로 상환받았기 때문이다. 또한 인플레이션이 심했던 당시로서는 상환받은 현금으로 다시 그만한 현물을 구입할 수 없었기 때문이다. 소작인과 직거래 양도의 경우 11월에 현물을 받을 수 있었다. 그러나 법에 따른 분배농지의 경우 나라 재정상 겨우 이듬해 5월에 현금을 받거나 연불되는 수가 많았다. 따라서 지가증권의 거래는 액면가의 반값으로 거래되는 수가 허다하였다.

전체 소작지가 이와 같이 농지개혁이나 또는 이에 준하는 조건으로 모두가 자작지화된 것은 물론 아니었다. 법 제정 이전에 매매된 일부농지는 농지개혁에 따른 조건보다는 높은 값으로 소작인에게 양도되었다. 바로 그 점을 노린 것이 한민당계 지주 출신 국회의원들의 의도적인 입법연기활동이었다.

전반적으로 보아 법 제정 이후의 농지개혁은 비록 법의 테두리 안에서 이루어진 것이 절반 수준밖에 되지 않았다. 그렇지만 이의 파급효과로 나머지 소작지도 사실상 농지개혁에 준하는 조건으로 양도되었음을 볼 때, 농지개혁은 일단 성공적이었다고 평가할 수 있다.

Ⅲ. 농지개혁의 성과

여하튼 우리나라의 경우 농지개혁은 다른 나라의 경우와 비교하여 신속하게 성공적으로 시행되었다고 평가받고 있는 바 농지개혁의 성과를 요약하면 다음과 같다. ① 농지개혁은 건국초기 나라세우기와 더불어 전개되어야 할 국민만들기의 첫걸음이었다. 제헌헌법 제1조는 "대한민국은 민주공화국이다."라고 하였고, 제2조는 "대한민국의 주권은 국민에게 있고, 모든 권력은 국민으로부터 나온다."라고 하였다. 이와 같이 대한민국은 자유민주주의 이념을 기초로하여 세워진 나라이며, 정치적으로 자유민주주의와 경제적으로 자유시장경제체제를 기본으로 출발하였다. 자유민주주의는 인격적으로나 경제적으로 자립적이고 독립적인 국민의 성립을 기대하고 있는 것이다. 그런데 농지개혁이전의 우리의 농촌사회는 지주제(地主制)의 지배하에 있었으며, 소작농이었고 소작농은 사실상 농노(農奴)였다. 그런데 농지개혁으로 농촌주민은 모두 자작농(自作農), 독립자영농(獨立自營農)이 되었다. 농지개혁은 유사이래 처음으로 농민이 자신의 농지를 소유하게 된 일대 쾌거였다. 그리하여 사실상 신분제가 사라지고 그야말로 자유롭고 평등한 국민이 탄생한 것이다.

제헌헌법이 선포한 그대로 어떤 형태의 차별도 특수계급의 존재도 인정되지 않는 건국이념이 농지개혁을 통하여 실현된 것이다. 다만 당시의 국민은 아직 완전히 성숙된 국민이라 할 수는 없고 아직은 당시 1인당 국민소득 100달러 정도의 빈곤국가인 우리나라의 출발선상에 있는 국민이었다고 하겠다. ② 농업생산력이 크게 높아졌다. 자작농화와 농업투자 등이 바탕이 되어 농업생산력이 높아지고 식량공급이 확대되었다. 예컨대 1960년에 天水畓 비율이 과거 34%에서 19.4%로 감소되었다. 또한 쌀생산이 일제강점기에 200만 톤이던 것이 1960년에 350만 톤으로 증가하였다. ③ 농지개혁으로 양질의 노동력 양성의 조건이 마련되었다. 농민들은 소작료를 납부하지 않게 되어 자녀교육에 투입할 수 있는 여유를 갖게 되었다. 농지개혁으로 자작농이 된 농민들은 자녀교육에 대하여 커다란 의욕을 갖게 되었으며, 그것은 초등교육의 의무교육채택으로 시너지효과를 갖게 되었다. 농지개혁 전의 우리농촌의 문맹률은 80%

이상이었다. 소작농으로 생활이 어려운 농민들은 자녀를 취학시킬 여력이 없었으며, 모든 자녀를 농사일에 종사하게 하여 근근히 생활하였다. 그리하여 정부수립과 함께 초등교육의 의무교육제도가 채택되었지만 그러한 추세는 크게 변화되지 않았다. 그러나 농지개혁으로 농민들은 종전에 비하여 어느 정도 경제적 여유와 주인의식을 갖게 되었으며, 모든 농민들이 자녀를 점차 학교에 보내게 되었다. 그리하여 1960년에는 초등학생의 취학률이 96%에 달하였다. 또한 그 결과 해방당시 대학생의 수가 19개 대학에 7,819명이던 것이, 1960년에는 63개 대학에 97,819명으로 증가되었다. 당시에는 농민의 재산이 농지와 소였는데 소를 팔아서 자녀를 대학에 보냈기 때문에 대학이 농민의 우골탑(牛骨塔)이라는 말이 생겼다. 여하튼 농민들의 교육열이 갑자기 높아져 우리 농촌의 많은 인재가 고등교육을 받게 되어 그것이 그동안 우리나라의 빠른 경제성장의 원동력이 되었고, 또한 그것은 농촌인구를 감축시키는 일석이조(一石二鳥)의 역할을 하였다.

[참고문헌]
『한국농정20년사』 (농업협동조합중앙회, 1965.)
『농지개혁사』 (김성호 외, 한국농촌경제연구원, 1989.)
『쟁점한국근현대사』 4 –농지개혁 특집호 (한국근대사연구소, 1993.)
『농지제도 및 농지보전에 관한 조사연구』 (한국농촌경제연구원, 1984.)
『농지개혁의 과정과 경제적기여』 (권병탁, 1984.)
『농지소유현황과 개선방안』 (한국농촌경제연구원, 1986.)
[출처: 한국민족문화대백과사전, 농지개혁(農地改革)]

제2절 특정다목적댐법, 댐건설 및 주변지역지원에 관한 법률 등 제정 −경제개발에 소요되는 수자원확보

Ⅰ.특정다목적댐법, 댐건설 및 주변지역지원에 관한 법률 등 제정

1. 특정다목적댐법

8.15 이후 1960년대 이전까지는 각각 목적별 소규모 단일목적댐 위주로 댐을 건설하였다. 당시의 댐건설행정은 관개용댐은 농림부, 생·공용수댐은 내무부, 수력댐은 상공부 소관이었다.

4.19 후 정부에 국토건설본부(1960. 12. 28, 본부장 : 국무총리, 실무책임자 : 장준하, 기술책임자 : 최경열)가 설치되었다. 수자원종합개발의 태동기라 할 것이며, 이때부터 물을 경제재(經濟財)인 자원으로 인식하기 시작하였으며 소양강댐을 포함한 다목적댐건설구상을 추진하였다.

5.16 후에도 당연히 그러한 기본구상이 계승되었으며 식량증산과 중화학공업육성을 위하여 용수, 전력 등 사회간접자본 확충에 주력하고자 유역조사, 수자원종합개발 및 다목적댐건설 정책으로 이어졌다.

그리하여 5.16 직후 관련 입법을 서둘러 1966년 4월 23일 '특정다목적댐법'이 제정·공포되었다. 이어서 1967년 11월 16일 다목적댐건설 및 관리가 주요임무인 한국수자원개발공사가 창립됨으로써 수자원종합개발을 위한 체제가 정비되었다. 우리나라 최초의 다목적댐은 섬진강댐(1965년 준공)이다. 다음은 남강댐(1971년 준공)이다. 이 두 댐은 하천법에 따라 착공하여 준공하였으나 다목적댐건설의 효시라고 할 수 있다.

5.16 이후 정부에서는 국가의 경제개발을 위하여 경제개발5개년계획을 추진하여 왔는 바, 경제개발에 있어서는 생·공업용수, 농업용수, 발전용수 등 아주 큰 용량의 수자원을 필요로 하였다. 그리하여 수자원을 확보하기 위하여 많은

큰 다목적댐을 건설하여야 하였는데, 이를 위하여서는 막대한 국가예산이 소요되었다. 그러나 당시의 사정으로는 국가예산만으로 다목적댐의 건설비용을 충당하기는 거의 불가능하였다. 그리하여 다목적댐건설을 위한 재원마련이 절실하였는 바, 그러한 재원확보를 위한 법적장치를 마련하기 위하여 1966년 4월 23일에 제정되고 5월 24일부터 시행된 법률이 바로 '특정다목적댐법(법률 제1785호)'이었다.

특정다목적댐법은 이른바, '댐사용권'이라는 새로운 부동산물권을 창설하여 댐사용권을 통하여 다목적댐건설을 위한 재원을 마련할 수가 있게 되었다. 그것은 특정다목적댐법에 의하여 국가가 건설하는 다목적댐에 의하여 생겨나는 댐물에 대한 사용권을 하나의 새로운 부동산 물권으로 만들어 낸 것이다. 원래 하천의 물은 이른바 공공용물(公共用物)로서 누구도 자연히 흐르는 물을 자기가 필요로 하는 만큼 대금을 지급하지 않고 음용이나 관개용수로 자유롭게 사용할 수 있는 것이며, 어느 누구도 하천수에 대하여 독점적으로 사용권을 가지고 하천수를 사용하는 다른 사람에게 사용료를 받을 수는 없었다. 그런데 특정다목적댐법에 의하여 국가가 막대한 예산을 들여 다목적댐을 건설하여 댐에 의한 일정한 양의 저수를 일정한 지역에 확보한 때에는 그러한 댐물의 사용은 다르다고 할 것이다. 국가가 다목적댐을 건설하여 댐에 의한 일정한 양의 저수를 일정한 지역에 확보하고 이를 특정용도에 사용할 수 있는 권리를 일종의 부동산물권으로 창설한 것이다. 그리하여 국가가 댐을 건설하는 경우에 댐의 건설비용을 부담하는 자가 있을 경우에는 국가는 당해댐의 건설을 위한 비용을 부담하는 자에게 댐사용권을 설정하여주고 댐사용권을 설정받은 자는 당해댐의 저수를 실제로 사용한 자에게서 사용량에 따라 사용료를 받을 수 있게 한 것이다. 사용료를 받는 것은 댐건설비 등을 회수하기 위한 수단으로 댐건설로 취수가 가능하여진 물을 사용하는 자에게 부담시키는 것이다. 새로이 창설된 댐사용권은 부동산물권의 일종으로 다른 부동산물권과 마찬가지로 양도·상속·저당권 등의 목적으로 할 수 있게 하였다(법 제15조 내지 제28조).

특정다목적댐법은 국고가 부담허여야 할 다목적댐의 건설비의 일부를 당해댐의 건설로 인하여 특히 이익을 받는 지방자치단체에 부담시킬 수 있다(법 제9조). 또한 당해 다목적댐의 건설로 인하여 현저한 이익을 받는 자가 있을 때에는 그 수익의 한도내에서 당해 다목적댐의 건설비의 일부를 그 이익을 받는 자에게 수익자부담금으로 부담시킬 수 있게 하였다(법 제10조). 그리고 또한 국가는 공공단체 또는 私人이 건설하는 높이 15m이상의 댐으로서 홍수조절을 위한 저수용량이 고려되고 또한 다목적댐으로서의 효용이 크다고 인정할 때에는 당해 공공단체 또는 사인에게 그 건설비의 일부를 보조하거나 대부의 알선을 할 수 있게 하였다(법 제39조).

특정다목적댐법은 제정 후 여러 번 개정되었는데, 그중에서 중요한 개정은 1992년 12월 10일의 개정인 바, 이때의 개정은 다목적댐사업은 수몰주민에게 고향과 생활터전을 영구히 상실하게 하여 물질적·정신적으로 큰 피해를 주고 또한 주변지역의 주민에게도 소득감소 등의 간접피해를 발생시키는 등 다른 공공사업과는 다른 특수성이 있기 때문에 수몰이주민과 주변지역의 주민에 대한 지원방안을 마련하여 이들의 민원을 해소시킴으로써 다목적댐건설사업을 원활하게 추진하도록 하였다.

2. 댐건설 및 주변지역지원등에 관한 법률

1999년 9월 7일에 '댐건설 및 주변지역지원등에 관한 법률'(법률 제6021호)이 제정되고 종전의 특정다목적댐법은 이 법에 흡수·통합되었다.

종전의 특정다목적댐법은 그 적용대상이 다목적댐에 한정되어 있었고, 댐주변지역주민에 대한 지원이 불충분하여 댐의 지속적인 건설을 촉진하기에는 미흡하므로 이를 폐지하고, 그에 갈음하여 1999년 9월 7일에 제정되고, 2000년 3월 8일부터 시행하는 댐건설 및 주변지역지원에 관한 법률을 제정하여, ① 그 적용대상을 모든 댐으로 확대하고(법 제3조), ② 건설교통부장관은 모든 댐을 대상으로 10년마다 댐건설장기계획을 수립하도록 하고(법 제4조), ③ 댐건설 예정지역에서 건축물을 건축, 토지의 형질변경, 다년생수목의 재식, 가축의 사육 등을 하고자 하는 자는 시장·군수 또는 구청장의 허가를 받도록 하고(법 제

6조), ④ 댐건설사업시행자는 댐건설에 관한 기본계획 및 실시계획을 수립하도록 하고, 기본계획이 고시된 때에는 토지수용법에 의한 사업인정이 있는 것으로 보며, 실시계획이 고시된 때에는 공유수면점용허가, 농지전용허가, 도로의 점용허가, 임목벌채 등의 허가, 초지전용허가, 하천점용허가 등 관련법률에 의한 인·허가가 있는 것으로 보도록 의제하고(법 제9조, 제11조), ④ 대규모댐이 건설되는 지역에 대하여는 지역주민의 복리향상을 위하여 댐건설기간에 시장·군수 또는 구청장이 주민복지증진을 위한 댐주변지역지원정비사업을 실시하도록 하고(법 제41조), 댐건설이 완료된 후에는 댐관리자와 시장·군수 또는 구청장이 주민복지증진을 위한 댐주변지역지원사업을 실시하도록 하였다(법 제39조 이하).

한편 환경보전의 중요성이 증대되면서 댐건설에 따른 환경영향에 대한 문제제기 및 환경 친화적인 댐건설에 대한 요구증가로 1993년 '환경영향평가법'이 제정되었다. 그리하여 현재 각 목적별 관련법률을 보면 관개용댐은 '농어촌정비법', 생·공용수댐 및 다목적댐은 '댐건설 및 주변지역지원등에 관한 법률', 수력댐은 '전원개발에관한특례법'이 각각 적용을 받았다.

Ⅱ. 다목적댐의 건설

1. 개관

우리나라에서는 20세기전반에 이르러 비로소 현대식 댐건설을 시작하였다. 6.25동란 후유증과 사회적 혼란 속에서도 UNKRA(국제연합한국재건단), FAO(국제연합식량농업기구) 및 ICA(국제협동조합연맹) 등 국제원조기관의 도움을 받아 농업용수개발을 위한 관개용 댐을 활발히 건설하였으며, 생활용수 댐으로 대구의 가창댐과 연천의 중리댐, 수력발전용 댐으로 괴산댐이 이 시기에 완공되었다. 이와 같이 1960년대 이전까지의 댐건설은 주로 관개용 댐, 생활용수댐 및 발전용 댐으로서 오직 단일목적댐건설이었다. 1960년대 후반 들어 특정다목적댐법 제정(1966. 4. 23.), 한국수자원개발공사 설립(1967. 11. 16.) 등으로 종래의 단일목적댐 위주의 댐건설에서 다목적댐건설시대로 정책변화가 있었다.

2. 수자원종합개발10개년계획

정부는 1965년 9월 수자원종합개발10개년계획(1966년~1975년)을 성안하였다. 초창기 수자원개발의 길잡이 역할을 한 대단히 중요한 역사적 계획이라고 할 수 있다. 이 계획의 10개 기본방향 중에서도 무엇보다도 수자원종합개발을 위한 주요하천, 즉 4대강유역조사사업을 조속히 착수하는 것이 시급한 과제였다. 당시는 유역조사라는 어휘자체가 생소한 때였다. 따라서 한강유역조사(1966. 3. 15.~1971. 12. 31.)와 낙동강유역조사(1966. 12. 20. ~ 1972. 3. 24.)사업은 건설부에서 착수하였다가 후에 한국수자원개발공사로 흡수 통합되었고, 금강유역조사(1968. 3. 5.~1971. 12. 31.)와 영산강유역조사(1968. 7. 1.~1971. 12. 31.)사업은 처음부터 한국수자원개발공사에서 착수하였다. 이 유역조사는 우리나라 수자원개발에 있어서 신기원을 이루었다. 수자원조사 기법 및 체계 확립, 선진 조사기법도입, 기술인력양성 등에 크게 공헌하였다.

4대강유역조사결과 주요핵심 건의사항을 보면 한강은 소양강댐과 충주댐 등의 조기건설, 낙동강은 조기에 안동댐을 건설하고 1980년대에 합천댐과 낙동강하구둑건설에 이어서 임하댐건설, 금강은 대청댐의 조기건설 및 용담댐과 금강하구둑건설 그리고 수통(水桶)댐 및 명천(明川)댐건설 등이며, 영산강은 장성댐, 담양댐, 대초댐건설로 상류부의 용수문제 일부해결 및 영산강하구둑건설로 간사지개발과 임해공업단지 용수공급 그리고 1978년 이후 광주일대의 생·공용수공급을 위한 동복댐 증고, 유역특성에 따른 영산강과 섬진강을 종합한 광역수자원종합개발계획의 수립 등이다. 그리고 4대강유역조사의 중간성과가 나오게 되자 건설부는 수자원종합개발10개년계획을 개편 발전시켜 4대강유역종합개발계획(1971년~1981년)에 흡수 통합(1970. 12. 27.)하였다. 이 계획에서 대용량 다목적댐과 하구둑 등의 건설계획이 보다 더 구체화되었다. 이 계획에 따라서 소양강댐, 안동댐, 대청댐, 충주댐, 합천댐, 임하댐, 주암댐 및 영산강하구둑, 금강하구둑, 낙동강하구둑 등이 건설되었다.

이후에는 어느 정도 대부분의 대규모댐을 건설한 상황인 점 등을 고려하여 중규모댐건설을 위한 여러 가지 정부정책에 의하여 다수의 다목적댐을 건설하고 있다. 여기에서 특기할 점은 '평화의 댐'이다. 이 댐은 북한의 의도유무를 불문하고 당시 공사중인 북한의 금강산댐 등으로 인한 만일의 사고(수공: 水攻)에 대비하기 위하여 건설하였다. 세계적으로 저수지를 비워두는 대형 댐건설은 처음이라고 할 것이다. 1989년 높이 80m 규모로 준공하였으나 새로운 위험에 대비하기 위하여 2007년 높이 125m로 증고한 바 있다.

Ⅲ. 소양강댐 등 다목적댐의 건설

국가에서는 우선 그 예산으로 소양댐을 건설한 후 특정다목적댐법에 의하여 새로 건설된 소양댐물의 사용권을 새로 창설된 부동산 물권으로 평가하여 이를 한국수자원공사에 자본으로 출자하게 되었으며, 동 수자원공사는 부동산 물권인 댐사용권을 자산으로 갖게 되었다. 당시에 그 평가액은 바로 소양댐의 건설비용과 같게 평가하였다고 한다. 여하튼 수자원공사는 물의 수요자에게 물을 공급하여 사용료를 받게 되고, 그 사용료를 재원으로 앞으로 새로이 건설되는 댐의 건설·운영 및 관리비에 필요한 비용을 부담할 수 있게 되었다. 그 후 국가가 안동댐을 건설하는 데 수자원공사가 댐사용권설정예정자가 되어 건설비용을 부담하여 안동댐을 건설하게 되고, 계속하여 이러한 방식으로 많은 다목적댐을 건설하게 되었다. 물론 이 경우에 댐건설비용은 수자원공사가 모두 부담하는 것이 아니고, 유지용수와 홍수조절용수를 위한 부분은 국가가 예산으로 부담하였으며, 또한 건설부장관은 그 다목적댐의 건설로 특별한 이익을 받는 자가 있을 때에는 그 수익의 한도 안에서 그 건설비의 일부를 부담하게 할 수 있다.

여하튼 특정다목적댐법에 의하여 최초로 착공한 댐은 소양강댐(1973년 준공)이다. 다음으로는 안동댐(1976년), 대청댐(1981년), 충주댐(1985년), 합천댐(1989년), 주암댐(1991년), 임하댐(1992년), 부안댐(1996년), 보령댐(1998) 등으로 이어진다. 이 댐은 대부분 한국수자원공사가 건설 및 유지·운영·관리를 담당하고 있다

현재 다목적댐은 소양강댐, 충주댐, 충주조정지댐, 횡성댐, 한탄강홍수조절댐, 군남홍수조절댐, 팔당댐, 평화의 댐(이상 한강계), 안동댐, 안동댐역조정지

댐, 임하댐, 임하댐역조정지댐, 합천댐, 합천댐역조정지댐, 남강댐, 밀양댐, 군위댐, 보현산댐, 부항댐, 영주댐, 성덕댐(이상 낙동강계), 대청댐, 대청댐역조정지댐, 용담댐(이상 금강계), 평림댐(영산강계), 섬진강댐, 주암댐(이상 섬진강계), 부안댐, 장흥댐, 감포댐, 보령댐(이상 기타) 등 약 30개가 있다.

1. 소양강댐

소양강댐은 강원도 춘천시 신북읍과 동면의 소양강에 있으며 북한강 유역의 유일한 다목적댐이다. 1967년 4월 15일 착공되어 1973년 10월 15일 완공되었다. 유로연장 166.2㎞로 한강수계를 형성하는 북한강의 최대지류인 소양강은 수도권 2,300만 시민의 식수원 공급처이다. 소양강댐의 높이는 123m, 길이 520m, 유역면적은 2,703㎢, 총 저수용량은 2,900백만㎥에 이른다. 발전설비 용량은 20만kw이며 251GWh의 전력을 생산하고 있다. 국내 최대규모이다. 소양강댐은 연간 12억톤의 생활·농업용수 등을 적기·적소에 공급하고, 약 5억톤의 홍수조절 용량으로 가뭄·홍수 때 수도권을 비롯한 한강하류 지역민의 생활안정에 큰 기여를 하고 있다. 부족한 전력을 공급하고 홍수를 방어함으로써, 우리나라 산업화와 근대화를 일구는 초석이 되었다.

소양강댐은 본래 처음에는 콘크리트중력식으로 설계되었다. 도쿄대 출신으로 이루어진 세계 유수의 댐을 건설하여 온 '일본공영'의 설계였다. 그러나 정주영 회장은 비용을 3분의 1로 낮추면서도 훨씬 튼튼한 사력식(砂礫式) 공법을 제안하였다. 일본회사로부터 무식쟁이라는 소리까지 들었지만, 공사비절감, 전쟁위협 등을 염두에 둔 박정희 대통령은 정주영의 편을 들어줬다. 처음의 설계도대로 시공되었다면 소양강댐은 현재의 모습이 아닐 것이다. 설계 당시 저수용량 면에서는 동양 최대 규모인 댐을 콘크리트 공법으로 건설하기 위하여서는 엄청난 양의 시멘트와 철근이 필요한 상황이었다. 그러나 당시 우리나라는 철근·시멘트 등 건설자재의 생산 능력은 그와 같은 대규모의 토목공사를 감당하기에는 역부족이었으며, 필요한 자재의 대부분을 일본에서 공수하여 와야 하는 실정이었다. 설령 공수하여 온다 하여도 시공현장이 산간벽지인 관계로 막대한 수송비를 감당할 수 없었다. 이에 댐 주변에서 쉽게 구할 수 있는 재료를 이용한 Rock fill dam으로 설계를 변경하여 시공하는 아이디어를 발휘하였다. 엄청난 양의 흙과 모래, 암반이 소요되는 사력댐 공사를 위하여 당시에는 고속도로 건설에 투입되는 장비보다 훨씬 큰 장비들이 국내 최초로 도입되었으며, 이러한 중장비들은 소양감댐건설현장을 불철주야로 누비며 성공적인 준공의 근간이 되었다. 대형굴착기, 32톤 덤프트럭, 27톤급 자주식 진동다짐기, 22톤급 롤러 등 굴착장비, 운반장비의 대형 기계화시공에 의하여 건설된 소양강댐은 우리나라 근대 필댐(fill dam)의 상징이라 말하여도 무색하지 않다.

우공이산(愚公移山)의 사자성어처럼, 과거의 우리의 선배들은 우직하게 한 우물을 팠다. 작은 모래 하나, 큰 바위 하나를 무수한 난관 속에서도 깨고, 부수고, 옮기고 다져서 거대하지만 아름다운 소양강댐의 제 모습을 만들어 내었다. 그리고 그곳을 가득 채운 맑은 물을 통하여 우리는 한강의 기적을 이루었다.

우리나라에서 1년간 이용하는 전체 수자원량 333억 톤 중 현재 여러 댐에서 공급하는 양이 188억 톤으로 56%를 담당하고 홍수조절용량도 51억 4천 톤에 이르고 있어 댐은 이제 국민의 생명 및 재산과 직결되는 토목구조물임에 틀림없다.

2. 팔당댐

팔당댐은 경기도에 있는 한강본류의 댐으로 경기도 하남시 배알미동과 남양주시 조안면을 잇는다. 댐의 높이는 29m, 제방길이는 575m, 총 가용저수량은 2억 4천4백만㎥인 발전전용 댐으로 1966년 착공하여 1973년 완공하였다. 대한민국의 급격한 도시화로 서울특별시와 근교지역의 인구가 급격히 늘어나자, 수도권지역에 물을 공급하는 취수원의 역할을 담당하고 있다.

팔당댐에서는 수도권지역에 하루 260만 톤의 물을 공급하며, 연간 2억5천6백만kW의 전기를 생산하여 공급하고 있다. 이에 따라 팔당댐 주위와 팔당댐 상류지역은 상수원보호구역으로 지정되어 있으며, 팔당댐 주변과 멀리는 잠실수중보까지 수도권지역에 수돗물을 공급하는 취수원이 대규모로 분포하고 있다. 2016년 2월 에디킴, 빈지노가 '팔당댐'이라는 곡을 발표하였는데 빈지노의 경우 남양주시 바로 옆 양평군 서종면 출신이다.

팔당댐은 수도권 홍수방어의 최후 보루 역할을 한다. 팔당댐이 넘칠 정도로 비가 와서 방류하는 순간, 서울을 비롯한 수도권의 한강변 시가지들은 홍수피해를 입을 것이다. 위의 극단적인 상황은 방류를 하였음에도 넘친 경우인데, 아직은 그런 일이 없어서 피해는 없다. 그러나 아열대로 변하는 한국의 기후에서, 팔당댐의 역할은 점점 중요하여지고 있다.

3. 안동댐

안동댐은 경상북도 안동시에 있는 다목적댐이다. 높이 83m, 길이 612m, 체적 4,014천㎥, 총저수용량 12억 4천8백만㎥의 중앙차수벽형 사력댐으로 시설용량 9만㎾의 국내최초 양수겸용 발전소를 갖추고 있다. 이 댐은 낙동강 하구로부터 약 340km 상류에 있으며, 1971년 4월에 착공하여, 5년 6개월 만인 1977년 5월에 본댐을 준공하였다.

안동댐은 하류지역의 44,000ha에 이르는 농경지에 연간 3억㎥의 농업용수를 공급하고, 부산·대구 등에 연간 4억5천만㎥의 생공용수를 공급하여 식량증산과 산업발전에 크게 기여하고 있다. 또한 1억1천만㎥의 홍수조절용량을 가지고 있어 빈번히 일어나던 낙동강 중상류지역의 홍수통제에 큰 역할을 하고 있다.

4. 대청댐

대청댐은 대전광역시 대덕구 신탄진동과 충청북도 청주시 상당구 문의면 덕유리 사이의 금강 본류를 가로지르는 댐이다. 명칭은 과거 댐이 만들어질 때 행정구역이었던 대덕군(현 대전광역시)과 청원군(현 청주시)의 앞 글자를 딴 것이다.

1975년 3월에 공사를 착수하여 1981년 6월 완공하였다. 높이 72m, 길이 495m, 저수면적은 72.8㎢, 체적 123만4천㎥의 중력식 콘크리트댐과 사력댐으로 구성된 복합형 댐으로 금강하구로부터 150km 상류지점인 대전광역시 동북방 16km, 청주시 남방 16km 지점에 있다. 주요시설로는 저수용량 14억9천만㎥의 본댐과 조정지댐이 있으며, 본댐 주변에는 저수지내의 물이 다른 지역으로 넘치지 못하도록 하여 주는 3개의 보조댐이 있다. 또한 대전광역시와 청주시를 비롯한 충청권 일부지역으로 용수를 공급하기 위한 도수로와 시설용량 9만kW의 수력발전소가 있다. 대청댐으로 생긴 대청호는 저수량 기준으로 대한민국에서 소양호와 충주호에 이어 세 번째로 큰 호수이다.

대청댐은 1960년대 후반부터 반복되는 홍수와 가뭄을 방지하고 수돗물을 안정적으로 공급하기 위하여 건설이 검토되었다. 대청댐의 상류인 전북 진안군·장수군, 충북 옥천군 등의 한 해 강수량은 한반도 평균 강수량보다 100~200㎜ 가량 많은 장점이 있었다. 대청댐은 경제성 및 최대저수량과 배수능력을 고려하여 수문 하단부에는 콘크리트 중력식으로 댐을 만들고 석괴댐을 결합한 혼합방식으로 건설하였다.

댐건설로 인하여 대청호 수몰예정지역에 살고 있던 4,075세대 26,000명의 지역 주민들이 고향을 잃고 신탄진과 대전 시내를 비롯하여 멀게는 경기도 남양간척지, 산업단지 취락지 등으로 이주하였다.

5. 충주댐

충주댐은 4대강유역종합개발계획의 일환으로 한반도의 중심부를 꿰뚫는 충주시 동북방 남한강수계에 건설된 대한민국 최대의 콘크리트중력식 댐이다. 이 댐은 높이 97.5m, 길이 447m, 체적 90만2천㎥, 저수용량 27억5천만㎥로 41만2천kW에 이르는 발전설비 용량을 가지며, 6억1천6백만㎥의 홍수조절 능력을 갖추고 있다. 남한강 유역의 수자원을 개발하여 홍수피해 경감, 첨두 발전, 하류지역의 각종 용수를 공급할 목적으로 건설되었다.

충주댐은 홍수기에 본댐에 유입되는 물을 저류시킴으로써 한강인도교의 수위를 약 1m 저하시켜 홍수피해를 줄인다. 또한 연간 27억3천1백만㎥의 생공용수를 수도권지역에 공급한다. 그리고 연간발전량이 8억4천4백만kWh로 약 30만 가구가 1년 동안 사용할 수 있는 전력을 생산하고 있으며, 충주댐저수지를 활용하여 월악산국립공원 및 단양팔경과 연계하여 종합관광권을 형성하고 있다.

6. 용담댐

용담댐은 전라북도 진안군 용담면 월계리, 금강 상류에 있는 댐으로 1990년에 착공하여 2001년 10월 13일에 준공되었다. 높이 70m, 길이 498m, 총저수량 8억 1천 5백만㎥의 콘크리트 차수벽형 석괴댐으로 총 공사비는 1조 5,889억 원이 투입되었다.

주요시설은 21.9㎞의 도수터널과 도수터널 끝인 완주군 고산면에 유역변경식 수력발전소가 있다. 용담댐으로 만들어진 용담호는 저수량 기준으로 소양호, 충주호, 대청호, 안동호에 이어 대한민국 5위이며, 익산·김제·군산·정읍·전주지역의 호남평야에 농업용수를, 군산·장항 산업단지에 생활·공업·농업용수를 공급하고 있다. 여수로(餘水路) 5개를 댐 왼쪽에 설치하여, 상습 침수지역인 금강 중류·하류 지역의 홍수를 대비할 수 있다. 수력발전소는 연간 1억 9천 8백만kW의 전력을 생산한다.

7. 주암댐

주암댐은 전라남도 순천시 주암면(住岩面)에 축조된 다목적댐으로 본댐은 길이 330m, 높이 58m, 저수량 4억 5천 7백만㎥이며 유역면적은 1,010㎢이다. 조절지댐은 높이 99.9m, 저수량 2억 5천만㎥, 발전시설은 22,500kW이다. 공사기간은 1984년부터 1991년이다. 보성강(寶城江) 하류인 순천시 주암면 대곡리(大谷里)와 구산리(九山里) 사이의 협곡을 막아 만들었고, 조절지댐은 순천시 상사면(上沙面) 용계리(龍溪里)에 축조되었다.

이 두 개의 댐에서는 광주·나주시·여수시·순천시·광양시·고흥군·화순군 등에 하루 1억 9천 7백만㎥의 생공용수, 1천 4백만㎥의 농업용수 그리고 22,500kW 발전설비를 갖추고 있어 전력을 공급하고 있다. 이 댐의 건설로 순천시와 화순군·보성군의 1읍 8면 49개 마을이 수몰되고 2,336가구 12,750명의 주민이 이주하였다. 수몰지에서는 마한(馬韓)시대 유물인 고인돌 211기와 돌칼 등 322점의 유물이 출토되어 고고학적 수확을 얻었다.

8. 합천댐

합천댐은 낙동강유역종합개발계획의 일환으로 합천읍 북방 16㎞ 지점의 황강협곡에 건설한 높이 96m, 길이 472m, 체적 90만㎥의 콘크리트 중력식댐으로 유역면적 925㎢, 저수용량 7억 9천만㎥이다.

합천댐은 1982년 4월에 공사를 착수한 이래 7년 1개월 만인 1989년 12월에 건설공사를 완료하였는데, 이 댐은 기존의 댐과는 달리 지형상의 특성을 고려하여 자연낙차를 최대한 효율적으로 활용하는 수로식 발전형식을 취하고 있다. 또한 본댐 하류 6.5㎞ 지점에 높이 29m의 콘크리트 및 석괴혼합식의 조정지댐을 건설하여 용수공급을 원활히 하고 있으며 1,800kW의 발전설비를 설치한 저낙차 소수력발전소를 갖추고 있다.

낙동강 하류에 있는 부산·창원·울산·마산·진해 등 주요 산업도시에서 증가하는 용수수요에 대처하기 위하여 연간 5억 9천 9백만㎥의 용수를 공급하고 있는데 그중 5억 2천만㎥가 생공용수로 이용되고 황강 및 낙동강 연안 4,246ha의 농경지에 농업용수 3천 2백만㎥, 하천유지용수 4천 7백만㎥를 안정적으로 공급하고 있다. 또한 댐 하류지역의 하절기 장마기간에 집중강우로 인해 상습적으로 도시 및 산업기반시설, 농경지침수를 초래하였으나 댐건설로 인해 연간 8천만㎥의 홍수조절이 가능하여 연간 약 31억 원의 홍수피해를 경감하게 되었다.

합천수력발전소는 본댐하류 4.5㎞ 지점에 있는 발전설비용량 10만kW, 조정지댐에 1,800kW를 갖춘 발전소를 설치하여 연간 234Gwh의 전력을 생산하고 있으며, 첨두발전을 통한 무공해 수력에너지를 공급함으로써 벙커C유 29만 드럼의 유류절감 효과를 가져와 외화절약 및 영남권 지역의 전력수급에 원활히 대처할 수 있게 되었다.

저수지 면적 23.3㎢(상시만수위 기준)의 합천호는 주변지역에 수려한 자연경관을 조성하여 인근의 국립공원 가야산 및 해인사 등의 명소와 더불어 내륙관광권으로 각광받게 됨으로써 지역경제발전에 기여하고 댐하류의 적정 조정방류로 악화된 수질을 개선할 수 있게 되었다.

9. 임하댐

임하댐은 경상북도 안동시에 낙동강유역수자원종합개발의 일환으로 낙동강 중·하류부와 남동해안지역의 장기적인 용수수급에 대비하고 홍수피해 방지 및 탈석유 에너지정책에 부응하고자 수력에너지개발을 위하여 1984년 12월에 공사를 시작하여, 1992년에 완성된 댐이다. 우리나라에서 9번째로 준공한 다목적댐으로 댐축조는 1990년에 완료하였다. 1991년에 발전설비를 갖추고, 그해 12월에 담수를 개시하였다. 1992년에 임하댐관리사무소로 전환하고, 준공 기념식과 상업발전을 시작하였다. 연간 5억 9천 2백만㎥의 각종용수를 공급하고 있으며, 연간 발전량은 9천 6백 7십만㎾h이다.

2001년까지는 2급수 수질을 유지하였으나 잇따른 태풍 루사와 매미로 인하여 수질이 나빠졌으며, 이후 2005년 탁수(濁水) 개선에 2,331억 원의 예산을 투입하였다. 높이 73m(해발고도 168m), 길이 515m, 총저수용량 5억 9천 5백만 톤이며, 록필(rock fill)식 사력(砂礫)댐이다.

발전설비용량 5만㎾, 유효낙차 48.4m, 유역면적 1,361㎢이며, 저수지의 계획홍수 때의 높이는 164.7m, 상시 만수위는 163m로, 만수위 때의 면적은 26.4㎢이다. 조정지댐은 높이 17m, 길이 320m로서 유효저수량은 약 170만㎥이다. 연간 용수공급량은 약 5억 9천 1백만㎥로서 생공용수 3억 6천 3백만㎥, 농업용수 및 하천유지용수 3억 2천 8백만㎥이다. 홍수조절용량은 8천만㎥이며, 연간 발전량은 9천 6백만㎾h이다. 댐건설로 수몰된 지역은 3개 군 6개 면 41개 마을로 수몰면적은 28.71㎢이다.

10. 부안댐

부안댐은 부안 및 고창지역의 상수원으로 역할을 하고 있으며, 변산온천을 지나 중계계곡에 있는 댐으로 1990년 2월에 착공하여 1996년 12월에 완공하였다. 서해안개발에 따른 인구증가와 산업화 및 도시화의 촉진으로 급증하는 용수수요를 충족시키기 위하여 조성하였다.

부안댐은 가족이 함께 와서 산책하는 휴식공간으로 주변명소와 연계되어 관광명소로 각광을 받고 있다. 특히 변산반도 국립공원 내에 위치해 빼어난 주변경관과, 휴게소와 아이들이 놀 수 있는 놀이터·분수대·문화공원 등이 조성되어 가족과 함께 와서 산책도 하고 아이들이 뛰어놀기에도 아주 잘 만들어져 있다. 부안댐에는 물문화관이 완공되어 있는데, 물의 소중함을 알리고 문화공간을 만들자는 목적으로 만들어졌다. 부안댐은 주민들에게 쉴 수 있는 공간과 화합의 장이 되어주고 학생들에게는 배움의 장을 제공하는 말 그대로 다목적기능을 제공하고 있다.

중계계곡은 댐에 물이 저류되면서 일대가 호수로 변하여, 기존의 갖가지 기암괴석과 어울려 절경을 이루면서 전라북도 지역의 새로운 관광명소가 되었다. 주변지세가 험하고 댐으로 들어가는 곳마다 아름다운 경치가 이어진다. 벼락폭포의 경관도 빼어나며, 변산온천, 채석강, 적벽강, 금구원조각공원, 변산해수욕장, 격포해욕장 등 주변 명소와 연계하는 다양한 관광코스가 있다.

11. 보령댐

보령댐은 충청남도 보령시 미산에 위치한 댐이다. 1992년 6월 4일에 착공하여 1998년 10월 29일에 준공하였다. 금강과 별도의 하천인 웅천천에 위치한 댐이다. 이 댐에 저수된 물은 충청남도 서북부지역인 보령시, 서산시, 당진시, 서천군, 청양군, 홍성군, 예산군, 태안군 지역에 생활용수·공업용수·농업용수를 공급하며 또한 태안화력발전소 가동에 필요한 용수도 공급하는 역할을 한다.

보령댐건설은 추진부터 착공까지 과정은 충청남도에서 이뤄졌지만 1993년 충청남도가 건설교통부에 댐건설사업을 중앙정부에서 시행할 것을 건의한 것이 반영되어 1994년부터 한국수자원공사로 건설사업이 인수인계되었다. 1996년 10월 31일에 댐 축조가 끝나 담수가 이루어져 1997년 4월 28일부터는 태안화력발전소에 용수를 공급하기 시작했고, 1998년 10월 1일에는 8개 시·군 지역에 용수를 공급하기 시작했다. 2002년 1월 10일에는 다목적댐으로 고시되었다.

[참고문헌] 강종수, ㈜유신 사장, 한국대댐회40년사, 한국의 댐건설사.
　　　　이동규, 법제처 행정사무관, 특정다목적댐법시행령 해설

제3절 부정청탁 및 금품등 수수의 금지에 관한 법률(김영란법)
(시행 2016.9.28., 제정 2015.3.27. 법률 제13,278호)
-맑고 공정한 사회개혁 실현-

Ⅰ. 입법의 취지

공직(公職)은 국민 전체의 이익을 위하여 존재하는 것이므로 공정무사(公正無私)하여야 한다. 공직이 공정성을 잃고 사적(私的)이익에 휘말리게 되면 나랏일은 뒤죽박죽이 되고, 부패와 불공정한 사회가 된다. 우리나라의 공직사회는 과거에 비하면 많이 맑고 공정하여졌다. 그러나 아직도 우리사회에는 공직과 관련된 전근대적이고 관행으로 잘못 포장된 비리요소가 상존하여 왔다. 아직도 공직자는 '갑'의 지위에, 민원인은 '을'의 지위에 선다. 그리하여 을의 지위에 서는 민원인은 갑의 환심을 사야 바라는 일이 해결된다고 믿고 주위의 모든 사람과 돈을 동원하여 갑에게 청탁의 줄을 댄다. 갑의 지위에 서는 공직자는 '맨입으로 허가 등을 해달라고 하면 안 되지' 하는 자세로 무엇인가를 바란다. 여기에서 과거 우리사회에 만연한 연고주의·온정주의와 결부된 청탁관행으로 부정 청탁과 금품의 수수가 이루어져 공직은 부패하고, 청탁의 줄을 잡지 못하거나 금품을 마련할 수 없는 민원인은 뜻을 이루지 못하게 되어 공직은 공정성을 잃고 흐트러지게 된다.

부정청탁과 금품수수의 문제는 일반 공직사회에 국한된 문제가 아니고 사회전체에 도사리고 있는 병폐현상이었다. 그리하여 국민들이 가장 공정하다고 믿고 또 가장 공정하여야할 판사·검사들에 대한 부정청탁과 금품수수사건이 터져 나왔다. 그 대표적인 사건이 이른바 '벤츠여검사사건'으로 불리는 사건이다. 이 사건은 최 모(남)변호사가 내연의 관계인 이 모(여)검사에게 사랑의 증표라며, 벤츠자동차 리스료를 대신 내주고 명품핸드백을 사줬다가 문제된 사건이다. 하지만 이 사건은 당시의 현행법으로는 처벌이 불가능하였다. 이 모 검사의 행위는 알선수재죄(斡旋受財罪)에 해당하는데 알선수재죄가 성립하려면 청탁과 수수한 금품사이에 대가(代價)관계가 있어야 하는 바, 이 사건에서는 대가관계가 없어 무죄판결을 받았다.

이 사건을 현행법으로는 처벌이 불가능한 상황에서 부정청탁과 부정금품수수가 근절되기를 바라는 것은 요원하다는 주장이 제기되었다. 그리하여 조금 더 포괄적이고 강력한 법의 필요성이 제기되고, 당시 주관부처인 국민권익위원회 위원장인 김영란의 추진으로 이른바, '부정청탁 및 금품등 수수금지에 관한법률', 일명 '김영란법'이 제정되고 2016년 9월 28일부터 시행되었다.

김영란법의 입법에 대하여 유력한 견해는 "입법론적 시각에서 이 입법은 여러 입법상의 미비점에도 불구하고 우리나라 사회에 뿌리깊게 부착되어 있는 부정부패현상을 도려내어 선진사회로 나아가려는 사회구조개혁의 긴 여정에서 그나마 어렵게 일구어 낸 선구자적 이정표라고 생각한다. 나아가 부정청탁금지법은 우리나라를 위해서 미래를 향한 대단히 상징적인 입법이라고 생각한다. 부정청탁금지법은 사회에 뿌리박혀 현재 행하여지고 있는 수준의 부정부패현상의 척결을 통해 남아 있는 법과 사회의 괴리를 없애고 법치가 우리나라 사회의 정치·사회구조의 불가분의 일부가 되도록 하는 사회혁신을 꾀하고 있는 입법이라고 생각한다."는 의견을 표명하였다.[1]

이리하여 위헌시비[2]와 내수경기침체 우려 등에도 불구하고 '부정청탁 및 금품등 수수금지에 관한법률'(이하 '부정청탁금지법' 또는 '김영란법'이라 한다.)을 제정·시행하게 된 것이다. 이 법은 ①누구든지 직무를 수행하는 공직자 등에게 부정청탁, 즉 '법령을 위반하여' 또는 '지위·권력을 남용하여' 처리하도록 하는 행위를 금지하였으며, ②공직자 등은 '직무와 관련이 있든 없든' 1회에 100만 원 이상, 1년에 도합 300만 원 이상의 금품을 받는 것을 금지하였다. 그리고 '직무와 관련하여서는' 그 이하의 금품 등을 받는 것도 금지하였다. 다만 예외적으로 금품을 받을 수 있는 경우로 9개 사항을 성하고 있는데, 예컨대 식사로 3만 원, 선물로 5만 원, 경조사비로 10만 원 이하를 받는 것 등 9개 사항

---

1) 최대권, 서울대학교 법학전문대학원 명예교수, 주요헌법쟁점에 대한 의견서(김영란법 변론참고인 진술. 2015. 2. 10.)

2) 최대권, 전게 의견서 참조

이다.

우리나라는 이 법제정당시 국제투명성기구에서 매년 조사하는 국가부패지수가 OECD 34개국 중에 27위라는 참담한 성적표를 받았다. 우리나라는 경제규모는 세계 10위권인데 반하여 국제부패지수가 OECD 국가의 거의 최하위권인 것이다. 전문가들은 이 법의 시행으로 우리나라의 부패지수가 OECD국가 평균수준으로만 되어도 경제성장률이 매년 0.65% 상승한다고 보고 있다. 다행히 국제투명기구가 발표한 2021년 우리나라의 부패인식지수는 조사대상 세계180개국가 중 32위로 지난 5년동안 OECD국가 중 가장 빠르게 지수가 개선된 것으로 확인되었다. OECD국가 38개국가 중에서는 22위로 나타났다.

부패척결을 통하여 국가경쟁력을 높이지 못하면 앞으로의 경제성장도 제약을 받게 될 수밖에 없으며 법치주의도 지켜질 수가 없어 나라발전은 이룩될 수가 없다. 나라의 경제활동이나 공직활동이 법에 따라 正道로 이루어지지 못하고 부정청탁이나 금품 등 수수로 변칙적으로 행하여진다면 공정이나 법은 무너지고 경제발전이나 법치주의는 깨져버리고 나라발전은 오히려 후퇴한다는 것은 우리는 과거 여러 나라에서 보와 왔다. 과거 빈곤국가시절에 가난극복을 위한 개발연대에는 경제개발이 최대의 과제였던 것처럼 이제는 세계 선진 일류국가로 진입하기 위하여서는 부패척결이 필수과제가 되었다고 하겠다. 여기에 부정청탁금지법 제정의 진정한 목적이 있다고 할 것이다. 필자는 부패방지를 위한 종합법인 이 법이 제대로 시행되면 우리나라가 세계일류 선진국가로 발전된다고 굳게 믿었다.

Ⅱ. 부정청탁금지법에 의한 형법의 보완

형법은 공무원의 뇌물죄와 민간인의 배임수재죄를 규정하고 있다. 그런데 형법상 뇌물죄 등은 직무관련성, 대가성을 입증하기 어려운 경우 처벌이 불가능하다는 한계를 가지고 있다. 그리고 공직유관단체 임직원은 개별법률에서 공무원으로 의제(擬制)되는 경우에만 처벌되도록 정하고 있다.

그러나 김영란법은 직무관련성이 없어도 형벌·과태료 등으로 제재가 가능하며, 공직유관단체 임직원, 사립학교 교직원 및 사립학교 법인임직원, 언론사 임직원까지 적용대상을 확대하고 있다. 이 법은 금품 등과 결부되지 아니한 부정청탁행위 그 자체를 규율하고 있다.

그리고 형법 등은 금품수수와 결부된 청탁을 규제하고 있는 것과는 달리 김영란법은 부정청탁행위 그 자체를 규제하고 있다.

Ⅲ. 부정청탁금지법의 내용(요약)

1. 공직자 등에 대한 부정청탁의 금지

(1) 부정청탁행위의 금지

김영란법은 누구든지 직접 또는 제3자를 통하여 직무를 수행하는 공직자 등에게 부정청탁을 하는 것을 금지하였다. 여기에서 부정청탁이란 직무를 수행하는 공직자 등에게 법령을 위반하게 하거나 직위 또는 권한을 남용하게 하는 등 공정하고 청렴한 직무수행을 저해하는 청탁 또는 알선행위를 의미한다.

김영란법은 부정청탁행위와 관련하여,

① 인가·허가·면허·특허·승인·검사·시험·인증·확인 등 법령에서 일정한 요건을 정하여 놓고 직무관련자로부터 신청을 받아 처리하는 직무에 대하여 법령을 위반하여 처리하도록 하는 행위,

② 인가 또는 허가의 취소, 조세·부담금·과태료·과징금·이행강제금·범칙금·징계 등 각종행정처분 또는 형벌부과에 관하여 법령을 위반하여 감경·면제하도록 하는 행위,

③ 모집·선발·채용·승진·전보 등 공직자 등의 인사에 관하여 법령을 위반하여 개입하거나 영향을 미치도록 하는 행위,

④ 법령을 위반하여 가종 심의·의결·조정위원회의 위원, 공공기관이 주관하는 시험·선발위원 등 공공기관의 의사결정에 관여하는 직위에 선정 또는 탈락되도록 하는 행위,

⑤ 공공기관이 주관하는 각종 수상·포상·우수기관 선정 또는 우수자·장학생 선발에 관하여 법령을 위반하여 특정 개인·단체·법인이 선정 또는 탈락되

도록 하는 행위,

⑥ 입찰·경매·개발·시험·특허·군사·과세 등에 관한 직무상 비밀을 법령을 위반하여 누설하도록 하는 행위,

⑦ 계약관련법령을 위반하여 특정 개인·단체·법인이 계약의 당사자로 선정 또는 탈락하도록 하는 행위,

⑧ 보조금·장려금·출연금·출자금·교부금·기금 등의 업무에 관하여 법령을 위반하여 특정 개인·단체·법인에 배정·지원하거나 투자·예치·대여·출연·출자하도록 개입하거나 영향을 미치도록 하는 행위,

⑨ 공공기관이 생산·공급 관리하는 재화 및 용역을 특정 개인·단체·법인에게 법령에서 정하는 가격 또는 정상적인 거래관행에서 벗어나 매각·교환·사용·수익·점유하도록 하는 행위,

⑩ 각급학교의 입학·성적·수행평가·논문심사·학위수여 등의 업무에 관하여 법령을 위반하여 처리·조작하도록 하는 행위,

⑪ 병력판정검사·부대배속·보직부여 등 병력관련업무에 관하여 법령을 위반하여 처리하도록 하는 행위,

⑫ 공공기관이 실시하는 각종 평가·판정·인정업무에 관하여 법령을 위반하여 평가 또는 판정하게 하거나 결과를 조작하도록 하는 행위,

⑬ 법령을 위반하여 행정지도·단속·감사·조사대상에서 특정 개인·단체·법인이 선정·배제되도록 하거나 행정지도·단속·감사·조사의 결과를 조작하거나 또는 그 위법사항을 묵인하게 하는 행위,

⑭ 사건의 수사·재판·심판·결정·조정·중재·화해, 형의 집행, 수용자의 지도·처우·계호 또는 이에 준하는 업무를 법령을 위반하여 처리하도록 하는 행위,

⑮ 위의 ① 내지 ⑭까지의 부정청탁의 대상이 되는 업무에 관하여 공직자 등이 법령에 따라 부여받은 지위·권한을 벗어나 행사하거나 권한에 속하지 아니한 사항을 행사하도록 하는 행위 등 15가지 대상직무를 규정한 다음, 이와 관련하여 '법령을 위반하여' 또는 '지위·권한을 남용하여' 처리하는 행위를 금지하고 있다(법 제5조 제1항). 즉, 김영란법은 부정청탁내용의 실현여부와 무관하게 부정청탁행위 그 자체를 금지대상으로 하고 있다. 부정청탁을 받은 공직

자 등이 부정청탁에 따라 직무를 수행하지 않은 경우에도 부정청탁을 한 자는 제재대상이 된다.

현행법에서는 공직자 등에 대한 부정청탁만을 금지하고 있을 뿐, 공직자 등이 민간기업에 채용·협찬 등을 청탁하는 경우와 같이 민간부문에 대한 공직자 등의 부정청탁을 금지하는 규정이 없는데 공직자 등이 민간부문에 부정청탁을 금지하는 규정도 부정청탁금지법에 신설하여 민간부문의 자유롭고 공정한 활동을 보장하여야 하다는 의견이 강하게 주장되고 있다[3].

(2) 부정청탁행위의 거절 및 신고

공직자 등이 부정청탁을 받았을 때에는 부정청탁을 한 자에게 부정청탁임을 알리고 이를 거절하는 의사를 명확히 표시하여야 한다. 공직자 등이 거절을 하였음에도 불구하고 다시 동일한 부정청탁을 하는 경우에는 공직자 등은 이를 소속기관장에게 서면(전자문서 포함)으로 신고하여야 한다(법 제7조).

(3) 부정청탁에 따른 직무수행금지

부정청탁을 받은 공직자는 그에 따라 직무를 수행하여서는 아니된다(법 제6조).

(4) 부정청탁행위가 아닌 행위

예외적으로 부정청탁행위로 보지 아니한 행위가 있다.

즉, ① 청원법, 민원사무처리에 관한 법률, 행정절차법, 국회법 및 그 밖의 다른 법령·기준에서 정하는 절차·방법에 따라 권리침해의 구제·해결을 요구하거나 그와 관련된 법령·기준의 제정·개정·폐지를 제안·건의하는 등 특정한 행위를 요구하는 행위,

② 공개적으로 공직자 등에게 특정한 행위를 요구하는 행위,

---

3) 국민권익위원회에 대한 용역보고서 "부정청탁금지법시행효과분석을 통한 발전방향 모색보고서" 등(2020. 10.)

③ 선출직 공직자, 정당·시민단체 등이 공익적인 목적으로 제3자의 고충민원을 전달하거나 법령·기준의 제정·개정·폐지 또는 정책·사업·제도 및 그 운영 등의 개선에 관하여 제안·건의하는 행위,

④ 공공기관에 직무를 법정기한 안에 처리하여 줄 것을 신청·요구하거나 그 진행상황·조치결과 등에 대하여 확인·문의 등을 하는 행위,

⑤ 직무 또는 법률관계에 관한 확인·증명 등을 신청·요구하는 행위,

⑥ 질의 또는 상담형식을 통하여 직무에 관한 법령·제도·절차 등에 대하여 설명이나 해석을 요구하는 행위,

⑦ 그 밖에 社會常規에 위반되지 아니하는 것으로 인정되는 행위는 부정청탁 행위로 보지 아니하며 따라서 김영란법을 적용하지 아니한다(법 제5조 제2항).

(5) 자기를 위한 직접 청탁은 금지는 되나 처벌은 받지 않는다

이 법은 본인이 직접 자신을 위하여 부정청탁을 하는 행위는 과태료를 부과할 수 없도록 규정하고 있다(법 제5조 제2항 제7호). 그것은 공공기관과 국민사이의 활발한 의사소통을 보장할 수 있도록 이해당사자 본인이 직접 자신의 일에 대하여 부정청탁을 하는 경우는 처벌대상에서 제외한 것이다.

그러나 이해당사자가 직접 자신을 위하여 하는 부정청탁을 받은 공직자 등이 그에 따라 직무를 수행하는 경우 그 공직자 등은 형사처벌 대상으로 하여 공정한 직무수행을 담보하고 있다(법 제6조, 제22조 제2항 제1호). 또한 이해당사자가 직접 자신을 위하여 하는 부정청탁도 법에서 금지하는 행위이므로 청탁하는 자가 공직자 등인 경우 징계대상이 될 수 있다(법 제21조).

2. 공직자 등의 금품 등의 수수금지

(1) 공직자 등의 금품 수수의 금지, 공직자 등에 대한 금품 제공의 금지

공직자 등은 직무관련여부 및 기부·후원·증여 등 그 명목에 관계없이 동일인으로부터 1회에 100만 원 또는 매 회계연도에 300만 원을 초과하는 금품 등을 받거나 요구 또는 약속하여서는 아니된다.

또한 공직자 등은 '직무와 관련하여' 대가성 여부를 불문하고 위 금액 이하

의 금품 등을 받거나 요구 또는 약속하여서는 아니된다. 다시 말하면 김영란법이 정한 예외사유에 해당하지 않는 한 '직무와 관련하여서'는 금액에 상관없이 금품을 받아서는 아니되고, '직무와 관련이 있든 없든' 1회에 100만 원 또는 매 회계연도에 300만 원을 초과하는 금품을 받아서는 아니된다.

김영란법은 그 적용대상을 공직자등의 배우자에게까지 확대하고 있다. 공직자 등의 배우자도 공직자 등의 '직무와 관련하여' 공직자 등이 받는 것이 금지되는 금품 등을 받거나 요구하거나 제공받기로 약속하여서는 아니된다. 다만 배우자의 경우에는 그 공직자 등의 '직무와 관련하여' 금품을 받는 것만이 금지되어 있다(법 제8조 제1항, 제2항, 제4항).

또한 누구든지 공직자 등에게 또는 그 공직자 등의 배우자에게 수수금지 금품 등을 제공하거나 그 제공의 약속 또는 의사표시를 하여서는 아니된다(법 제8조 제5항).

(2) 금품수수행위의 신고

공직자 등은 자신이 수수금지 금품 등을 받거나 그 제공의 약속 또는 의사표시를 받은 경우, 자신의 배우자가 수수금지 금품 등을 받거나 그 제공의 약속 또는 의사표시를 받은 사실을 안 경우에는 그 사실을 소속기관장에게 지체없이 서면으로 신고하여야 한다(법 제9조).

(3) 수수금품의 반환 또는 거부

공직자 등은 자신이 수수금지금품 등을 받거나 그 제공을 약속이나 의사표시를 받은 경우, 또는 자신의 배우자가 수수금지 금품 등을 받거나 그 제공의 약속이나 의사표시를 받은 사실을 알게 된 경우에는 이를 지체없이 제공자에게 반환하거나 그 거부의사를 밝혀야 한다(법 제9조).

(4) 예외적으로 수수 또는 제공이 허용되는 금품 등

예외적으로 수수 또는 제공이 허용되는 금품 등이 있다.
① 일정금액 이하의 외부강의 등에 관한 사례금,

② 공공기관이 소속 공직자 등이나 파견공직자 등에게 지급하거나 상급 공직자 등이 위로·격려·포상 등의 목적으로 하급공직자 등에게 제공하는 금품,

③ 원활한 직무수행 또는 사교·의례 또는 부조의 목적으로 제공하는 음식물, 경조사비·선물 등으로서 대통령령으로 정하는 가액 범위 안의 금품 등(음식물 3만 원. 경조사비 5만 원. 다만 축의금 등을 대신하는 화환·조화는 10만 원, 선물 5만 원. 다만 농수산가공품은 10만 원),

④ 사적 거래(증여는 제외)로 인한 채무의 이행 등 정당한 權原에 의하여 제공하는 금품 등,

⑤ 공직자 등의 친족(민법 제777조에 따른 친족을 말한다.)이 제공하는 금품 등,

⑥ 공직자 등과 관련된 직원상조회·동호인회·동창회·향우회·친목회·종교 단체·사회단체 등이 정하는 기준에 따라 구성원에게 제공하는 금품 등 및 그 소속 구성원 등 공직자 등과 특별히 장기적·지속적인 친분관계를 맺고 있는 자가 질병·재난 등으로 어려운 처지에 있는 공직자 등에게 제공하는 금품 등,

⑦ 공직자 등의 직무와 관련된 공식적인 행사에서 주최자가 참석자에게 통상적인 범위에서 일률적으로 제공하는 교통·숙박·음식물 등의 금품 등,

⑧ 불특정다수인에게 배포하기 위한 기념품 또는 홍보물 등이나 경연·추첨 등을 통하여 받는 보상 또는 상품 등,

⑨ 그 밖에 다른 법령·기준 또는 社會常規에 따라 허용되는 금품 등이다(법 제8조 제3항, 제10조).

3. 공직자 등의 범위

김영란법의 '공직자'에는 ① 공무원, ② 공직유관단체 및 공공기관의 장 등 공직자뿐만 아니라, ③ 각급학교의 장과 교직원, ④ 언론사 대표자와 임직원 등 공적업무종사자들이 포함된다(법 제2조).

(1) 공무원

국가공무원법 및 지방공무원법에 따른 공무원과 그 밖에 다른 법률에 따라 자격·임용·교육훈련·복무·보수·신분보장 등에 있어서 공무원으로 인정된 사

람(예, 청원경찰·공중보건의)이다.

　(2) 공직유관단체 및 공공기관의 장과 그 임직원

　공직자윤리법에 따른 공직유관단체와 '공공기관의 운영에 관한 법률'에 따른 기관의 장과 그 임직원을 말한다.

　공직자윤리법에 따른 공직유관단체는 인사혁신처장이 고시하는 바에 따르는데 2016년 6월 30일 현재 982개이다. 공공기관의 운영에 관한 법률에 따른 기관은 기획재정부장관이 지정한 바에 따르는데 2016년 7월 15일 현재 321개이다.

　(3) 각급 학교의 장과 교직원 및 학교법인의 임직원

　① 각급 학교의 장과 교직원　　초·중등교육법, 고등교육법, 유아교육법 및 그 밖의 다른 법령에 따라 설치된 각급학교의 장과 그 교직원이 포함된다.

　② 학교법인의 임직원　　학교법인이란 사립학교만을 설치·경영할 목적으로 사립학교법에 따라 설립되는 법인을 말하며, 2015년 기준으로 학교법인은 1,211개이다.

　(4) 언론사의 대표자와 그 임직원

　'언론중재 및 피해구제 등에 관한 법률'에 따른 언론사의 대표자와 그 임직원을 말하며, 언론사는 ① 방송사업자, ② 신문사업자, ③ 잡지 등 정기간행물사업자(정보간행물·전자간행물은 제외), ④ 뉴스통신사업자, ⑤ 인터넷신문사업자 등이다.

　(5) 공무수행사인(公務修行私人)

　공무수행사인에게는 부정청탁금지법 제5조(부정청탁의 금지), 제6조(부정청탁에 따른 직무수행의 금지), 제7조(부정청탁의 신고 및 처리), 제8조(금품 등의 수수 금지), 제9조(수수금지금품 등의 신고 및 처리) 등 일부규정이 준용된다.

　'공무수행사인'이란 ① '행정기관 소속 위원회의 설치·운영에 관한 법률' 또는 다른 법률에 따라 설치된 각종 위원회의 위원 중 공직자가 아닌 위원, ② 법령에 따라 공공기관의 권한을 위임·위탁받은 기관이나 개인, ③ 공무를 수행하기 위하여 민간부문에서 공공기관에 파견 나온 사람, ④ 법령에 따라 공무상 심의·평가 등을 하는 개인 또는 법인·단체를 말한다(법 제11조).

4. '누구든지'에 의한 부정청탁금지법 위반신고(일반신고)와
   신고자에 대한 포상 및 보상

(1) 누구든지에 의한 일반신고

㈎ 실명신고   '누구든지 부정청탁금지법의 위반행위가 발생하였거나 발생하고 있다는 사실을 알게 된 경우에는 이를, ① 위반행위가 발생한 공공기관 또는 그 감독기관, ② 감사원 또는 수사기관, ③ 국민권익위원회에 신고할 수 있다.' '누구든지'이므로 일반국민은 누구나 신고할 수 있으며, 위반행위와 직접 연관되지 않지만 발생사실을 알게 된 다른 공직자도 포함된다. 신고는 신고서에 자신의 인적사항과 위반행위자의 인적사항, 신고의 경위 및 이유, 위반행위가 발생한 일시·장소 및 내용을 적고, 위반행위의 내용을 입증할 수 있는 증거자료와 함께 제출하여야 한다(법 제13조). 객관적인 사실관계와 다르게 신고하면 신고자가 오히려 무고죄로 처벌받을 수 있으므로 포상금을 노리고 무리하게 신고하면 아니된다.

㈏ 비실명신고   부정행위등을 신고한자에 대한 보호 및 보상을 강화하기 위하여 비실명신고제를 도입하였다. 일반신고를 하려는 자는 자신의 인적사항을 밝히지 아니하고 변호사를 선임하여 신고를 대리하게 할 수 있다. 이 경우에는 제13조 제3항에 따른 신고자의 인적사항 및 신고자가 서명한 문서는 변호사의 인적사항 및 변호사가 서명한 문서로 갈음한다. 비실명신고는 국민권익위원회에 하여야 하며, 신고자 또는 신고를 대리하는 변호사는 그 취지를 밝히고 신고자의 인적사항, 신고자임을 입증할 수 있는 자료 및 위임장을 국민권익위원회에 제출하여야 한다. 국민권익위원회는 제출된 자료를 봉인하여 보관하여야 하며, 본인의 동의 없이 이를 열람하여서는 아니된다(법 제13조의2).

(2) 일반신고자에 대한 포상·보상제도 및 구조금제도

㈎ 포상제도   국민권익위원회는 누구든지 이 법 위반행위가 발생하였거나 발생하고 있다는 사실을 신고함으로써 공공기관에 '재산상 이익을 가져오거나

손실을 방지한 경우 또는 공익의 증진을 가져온 경우' 그 신고자에게 포상금을 지급할 수 있다(법 제15조 제5항). 포상금의 최고액은 2억 원 이하이다.

㈏ 보상금제도　국민권익위원회는 누구든지 이 법 위반행위가 발생하였거나 발생하고 있다는 사실을 신고함으로써 공공기관에 '직접적인 수입의 회복·증대 또는 비용의 절감을 가져온 경우'에는 신고자의 신청에 의하여 보상금을 지급하여야 한다(법 제15조 제6항). 보상금은 보상대상가액에 따라 정하여지되, 지급한도액은 30억 원이다. 보상대상가액이란 부과 및 환수 등으로 공공기관이 직접적으로 이익을 본 금액이다.

㈐ 구조금제도　제13조 제1항의 규정에 따라 신고를 한 자, 그 가족이나 동거인 또는 그 신고와 관련하여 진술·증언 및 자료제공 등의 방법으로 신고에 관한 감사·수사 또는 조사 등에 조력한 자가 신고 등과 관련하여 ① 육체적·정신적 치료 등에 소요된 비용, ② 전직·파견근무 등으로 소요된 이사비용, ③ 신고 등을 이유로 한 쟁송절차에 소요된 비용, ④ 불이익조치 기간의 임금손실액, ⑤ 그 밖의 중대한 경제적 손해(인가·허가 등 행정적 불이익을 주는 행위 또는 물품·용역계약의 해지 등 경제적 불이익을 주는 조치에 따른 손해는 제외)를 입었거나 비용을 지출한 경우에는 신청에 따라 구조금을 지급할 수 있다(제15조 제7항).

5. 부정청탁행위 또는 금품수수행위에 대한 제재

(1) 이 법에 위반된 부정청탁행위 또는 금품수수행위에 대하여서는 위반행위의 경중(輕重)에 따라 징역·벌금의 형사처벌 또는 과태료의 제재를 받는다. 특히 주의할 것은 양벌규정(兩罰規定)을 두어 회사종업원이 위반하면 그 종업원을 처벌하는 외에 사업주(법인·단체 또는 개인)도 처벌을 받는다는 것이다. 다만 사업주가 종업원의 위반행위를 방지하기 위하여 해당업무에 관하여 상당한 주의와 감독을 게을리하지 아니한 경우에는 면책된다(법 제22조 내지 제24조).
(2) 공직자의 경우는 형사처벌 외에 징계처분도 받는다(법 제21조).

Ⅳ. 부정청탁금지법시행의 기대효과
– 우리사회의 청렴·공정사회로의 큰 변화 기대

부정청탁금지법은 포괄적·총괄적 부패방지법이다. 그 규율하는 그물망이 사실상 국민 모두의 일상사회생활 전체를 뒤덮는다. 누구에게도 관용은 없다(無寬容). 따라서 이 법은 공직사회만이 아니고 사회의 모든 곳을 개혁하기 위한 총체적 사회개혁을 위한 혁명적인 법인 것이다.

이 법이 입법목적대로만 시행되면 모든 국민이 부정청탁과 금품수수행위 자체를 심각한 범죄로 보는 의식 변화가 확산되어 '청렴생태계'가 구축될 것으로 기대된다. 이 법의 직접 적용대상자인 공직자 등뿐만 아니라 공직자 등과 교섭하는 국민 누구나 모두 이 법에 의한 처벌을 면하려면, 자기의 일상생활에서 상시적으로 이 법에의 저촉여부에 대하여 세심한 주의를 기울이게 될 것이다.

또한 이 법에 의한 모든 부정청탁금지와 금품수수금지는, 학연·지연 등 연고주의 문화와, 금수저·흙수저 논란을 없애는 데 크게 기여할 것으로 본다. 그리하여 이른바 배경이 있는 사람이나 배경이 없는 사람, 돈이 많은 사람이나 돈이 적은 사람을 막론하고 모든 사람이 똑같은 선상에서 출발하여 서로 공정하게 경쟁할 수 있게 하여 공정·경쟁사회가 실현되게 될 것으로 기대되었다.

문제는 이 법이 원래의 입법 목적대로 시행되어야 한다는 것이다. 어떤 법률도 그 존재만으로 입법목적을 달성할 수는 없다. 아무리 법망이 넓고 치밀하더라도 인간의 탐욕은 우회로와 샛길을 찾기 마련이다. 부패척결의 시대적 소망을 담은 이 법이 '부정청탁 및 금품수수의 금지'라는 입법목적을 충분히 달성하려면 관계당국과 모든 국민의 결연한 노력이 뒤따라야 한다. 특히 법 정착을 위하여서는, 명확성 측면에서 문제가 있는 법 규정을 빨리 구체화하는 등의 관계당국의 노력과, 적잖은 불편을 감수할 수 있는 시민의식이 중요하다. 이조시대에도 청탁을 금지하는 이른바 분경(奔競)제도가 시행되었으나 국가노력의 실패로 효과를 보지 못하였다.

다행히 법 시행 후 바로 이 법이 빠르게 자리 잡고 있다는 평가가 나오고 있어 고무적이다. 식당에서는 더치페이를 하고, 공직자들은 '거절할 명분이 생겨서 편하다'고 하고, 민원인들은 '접대 안 해도 되는 명분이 생겨서 편하다'고 한다. 공직자들은 퇴근 후 가정으로 곧 바로 돌아가 가족과 시간을 보내고 공부도 하는 사람이 많아졌다고 한다. 병원에서는 '우리 병원은 김영란법 적용 대상 기관입니다. 환자와 환자가족으로부터 일체의 선물을 받지 않습니다.'라고 써 붙이고, 어떤 직장에서는 매월 '부패방지를 위한 직원간담회'를 개최하기도 하였다고 한다.

우리사회가 '무언가를 줘야 무언가를 얻을 수 있다는 생각'에서 '내가 열심히 노력하면 공정한 경쟁 속에서 이길 수 있다'는 생각으로 전환되고 있는 것이다.

부정청탁금지법은 법 시행 전과 비교해 사회문화를 달라지게 하였다. 기업의 접대비지출은 3년 만에 27% 줄었고, 한 대기업 관계자는 "판공비가 40% 이상 줄었다. 작년보다 점심미팅으로 돌리고, 코로나사태 이전에도 2차. 3차까지 가지 않고 1차에서 간단히 먹고 끝나는 분위기가 자리 잡았다."고 하였다. 학교도 달라졌다. 교직원, 학부모도 설문조사에서 "법 시행 1년 만에 촌지 등 금품수수 관행이 사라졌다."고 하였다. 공무원·기업인·교사·학부모들은 "법 시행 전과 비교해 문화가 달라진 것은 분명하다."며 "과도한 접대와 선물로 처벌받을 수 있다는 인식은 뿌리를 내렸다."고 입을 모았다. 국민권익위원회에서 2019년에 설문조사를 한 결과 일반 국민의 79.5%가 "종전의 선물 및 접대 관행을 부적절하게 생각하게 됐다."고 답했다.

국민권익위원회가 부정청탁금지법 시행 5년을 맞아 2021년 9월 29일 한국리서치에 의뢰해 공무원 350명, 공직유관단체 임직원 200명을 포함한 국민 2,003명을 대상으로 부정청탁금지법 인식도를 조사한 결과, 공직자의 93.5%가 "청탁금지법 시행이 우리 사회에 긍정적인 영향을 줬다."고 답했다. 이는 법 시행 초기인 2016년에 비해 8.4%포인트 상승한 것이다. 같은 질문에 일반 국민의 87.1%도 긍정적인 영향을 줬다고 답했다.

　앞으로 이 법이 성공적으로 시행·정착되면 국민 모두가 참여하여 우리사회에서 부정부패와 청탁에 대한 무관용 원칙이 확립되고, 관행이라는 이름으로 잘못 포장되어 방치되어 온 우리의 구시대적 접대문화와 선물문화가 총체적적으로 개혁되어, 맑고 공정한 대한민국으로의 큰 발걸음을 내딛게 될 것으로 기대한다.